HISTOIRE ET PHILOSOPHIE MORALE

Collection « Ouverture philosophique »
Série « Débats »
dirigée par
Jean-Marc Lachaud et Bruno Péquignot

Une collection d'ouvrages qui se propose d'accueillir des travaux originaux sans exclusive d'écoles ou de thématiques.

Il s'agit de favoriser la confrontation de recherches et des réflexions, qu'elles soient le fait de philosophes « professionnels » ou non. On n'y confondra donc pas la philosophie avec une discipline académique ; elle est réputée être le fait de tous ceux qu'habite la passion de penser, qu'ils soient professeurs de philosophie, spécialistes des sciences humaines, sociales ou naturelles, ou… polisseurs de verres de lunettes astronomiques.

La série « Débats » réunit des ouvrages dont le questionnement et les thématiques participent des discussions actuelles au sujet de problèmes éthiques, politiques ou épistémologiques.

Déjà parus

Robert TIRVAUDEY, *Transhumanisme et humanisme*, 2021.
Jalila HADJI, *Des possibilités de contre-conduites conjuguées au présent*, 2021.
Jalila HADJI, *Penser les contre-conduites avec Michel Foucault*, 2021.
Alain PANERO, *Figures de l'esprit. Du* pneuma *au champ transcendantal,* 2021.
Jean-Pierre JAMEUX, *L'Être en question. Dévoilement du fait pur ontologique*, 2021.
Jean-Philippe DIND, *Relation, distinction, devenir. Essai sur les trois forces premières de l'existence*, 2021.
Alexandre BAUMANN, *Le côté obscur de la raison. L'Antéconcept,* 2021.
Gérard PELE, *Critique de la raison impure. Platon et Artaud,* 2021.
Christian CAVAILLE, *Façons du vivre et façons du réel en question*, 2021.
Yvon CORAIN, *La logique de l'antagonisme de Lupasco. Révision et conséquences en sciences humaines*, 2021.

Geneviève Gavignaud-Fontaine

Histoire et philosophie morale

Sur les réalités économiques,
de perdurables savoirs éthiques

L'Harmattan

Remerciements

L'auteur exprime sa plus vive gratitude aux membres de l'EA 4424 Crises qui ont soutenu son projet éditorial et en particulier Marie Blaise, Directrice de l'équipe, Jean François Thomas, son trésorier, Christian Amalvi qui a bien voulu préfacer l'ouvrage ainsi que l'équipe éditoriale de L'Harmattan.

5-7, rue d l'École-Polytechnique ; 75005 Paris

http://www.editions-harmattan.fr/

ISBN : 978-2-343-24264-4
EAN : 9782343242644

Préface

Le lecteur aurait tort de se laisser déconcerter par un titre, qui associe explicitement Histoire économique et pensée philosophique et morale, car il ne regrettera pas sa plongée dans cet ouvrage si original et si personnel. Pour quatre raisons complémentaires, il mérite en effet d'être lu et médité.

C'est en premier lieu l'évocation d'un brillant parcours universitaire, qui s'étend sur près d'un demi-siècle. Née, en 1947, à Saint-Paul-de-Fenouillet, dans la partie languedocienne du Pays catalan, Geneviève Gavignaud-Fontaine présente un bilan scientifique très impressionnant : seize ouvrages personnels, cinq collaborations à des publications collectives, une centaine de contributions savantes parues dans des actes de colloques et de tables-rondes, des revues de portée nationale et internationale, sans compter une belle équipe de jeunes chercheurs féconds, formés par ses soins à l'Université Paul Valéry – Montpellier-3, et, qui, à leur tour, ont ouvert de nombreuses enquêtes d'histoire économique et sociale. Pour filer la métaphore agricole qu'elle affectionne tant, Geneviève Gavignaud-Fontaine a creusé, dans le territoire de l'histoire économique et sociale, un sillon très profond, qui ne relève ni de l'air du temps, ni des idées à la mode, mais correspond à une pensée solidement charpentée, qui doit beaucoup à son compagnonnage intellectuel avec des maîtres de la discipline.

Son livre est en effet un bel hommage à ceux qui l'ont directement formée, encouragée et accompagnée sur les sentiers de la recherche, notamment, le professeur Robert Laurent (1908-2001), spécialiste des vignerons de la Côte-d'Or au XIXe siècle, mais professeur à l'Université Paul Valéry de Montpellier, et Jean Bouvier (1920-1987), auteur d'une grande thèse sur le Crédit Lyonnais, professeur à la Sorbonne, et, de manière plus générale, aux maîtres de l'Ecole des Annales, et, en particulier à Ernest Labrousse (1895-1988) et à Fernand Braudel (1902-1985), à qui elle emprunte, dans ses propres travaux, le concept de « temps long » et de « longue durée ».

Son œuvre témoigne ensuite d'une méthode originale qui montre de manière très convaincante comment elle peut passer naturellement dans ses chantiers de recherche successifs du niveau régional à l'échelon national; voire international. Geneviève Gavignaud-Fontaine s'appuie sur sa thèse de doctorat d'Etat, soutenue en Sorbonne le 22 mars 1980, portant sur *la Propriété en Roussillon. Structures et conjoncture agricole, du XVIIIe au XXe siècle* pour étudier le phénomène de la propriété agricole des sociétés rurales dans la France contemporaine, puis, à partir des années quatre-vingt-dix, pour comprendre lucidement les lois du marché et leurs dérives funestes, depuis la chute du Mur de Berlin, vers une économie ultra-libérale de plus en plus spéculative, l'économie financière de marché, qui a profondément déstabilisé l'économie territoriale à vocation humaniste et sociale, notamment lors de la déflagration de 2007-2008, avec ses conséquences humaines dramatiques en Amérique du Nord et en Europe.

C'est précisément dans l'analyse technique implacable de l'enchaînement de cette crise, provoquée par une spéculation sans limites, et surtout dans les réflexions morales qu'elle lui inspire, que se révèlent l'originalité et la profondeur de la pensée de l'auteur. Elle joue en effet toujours cartes sur tables et affiche crânement, avec beaucoup d'humour et une pointe de provocation, des idées iconoclastes en matière d'économie, n'hésitant pas à se réclamer de Saint-Thomas d'Aquin, dont la pensée domine le XIIIe siècle. A ceux qui lui reprocheraient d'être nostalgique d'un passé révolu ou la traiteraient, injustement, de réactionnaire, elle démontre que ses idées sont celles du christianisme social, c'est-à-dire d'un *humanisme* chrétien pérenne très respectable, si ce n'est de la philosophie chrétienne morale nourrie d'aristotélisme. A ceux qui célèbrent sur tous les tons les entreprises égoïstes des *Premiers de cordée*, elle réplique qu'elle préfère se pencher sur le sort collectif des *Premiers de corvée*, taillables et corvéables à merci, victimes d'un marché transformé en *casino,* dont les motivations ne sont plus une économie au service des hommes, mais la soif inextinguible de profits sans limite. Sa conception du marché repose en effet sur le concept de *juste prix,* concrétisation de la justice commutative, et d'*échanges équitables* dans les transactions, où, selon elle, les producteurs, les consommateurs et les intermédiaires doivent pouvoir bénéficier des fruits légitimes de leur travail, ce qui n'est plus le cas aujourd'hui. Or, elle demeure convaincue que l'économie de marché et la justice dans les échanges sont parfaitement compatibles, ce qui est vrai.

Et si ce concept de *juste prix* revient comme un fil rouge dans tous ses textes, écrits avec beaucoup d'élégance, elle s'insurge aussi contre une autre tendance, qui sert ici de repoussoir efficace à sa pensée, celle de *cupidité,* qui semble être devenue la règle d'or de certains spéculateurs sans foi ni loi. Geneviève Gavignaud-Fontaine rejette avec la même cohérence ce qu'elle appelle le marché *laisser-fairiste*, héritage d'Adam Smith, et la lutte des classes de Karl Marx. Dans les deux cas, selon elle, l'histoire récente a jugé sans appel leur bilan globalement négatif. En 1970, le philosophe Jean-François Revel (1924-2006) a publié un best-seller mondial, *Ni Marx, ni Jésus.* On pourrait ainsi résumer le stimulant livre de Geneviève Gavignaud-Fontaine par *Ni Adam Smith, ni Marx,* mais oui au christianisme social, dont la pensée économique est, aujourd'hui, interprétée par le pape François. Il faut en toute cas lire et relire sans modération *Histoire et philosophie morale. Sur les réalités économiques de perdurables savoirs éthiques,* on y admirera l'idéal de justice lumineux et d'une brûlante actualité d'une personnalité puissante et rayonnante.

Christian Amalvi, professeur d'histoire contemporaine
à l'Université Paul Valéry – Montpellier-III.

À mon époux et à nos fratries,
à la mémoire de nos parents

Prologue

À la confluence de l'histoire et de la philosophie morale

L'historien[1] qui accède à l'épaisseur multimillénaire du temps rencontre les nombreuses générations qui l'ont précédé ; il se prend à méditer sur l'existence des hommes et le devenir de leurs sociétés. S'il veut appréhender les faits majeurs qui, avec l'ensemble de leurs conséquences, font l'histoire, il doit en distinguer les causes, toutes les causes, jusqu'aux plus profondément enfouies. Encore faut-il que l'attention se porte, par-delà la matérialité factuelle - celle-ci n'étant pas par ailleurs garantie d'objectivité historique -, sur les intentions et la portée des actions qui tissent les siècles passés. Lorsqu'elle dépasse les strates matérielles de la vie pour s'ouvrir à ses strates éthiques, l'analyse sert efficacement la connaissance historique, laquelle est instructive pour l'actualité en charge d'à-venir.

L'histoire ne saurait se laisser réduire à un objet de curiosité, passe-temps pour meubler l'ennui ou nourrir des conversations entre lettrés ; ni se laisser dévoyer en instrument de propagande. Le savoir historique relève d'un patrimoine commun qui a vocation à être largement communiqué, à revigorer ceux qui le respectent et l'enrichissement ; abandonné à la poussière des archives, il ne peut faire obstacle à la culture de mort qui se répand sans crier « danger ! » dans le monde.

Très tôt dans mes études, j'ai estimé vain d'ajouter à l'érudition d'esprits coupés des réalités du monde ; j'ai aussi veillé à ne déformer ni contrefaire le vécu de jadis ; j'ai pris le temps nécessaire pour élucider de complexes pensées et actions à l'œuvre dans le cours des siècles. Cinq décennies de vaillantes recherches sur fond de persévérantes analyses de terrain, diverses et complémentaires[2], viennent de s'écouler ; après ce long mûrissement

---

[1] Une écriture dite inclusive ferait écrire « historien.ne » ; aucune obligation ne l'impose, le genre masculin englobant dans la langue française le genre féminin. Auteur, docteur, professeur, ces noms attribués à une femme ont longtemps été écrits sans « e » final ; cette pratique est ici maintenue.

[2] - La propriété et les structures sociales (*Propriétaires-viticulteurs en Roussillon, structures, conjonctures, société, XVIIIe-XXe s.*, Paris, Publ. de La Sorbonne, 1983, 2 vol, préface de Jean Bouvier. *Les Campagnes en France, XIXe et XXe s., Paris*, Ophrys, 1990, 2 t.

- le marché et ses dysfonctionnements (*Le Languedoc viticole, la Méditerranée et l'Europe,* Montpellier (Montp.), Presses Universitaires de La Méditerranée (PULM), 2000, 2e éd. 2006) ;

intellectuel, le moment est venu de livrer dans le présent ouvrage quelques réflexions conclusives dont l'avenir dira si elles sont conservatrices, novatrices, voire novatrices parce que conservatrices.

Nolens volens, les millénaires passés nous relient aux philosophes grecs de l'Antiquité dont des enseignements ont été cueillis par des Pères de l'Église, avant que les principes pérennes et universels aient été christianisés puis intégrés au treizième siècle par saint Thomas d'Aquin[3] dans une *Somme théologique* où, telles les tours d'une cathédrale de la pensée, l'articulation « foi et raison » a permis à la théologie et à la philosophie de tutoyer le ciel.

Vinrent d'autres temps, avec leurs cortèges de penseurs qui ouvrirent la voie aux analyses hégéliennes et marxistes axant, au dix-neuvième siècle, la philosophie de l'histoire sur la dynamique des faits matériels (dits aussi physiques ou économiques). Tandis que s'amplifiaient les préoccupations matérialistes, faiblissait l'ardeur spirituelle ; viendrait le temps où s'émancipant de la morale traditionnelle - « pérenne » parce que « vraie[4] » pour les uns, - « trop contraignante » sinon « détestable » pour d'autres -, les mentalités façonneraient la société au gré des degrés de conscience morale de chacun et des caprices de l'argent.

Nonobstant les querelles idéologiques qui, dans la course à la société voulue pour demain, dressèrent les thuriféraires de l'égalité contre ceux de la liberté, et *vice-versa*, l'histoire garde la trace, sur des terres autrefois généralement chrétiennes, de conduites particulières et collectives conformes à l'enseignement moral traditionnel, et souvent sans que conscience soit prise de cette source de pensée et d'action. Mes travaux successifs ont discerné, dans le vignoble roussillonnais et languedocien, et plus largement

---

Vignerons, Montp., PULM, 2005 ; *Terroirs et marchés dans un siècle de crises, 1907-2007 en Languedoc-Roussillon*, Montp., PULM, 2012).

- le changement de société et de civilisation (*La Révolution rurale, essai à partir du cas américain (USA),* Le Coteau, Horvath, 1983, préface de Robert Laurent. *La Révolution Rurale dans la France contemporaine,* Paris, l'Harmattan, 1996. *Villageois sans agriculture,* Montp., PULM, 2007).

- la mise en relation des structures, des conjonctures, et des sociétés a renvoyé aux études doctrinales (*Propriété et société rurale en Europe, les doctrines à l'épreuve de l'histoire sociale française, années 1780-1920,* Nantes, Les Éd. du Temps, 2005). *Considérations économiques chrétiennes de saint Paul aux temps actuels,* Paris, Boutique de l'Histoire éd., 2009. *Les Catholiques et l'économie sociale*, Paris, Les Indes savantes, 2011).

- l'ampleur des conséquences de l'abandon, dans les relations commerciales, des préoccupations de justice commutative fait ressortir l'urgence qu'il y a à considérer à nouveau l'importance de ladite justice (*Marchés sans justice, ruines sociales. Refonder les libertés économiques sur la justice* (2013) ; *Justice dans les relations économiques et justice sociale. Sources morales, ruptures historiques* (2017) aux mêmes éd., Paris, Les Indes savantes).

- l'actualité du questionnement philosophique (*Saint Thomas d'Aquin et la volonté de justice*, Paris, L'Harmattan, 2021).

Des notes référenceront, au cas par cas, les publications scandant les étapes d'une longue élaboration historico-philosophique afin de renvoyer aux successifs ouvrages concernés.

[3] Saint Thomas d'Aquin, 1225-1274, théologien, docteur de l'Église.

[4] Ou relevant de principes vertueux reconnus par la raison.

en France comme en Europe, les échos d'une telle morale pratique infusée en profondeur, même si s'était estompé le souvenir de son origine.

Dans un monde de croissante globalisation financière, il ne s'agit pas d'idéaliser les jours révolus, mais de confronter passé et présent pour déceler ce qui avait installé dans la durée les hommes et leurs sociétés. Contemporaine des avancées technologiques qui bouleversent la planète, et consciente des tracas qui harassent tant de Français ou fracassent tant de peuples, je n'ignore cependant pas les difficiles conditions de la vie d'autrefois, des plaintes et souffrances qui s'y rattachaient : elles plaident pour les progrès qui concourent à rendre le quotidien plus supportable à une multitude d'hommes.

Lesdits progrès matériels ne sauraient néanmoins effacer les forces spirituelles qui ont longtemps donné aux familles qui se succédaient le courage au jour le jour, et la volonté de se projeter en demain. Ni faire oublier les relations économiques qui se déploient lorsque, de génération en génération, est inculqué le respect de ce qui est permis ou défendu eu égard à des principes d'actions dits « moraux » ou « éthiques[5] ». S'il est bon que la règle inspire le législateur, il faut aussi que chacun l'applique, moins par peur des sanctions que par conviction de bien faire, avec sa raison et son cœur[6]. La morale qui incite à la responsabilité est plus efficace que celle qui rend obligatoire sans explication ; quand la bienveillance l'emporte sur la seule crainte de la pénalité, l'attention portée à autrui perfectionne pensées et actions.

Dans le cours du temps, d'attentives recherches en histoire économique et sociale font repérer, et caractériser, des économies imprégnées de morale ; fécondes se montrent dans la foulée les comparaisons avec celles qui ne le sont plus, telles les actuelles sociétés occidentales dont le haut degré de matérialité trouve son complément dans le creux spirituel de la majorité de leurs membres. Lorsque de vertueuses volontés ne gouvernent plus l'agir[7] de chacun, l'adjectif « vertueux » est utilisé pour qualifier les cycles économiques porteurs de profits croissants…

---

[5] Le mot « éthique » (normes de conduite) ayant eu la préférence jusqu'à ces dernières années où « morale » (règles de conduite) reprend du service. Tandis que l'éthique a longtemps renvoyé à un ensemble de valeurs normatives, strictement défini (le bien, le vrai, le beau…) et admis par tous les membres de la communauté concernée (cité, pays, religion…), elle se définit de nos jours et selon la pensée kantienne comme « subjective » ; autant dire qu'elle prend de réelles distances avec les valeurs normatives d'autrefois dites traditionnellement « pérennes et universelles ». Il en va de même pour la morale dite « provisoire » cf. Raphaël ENTHOVEN, *Morales provisoires*, Paris, éd. de l'Observatoire, 2018.

[6] St Augustin (354-430, évêque, père et docteur de l'Église d'Occident) expérimenta que la vérité atteint l'homme tout entier et pas seulement son intellect (St. AUGUSTIN, *La Cité de Dieu*, X, 2, 1).

[7] L'agir : opération intellectuelle et volontaire par laquelle l'homme se meut lui-même en vue d'un fin (liberté et responsabilité).

Ainsi, au gré des pas qui font avancer dans la compréhension des complexes réalités humaines, se perçoit progressivement le lien épistémique rompu par la modernité entre histoire et philosophie morale. Sans doute faut-il rappeler que la philosophie morale étudie - ou étudiait[8] ! - la conduite des hommes (actes et objectifs visés) ; considérant la finalité - selon la raison - des actions humaines, elle pose que tout acte et l'objectif qu'il vise engagent la responsabilité - humaine et sociale - de son auteur. Conséquemment, par-delà les faits établis et datés, les actes déployés dans la société, l'économie, la politique impliquent moralement leurs auteurs, avec applications pénales selon les lois en vigueur.

Au confluent de l'histoire et de la philosophie morale, surgissent les responsabilités des choix qui président aux heurs ou malheurs de la vie ; chacun peut vérifier que celle des hommes et des peuples dont la morale et l'agir vont de concert ne ressemble pas à celle que génère le libre cours de rapports de force dans toute action. Il est également expérimentable que les principes bons pour l'existence sont accessibles à la raison, et que l'acquis d'hier sert opportunément à conforter aujourd'hui et demain.

Le projet d'articuler histoire, économie et philosophie morale peut aujourd'hui sembler surprenant si ce n'est incongru, alors que l'histoire et l'économie sont longtemps restées branches de l'enseignement de la philosophie. Rappelons aussi, qu'aux dix-neuvième et vingtième siècles, instruits par Emmanuel Kant[9] d'une possible société civile parfaite construite par la raison pleinement développée, certains penseurs ont tenté de construire une philosophie de l'histoire, matérialiste pour les uns, chrétienne

---

[8] Dès l'antiquité grecque, attentifs à la condition humaine, des philosophes ont élaboré, avec leur raison, diverses sagesses pratiques ou écoles de vie cf. ARISTOTE, *De l'Éthique à Nicomaque* ; la prise en compte de la finalité de l'agir ouvre sur l'éthique normative, discipline traitant de valeurs : le bien, le vrai, le juste… À partir de « valeurs » qui fonctionnent comme normes éthiques dans la société, la philosophie fait mettre en pratique des règles morales aptes guider les hommes dans l'action (règles de conduite).
Celui qui cherche à connaître les vérités fondamentales concernant l'existence humaine entre dans la métaphysique ; celui qui met en avant la Révélation (ou Parole de Dieu), entre dans la théologie. Science des principes et causes de l'être, la métaphysique se fait théologie en intégrant la Parole divine. À la philosophie morale attentive à la finalité des actions humaines revêtues de valeur par la raison, la théologie morale ajoute la finalité dans l'ordre surnaturel où la foi est engagée.
Philosophie et théologie peuvent être considérées comme différentes par leurs objets formels, le mode de connaissance, les principes de leurs arguments, l'ordre de leurs discours respectifs… Mais tous les théologiens ne les opposent, ni même ne les séparent : st Thomas d'Aquin a inséré le savoir philosophique de son temps - avec son fond aristotélicien - dans la théologie chrétienne. L'histoire inattentive aux valeurs éthiques est en rupture de lien avec la philosophie morale.

[9] E. Kant, 1724-1804, philosophe allemand, promoteur de la dimension individuelle et intérieure de la morale alors que les catholiques la tissaient d'impératifs universels et intemporels.

pour d'autres[10]. Pour autant, notre propos ne consiste pas à traiter de philosophie de l'histoire, il considère l'histoire en lien avec la philosophie morale en notre temps où l'historien s'est communément émancipé de la prééminence philosophique, et où le philosophe ignore bien souvent les apports de la connaissance historique. La morale a généralement disparu de l'horizon des uns, perdu toute chair sous le regard des autres[11].

Le champ de l'économie - ne pas confondre avec la science éponyme - est celui de l'activité des hommes en vue de leur existence quotidienne[12] ; il ne saurait être cantonné dans la matérialité : par-delà la production et le commerce de choses, les relations économiques ne concernent-elles pas les hommes ? Elles doivent conséquemment cesser, comme toutes les relations humaines en pays civilisés, d'être considérées comme des rapports de force, et redevenir ce qu'elles n'auraient jamais dû cesser d'être, des rapports de justice[13]. Et de *philia* (amitié) sinon de *caritas* (amour).

Penser les relations économiques et sociales en termes de justice et d'injustice, c'est-à-dire en termes de morale, relie non pas à la science économique qui a fait du marché un amoral casino[14], mais à la philosophie morale des Anciens... généralement absente des cours d'histoire ou d'économie.

Dans cette quête de la dimension morale du savoir et des activités économiques à travers siècles et millénaires, il a donc fallu cheminer en solitaire... ou presque !

---

[10] Au XXe s., des chrétiens ont cherché à construire une philosophie de l'histoire non réductible au matérialisme historique, une philosophie susceptible d'être insérée dans une théologie de l'histoire de l'humanité ; cf. Jacques MARITAIN, *Pour une philosophie de l'histoire*, Paris-Fribourg, OEC, 1985 vol. X. La démarche de Jacques Maritain consiste à « signaler la possibilité, et la validité, de certaines lois philosophiques [...] qui éclairent l'histoire humaine et nous la rendent plus intelligible » (p. 751). Cela reviendrait-il à proposer une lecture théologique des événements de l'histoire humaine ? Une telle lecture remplacerait-elle la lecture théologique du déroulement historique du dessein divin ? Selon la Tradition, celui-ci se réalise par étapes dans le cours des millénaires où s'insère l'histoire du Salut. Nous laisserons à d'autres le soin d'en débattre.

[11] Il ne s'agit pas seulement de contester les excès de contrainte liés à un attachement formaliste et étroit à la morale (moralisme), mais de supprimer toute référence morale.

[12] Dite par Aristote « Économique », et ainsi distinguée de la « Chrématistique » ; aujourd'hui économie réelle (des hommes, sociétés, territoires) et spéculation (profit maximum) s'interpénètrent sous le nom d'économie, mot recouvrant activité et science économiques (cf. *infra*, chap. 7, annexe 14 « Autrefois dite chrématistique ou économie spéculative, l'économie financière de marché met aujourd'hui hors-jeu l'économie territoriale à vocation humaine et sociale. »

[13] Cf. st Thomas d'AQUIN, *Somme de théologie, II[a] II[ae],* q. 57, a. 6 : « Le jugement à porter sur une réalité ou sur un acte doit se prendre en leur propre principe » ; autrement dit, traiter une chose selon ce qu'elle est en elle-même : ainsi, par-delà son contenu, l'échange est-il affaire d'hommes, leurs relations renvoient aux règles éthiques.

[14] Quoi qu'en disent les héritiers d'Adam Smith qui font des relations de sympathie fondées sur l'intérêt l'expression de la morale moderne.

Nota bene. Un plan associant chronologie et thématique s'est imposé pour structurer le propos d'ensemble qui est, non pas une thèse, mais une synthèse conclusive de plus de cinquante ans de recherches en histoire, recherches ininterrompues et successivement publiées, réalisées sans aucune contradiction intellectuelle entre les travaux de jeunesse et ceux de l'âge avancé…

L'ouvrage n'est donc pas construit comme un mémoire où s'enchaîneraient rigoureusement les composantes de l'argumentaire. Au gré des thèmes traités, les références à mes travaux successifs, tels des petits cailloux posés sur un long itinéraire, sont mises à la fin des chapitres dont ils constituent les fondements « scientifiques », étape par étape : il n'aurait pas été raisonnable de reproduire en intégralité les développements en milliers de pages ayant scandé mon cheminement intellectuel.

Dans les deux premières parties, sont soulignés les apports méthodologiques labroussiens et braudéliens qu'avec la liberté de penser m'ont transmis les professeurs Robert Laurent et Jean Bouvier. Appliquée à la seule réalité observée et analysée dans le temps long, multiséculaire voire multimillénaire, c'est-à-dire hors des préoccupations inscrites dans le temps de l'action politique, la méthode associée à ma constante perception de l'homme en société - celle qui est encore la mienne à soixante-quatorze ans - m'a conduite à des conclusions compatibles avec la doctrine sociale catholique, autrement dit à la compréhension de pérennes et universelles situations.

Centrée sur la fructueuse (re)connexion de l'histoire à la philosophie morale imprégnée de réaliste philosophie chrétienne, la troisième partie (chap. 11-16) met en avant les concepts de « justice » hérités d'Aristote et christianisés par saint Thomas d'Aquin ; généralement absente des travaux de mes contemporains axés sur le constat des inégalités sociales et de leur durcissement, la justice commutative en lien avec la justice générale trouve ici sa place de premier plan dans le questionnement sur le monde tel qu'il est sous nos yeux; les caractères humain et social de l'économie sont réaffirmés.

La conclusion souligne combien « la recherche du vrai » constitue un formidable aiguillon de travail qu'il s'agisse d'histoire, de philosophie et autres sciences constitutives d'un savoir à fond tant pérenne qu'universel. Et celui-ci s'étend de la physique à la métaphysique, de la matérialité des choses à la spiritualité de l'être, du fini à l'infini…

Première Partie

De l'approfondissement de l'histoire économique et sociale à l'actualité d'une économie plus spéculative qu'attentive aux populations

Les professeurs des universités d'État ont généralement cessé, au vingtième siècle, de penser l'histoire en qualité de branche de la philosophie. Dans les années 1930, la cassure entre les deux disciplines avaient conduit l'école des Annales à faire de la philosophie, au même titre que la géographie, la démographie, la sociologie et autres « matières » universitaires, une science auxiliaire de l'histoire[15].

Quant à la morale en tant que discipline universitaire, elle déserta chaires et amphithéâtres des Facultés des Lettres, où les programmes se diversifiaient, allant de l'histoire[16] événementielle des règnes et des guerres à l'histoire de l'économie et de la société.

Présentée au cours des Trente Glorieuses comme inséparable de l'histoire humaine et sociale, l'histoire économique se différenciait des enseignements d'économie donnés dans les Facultés de Sciences économiques où triomphait la mise en formules mathématiques des richesses du monde maximalisées par le libre-échange[17].

---

[15] Inversé était l'enseignement de st T. d'Aquin selon lequel « celui qui pratique une science subalternée [en l'occurrence la philosophie] n'atteint vraiment à la perfection de cette science que dans la mesure où sa connaissance est en continuité avec celle du savant qui pratique la science subalternante [en l'occurrence la philosophie]. » *De veritate*, q. 14, a. 9, ad 3. Tandis que le savoir réuni et transmis par les pères et docteurs de l'Église était bousculé dans le sillage d'Averroès (1126-1198), la philosophie se démarquant alors de la théologie, st T. d'Aquin avait rassemblé, moins d'un siècle plus tard, « vérités de foi » et « vérités de raison » ; jusqu'à ce que se produise l'éclatement moderne du savoir : séparées de la foi, les connaissances dites « profanes » se sont organisées en branches dont l'indépendance à l'égard de la philosophie serait acquise plus ou moins tôt ; le nombre des branches devenues autonomes (disciplines) ne cesserait d'augmenter au cours des siècles.

[15] Seul un certificat de « Morale et Sociologie » (enseignement d'Albert Baylet) entrait dans la composition, en Sorbonne, de la licence d'histoire.

[16] Anciennement classée « science morale », l'histoire était désormais « science humaine ».

[17] Libre-échange, traduction du *Free trade* britannique ; les Français ont utilisé la métaphore « laisser-faire, laisser-passer » (1759, *Éloge à de Gournay* où Anne-Robert-Jacques Turgot recommandait : « laissez faire les hommes, laissez passer les marchandises ») ; le « libre-échangisme laisser-fairiste » a été contracté en « laisser-fairisme » par Maurice Allais, 1999 ; économiste et physicien français (1911-2010, auteur de nombreux ouvrages, récipiendaire du Prix Nobel d'Économie en 1988 sur un sujet d'étude différent).

Première Partie

Chapitre 1

L'histoire enseignée par l'école des *Annales* dans les années 1930-1970

Commencée aux siècles modernes, la distanciation entre, d'une part les études ultérieurement regroupées sous le nom de « sciences humaines et sociales » auxquelles est affiliée l'histoire, et d'autre part la philosophie morale, s'est terminée en rupture officialisée par l'enseignement laïque.

Dans le sillage des rapports tumultueux entre histoire et philosophie

La politique au temps de Machiavel, l'économie pensée par Adam Smith et ses émules, la sociologie d'Auguste Comte ont précédé l'histoire dans le processus d'émancipation à l'égard de la philosophie, laquelle, en quête de « nouvelles lumières », s'était précocement éloignée de la théologie.

Du positivisme à l'histoire-problème

Quand vint le tour de l'histoire qu'Ernest Renan définit comme « la science exacte des choses du passé », la « science historique » fut dite « positiviste[18] » ; les faits sociaux seraient « traités comme des choses » résumait Durkheim[19].

Les historiens Lavisse (1842-1922), Seignobos (1854-1922), Langlois (1863-1929) et d'autres encore passèrent aux faits, retenant les événements - essentiellement politiques - que rapportaient les documents consultés. Ceux-ci consistaient principalement en textes écrits, datés et soumis à la critique dont les exigences firent qualifier ses adeptes et leur école de « méthodiques »[20]. Trop « narrative et événementielle », ne tardent pas à relever ses contempteurs, notamment Lucien Febvre et Marc Bloch, lesquels ne se montrent pas pour autant désireux de faire marche-arrière : leur critique ne vise pas à réhabiliter la philosophie morale que les positivistes avaient rejetée.

---

[18] L'enseignement des Hume, d'Alembert, Turgot, Condorcet… et Auguste Comte avait conduit à faire de l'observation et de l'expérience les voies exclusives d'accès aux connaissances supérieures (méthode dite « positiviste ») ; le travail affecté à l'historien consistait à organiser des faits établis à partir de documents authentifiés : tout le fait, rien que le fait, telle était alors la méthode promue.

[19] Émile DURKHEIM, « Les Règles de la méthode sociale », *Revue Philosophique*, 1895.

[20] La *Revue Historique,* fondée en 1876 par Gabriel Monod et Gustave Fagniez, en publie les travaux. Elle se démarquait de légitimiste et ultramontaine *Revue des Études historiques* (1866).

Lucien Febvre (1878-1956) fut l'un des plus prompts à dénigrer à haute voix le caractère « événementiel » de l'histoire en vogue en son temps, et estima superficiels les rapports de causalité dans laquelle elle s'inscrivait. De la Faculté des Lettres de Strasbourg (1919) au Collège de France (1935), il s'est plus généralement posé en pourfendeur de l'histoire politique - élargie à la diplomatie et l'armée - mise au service de l'État-Nation. Il assimilait au récit épique - ordonné à la propagande citoyenne - l'histoire narrative centrée sur la chronologie des événements publics considérés comme majeurs ; il œuvra pour lui substituer une histoire exigeante d'informations tirées des sources les plus diverses afin de pouvoir traiter la variété des composantes du passé afin de mieux le connaître en profondeur.

L'épaisseur rurale des sociétés avait déjà inspiré d'importants travaux d'archivistes[21] ou d'écrivains[22] ; éclairée au dix-neuvième siècle par Fustel de Coulanges[23], et développée par Henri Sée[24], l'histoire rurale était entrée dans les programmes de l'enseignement supérieur. L'histoire économique était, quant à elle, déjà enseignée en tant que telle et à partir de documents méthodiquement analysés[25] : au Collège de France dès 1871, par Émile Levasseur, à l'Ecole Normale Supérieure de la rue d'Ulm et à la Faculté des Lettres de Rennes par Henri Sée (de 1893 à 1920), et en Sorbonne de 1919 à 1936 par la voix d'Henri Hauser, parfois considéré comme « père spirituel de l'école des Annales ». Il avait cependant appartenu au professeur de civilisation à Londres et interprète Paul Mantoux - sans ancrage dans l'université française - d'introduire en France, dès 1906, le concept de « Révolution industrielle[26] ».

---

[21] Bon nombre d'archivistes avaient contracté, à l'Ecole des Chartes, un goût fort prononcé pour les documents fonciers, avant de contribuer à de solides publ. sur l'histoire des campagnes françaises. Cf. Jean-Auguste BRUTAILS, *Etude sur la condition des populations rurales du Roussillon au Moyen Age*, 1891, rééd. Slatkine Megariotis Reprints, Genève, 1975. En 1851, Léopold DELISLE avait déjà publié une remarquée *Etude sur la condition de la classe agricole et l'état de l'agriculture en Normandie*.

[22] Tel Georges d'Avenel, 1855-1939, nombreuses publ. dont *Histoire économique de la propriété, des salaires, des salaires et de tous les prix en général depuis l'an 1200 jusqu'en l'an 1800*, Paris, Imprimerie Nationale, 1894-1926. Ces thématiques (« propriété », « salaire », prix ») charpenteront les travaux de François Simiand, puis ceux d'Ernest Labrousse et de ses étudiants.

[23] Cf. notamment FUSTEL de COULANGES, *L'Alleu et le domaine rural pendant la période mérovingienne,* Paris, Hachette, 1889.

[24] Henri SÉE (1864-1936) est l'auteur *d'une Étude des classes rurales en Bretagne au Moyen Âge*, Paris, Picard, 1896 ; ainsi que des *Classes rurales en Bretagne du XVIe s. à la Révolution*, Paris, Giard et Brière, 1906.

[25] Fondée en 1908, la *Revue d'histoire des documents économiques et sociaux* est devenue, en 1914, la *Revue d'histoire économique et sociale.*

[26] Paul MANTOUX, *La Révolution Industrielle au XVIIIe s. Essai sur les commencements de la Grande Industrie Moderne en Angleterre,* Paris, Société de Librairie et d'Éd., 1906. Le concept de « Révolution Agricole » sera défini par Marc BLOCH, *Caractères originaux de l'histoire rurale française,* Oslo, 1931.

Soucieux de forger de nouveaux outils méthodologiques, Lucien Febvre diversifia la quête des sources au-delà des documents écrits et datés jusqu'alors privilégiés, ouvrit l'histoire à l'interdisciplinarité, et développa la réflexion épistémologique. Sous l'écume des événements, il fallait atteindre l'épaisseur sociale et ses mouvements de fond, détecter les interactions entre économie, société, représentations politiques et mentales.

Il prônait, à la suite d'Henri Pirenne[27], l'histoire comme réponse à une question génératrice de problématique d'investigation ; l'histoire globalisante croisait l'histoire-problème. Il fonda à Strasbourg, en 1929, la revue intitulée « *Annales d'histoire économique et sociale* » où, avec le concours de son jeune collègue Marc Bloch (1886-1944[28]), il invita à publier des articles qui feraient date. Les premiers numéros rassemblèrent des textes dont le caractère comparatiste - déjà cher au professeur Pirenne - donnait grande ampleur à la dimension rurale de l'histoire occidentale. Georges Lefebvre (1874-1959), auteur d'une thèse sur *Les Paysans du Nord* (1924), et professeur lui aussi à la Faculté des Lettres de Strasbourg (1928-1935), adhérait à l'orientation prise par *Les Annales.*

Les Strasbourgeois faisaient école. L'histoire générale des Lavisse, Seignobos, Langlois n'était plus au goût du jour, l'histoire de l'économie, de la société, des mentalités prenait le relais de l'histoire politique, diplomatique, guerrière ; celle des hommes et des femmes du quotidien l'emportait sur celle des chefs d'États et d'armées. Les géographie, démographie, sociologie, psychologie, mais aussi économie, philosophie... étaient convoquées pour mieux appréhender l'histoire-totale ; tandis que la pluridisciplinarité visait à cerner ses multiples facettes, l'histoire était considérée comme discipline apte à saisir les transformations de la société.

La philosophie faite auxiliaire de l'histoire par l'École des Annales

L'influence du philosophe Henri Berr[29], plus soucieux de synthèse historique que de philosophie morale, fut décisive pour les orientations de la nouvelle école historique : l'enseignement de l'histoire resta coupé du tronc philosophique par ailleurs vidé de sa substance morale. À chaque historien d'en référer à son éthique.

Annexée par l'histoire comme elle l'avait été par l'économie, la philosophie se laissait réduire en bien des esprits aux forces matérielles ;

[27] Henri Pirenne, 1862-1935, éminent historien médiéviste belge dont les travaux étaient appréciés par les fondateurs des *Annales.*

[28] Fin connaisseur de l'historiographie allemande ainsi que de ses rigoureuses méthodes, Marc Bloch succéda à Henri Hauser en 1936 (chaire en Sorbonne).

[29] Henri Berr, 18663-1954, philosophe, fondateur de la *Revue* de *Synthèse historique* 1900 - devenue en *1931 Revue* de *Synthèse* -, ainsi que de la *collection « Évolution de l'Humanité »,* chez Albin Michel, collection emblématique de la « nouvelle histoire » d'alors.

qu'il s'agisse de la lutte des classes (matérialisme historique marxiste[30]), ou de l'*homo œconomicus* (acteur du « laissez-faire, laissez-passer » du *credo* « libéral[31] »), le moteur de l'humanité était résolument mis dans la sphère physique du monde. La philosophie se laissait assimiler à une explication de l'histoire… dont la fin serait, ici le « grand soir de la Révolution prolétarienne », là « la parfaite harmonie sous la main invisible du marché[32] ».

La philosophie réduite au statut de « science auxiliaire » de l'histoire, l'économie se substituait à la morale (d'autrefois) pour orchestrer les relations humaines. Il revint à l'économiste François Simiand, titulaire de la chaire d'Histoire du travail au Collège de France (1932-1935), et attentif à immerger la science économique dans la vie sociale, d'entrelacer science économique et sciences sociales.

Sans doute faut-il préciser que fortes se montraient les différences entre l'histoire économique des *Annales* d'une part, et d'autre part l'économie alors enseignée dans les Facultés de Droit et Sciences Économiques. En ces lieux, mise en formules mathématiques et sous forme de lois aptes à faire des prévisions d'avenir, l'« économie » en référait toujours davantage à une « science » acquise à l'utilitarisme de ses pères fondateurs. Les arguments des économistes historicistes[33] n'empêchèrent pas l'individualiste science économique de supprimer le caractère social de la vie économique après en avoir dénaturé le caractère moral.

En bref, ne pas faire de la richesse utile et de l'intérêt particulier le critère essentiel de toute étude, et insister sur le caractère social de la vie économique, voilà ce qui distinguait l'historien - des Annales - de l'économiste - libéral - celui-ci se montrait individualiste, indifférent sinon méprisant à l'égard des laissés-pour-compte de la prospérité matérielle ; celui-là n'était pas effarouché par les solutions collectivistes expérimentées sous d'autres cieux. Les forces matérielles l'emportaient sur les forces

---

30 Karl Marx, 1818-1883 ; philosophe allemand ayant longuement séjourné à Londres, et épisodiquement à Paris.

31 L'adjectif « libéral » est devenu équivoque (tantôt chantre du tandem liberté / responsabilité, tantôt adversaire de tout frein ou règlementation) ; variante déviante du « libre-échange », le « libéralisme » sert l'idéologie marchande dite par l'auteur de ces lignes, et après Maurice Allais, « laisser-fairisme », non superposable à un projet d'économie de marché placée sous l'arbitrage public.

32 Adam Smith, 1776.

33 L'« historicisme », expression de la puissance créatrice de l'histoire, s'est constitué avec pour corollaire le « sociologisme » ou prise en compte de la puissance d'action que constituent, par-delà celle de l'individu, les masses sociales (« historicisme sociologique »). Il s'agissait, par le biais de l'histoire - consubstantielle au temps -, de réconcilier l'économie et la société. À la différence de l'école libérale des économistes historistes qui s'intéressaient déjà aux faits historiques, les économistes historicistes tels François Simiand insistaient sur le caractère social de la vie et de l'histoire économiques (la production et l'échange, le marché et le prix, le salaire et le profit, la propriété et la rente, la monnaie et l'intérêt).

spirituelles ; la religion était reléguée dans « les plis obscurs du cerveau[34] ». Quand Lucien Febvre s'intéressait aux représentations mentales et aux sphères politico-religieuses, c'était pour traiter de l'incroyance[35] ; et lorsqu'il prêtait attention aux « grands hommes[36] », il cherchait dans l'épaisseur sociale qui les enserrait l'éclairage de leur destin.

La méthode française dite « des Annales » fut exportée ailleurs en Europe par Marc Bloch, spécialiste d'histoire rurale ; ladite méthode prenait appui sur la revue éponyme[37] dont les lecteurs appréciaient la pluridisciplinarité. Les travaux se répartissaient encore selon les périodes cloisonnées de l'histoire (antiquité, moyen-âge, modernité, contemporanéité) ; la Révolution terminait les siècles modernes et ouvrait les siècles contemporains. Chacune de ces périodes d'étude se doterait d'une dense historiographie, évoquons celle qui a posé les premiers jalons pour les siècles modernes (XVIe-XVIIIe) et contemporains (fin XVIIIe-XXIe).

L'historien de l'économie et de la société à l'école labroussienne

Directeur d'études à la IVe section de l'EHESS dès 1938, et successeur de Marc Bloch en Sorbonne (chaire d'histoire économique) en 1941[38], Ernest Labrousse marqua de son empreinte le métier d'historien. Formé à Paris par la Faculté de Droit et la Faculté de Lettres (Sorbonne), il soutint une thèse dans chacune des deux (ici *Esquisse du mouvement des prix et des revenus au XVIIIe siècle,* 1932 ; là *La Crise de l'économie française à la fin de l'Ancien Régime et au début de la Révolution*, 1943).

Au long de sa carrière universitaire, tant sa puissante éloquence que sa longévité professorale convainquirent du bienfondé du temps séculaire, des séries quantifiées (prix, salaires, revenus et richesses...), de l'attention portée aux effets de l'économie sur les populations. « L'économie est affaire d'hommes [femmes comprises] », répétait-il inlassablement, une façon pour lui, d'abord jeune anarchiste, de rester fidèle à son engagement dans l'internationalisme socialiste puis communiste ; un épisode de bolchevisation de la section française de l'Internationale Communiste l'avait éloigné, en 1924, de *L'Humanité* puis des sphères influentes du Parti communiste français. Plus tard, il dirait avoir retiré quelque consolation de la

---

[34] Cf. Marc BLOCH, *Les Rois thaumaturges*, 1924.

[35] Lucien FEBVRE, *Le Problème de l'incroyance au XVIe s. La religion de Rabelais,* 1942.

[36] L. FEBVRE, *Philippe II et la Franche-Comté, 1911. Martin Luther*, 1928.

[37] *Annales d'histoire économique et sociale, 1929-1938 ; Annales d'histoire sociale,* 1939-1941 ; *Mélanges d'histoire sociale,* 1942-1944 ; *Annales d'histoire sociale,* 1945 ; *Annales. Economies, sociétés, civilisations, 1946-93 ; Annales. Histoire, Sciences sociales* (1994).

[38] Ernest Labrousse est alors nommé en suppléance de Marc Bloch qui, parti pour « raison de sécurité » exercer à Montpellier, en zone libre, entra en résistance contre l'occupation allemande, et fut fusillé en 1944. En 1945, le professeur Labrousse lui succède sur la chaire d'histoire économique de la Sorbonne.

musique sacrée dont il avait hérité de son père le goût[39], et qui lui servit de clé d'entrée pour quelques haltes spirituelles.

Le caractère social de l'économie en remplacement de son caractère moral

Attentif au mouvement des foules, Ernest Labrousse conjugua lames de fond et nervosité de surface ; il fit du prix du pain « la boussole des fabriques », et de la variation des prix le nerf de l'histoire sociale entre deux crises économiques aigües. Nombreux furent les doctorants que ne rebutaient pas les exigences de la recherche quantifiée à s'engager dans son sillage. Les enseignements du « maître » inculquaient que l'histoire sérielle ne s'accommodait pas de hâtives constructions, que l'action des forces économiques sur la vie des hommes poussait à mettre en évidence le rôle des prix dans la société. Offrant aux populations citadines le pain à bon marché, le « bas prix » du blé devenait le « bon prix » ; l'intérêt des consommateurs faisait minimiser celui des producteurs[40], fussent-ils piliers de l'économie locale... Les générations urbaines et ouvrières avaient le vent en poupe, elles faisaient reléguer dans l'archaïsme les ancêtres ruraux et paysans.

Ceux-ci n'en avaient pas moins marqué de leurs empreintes les documents archivistiques et, en France jusqu'au début des années 1930, la population des campagnes était restée plus importante que la population des villes. Aussi, les thèses qui, en quête de sources abondantes, « provincialisaient » voire « départementalisaient » la recherche, mirent-elle en valeur l'histoire rurale française comme en témoigne l'annexe mise en fin de chapitre.

Loin de la Sorbonne d'après-guerre, Fernand Braudel[41] avait exposé sa pertinente approche des temporalités de l'histoire ; il tirait aussi de ses séjours professionnels en terres d'Afrique et d'Amérique un goût prononcé pour les civilisations - déjà prisées par Voltaire et Guizot qui avaient eux-mêmes lu *l'Histoire universelle* de Bossuet et s'en démarquaient - qu'il installait au faîte de l'histoire. De l'École Pratique des Hautes Études (1937) - future EHESS - au Collège de France (1949) et à l'Administration de la Maison des Sciences de l'Homme (1963), son parcours l'avait conduit en 1956 à la tête de l'École des Hautes Études en Sciences Sociales. Celle-ci avait relayé en 1947 la VIe section ouverte l'année précédente à l'École

---

39 *Le Maitron, Dictionnaire biographique du mouvement ouvrier, mouvement social,* notice Ernest Labrousse, [article 114938, 2019].

40 E. Labrousse n'en a pas moins souligné, dans ses pages doctorales et ses cours polycopiés sur *les paysans*, les conséquences des chutes des prix céréaliers pour les petits producteurs.

41 F. Braudel, 1902-1985 ; historien, membre influent de la Revue des Annales qu'il dirige de 1956 à 1968, professeur au Collège de France, directeur d'Étude (EHESS), administrateur de la Maison des Sciences de l'Homme, élu à l'Académie Française en 1984, nombreuses publ. Sans doute est-il instructif de préciser ici qu'au Collège de France (1949-72), il fit un cours d'histoire de la philosophie moderne.

Pratique par Lucien Febvre et Charles Morazé en cheville avec la Fondation Rockefeller.

De 1956 à 1968, Braudel dirigea aussi la revue *Annales Économies, Sociétés, Civilisations.* Avec ses relais, il orchestra la renommée sans frontières de l'histoire française élargie en géohistoire, sur laquelle il entendait articuler les sciences de l'homme déclinées en sciences humaines et sciences sociales. Outre son apport majeur à la compréhension des structures, Fernand Braudel s'est montré particulièrement efficace à expliquer les temps fractionnés du monde et les niveaux de lecture auxquels ils renvoient. Explicitons.

La prise en compte d'une temporalité à trois vitesses incite d'abord à fixer l'attention sur le temps individuel, mesurable à l'aune d'une génération et des conjonctures qui l'affectent ; elle permet ensuite de dégager la force du temps social, celui des civilisations et de leurs structures à plus lente respiration ; elle aide enfin à ne pas perdre de vue le temps des réalités plus lentes à se mouvoir, en l'occurrence celles de la géographie physique. Le souffle de trois temporalités animait la civilisation matérielle...

Ainsi, sur les moins mobiles des matérialités structurelles (les réalités géographiques), et sous les turbulences quotidiennes (la conjoncture), Braudel a-t-il fait respirer les couches profondes des économies et les sociétés sans jamais les réduire à des modèles spatio-temporels pétris d'autarcie. Lorsque son attention s'est portée sur les marchés, c'est aussitôt pour détecter les différentes et successives formes historiques des « jeux de l'échange[42] ».

Étrangère à ses écrits est en effet l'idée d'une puissante dynamique capitaliste à l'œuvre dans l'épaisseur structurelle des sociétés traditionnelles. À ses yeux, l'échelle de l'économie financière reste, jusqu'aux temps modernes, l'étage supérieur et étroit où s'animent les acteurs des « économies-monde », tandis que respirent, dans les étages d'en-dessous, les marchés alimentés par les économies territorialisées des populations laborieuses : la spéculation financière n'y étouffe pas l'économie quotidienne. Braudel a écrit une histoire à trois temps et à deux dimensions spatiales[43]; au croisement des échelles braudéliennes de la temporalité (courte, moyenne, longue durée), et de l'espace (avec degrés d'articulations entre « lieu territorial » et « monde ») la connaissance de la dynamique sociale s'est affinée en complément des rapports de force et cycles économiques labroussiens.

---

[42] Fernand BRAUDEL, *Civilisations matérielles, économie et capitalisme (XVe-XVIIIe s.),* Paris, Armand Colin, 1979.

[43] Cf. *infra,* chap. 7, annexe 14 « Autrefois dite chrématistique ou économie spéculative, l'économie financière de marché met aujourd'hui hors jeu l'économie territoriale à vocation humaine et sociale ».

Une génération d'historiens met l'histoire en statistiques

Les premiers historiens des *Annales* avaient attiré l'attention sur les faits économiques et sociaux - dimensions politiques comprises -, introduit des « sciences auxiliaires » dans une construction historique particulièrement exigeante de documents les plus variés, et soucieuse de « temps long ». Des décennies durant, sciences humaines et sciences sociales concoururent à disséquer des faits où agissent - ou sont agis - les gens ordinaires ; les anonymes devenaient les nouveaux héros charnels de l'histoire.

Les historiens d'après-guerre ont quantifié, par le nombre et la série statistique, la démographie (naissances, mariages, décès), l'activité humaine (travail agricole, industriel, services), son déploiement (production, échanges, ses sources de revenus (propriétés, rentes, salaires, profits), le mouvement des fortunes (héritages, transactions, hypothèques) ; ils ont cherché à relier causes économiques, effets sociaux et politiques, sans toutefois dégager vigoureusement les causes profondes des mouvements de fond de transformation sociale.

Certains chercheurs se sont satisfaits de décrire plus que d'expliquer, d'aligner des faits patiemment quantifiés, sans pour autant remonter jusqu'à leurs fondations. Aussi la critique d'une géographie ou d'une sociologie économiques plus descriptives qu'explicatives adressé à des thèses estampillées « labroussiennes » n'est-il pas toujours infondé. S'y est aussi parfois ajouté l'étiquette « marxiste », des praticiens se montrant prompts à interpréter toute histoire sociale en termes de rapports violents (lutte des classes). Leur empirisme expérimental rivait à l'observation des faits de « masse » l'attention de ceux qui formataient l'homme par la société ; de la sorte, oublieux de la part personnelle des actions sociales et ne retenant que leurs causes économiques, les tenants du sociologue Durkheim (1858-1917) et de l'économiste Simiand (1873-1935) ont réduit les producteurs et les consommateurs, les vendeurs et les acheteurs à leur seule fonction acquise dans la sphère physique du monde.

L'histoire se muerait-elle en « sociologie historique » départementalisée au gré des thèses entreprises, et au grand dam les contempteurs de la mise en chiffres du passé ?

La lecture statistique de l'histoire déplut dès la première heure à Henri Irénée Marrou[44], auteur d'une thèse sur saint Augustin. Il souligna la naïveté qu'il y avait à penser que savoir compter rendait objectif, et fustigea la généralisation, dans le discours historique, du concept de « masse » (masses populaires, ouvrières…) aussi contestable à ses yeux que celui de « race ». Nul ne s'étonnera d'entendre un analyste de l'augustinisme critiquer l'orientation collectiviste d'historiens politisés ; sa conception

---

[44] H.-I. Marrou, 1904-1977, a été professeur d'histoire ancienne à la Faculté des Lettres de Montpellier en 1940-41.

anthropologique le poussait à ne pas laisser écraser par les strates physiques de l'histoire les valeurs intemporelles que l'histoire a vocation à transmettre à travers siècles et millénaires.

Cependant, il ne dénigra pas l'ensemble des apports de la nouvelle école à la discipline historique : il approuvait les larges synthèses amplement déployées qui faisaient remarquer les limites de la précédente méthode positiviste arrimée à un *corpus* documentaire réduit aux textes écrits. Ainsi reconnaissait-il qu'« un intervalle dissonant [le] reli[ait] à l'école des Annales[45] » ; c'est bien dit, mais c'est bref. Plus loquace sur la richesse spirituelle transmissible par l'histoire, il rétablit des ponts entre l'histoire, la philosophie, la religion chrétienne ; la civilisation dans laquelle l'homme n'évacue pas Dieu de l'histoire n'est pas superposable à celle qui fonde sur la matière la toute-puissance technique dans le monde. Conscience était prise que le changement de civilisation implique un changement d'anthropologie[46] et vice-versa. Histoire et anthropologie ont partie liée, il n'en fallait pas douter. E. Labrousse ne pense pas différemment[47]. Mais conscience n'était pas prise par tous que, lorsque questions philosophiques et métaphysiques ne se posent plus, la vie des hommes se confond avec la strate physique du monde ; l'attention concentrée sur les faits matériels, l'esprit ne peut dégager les puissantes racines des hommes et de leurs sociétés.

Dans les années 1960, des études politiques n'en continuaient pas moins à s'articuler sur les études économiques et sociales, lesquelles avaient le nombre pour caution scientifique. Tandis qu'une forme historique de sociologisme positiviste a contribué à faire de la société le sujet de l'histoire, ce rôle est attribué par l'économisme libéral à l'*homo œconomicus*. Ici l'individu, et son intérêt particulier dans la sphère physique du monde où les *winners* font oublier les *losers ;* là les masses populaires et la conflictualité des classes[48]. Les uns pensaient trouver dans diverses propositions socialistes (collectivisme, étatisme...) des réponses aux dysfonctionnements qui affectaient l'organisation économico-sociale de leur temps ; les autres affectaient au marché le pouvoir d'harmoniser les relations entre les

---

45 Henri-Irénée MARROU, *De la connaissance historique,* éd. 1975, p. 20, note 22.

46 « À la base de toute civilisation, en son aspect économique comme culturel, il y a une certaine anthropologie ; on change de civilisation quand on change d'anthropologie, et on change d'anthropologie quand on change de civilisation », Franz J. LEENHART, *Christianisme et vie publique,* Centre Protestant d'Étude, Genève, 1945, p. 105.

47 Ernest Labrousse i*n* Christophe CHARLE, *Actes de la recherche en Sciences sociales,* 1980, 32-33, p. 115 : « le socio-économique et le socio-culturel, loin de s'opposer sont complémentaires ».

48 S'il est pensé que seuls des intérêts communs soudent chacun des groupes constituant la société (absence de toute considérations du caractère personnel de l'économie), l'abolition de la propriété apparaît comme moyen de dissiper efficacement les inégalités dans la société. Inversement la suppression de tout bien commun va de pair avec la suppression du caractère social de l'économie. La prise en compte des caractères social et personnel de l'économie fait coexister bien commun et propriété privée.

hommes. Tous, laisser-fairistes, collectivistes ou étatistes se cantonnaient dans la seule strate matérielle de la vie, à laquelle se réduit le monde quand s'éteint le souffle spirituel. Un matérialisme ne saurait en transcender un autre ; en rupture de valeurs morales, sociologisme historique et économisme faisaient considérer tout progrès technique comme efficace avancée dans le monde de demain.

Le reproche adressé sans discernement ni exceptions aux Labroussiens d'enserrer l'histoire économique et sociale dans un corset de forces physiques fut entendu, à l'intérieur même de l'école des *Annales*, par ceux qui continuaient à élargir leur curiosité aux champs culturels et mentaux portés par la modernité. Peu présent chez Ernest Labrousse[49], le questionnement sur les mentalités - « des prisons de longue durée » disait Braudel - se fit remarquer chez les Le Roy Ladurie, Agulhon, Roche, Vovelle, Corbin... La revue des « *Annales d'histoire économique et sociale* » dite, en 1946, revue des « *Annales. Économies, Sociétés, Civilisations* » s'intitulerait en 1994 *« Annales. Histoire, sciences sociales »*.

L'école des *Annales* laissait transparaître ses divergences internes, non sans nuances ni exceptions ; affermi aux siècles postrévolutionnaires, le matérialisme n'avait pas la même prégnance au Moyen Âge qu'aux siècles suivants. Les faits sont têtus, ils finissent par imposer leur réalité...

N'anticipons pas. Pour l'heure (années 1970), les historiens de l'économie et de la société s'efforçaient de diffuser le savoir qu'ils avaient élaboré. Braudel et Labrousse codirigèrent et publièrent une monumentale *Histoire économique et sociale de la France*[50] ; inscrite par l'ensemble des auteurs dans les strates matérielles de l'existence, elle devint référence bibliographique commune aux siècles modernes et contemporains. Il appartint au même moment à l'historien médiéviste Georges Duby de mettre en chantier, en codirection avec Armand Wallon et le concours d'auteurs venus d'horizons divers, une imposante *Histoire rurale de la France*[51].

Annexe 1. Du positivisme au structuralisme, école des Annales versus école méthodique

Ayant scruté le corps professoral d'avant-Première-guerre-mondiale, Charles-Olivier Carbonell y décèle « un bloc soudé par sa crispation mandarinale, son rabâchement éthique, ses prudences méthodologiques, ses vieilles camaraderies d'école ». Maîtres aux yeux de leurs disciples, vus du dehors ces professeurs « ne sont plus que besogneux fonctionnaires d'État qui composent avec Clio pour

---

[49] Cf. ce qu'Ernest Labrousse dit, non sans explications, de son rapport aux mentalités *in* C. CHARLE, « Entretien avec Ernest Labrousse », *op. cit.,* p. 115 : « Mon histoire regarde principalement vers le socio-économique et le socio-politique [...] J'ai été en effet moins préoccupé, dans ma propre tâche, par l'histoire culturelle ou des mentalités [...] Nous savons tous qu'une mentalité est, largement une résistance [...] ».

[50] Fernand BRAUDEL et Ernest LABROUSSE, *Histoire économique et sociale de la France,* Paris, PUF, 1977, 8 vol.

[51] Sous la dir. de Georges DUBY et Armand WALLON, Seuil, 1976, 4 t.

fabriquer le consensus grâce auquel la République aura la bonne conscience d'être, de surcroît, démocratique.[52] »

Constat articulé sur les circonstances historiques qu'il convient de rappeler ici brièvement[53]. Depuis les années 1880, la Troisième république avait renforcé l'organisation administrative des études historiques dans les Facultés des Lettres ; l'histoire s'affirmait en tant que discipline autonome. Éloignée des humanités classiques, de la littérature, l'histoire avait pris ses distances avec l'emphase littéraire ; tout en restant associée à l'éloquence, elle s'était émancipée de la philosophie morale - traditionnelle[54] -, et se dotait d'une méthode donnant le nom d'« école méthodique » à ses épigones (Seignobos, Lavisse, Langlois…).

Avec eux, l'écriture de l'histoire se nourrit de documents écrits, méthodiquement critiqués et datés; Charles Seignobos professeur à la Sorbonne depuis 1890, coauteur avec son collègue Charles-Victor Langlois d'une *Introduction aux études historiques* (1898) est alors en position d'autorité pour définir les conditions du savoir historique et les moyens de le transmettre; de son côté, directeur de l'ENS, Ernest Lavisse codirige avec Alfred Rambaud, professeur à la Sorbonne, une *Histoire générale du IVe siècle à nos jours.*

Une certaine idée de l'histoire (un savoir historique général - politique -) et une certaine idée de son enseignement (« magistral ») ancraient dans l'institution universitaire de nouvelles catégories pédagogiques ; des faits strictement datés, regroupés en chronologies de règnes, guerres, ou en biographies ; du faîte parisien de son empire intellectuel, l'école méthodique dispensait l'enseignement de l'histoire dans un esprit libéral et républicain. Ainsi, « l'art d'écrire l'histoire » avec méthode et érudition s'était-il accompagné de l'instrumentalisation de la transmission du passé à l'école pour renforcer l'unité nationale lorsqu'elle avait été une nouvelle fois brisée, en l'occurrence par la défaite de 1870 et les débuts de la Troisième république[55].

« Portée morale attribuée aux événements historiques » contre « leçons de l'histoire » ? Dans le sillage des positivistes (Renan, Taine, Fustel de Coulanges, l'histoire avait cessé d'être appréhendée en tant que branche de la philosophie ; dans la plus large part de ses chantiers de recherche et de ses activités didactiques elle avait mis en avant, jusqu'à se faire taxée d'« histoire propagande », l'histoire politique. Voulue discipline édifiante pour les jeunes générations, l'histoire avait « sans complexe, légitimé pendant un siècle un puissant sentiment national et colonial[56] ».

---

[52] Charles-Olivier CARBONELL, Georges LIVET, *Au berceau des Annales. Le milieu strasbourgeois, l'histoire en France au début du XXe s.* Actes du Colloque organisé les 11-13 octobre 1979 à l'université de Strasbourg, Presses de l'Institut d'Études politiques de Toulouse, 1983, p. 103.

[53] Cf. G. GAVIGNAUD-FONTAINE, « Charles-Olivier Carbonell et l'école des Annales », Colloque *« Une passion pour l'histoire, Charles-Olivier Carbonell (1930-2013) »,* organisé par Christian AMALVI à Saint-Charles/Université Montp. III, 15-16 janvier 2020. À paraître.

[54] L'éthique « kantienne » s'impose à sa place.

[55] Cf. Christian AMALVI, « Naissance et affirmation de l'histoire de l'histoire : jalons pour une connaissance contemporaine de la Nouvelle Clio », *in Une passion pour l'histoire. Histoire (s), mémoire (s) et Europe. Hommage au professeur Charles-Olivier Carbonell*, sous la dir. de C. AMALVI, Toulouse, Privat, 1972. p. 38.

[56] *Ibid.*, p. 38.

Dans le même élan, reproche étai fait aux pratiques de l'histoire à l'honneur de ne laisser transparaitre qu'artifices de présentation et commodités pédagogiques de « l'histoire tableau » dans des manuels désormais jugés « sclérosés ». Bref, vifs redevenaient les débats pour dire ce que doit être l'histoire. La fin d'une certaine pratique de la discipline historique se profilait au moment-même où la victoire de 1918 offrait un *happy end* au « roman national », affaiblissant aussitôt la pragmatique raison qui avait précédemment incité à le composer.

La manière de faire l'histoire se transformerait jusqu'à voir s'effacer les événements politico-militaires et leurs acteurs à la surface du temps : place désormais aux anonymes de la vie, au décloisonnement des périodes, aux strates profondes de la société. Pour en saisir le poids et le mouvement, appel est fait à de multiples disciplines dites en l'occurrence « sciences auxiliaires de l'histoire »: géographie, démographie, sociologie, économie, philosophie… Autant de nouvelles directives méthodologiques suivies d'effets tant positifs (histoire globale, interactions structurelle et conjoncturelle, temps long des civilisations, histoire comparée…) que négatifs (mépris des chronologies, émiettement des centres d'intérêt, juxtaposition de monographies).

***Annexe 2.* L'histoire économique et sociale et l'histoire rurale au premier plan de la connaissance historique**[57]

Au lendemain de la deuxième Guerre mondiale s'est renforcée, en France, une génération d'historiens acquis à l'intérêt épistémologique de l'histoire économique et sociale dans laquelle l'histoire rurale était devenue, en raison du poids séculaire des campagnes dans l'économie et la société françaises, un passage obligé pour les historiens, qu'ils soient médiévistes, modernistes ou contemporanéistes. Cette remarque ne doit cependant pas laisser penser que les signataires des *Annales* ont sorti de l'ombre l'histoire rurale ou, à fortiori, l'histoire économique et sociale. Leur spécificité est d'avoir scellé leurs travaux dans un moule méthodologique réputé scientifique et placé dans le droit fil des *Annales d'histoire économique et sociale*, créées en 1929 par Lucien Febvre et Marc Bloch.

Deux conceptions de l'histoire économique et sociale en général, rurale en particulier, s'opposaient depuis les premières années du vingtième siècle ; il existait en effet, avant les premières livraisons de Lucien Febvre et de Marc Bloch dans leur revue *Les Annales*, une *Revue d'Histoire économique et sociale* héritière, depuis 1913, de la *Revue d'histoire des doctrines économiques et sociales* fondée cinq ans plus tôt par A. Deschamps et A. Dubois, professeurs à la Faculté de Droit (Paris), et ouverte à des historiens, parmi lesquels Henri Hauser, titulaire de la chaire d'histoire économique créée à la Sorbonne.

Les critiques adressées par François Simiand à Henri Hauser[58], ou par Lucien Febvre à Henri Sée[59] donnent la mesure de l'âpreté du combat : d'un côté, les défenseurs d'une histoire factuelle nourrie de documents archivés, de l'autre, les

---

[57] Résumé de l'auteur pour le colloque d'Oxford (1987), in M. BODIGUEL, P. LOWE, *Rural Studies in Britain and France,* Belhaven Press, London, 1990.

[58] Cf. Jean BOUVIER, « François Simiand. La statistique et les sciences humaines » in *Pour une histoire de la statistique*, Paris, INSEE, 1977, t. 1, p. 434-41. La filiation Seignobos / Hauser est au cœur de la querelle.

[59] Compte-rendu de Lucien FEBVRE, in *Revue de Synthèse historique*, 14, 1907, p. 102-103.

partisans d'une histoire-problème, ouverte aux champs les plus vastes et aux documents les plus divers.

Dans l'entre-deux-guerres, des revues aux objets d'études et méthodes de traitement comparables, sinon semblables à ceux des *Annales d'histoire économique et sociale* (fondées en 1929), sont dénommées *Annales* : les *Annales de géographie* (fondées en 1891) ; les *Annales sociologiques* (1934-42) ainsi que *les Annales historiques de la Révolution française* (fondées en 1908) où Georges Lefebvre, nommé, comme Febvre et Bloch à la Faculté des Lettres de Strasbourg, défrichait de nouvelles pistes de recherche historique française. L'« esprit strasbourgeois » marquait ces *Annales* dans leur diversité.

La volonté de « changer les méthodes » a particulièrement animé les énergies des historiens rejoignant qui le Collège de France (Lucien Febvre), qui la Sorbonne (Georges Lefebvre et Marc Bloch). Les successeurs d'Henri Hauser à la Sorbonne, Marc Bloch en 1936 et Ernest Labrousse en 1941, ont œuvré, au sein de la prestigieuse Faculté, pour le renouvellement des méthodes et des programmes de l'histoire, discipline historique dont l'attrait se renforçait auprès des étudiants. Sous l'autorité de Lucien Febvre jusqu'en 1956, et de Fernand Braudel jusqu'en 1968, les *Annales d'histoire économique et sociale* devenues *Annales Economies-Sociétés-Civilisations* (1946) scellaient le fondement d'une nouvelle école historique, dite l'École des Annales, au caractère international bien affirmé.

Les principales orientations méthodologiques définies dans l'entre-deux-guerres ne tardent pas à porter leurs fruits dans les diverses institutions de l'enseignement supérieur ; les années 1950 voient fleurir des thèses réservant d'amples développements aux caractères économiques, sociaux, et politiques des campagnes.

Annexe 3. Thèses d'histoire rurale contemporaine publiées jusqu'aux années 1990, et plus ou moins acquises à la méthode des Annales

G. LEFEBVRE, *Les Paysans du Nord pendant la Révolution française,* Lille, C. Robbe, 1924, rééd. Paris, A. Colin, 1972.

J. VIDALENC, *Le Département de l'Eure sous la monarchie constitutionnelle 1814-1848,* Paris, Rivière, 1952.

R. LAURENT, *Les Vignerons de la « Côte d'Or » au XIX' siècle,* 1955, Paris, Les Belles Lettres, 1958.

A. SOBOUL, *Les Campagnes montpelliéraines à la fin de l'Ancien Régime,* Propriétés et cultures d'après les compoix, thèse compl., Paris, éd. du CTHS, 1958.

A. ARMENGAUD, *Les Populations de l'Est aquitain au début de l'époque contemporaine,* Paris, éd. EHESS, 1961.

P. BOIS, *Paysans de l'Ouest, des structures économiques et sociales aux options politiques depuis l'époque révolutionnaire dans la Sarthe,* Le Mans, Vilaire, 1960 ; éd. abrégée Paris, Flammarion, 1971.

A. THUILLIER, *Aspects de l'économie nivernaise au XIXe siècle,* Paris, A. Colin, 1961.

P. BARRAL, *Le Département de l'Isère sous la Troisième république,* Paris, A. Colin, 1962.

G. DUPEUX, *Aspects de l'histoire sociale et politique du Loir-et-Cher,* 1848-1914, La Haye-Paris, 1962.

P. LEUILLIOT, *L'Alsace au début du XIXe siècle, essai d'histoire politique, économique et religieuse 1815-1830,* Rennes / Paris, imp. Oberthur, 1959.

P. VIGIER, *La Seconde République dans la région alpine. Etude Politique et Sociale,* Paris, 1959. *Essai sur la répartition de la propriété foncière dans la région alpine : son évolution des origines du cadastre à la fin du Second empire,* Paris, SEVPEN, 1963.

M. AGULHON, Histoire des populations du Var dans la 1re moitié du XIXe siècle, 1969, publiée sous les titres suivants *La République au village, les populations du Var de la Révolution à la Seconde république,* Paris, Plon, 1970. *La Vie sociale en Provence intérieure au lendemain de la Révolution,* Paris, Clavreuil, 1971.

G. GARRIER, *Paysans du Beaujolais et du Lyonnais (1800-1970),* Lille, ANRT, Presses Univ. de Grenoble, 1973.

J. MERLET, La Haute-Loire de la fin de l'Ancien Régime aux débuts de la Troisième république (1776-1886), Lille, ANRT, Le Puy, Cahiers de la Haute-Loire,1974, 2 vol.

A. CORBIN, *Archaïsme et modernité en Limousin au XIXe siècle (1845-1880),* Lille, ANRT, Paris, Rivière, 1975.

G. DÉSERT, *Une Société rurale au XIXe siècle. Les paysans du Calvados (1815-1895),* Lille, ANRT, 1975, 3 vol.

M. HAU, *La Croissance économique de la Champagne de 1810 à 1869,* Lille, ANRT, Presses Univ. de Strasbourg, 1976.

R. HUBSCHER, *L'Agriculture et la société rurale dans le Pas-de-Calais du milieu du XIXe siècle à 1914,* Lille, ANRT, Commission départementale des monuments historiques, Arras, 1980, 2 vol.

J. RAYMOND, *La Haute-Savoie sous la Troisième république : histoire économique, sociale et politique 1875-1940*, Lille, ANRT, Seyssel, Éd. du Champ Vallon, 1983.

C. MESLIAND, *Paysans du Vaucluse (1860-1939),* Lille, ANRT, 1980, 5 vol.

G. GAVIGNAUD, *La Propriété en Roussillon, XVIIIe-XXe siècle,* Lille, ANRT, publiée sous le titre *Propriétaires-viticulteurs en Roussillon Structures, conjonctures, sociétés,* Paris, Publications de la Sorbonne, 1983, 2 vol.

J.-P. JESSENNE, *Pouvoir au village et Révolution. Artois (1760-1848),* Lille, ANRT, 1981.

Y. RINAUDO, *Les Vendanges de la République. Les paysans du Var à la fin du XIXe siècle, Lille,* ANRT, Presses Univ. de Lyon, 1982.

P. LÉVÊQUE, *Une Société provinciale. La Bourgogne sous la Monarchie de Juillet,* Lille, ANRT, Paris, Édit. de l'EHESS/Lib. Thouzot, 1983. *Une Société en crise, la Bourgogne au milieu du XIXe siècle 1846-1852,* Éd. de l'EHESS/Lib. Thouzot, 1983.

N. VIVIER, La Vie des communautés rurales du Briançonnais 1713-1914, Lille, ANRT, 1987.

M. VIGREUX, *Paysans et notables du Morvan au XIXe siècle,* Lille, ANRT, Académie du Morvan, Château-Chinon, 1987.

P. ROUDIÉ, *Vignobles et vignerons du Bordelais 1850-1980,* Lille, ANRT, Paris, Éd. du CNRS, 1988.

J.-C. FARCY, *Les Paysans beaucerons au XIXe siècle,* Lille, ANRT, Chartres, Société archéologique d'Eure-et-Loir, 1989, 2 t.

J. VASSORT, *Une Société provinciale face à son devenir, Le Vendômois aux XVIIIe et XXe siècles,* Lille, ANRT, Paris, Publications de la Sorbonne, 1996.

Chapitre 2

L'apprentissage personnel, de la Faculté des Lettres de Montpellier à l'Université Paris I Panthéon-Sorbonne (années 1967-1980)

Ma famille ignorait tout de l'Université. Elève studieuse dès le cours préparatoire, je franchis avec aisance, et malgré une scolarité fort « mobile » au gré des mutations militaires paternelles, les échelons des enseignements primaire et secondaire ; enfant, j'avais souhaité être institutrice, et à l'adolescence j'ambitionnais de devenir professeur de lycée. J'obtins sans difficulté les deux parties du baccalauréat, et m'inscrivis « tout naturellement » à l'université dès la rentrée 1965. J'en découvrirai le *cursus* dans l'enchaînement des réussites aux examens, d'année en année.

La formation universitaire avait pour passage obligé une année de propédeutique ; je l'effectuai à Perpignan où l'Hôtel-Pams abritait un enseignement décentralisé de la Faculté des Lettres de Montpellier. Le goût que j'avais depuis mes jeunes années pour l'histoire s'y trouva d'autant plus conforté que, tel qu'il était donné, l'enseignement de philosophie avait déçu, en classe terminale, mon attente. Je fus reçue avec mention Assez-Bien au redouté examen de fin d'année (juin 1966), et m'inscrivis en première année de licence à la Faculté des Lettres de Montpellier.

J'effectuai ladite année en qualité d'étudiante inscrite administrativement dans le Département de Géographie, et obtins les deux certificats requis, celui de « géographie générale » et celui d'« histoire ancienne et médiévale » (1967). Pour ceux d'« histoire moderne et contemporaine », je rejoignais, à la rentrée d'octobre, le Département d'Histoire. Si, par la suite, le nombre de professeurs augmenta, Robert Laurent était encore le seul tenant du titre pour la section d'histoire moderne et contemporaine. Nombreux étaient les étudiants à suivre ses cours[60], à apprécier les plans qui les structuraient.

Titulaire de la licence en histoire (1968), je préparai le Diplôme d'Études Supérieures (ultérieurement dit maitrise, puis master), au cours de l'année 1968-69.

À l'école des *Annales*

Le Professeur Laurent a été formé par des historiens acquis aux nouvelles orientations impulsées à l'histoire par l'école des *Annales* ; il a suivi les

[60] Cours longuement interrompus au printemps 1968 ; le désordre qui se répandit alors déplut au professeur Laurent. Les examens furent reportés de juin à octobre, et je déplorais cette explosion de violence qui divisait la jeunesse française.

cours de Marc Bloch à l'Université de Strasbourg, et les conseils de son oncle Georges Lefebvre, professeur à la Sorbonne. Rédigé sous la direction de Georges Chabot, son Diplôme d'Études Supérieures portant sur *L'agriculture de la « Côte d'Or » au XIXe siècle* (Dijon, Rebourseau, 1931) fut remarqué par March Bloch et Ernest Labrousse, son futur directeur de thèse ; soutenue en 1955, celle-ci a été publiée sous le titre *Les Vignerons de la « Côte-d'Or » au XIXe siècle*[61]. Fidèle au maître, il serait ultérieurement invité à participer à la rédaction de l'*Histoire économique et sociale de la France*[62] mise en chantier par Fernand Braudel et Ernest Labrousse.

La Faculté des Lettres de Montpellier, un relais de l'école des Annales

Dans les Facultés de Lettres, à Montpellier comme à Paris et sans doute ailleurs, l'enseignement de l'histoire économique et sociale conduisait à prendre en compte le temps long de l'histoire, à interroger les autres sciences humaines et sociales, à cerner avec la précision du chiffre des informations documentaires. La propriété et la rente, le marché et les prix, le salaire et le profit, la monnaie et l'intérêt, les mouvements de populations (soldes naturel et migratoire, comportements privés et manifestations publiques) se prêtaient à l'étude statistique, laquelle avait le mérite de mettre en chiffres des situations concrètes, non des théories. Encore fallait-il que la raison restât exigeante au moment de « lire » les renseignements chiffrés.

C'est en histoire rurale contemporaine que j'ai choisi d'inscrire, pour l'année 1968-1969, mon mémoire d'Études Supérieures ; parmi les sujets proposés, j'optais pour *L'agriculture de l'Hérault au XIXe siècle*.

Mes racines familiales étaient nourries de ruralité ; j'étais née au cœur de l'été 1947, à Saint-Paul-de-Fenouillet alors peuplée de quelque deux mille habitants ; j'avais aussitôt quitté la campagne languedocienne pour les villes où mon père remplissait son engagement militaire (Aix-en-Provence, Paris, Dakar, Bayonne, et autres encore). Je garderai de mon enfance le goût pour la solidité des choses de la terre, la faculté d'adaptation aux nécessités, et l'aptitude à m'insérer dans la fluidité citadine.

La voie universitaire dans laquelle je mettais mes pas était balisée par des historiens issus d'autres milieux socio-culturels que le mien ; leur urbanité plus ou moins embourgeoisée ne m'impressionnait pas et, pour l'heure, je m'efforçais de réussir dans mes études pour pouvoir enseigner à mon tour. Les successifs niveaux d'enseignement suivis depuis l'enfance me conduisirent au sommet de la formation universitaire.

Reçue au concours de l'Agrégation d'histoire en 1970, puis nommée professeur d'histoire et géographie au Lycée Henri-IV de Béziers, je m'inscrivis en thèse pour le doctorat d'État deux ans plus tard sur les conseils et sous la direction du Professeur Laurent qui avait attribué la

[61] Paris, Société Les Belles Lettres, 1958.
[62] Paris, PUF, 1977, t. 3, p. 619-767.

mention « très bien » à mon mémoire de diplôme d'Études Supérieures (DES, 1969).

La Propriété en Roussillon. Structures et conjoncture agraires, XVIIIe-XXe siècle, tel serait le titre de la recherche doctorale entreprise. Elle relevait de l'histoire dite économique et sociale, et plus spécifiquement rurale, spécialité fort prisée dans les années 1960-1980. J'avais bien retenu la leçon selon laquelle il n'y a pas d'histoire économique sans histoire sociale, mais je n'adhérais pas à la philosophie marxiste alors en vogue dans l'*intelligentsia* française. J'avais choisi ce sujet en pensant à mon grand-père paternel, archétype du petit propriétaire foncier bien planté dans ses vignes, tandis que la société française se transformait de fond en comble. Et à grande vitesse.

Le sujet retenu se trouvait au croisement de l'enseignement reçu à la Faculté que résumait la question tôt posée par Georges Lefebvre « à qui appartient la terre ? », et de mon milieu familial, social et patrimonial lié à l'activité vigneronne. Au même moment, mon collègue Rémy Pech terminait, sous la direction de Pierre Vilar, sa thèse sur *Entreprise viticole et capitalisme en Languedoc-Roussillon, du phylloxera aux crises de mévente*[63].

Je me lançai dans cette recherche avec l'élan que donne aux néophytes la volonté de comprendre. En l'occurrence, il s'agissait d'appréhender les racines terriennes de mes ascendants. Vaste programme d'étude…

La mise en œuvre d'une méthode opératoire

S'interroger sur la propriété en Roussillon me conduisait à cerner sa mise en place, à distinguer les forces de son évolution, leurs effets sur les familles et, plus largement, la société que celles-ci constituent, les civilisations qu'elles vivifient.

Pour saisir les différentes strates concrètes de l'organisation économique et sociale, les maîtres des *Annales* avaient, au cours des décennies précédentes, élaboré une méthode qui, du chiffre au concept, se voulait complète. Précisément, l'étude du trinôme Structures/Conjonctures/Société inscrite dans le temps long de la civilisation s'inscrivait dans les enseignements labroussiens et braudéliens rappelés dans le chapitre précédent.

Le travail que j'entreprenais me poussait, non sans surprise, à remonter les siècles jusqu'à la mise en place des structures carolingiennes, lesquelles avaient durablement imprégné les campagnes roussillonnaises. La borne « 1789 » que le Professeur Laurent m'avait conseillé de prendre comme point de départ de mes investigations s'était en effet montrée rapidement inefficace à expliquer la répartition du sol roussillonnais aux siècles contemporains. Souhaitant atteindre la racine des faits observés, je fus

[63] Publications de l'Université de Toulouse-le-Mirail,1975.

conséquemment diligente à effacer les bornes chronologiques posées entre les périodes dites ancienne ou antique, médiévale, moderne et contemporaine. Ce faisant, je prenais à témoin la très longue durée, le temps long des siècles sinon des millénaires. Et m'engageais, dès mes premières enquêtes, dans la grande largeur de l'histoire.

Que de fort lourdes recherches documentaires dus-je effectuer pour repérer de successifs réajustements fonciers ! Que de lectures ont-elles été nécessaires pour m'immerger dans des sciences humaines ou sociales voisines de l'histoire, et susceptibles d'en favoriser l'approfondissement ! Chercher à identifier les causes les plus profondes des réalités approchées, vouloir manier les concepts les plus adéquats aux réalités observées et analysées, traquer toute contradiction dans l'exposé… tout ceci exige du temps et de l'énergie ; rendre logique et compréhensible l'agencement doctoral, de l'analyse à la synthèse, et sur plus d'un millier de pages, est un exercice périlleux !

C'est aux archives administratives départementales que j'ai eu recours pour mesurer l'activité humaine (travail), ses structures (propriétés), son déploiement (production, échanges), ses revenus (bénéfices, salaires), la répartition des richesses. Les documents ont été patiemment pris en notes, quantifiés, vigoureusement analysés à renfort de la pluridisciplinarité qu'exige leur complexité.

Si j'ai beaucoup compté pour mesurer les effets de la conjoncture économique sur les structures[64], je n'ai pas pour autant réduit à des statistiques chiffrées les difficultés rencontrées par les populations, leurs efforts d'adaptation aux changements des temps. En ligne de mire, et sans doute en lien avec mon éducation, j'avais des hommes et des femmes responsables. Confrontés au mouvement des prix du vin sur les marchés, autrement dit à la conjoncture économique, ils savaient s'organiser pour tenter d'en maîtriser les effets.

Au gré de mes recherches, les personnes, les familles, les communautés villageoises, les associations professionnelles montraient qu'elles n'étaient pas dépourvues de moyens pour agir de façon efficace à l'encontre les forces économiques qui les déstabilisaient. Voir que les structures économiques et sociales sont remplies d'hommes de chair et d'esprit, détecter que les mises en place et transformations des strates matérielles de l'existence relèvent de la responsabilité humaine, tout à la fois personnelle et collective, tout cela conduit à dire que le rôle des forces matérielles dans la marche des siècles n'est pas exclusif d'autres facteurs, que les choses sont moins importantes que les hommes. Ce qui s'imposait à la raison contrastait avec l'air du temps...

---

64 *Conjoncture économique et structures sociales. Hommage à Ernest Labrousse,* Paris / La Haye, Mouton, 1974.

Alors que la seule observation des faits historiques - qu'ils soient matériels ou mentaux - relie à l'empirisme expérimental, chercher à les expliquer en remontant à leur origine, s'efforcer de les comprendre dans leur dimension humaine rapproche de la voie philosophique. Pour affiner sa compréhension des êtres, non pour y rejoindre ceux qui, dans le courant « philosophie de l'histoire », confondaient philosophie et idéologie.

Distinguer méthode de travail et argumentaire idéologique

Les stratégies « libérales » retiennent le caractère individualiste et efficace de l'*homo œconomicus* ; les stratégies « socialistes » mettent en avant tantôt la toute-puissance étatique, tantôt l'organisation et la responsabilité collective ; autant dire que ni l'individu - *a fortiori* la personne - ni le groupe - autrefois dit corps, communauté - ne sont jamais considérés dans leur spécificité respective et leur complémentarité. C'est l'un ou l'autre, jamais les deux à la fois. Telle n'était pas ma façon de travailler.

L'historienne en herbe que j'étais n'avait pas le tempérament à couler ses analyses et réflexions dans un moule préétabli ou inadéquat ; j'adoptai les outils dont mes enquêtes révélaient le caractère opératoire, et ne m'encombrai d'aucun présupposé idéologique, qu'il soit marxiste ou smithien. Autant dire que, fort attentive aux avancées de la connaissance historique, je restais insensible à l'interprétation matérialiste de l'histoire, aux engagements idéologiques tant de mes prédécesseurs que de bon nombre de mes camarades de Faculté des années 1965-1980.

À la différence des nombreux intellectuels de mon temps qui projetaient une réflexion théorique ou idéologique[65] sur des faits sélectionnés, j'ai fait du vécu des hommes les fondations de constructions intelligibles ; je n'ai pas déduit des hypothèses de recherche les cas particuliers à mettre en valeur. À grand renfort de documents, j'établissais scrupuleusement les faits sur la base desquels raisonner, je faisais de la réalité (à distinguer de l'illusion) saisie par les sens le point de départ de l'étude, non l'étalon de vérification des déductions intellectuelles des théoriciens. L'argumentaire habituel des historiens matérialistes, qu'ils soient encore marxistes ou déjà (néo)libéraux, s'effaçait pour laisser place, dans mon exposé et par-delà le nombre et

[65] Opter, comme le faisaient des Labroussiens, pour un pain bon marché revient à cautionner, tout à la fois, bas salaires en vue de plus gros profits capitalistes, et appauvrissement des agriculteurs parmi lesquels petits et moyens propriétaires étaient nombreux jusqu'à la mi-20e s. Je comprendrai plus tard qu'une telle caution intellectuelle est d'autant plus regrettable que la méthode historique permet de saisir des réalités existentielles ; faire d'une partie de ces dernières la base d'un argumentaire partisan fausse l'interprétation des faits, et empêche de considérer le bien commun de la société censé permettre à chacun de le servir et de vivre dans la dignité. Servir un intérêt particulier ou celui d'une classe contre une autre conduit à contrevenir aux attentes légitimes de chacun et de tous. Le prix du pain ne doit pas affamer le prolétaire, celui du blé ne doit pas ruiner l'agriculteur. La connaissance historique ne peut s'arrêter au savoir, elle pousse à s'interroger sur sa portée.

l'anonymat statistique, à l'action personnelle et collective d'hommes et de femmes que la succession des jours et des générations n'avait pas effacée.

De la sorte, saisir les effets de la conjoncture économique sur les structures foncières et sociales, suivre leurs transformations sous l'action des populations concernées renvoyait, dans ma pensée, ni à des « masses » ou « classes » sociales[66], ni à des « profits individuels », mais à des hommes et des femmes vivant ou ayant vécu, dotés de dimensions autres que matérielles, responsables de leur quotidien. Autrement dit, je ne réduisais pas l'histoire à une violente lutte des classes, pas plus qu'à d'hypothétiques harmonieux équilibres commerciaux. L'exigence la plus fondamentale restait, à mes yeux, de travailler non sur des abstractions assemblées en théories, voire en idéologies, mais sur les réalités humaines qui, efficacement appréhendées, renvoient aux problèmes de la vie. C'est ainsi que j'avais compris comment écrire l'histoire.

Ma nomination sur un poste d'assistant à l'Institut des Étudiants Étrangers de l'Université Montpellier III/Paul-Valéry (héritière de l'ancienne Faculté des Lettres de Montpellier) facilita, dès la rentrée 1975, la recherche doctorale que je menais hardiment.

Des conclusions doctorales concrètes à portée générale

L'année suivante, atteint par la limite d'âge, le Professeur Laurent faisait valoir ses droits à la retraite ; la thèse pour le doctorat d'État que j'avais entreprise était certes en bonne voie d'avancement, mais encore fallait-il finaliser le millier de pages attendu pour cet exercice. Mon directeur de recherche demanda conseil à celui qui avait été le sien, Ernest Labrousse, afin de préparer ma réorientation ; alors au sommet de sa carrière universitaire, le professeur Bouvier[67] fut choisi et accepta de diriger mes travaux *de facto* inscrits à l'Université Paris I Panthéon-Sorbonne où il était en poste. Ses écrits en histoire bancaire étaient réputés audacieux ; avec ses écrits d'histoire économique, ils faisaient autorité.

Je m'inscrivis à la préparation d'un doctorat d'État ès Lettres et Sciences humaines en Sorbonne.

---

[66] Afin d'éviter tout abus d'interprétation de sa pensée, Ernest Labrousse soulignait : « Mais qui pourrait songer à exclure l'individuel du général ? Et notamment le biographique ? », *in* Christophe CHARLE, « Entretien avec Ernest Labrousse », *in Actes de la recherche en Sciences sociales,* 1980, 32-33, p. 111-127. Cf. aussi Michel MARGAIRAZ, « Ceci n'est pas une postface » in D. FRABOULET, P. VERHEYDE dir., *Pour une histoire sociale et politique de l'économie,* Éd. de la Sorbonne, 2020, p. 493-529.

[67] Jean Bouvier (1920-1987), pour ses publ. sur l'histoire économique en général, et bancaire en particulier, cf. Annexe 4 « Deux directeurs de recherche, R. Laurent et J. Bouvier » en fin de chap.

De Montpellier à Paris, une thèse pour le doctorat ès lettres et sciences humaines

Le travail fait en amont étant entièrement avalisé par mon nouveau directeur de thèse, je procédai aux compléments de recherche (lectures et archives) qu'il me suggéra au cours d'entretiens accordés à la demande, et sans jamais se dire indisponible. Il prodiguait volontiers des conseils pratiques pour le métier de chercheur « exigeant en discernement et concepts adéquats » ; ses réflexions sur la vie ou l'université faisaient écho à l'itinéraire qui avait été le sien[68], et sur lequel il laissait transparaître de vibrantes interrogations. « Continuez à établir des bases sûres, non faussées, justes », me dit-il un jour, « car raisonner, même avec application dans les meilleurs des cas, sur des bases fausses, conduit à des impasses ! » Il avait expérimenté combien le raisonnement s'égare quand il prend appui sur des bases erronées ; laisser libre-cours à la raison à partir de méprises paradigmatiques lui semblait bien plus tragique que des faiblesses de pensée sur des bases justes...

La soutenance eut lieu le 22 mars 1980, en présence, salle Liard, des professeurs honoraires Ernest Labrousse et Robert Laurent ; sous la présidence du professeur Adeline Daumard (Université de Picardie), le professeur Jean Bouvier (Université Paris I) était rapporteur, les professeurs Maurice Agulhon (Université Paris I), Ronald Hubscher (Université de Picardie), Gérard Cholvy (Université Montpellier III) assesseurs. Exception faite de ce dernier chargé de représenter l'Université de Montpellier[69], tous faisaient des *Annales* leur point de rattachement. Après avoir souligné avec insistance l'originalité du travail doctoral[70] examiné, le jury décerna à l'impétrante que j'étais la mention Très Honorable, distinction la plus élevée à cette date, avec félicitations à l'unanimité portées sur le procès-verbal de soutenance.

Les Publications de la Sorbonne éditeraient le texte adapté de la thèse sous le titre *Propriétaires-viticulteurs. Structures, Conjonctures, Société, XVIIIe-XXe siècle* (1983). J'avais soumis la propriété des terres des Roussillonnais à la pression intellectuelle de trinôme « structures, conjonctures, société » ; j'avais fait la démonstration de la responsabilité tangible des populations dans le cours de leurs sociétés, qu'il s'agisse de les préserver ou de les transformer. J'affirmai que la force exercée par le mouvement des prix (ou conjoncture) sur l'évolution des structures socio-économiques n'était dévastatrice qu'en l'absence d'actions humaines visant à la maîtriser. J'explicitai que les seules forces matérielles de l'économie

[68] Marxiste avant de rompre avec le Parti Communiste Français - itinéraire commun à d'autres historiens de la même génération -, il avait pris des distances avec toute idéologie.

[69] Spécialiste d'histoire religieuse ; il était le gendre de Robert Laurent.

[70] Cf. *La Propriété en Roussillon, Structures et conjoncture agraires, XVIIIe-XXe s*, Thèse Paris I Panthéon-Sorbonne, 1980. La dimension philosophique imprègne cette thèse, ainsi que le mentionne le rapport de soutenance (Univ. Paris I Panthéon-Sorbonne, 22 mars 1980).

n'expliquent pas le mouvement social saisi dans sa complexité.

Des hommes pouvaient contrer la déstructuration sociale que provoque la conjoncture de l'économie marchande

Michel Margairaz inclut, une dizaine d'années plus tard, les conclusions de ma thèse dans *Histoire économique XVIIIe-XXe siècles, Textes essentiels*[71]. Les voici :

« Les rouages qui composent la société de propriétaires-viticulteurs étudiée seraient au nombre de cinq :

- les liens juridiques : l'égal partage successoral et la liberté d'entreprise permettent d'accélérer l'évolution des structures ; le mode de faire-valoir direct met les propriétaires-exploitants en prise immédiate avec le rapport de l'exploitation ; des baux de courte durée, et des valeurs de production en hausse favorisent le propriétaire.

- la conjoncture se révèle propice à faire prospérer la grande exploitation en période de profit rapide ; dans les phases critiques, les capitaux se détournent de l'exploitation dont l'unique but est la rentabilité ; les petits propriétaires exploitants résistent jusqu'aux limites du possible.

- l'initiative des populations concernées s'avère susceptible de maintenir un certain *statu quo* économique et social, un style de vie, au risque d'une stagnation de revenus. Leur champ d'action affecte tant le groupe familial (dimension de la famille, règles successorales) que le groupe communautaire par le biais de la défense collective, mutualiste (caves coopératives, syndicats, guichets bancaires, caisses d'assurances).

- l'intervention des corps politiques se traduit en matière conjoncturelle et structurelle ; elle peut accélérer ou freiner le mouvement des structures ; aller ou non dans le sens de la conjoncture économique d'ensemble. Dans le groupe national, la société roussillonnaise fait figure de société englobée par une société aux structures et intérêts différents ; les rapports entre les deux organisations sont sensibles lors des échéances électorales, et lors de tensions sociales avivées.

Tels seraient les éléments-forces qui composent le mécanisme structurel foncier, la dynamique structurelle foncière en étant la résultante. La petite propriété, souvent appelée « familiale » n'apparaît pas sur le terrain comme tremplin du capitalisme, mais comme structure de résistance, tant à la concentration des terres qu'à la suppression de la propriété. Ladite propriété apparaît peu comme étant le fruit d'une « évolution naturelle » telle que la rêvent utopistes et théoriciens ; elle ne se fait élément stable et équilibré des structures que dans la mesure où une combinaison d'intérêts sociopolitiques la soutient. »

---

[71] *Histoire économique XVIIIe-XXe s., Textes essentiels,* Paris, Larousse, 1992, p. 721 à p. 728 ; renvoie à « La propriété en Roussillon - Structures et conjonctures agraires, *XVIIIe-XXe s.*, p. 1172-1175 et p. 1187-1195 ».

Ainsi, la conclusion détermine-t-elle que la conjoncture et ses prix redoutés dans toute société dépendante du marché n'emportent les structures en place que si la liberté de le faire est laissée par les gouvernants aux agents de destruction. Autrement dit, des forces de défense (populations concernées, associations professionnelles, État) sont à même de préserver les structures productives et sociales de la violence conjoncturelle issue du marché. D'un passé en voie d'oubli, j'avais fait monter des hommes et des femmes de vie, leurs familles, leurs organisations, leurs villages et bourgs ; je retraçai la trajectoire qui les reliait aux lointains Carolingiens venus refouler de barbares guerriers et semer les graines de la renaissance sur la Marche d'Espagne. Les fondements et les forces de la petite propriété roussillonnaise, sa ténacité à perdurer jusqu'aux années 1940 étaient établies. Des conclusions qui se vérifient ailleurs en France et aussi en Europe comme je n'allais pas tarder à l'établir.

Outre le temps long, la pluridisciplinarité, la quantification des données, la rigueur intellectuelle, la prise en compte de données autres que matérielles faisait affiner la compréhension historique. Mes travaux montraient abondamment que rechercher l'explication de l'histoire des hommes et de leurs sociétés dans la seule sphère économique, cela revenait à faire fi de l'intelligence et de la volonté des populations. Après avoir remarqué à mon tour que les infrastructures matérielles ne sont pas sans rapport avec les mentalités, je concluais : « celles-ci semblent provoquer la mutation de celles-là avec d'autant plus d'efficacité que s'effectuerait la prise de conscience de la réalité d'une part, de la possibilité d'orienter cette réalité d'autre part.[72] »

Je posai dans la foulée une question de fond : « n'existerait-il pas des mentalités plus directement liées à, sinon produites par l'organisation économique et sociale, et des mentalités que l'on pourrait qualifier de plus ontologiques, des relations d'osmose et doser leur synthèse ?[73] » Intuition qui, pour l'heure, ne m'avait pas conduite à prendre conscience que les comportements individuels et collectifs sont autant d'expressions de la morale - ou de l'absence de morale - de leurs auteurs, qu'ils en aient conscience ou non[74]. Il en serait question ultérieurement.

---

[72] Cf. *Propriétaires-viticulteurs en Roussillon en Roussillon, structures, conjonctures, société,* Paris, Publ. de La Sorbonne, 1983, 2 t. préf. de J. Bouvier, (ouvr. tiré de la thèse), p. 764.

[73] *Ibid.*, p. 614.

[74] J'aurais pu rapprocher, comme je le ferai quelques années plus tard, les comportements et actions des hommes en société des recommandations doctrinales chrétiennes qui, plus de mille ans durant, avaient instruit de successives générations ; mais aucune lecture, aucun conseil ne m'avait orientée dans cette direction. Mes professeurs de lycée et de faculté avaient sans doute mentionné l'encycl. *Rerum novarum* (1891) dans leurs cours, mais trop allusivement pour retenir mon attention. J'avais bien reçu une éducation catholique dans ma famille, et j'étais restée fidèle à la pratique religieuse, sans être pour autant conduite à méditer les encycl. pontif. Autant dire que j'ignorais la profonde épaisseur de la doctrine sociale chrétienne. Au gré de mon chemin existentiel, la vie spirituelle à laquelle mon enfance

La thèse que je présentais sur la petite propriété avait fait l'unanimité des jurés qui n'attirèrent pas mon attention sur de nouvelles pistes de lecture à explorer.

Annexe 4. Deux directeurs de thèse, Robert Laurent et Jean Bouvier

Robert Laurent (1908-2001)

Historien du vignoble bourguignon et des campagnes françaises au dix-neuvième siècle[75], Robert Laurent est né en 1908 à Seclin (Nord), aux portes de Lille ; son père était employé dans l'administration fiscale. C'est à la Faculté des Lettres de la ville de Dijon - où sa famille s'était installée quelques années auparavant - que le jeune historien obtint une licence d'histoire et de géographie en 1930. Sur les conseils de Georges Chabot, son professeur de géographie, et de son oncle Georges Lefebvre, alors en poste à Strasbourg aux côtés de Lucien Febvre et Marc Bloch, il orienta sans hésitation ses recherches en direction de l'histoire rurale contemporaine. L'enseignement des pionniers de l'école des *Annales* a éveillé sa vocation pour l'histoire de l'économie et de la société ; il lui restera fidèle sa vie durant. Il effectua le mémoire pour son Diplôme d'Études Supérieures sur « l'agriculture de la Côte d'Or au XIXe siècle » (1931). Cette recherche fut immédiatement publiée[76] et citée, dès l'année suivante, dans la bibliographie de la thèse de droit d'Ernest Labrousse, future figure de proue de la nouvelle histoire économique et sociale alors en cours d'élaboration. L'alliance scellée ne serait jamais rompue.

Par les préoccupations qui l'animent, et les méthodes qui la sous-tendent, cette première étude de Robert Laurent se trouve au carrefour des conceptions descriptives de l'histoire développées par Henri Sée, et des investigations quantitatives suscitées à Strasbourg par Georges Lefebvre et Marc Bloch. La problématique de la recherche est clairement exposée : la Révolution de 1789 apporte-t-elle de profonds changements agricoles ? Pour développer l'argumentaire, l'auteur associe les analyses géographiques (conditions naturelles), économiques (marchés, prix), sociales (structures foncières, modes d'exploitation) ; le chiffre occupe, au fil des pages, une place importante : « il faut savoir compter », répétaient ses maîtres ; qu'il s'agisse de relevés cadastraux, de niveaux de production ou de prix, le quantitatif s'impose. Conformément aux recommandations de l'économiste François Simiand, un long chapitre est consacré au mouvement des prix. Certes, celui-ci ne trouve pas encore sous la plume de l'auteur l'ampleur qu'il prendra plus

---

m'avait introduite se développerait ; une nouvelle décennie d'enseignant-chercheur me serait nécessaire pour combler mes lacunes, et affiner ma réflexion : je prendrai alors conscience que chercher dans l'histoire l'expression de réelles réalités humaines conduisait à retrouver les valeurs morales qui sous-tendent - à des degrés variables ou pas du tout - les actions et leurs auteurs.

[75] Cf. G. GAVIGNAUD-FONTAINE, « Robert Laurent, historien des vignerons de la « Côte-d'Or au *XIXe* s. », *in Histoire et Sociétés Rurales*, n° 5, *Campagnes bourguignonnes dans l'histoire,* Rennes, 1996, p. 62-72. Repris *in Liame, n° 6, Uni. Montp. III, 2002*. - « Robert Laurent (1908-2001), historien du vignoble bourguignon et des campagnes françaises », *in La faculté des lettres de Montpellier. Portraits de professeurs,* sous la dir. de Jean-Paul LAURENS et Jean-Bruno RENARD, Montp., PULM, 2013, p. 125-130.

[76] Robert LAURENT, *L'Agriculture de la Côte-d'Or pendant la première moitié du XIXe s.*, Dijon, 1931, 216 p., 25 cartes, [fasc. 7 de *La Révolution en Côte-d'Or*].

tard dans sa thèse, ensuite dans un article de mise au point plus tardive (1979)[77]. Cependant, son mémoire se montre précurseur par la place qu'il occupe dans le champ historiographique national, comme le précisent deux comptes rendus respectivement établis par Marc Bloch[78] et Henri Sée[79].

D'abord délégué d'enseignement à Mulhouse, Thann, Pontoise, il fut reçu à l'agrégation d'histoire et de géographie et nommé au lycée de Nancy (1938) ; sans doute germait en lui le projet d'une thèse lorsque la guerre se répandit sur le sol européen. Fait prisonnier le 15 juin 1940, il resta captif dans un *oflag* pendant cinq années ; lorsqu'il fut libéré et nommé professeur au lycée de Dijon, il renoua avec son projet de thèse et choisit comme terrain d'études le vignoble bourguignon. Ernest Labrousse, son directeur de recherches, apprécie « sa probe et discrète conscience de chercheur, dans le souci des grands horizons, dans l'attrait d'une haute recherche et la leçon des méthodes »[80].

Robert Laurent soutint sa thèse de doctorat ès lettres à la Sorbonne (*Les vignerons de la « Côte d'Or » au XIXe siècle,* 1955) ; publiée trois ans plus tard aux Belles Lettres, elle constitue l'un des premiers maillons d'un puzzle d'histoires régionales constitutives d'une histoire rurale française. Refusant de se satisfaire de méthodes d'investigation traditionnelles, il annonce, dès l'introduction[81] : « il faut frapper à des portes qui, jusqu'ici, n'ont été qu'entrouvertes » et notamment celles des archives fiscales, des archives privées et hospitalières, riches de précieux documents. Aux côtés des Archives nationales, départementales et municipales, familières aux contemporanéistes, les archives non classées de l'hôpital de Nuits-Saint-Georges et celles inventoriées de l'hôtel-Dieu de Beaune ou des hospices civils de Dijon, enrichissent considérablement la collecte de données chiffrées concernant la production, les prix, les revenus. La prise en compte des archives de l'Octroi, objet de sa thèse complémentaire, lui vaut un article dans *Les Annales ESC*[82] ainsi qu'une contribution dans un ouvrage méthodologique de Rondon Cameron[83].

Pour l'historien nourri des travaux naissants de l'École des Annales, « le premier problème qui se pose à qui veut scruter la structure sociale du vignoble est celui de la répartition de la propriété ». Il s'agit tout à la fois d'identifier les différentes couches de propriétaires petits, moyens ou grands, propriétaires résidents ou forains, paysans ou bourgeois, et d'en définir leur importance numérique relative, non seulement au point de vue des effectifs, mais encore des quantités de biens possédés. Étude qui suppose donc la réponse aux deux questions : qui possède le sol ? Que

[77] R. LAURENT, « Les variations départementales du prix du froment en France (1801-1870) », *in Hommage à Pierre Léon. Histoire-Économies-Sociétés*, Lyon, Presses Univ. de Lyon, 1979, p. 115-150. Communication faite au Colloque de Lyon, 1978, par l'assistante Geneviève Gavignaud.

[78] *Annales*, 1933, V.

[79] *Revue Historique*, t. 173, janv.- juin 1934.

[80] *Hommage à Robert Laurent*, Univ. Montp. III, 1982, préf. d'E. Labrousse.

[81] *Les Vignerons de la « Côte d'Or » au XIXe s.*, Dijon, Bernigaud, 1958, 2 vol., 572-272 p., 25 diagrammes, Publ. de l'Univ. de Dijon, XV.

[82] « Une source : les archives de l'octroi », *Annales Esc*, 1956, 2, p. 197-204.

[83] « Octroi. Archives as Source of Urban Social and Economic History », in *Essays in French Economic History*, by Rondon Cameron, Richard D. Irving, Inc, 1970.

possède chacun ? Au-delà du cas des vignerons de la « Côte d'Or », s'élaborait une méthode historique et une métrologie adaptables aux vignobles français[84].

Nommé Professeur à la Faculté des Lettres de Montpellier en 1956, il y enseigna l'histoire économique et sociale en général, celle des campagnes en particulier. A la rentrée 1966, un campus flambant neuf accueillit, sur les bords de la Méditerranée occitane, quelque six mille étudiants - j'étais l'une d'entre eux - ; la section d'histoire contemporaine était encore sous l'autorité d'un seul professeur, la sienne. Le temps des amphithéâtres bondés et des salles de travaux pratiques surchargées battait son plein ; des centaines d'étudiants se pressaient chaque année pour suivre ses cours de licence, des dizaines choisissaient de poursuivre leurs études et faire sous sa direction leur mémoire de DES (ou de maîtrise). Large était la nouvelle gamme des sujets à traiter en histoire contemporaine ; en quête de vérifications de terrain sur fond de documents sériels, le professeur encouragea ses étudiants à dépouiller sans répit cadastres, documents fiscaux et autres sources statistiques…

Les événements de 1968 d'abord, puis les grèves quasi annuelles d'étudiants qui entrecoupèrent les années universitaires contrevenaient à son sens de l'État ; bien que revendiquant un ancrage intellectuel « à gauche », il resta éloigné des combats politiciens pour mieux labourer les sillons de la connaissance. Le spécialiste d'histoire vigneronne qu'il était enracinait son enseignement ; la méthode de travail scrupuleusement élaborée en Bourgogne a trouvé en Languedoc-Roussillon de fertiles rebondissements. Confronté à la douloureuse situation des vignerons du Midi, l'historien soutint le projet de conversion du vignoble d'entre Rhône et Pyrénées à une qualité conquérante. Ce qui lui valut quelques vives répliques de son collègue professeur de Géographie, Gaston Galtier, auteur d'une monumentale thèse sur le vignoble de masse languedocien, et convaincu qu'un élitisme vinicole trop prononcé signifierait la fin d'un vignoble accessible à tous…

Les travaux du Professeur Laurent restaient dans le sillage d'Ernest Labrousse ; celui-ci le choisit comme collaborateur à son vaste projet de synthèse collective que constitue, en codirection avec Fernand Braudel alors directeur des *Annales,* l'*Histoire économique et sociale de la France* (1976)[85].

Reconnu par ses pairs « spécialiste de l'histoire contemporaine des campagnes françaises », Robert Laurent a aussi inlassablement analysé les événements de 1789. Le bicentenaire de la Révolution française lui offrit de publier une vaste fresque de la fin du dix-huitième siècle en Languedoc, où il s'efforça de dénouer l'extrême complexité des faits entre histoire locale et histoire nationale. Il associa son élève Geneviève Gavignaud à cet ouvrage[86] où sont scrutés dix ans de turbulences révolutionnaires ayant particulièrement affecté les habitants du Languedoc méditerranéen : les passions s'y sont entrechoquées, plaines contre montagnes, villes contre campagnes, protestants contre catholiques, terroristes contre aristocrates….

Après une paisible et fructueuse retraite partagée avec sa famille entre Montpellier et Malbuisson, le professeur Laurent quitta ce monde, le 24 juin 2001,

---

[84] « Esquisse méthodologique pour l'étude d'un vignoble », in *Actes du 86e Congrès national des Sociétés Savantes*, Montp., 1961.

[85] « Tradition et modernité. Le secteur agricole, 1789-1880 », *in* F. BRAUDEL et E. LABROUSSE, (dir.), *Histoire économique et sociale de la France*, Paris, PUF, 1976, t. III (2), p. 619-767.

[86] *La Révolution française dans le Languedoc méditerranéen*, Toulouse, Privat, 1987.

aussi discrètement qu'il y avait vécu. Ses anciens étudiants n'oublieraient pas le professeur exigeant de méthode qu'il avait été.

Ouvrages publiés par Robert Laurent (1908-2001)

L'agriculture de la « Côte d'Or » pendant la première moitié du XIX*e siècle*, Dijon, 1931, 216 p., 25 cartes, [fasc. 7 de *La Révolution en Côte- d'Or*].

Les Vignerons de la « Côte d'Or » au XIX*e siècle*, Dijon, Bernigaud, 1958, 2 vol., 572-272 p., 25 diagrammes, Publ. de l'Univ. de Dijon, XV.

L'Octroi de Dijon au XIX*e siècle,* Paris, SEVPEN, 1960, 174 p., 15 tableaux et planches, Bibliothèque générale de l'EPHE, VIe section, coll. Ports, routes, trafics, 12.

Sous la dir. de Fernand BRAUDEL, Ernest LABROUSSE, *Histoire économique et sociale de la France*, Paris, PUF, 1976, t. III (2), « Modernité et tradition. Le secteur agricole, 1789-1880 », p. 619-767.

Sous la dir. de Gérard CHOLVY, *Histoire du Languedoc de 1900 à nos jours,* Toulouse, Privat, 1980, « Évolution démographique et vie rurale ».

Avec Geneviève GAVIGNAUD, *La Révolution française dans le Languedoc méditerranéen,* Toulouse, Privat, 1987.

À noter aussi : *Mélanges d'histoire économique et sociale offerts en hommage au Professeur Robert Laurent,* préface d'Ernest Labrousse, Montpellier, Centre d'histoire contemporaine du Languedoc méditerranéen, 1982, coordination G. Gavignaud.

Jean Bouvier (1920-1987)

Historien[87] des banques et de l'économie, Jean Bouvier est né à Lyon, en 1920, dans une famille de boutiquiers républicains aux racines beaujolaises. Promu lycéen boursier, il compléta sa formation laïque chez les Éclaireurs de France, avant d'entrer, en 1935, aux Jeunesses Communistes où il côtoya la fraction de sa génération acquise à la révolution mondiale. Il obtint le baccalauréat et, militant convaincu, devient secrétaire de la Cellule « Étudiants » ; les événements de la guerre de 1939-1945 le conduisirent aux maquis, dans la région Rhône-Alpes où siégeait l'État-major de l'Armée Secrète ; il en fut l'un des coursiers avant de rejoindre les francs-tireurs partisans. La Libération conforta ses engagements : servir activement le Parti et enseigner l'histoire…

Sa carrière s'ouvrit par un succès à l'agrégation d'histoire, en 1945 ; dès que la préparation de ses cours lui en laissa le temps, il décida d'entreprendre une thèse, sous la direction du Professeur Charles Pouthas réputé pour ses travaux… en histoire religieuse. Il choisit d'étudier les premières années du Crédit Lyonnais (1863-1882), l'histoire bancaire française étant encore à écrire dans une histoire économique en construction. Un poste d'attaché de recherche au CNRS (1953) permit au doctorant d'intensifier ses investigations.

Toutefois, le militant communiste qu'il était resté prit le temps de cosigner avec Jean Gacon, professeur au lycée de Grenoble, une analyse du pacte germano-soviétique, *La vérité sur 1939 : la politique extérieure de L'URSS d'octobre 1938 à juin 1941.* Le texte ne manqua pas susciter une sévère critique, faisant rebondir la polémique autour du pacte germano-soviétique ainsi que de la pièce secrète qui lui

[87] Pages rédigées à la demande de C. Amalvi, en vue d'une publ. de notices biographiques.

aurait été annexée et dont les deux auteurs réfutaient l'existence. La vérité historique et l'idéologie ne cheminent pas de concert ; pour ne pas avoir suffisamment douté de ses sources, Jean Bouvier l'apprenait, et non sans ébranlement moral, à ses dépens ; il décida de servir désormais la seule histoire, prenant progressivement ses distances avec le parti qu'il finit par quitter à la fin des années 1960.

Il avait soutenu sa thèse sur le Crédit Lyonnais en 1959, était devenu dès l'année suivante directeur d'Études à la VIe section de l'École Pratique des Hautes Études. Boulevard Raspail, il se trouvait sous le toit qui abritait la revue des *Annales* dirigée, depuis la mort de Lucien Febvre (1956), par Fernand Braudel. Jean Bouvier a côtoyé des années durant les acteurs de la nouvelle école historique, celle des masses, du temps long, de l'histoire globale quantifiée. Il a rouvert les travaux de l'économiste François Simiand qui, dans l'entre-deux-guerres, avait pourfendu l'historien Henri Hauser[88]. En passe de devenir l'un des historiens contemporanéistes de l'économie les plus éminents de sa génération, Jean Bouvier n'en restait pas moins arrimé à certaines exigences héritées de l'école positiviste du début du siècle : l'enchaînement logique des faits sur fond de rigueur chronologique.

Ses principales orientations méthodologiques transparaissent dans les nombreux ouvrages qu'il consacra à l'histoire bancaire et financière : *Le Krach de l'Union Générale*[89] (titre de sa thèse complémentaire, publié en 1960) suivie *du Crédit Lyonnais. Ses années de formation 1863-1882* (titre de sa thèse principale, publié en 1961) ; les publications se succèdent en ce début des années 1960 : *Les Rothschild, Les deux scandales de Panama, Finances et Financiers sous l'Ancien Régime* (en qualité de coauteur).

L'historien quitte son poste à L'EHESS et poursuit sa carrière à l'université (Brest, Lille, Paris) ; vient l'heure des manuels (*Initiation au vocabulaire et aux mécanismes économiques contemporains*, 1re éd. 1969, fort prisée des étudiants, plusieurs fois rééditée) et synthèses éditoriales (*Un siècle de banque française,* 1973). L'auteur collabore, sous l'autorité de Fernand Braudel et Ernest Labrousse, à l'*Histoire économique et sociale :* il dirigea les trois volumes du tome IV (1979-1982).

Exceptée les parenthèses CNRS et EHESS, la carrière universitaire de Jean Bouvier est classique : il a occupé les postes d'assistant (Sorbonne), maître-assistant (Rennes), professeur (Lille, Paris VIII-Vincennes, Paris I Panthéon-Sorbonne où il professa de 1977 à 1984). La réputation de l'historien s'est fondée sur sa minutieuse analyse des mécanismes et des hommes qui régissent l'organisation bancaire ; elle s'est élargie, conformément aux centres d'intérêts évolutifs de l'auteur : les finances publiques, le rôle de l'État, l'impérialisme des capitaux, la croissance, le profit, les crises économiques. Derrière les préoccupations du spécialiste, se profile sans cesse la prise en compte des populations. Historien de l'économie, Jean Bouvier l'est aussi de la société. Et du temps présent. Bref, il est historien.

Auteur de plusieurs dizaines d'articles et de contributions d'ouvrages qui s'ajoutent à ses propres publications, le Professeur a œuvré pour une histoire où l'analyse renforce la description, où la critique des textes et des chiffres étaye la réflexion, où le quantitatif se mêle au qualitatif sans jamais le submerger. L'économétrie est mise au service de la connaissance, elle n'a jamais constitué un

---

[88] Titulaire, en Sorbonne, de la chaire d'histoire économique.

[89] Banque lyonnaise d'inspiration catholique, l'Union Générale fit faillite en 1882.

but d'étude unique. Sous la griffe de Jean Bouvier, l'histoire n'est ni en chiffres, ni en miettes.

C'est pour une « histoire vraie » qu'il a milité sans relâche. Mobilisant toute son acuité intellectuelle, il n'a eu de cesse de traquer l'erreur et la contradiction : il savait qu'il faut raisonner sur des bases justes. Tout un programme ! Pour ce faire, il revendiquait sa propre liberté de penser, et savait respecter celle d'autrui. À la tête de l'Association Française des Historiens Économistes, de l'Association éditrice de la revue *Le Mouvement social*, membre-fondateur de la *Revue XXe siècle*, codirecteur de l'Institut d'Histoire Économique et Sociale (Univ. Paris I), il a tenté de communiquer un nouvel élan à la diffusion de la recherche en histoire, sans parti-pris ni exclusive. Il fut aussi l'une des chevilles ouvrières de l'Institut du Temps Présent (CNRS).

Son discours de réception de la Légion d'Honneur (1985) et diverses publications ont marqué les deux dernières années de sa vie. À la *France restaurée* (1986) - où il s'entretient avec François Bloch-Lainé sur les événements dont ils avaient été les témoins au tournant des années 1940-1950 -, succède, l'année suivante, l'ouvrage que lui offrent en hommage ses anciens thésards (appelés aujourd'hui doctorants). Jean Bouvier signe les premières et les dernières pages de cette *Étude du capitalisme français aux dix-neuvième et vingtième siècles.* Publiés l'année même de sa mort (1987), ces textes font aujourd'hui figure de testament-bilan d'une œuvre.

À grands pas, le regard s'apaisant au gré des années, l'historien s'était éloigné tant des analyses des historiens-économistes de la génération ayant précédé la sienne que des certitudes des économistes de son temps ; il avait tourné le dos aux théories hâtivement bâties, comme aux hasardeuses corrélations faites dans la précipitation. Solidement arrimée au môle social, l'économie se montrait moins nerveuse que ne l'avait établi un arrogant économisme d'après-deuxième-guerre-mondiale. Les faits l'emportaient sur les arrière-pensées des idéologues.

Le « cas » français a longuement retenu l'attention de Jean Bouvier qui argumenta combien, dans le grand concert des sociétés humaines, se montrait spécifique le développement capitaliste des dix-neuvième et vingtième siècles. Une réinterprétation du capitalisme français prenait forme avant que ne s'opère l'accélération des mutations à l'échelle mondiale ; l'historien n'a cependant pas eu le temps de prendre acte du triomphe de la mondialisation financière sur les cendres du socialisme soviétique. Il aurait eu les outils intellectuels pour en mesurer la force déferlante…

Laissons René Rémond saluer, à titre d'hommage et en termes choisis, « l'un des meilleurs et des plus grands assurément de sa discipline, dont il observait les exigences et maîtrisait les difficultés, un historien complet à qui peu de domaines étaient étrangers ou indifférents […] Il était pénétré de l'idée que les hommes étaient en dernière analyse les sujets de l'histoire, ses agents, parfois aussi ses victimes.[90] »

---

[90] René RÉMOND, « Jean Bouvier », *Revue du Vingtième Siècle, Revue d'Histoire,* 1988, vol. 18. Comme H.-I. Marrou, R. Rémond est classé avec les historiens catholiques.

Ouvrages publiés par Jean Bouvier (1920-1987)

Études sur Le Krach de l'Union Générale 1878-1885, Paris, PUF, 1960.

Les Rothschild, Paris, le Club Français du Livre, 1960, 1967 ; Bruxelles, Éd. Complexe / Paris, A. Fayard, 1967, plusieurs rééd.

Naissance d'une banque : le Crédit Lyonnais, 1863-1882, 1re éd., Paris, SEVPEN, 1961 ; éd. abrégée Paris, Flammarion, 1968. *Le Crédit Lyonnais, 1863-1882 : les années de formation d'une banque de dépôt,* Éd. de l'EHESS, 1999.

Les Deux scandales de Panama, 1re éd. 1964, nouvelle éd. Paris, Gallimard, 1973.

Un Siècle de banque française, Paris, Hachette, 1973.

Initiation au vocabulaire et aux mécanismes économiques contemporains, Paris, CDU-SEDES, 1re éd. 1969, 5e en 1985.

L'Historien sur son métier, études économiques XIXe-XXe siècles, Éd. des *Archives Contemporaines, 1989.*

Avec Jean GACON, *La Vérité sur 1939 : la politique extérieure de* L'URSS *d'octobre 1938 à juin 1941,* Paris, Éd. Sociales, 1954.

Avec Henri GERMAIN-MARTIN, *Finances et financiers de l'Ancien Régime*, Paris, PUF, 1964.

Avec François FURET, Marcel GILLET, *Le Mouvement du profit en France au XIXe siècle, Matériaux et Études*, Paris, EHSJ-Mouton, 1965.

Avec Robert SCHERB, Jacques WOLFF, *Deux Siècles de fiscalité française, Histoire, économie, politique,* Mouton, 1973.

Avec René GIRAULT, Jacques THOBIE, *L'Impérialisme à la française*, Paris-La Haye, Mouton, 1976. La Découverte, 1986.

Sous la dir. de Fernand BRAUDEL et Ernest LABROUSSE, *Histoire économique et sociale de la France*, t. IV en responsabilité, Paris, PUF, 1979-82, 3 vol.

Avec Jean-Claude PERROT, *États, fisc, économie*, Actes du Ve congrès de l'AFHE, Sorbonne, 1985.

Avec François BLOCH-LAINÉ, *La France restaurée 1944-1954, dialogue sur les choix d'une modernisation*, Paris, Fayard, 1986.

Alias Jean Jacques LAURENDON, Psychanalyse des banques, Éd. SEDIMO, 1964.

À noter aussi : Coordinateurs Patrick FRIDENSON et André STRAUS, *Le Capitalisme français XIXe et XXe siècles. Blocages et dynamiques d'une croissance, Hommage à Jean Bouvier*, Paris, Fayard, 1987.

De nombreux articles s'ajoutent à cette liste d'ouvrages.

Chapitre 3

La propriété des terres dans le temps long des sociétés rurales constitutives de la France (années 1980)

L'étude de la propriété des terres s'était imposée à mon attention au cours de mes études d'histoire et l'a, des années durant, occupée.

Une thèse sur la propriété que préface Jean Bouvier

Édités par les Publications de la Sorbonne, sous le titre *Propriétaires-viticulteurs en Roussillon, structures, conjonctures, société,* les deux tomes extraits du document de thèse de quelque mille deux cents pages[91] sont préfacés par Jean Bouvier :

"Geneviève Gavignaud a mis, dit-elle, « plus de cœur que de raison » dans le grand œuvre de sa thèse d'État. Son lecteur corrigera : « Mais autant de raison que de cœur ». Il sait d'ailleurs qu'il faut aimer les êtres et les choses pour les comprendre. La fameuse « distance » par rapport à l'objet n'est pas garantie majeure de scientificité ni d'honnêteté intellectuelle. Parler d'une terre, de ses gens, d'un pays dont elle peut porter direct témoignage, Geneviève Gavignaud allie la sympathie qui permet d'aller au fond des réalités, à la rigueur d'approches chiffrées mais qui ne saisissent que des signes extérieurs : l'Histoire-discipline gagne toujours à être un humanisme.

Une tranquille audace, un immense pari ont présidé à cette réussite : parler d'une histoire « régionale », et parfois « locale », de manière telle que cette « étude de cas » a servi de base à l'édification d'une problématique ayant valeur générale. Le microcosme roussillonnais grossi au microscope, a livré ses problèmes. Et finalement, ceux-ci se révèlent être ceux de notre temps.

L'audace était de choisir la voie interséculaire. Mais comment l'éviter puisque le film des structures agraires, et l'histoire des « sociétés paysannes » tourne toujours au ralenti. Pour comprendre le présent de la terre et des hommes, il fallait ausculter le passé le plus long. Et pour éclairer ce passé, il fallait comprendre le présent. L'histoire doit aboutir au « temps présent » pour conserver son poids et sa chaleur. D'où la satisfaction de celui

---

[91] Cf. *La Propriété en Roussillon, structures et conjonctures agraires, XVIIIe-XXe s.*, thèse pour le doctorat d'État, Univ. de Paris I Panthéon Sorbonne, 1980, Atelier national de reproduction des thèses, (ANRT) Lille, 1981, 3 tomes microfichés, 1200 p. Texte adapté *in Propriétaires-viticulteurs en Roussillon, structures, conjonctures, société,* Paris, Publ. de La Sorbonne, 1983, 2 t.

qui partira, en lisant ces pages, à la recherche du Roussillon perdu. Mais si longtemps conservé.

Geneviève Gavignaud a rendu compte, c'est-à-dire expliqué, la longue émergence, et têtue, de la propriété indépendante du sol formée de fait bien avant les Droits de l'Homme et le Code Civil, mais consolidée par eux. Mais elle nous fait voir aussi le précoce effacement des « paysans », le relais pris par des agriculteurs vendeurs, bien repérables en plein XVIIIe siècle, et la formation, au sein d'une ruralité inégalitaire, des gros bataillons d'une démocratie propriétaire, tôt ouverte au marché et de plus en plus sous son emprise. À travers les siècles et les aléas des conjonctures se révèle l'extraordinaire résistance d'une structure sociale, une sorte de permanence de la petite propriété, et de la petite exploitation. En plein temps de la croissance capitaliste, cette démocratie propriétaire, pour continuer d'être, pour survivre, a refusé les voies du capitalisme à la terre, tout en étant, sous nos yeux, pleinement dominée par la « société englobante ». Il est vrai que cette démocratie fut et demeure surtout vigneronne.

La vigne, propriété du pauvre à l'origine, a d'abord fait la force de la propriété indépendante au XIXe siècle avant d'engendrer sa faiblesse au XXe siècle. L'intendant du Roussillon notait en 1781 : « Peu de pauvres et peu de riches, mais la danse et la musique consolent. » C'est aux Roussillonnais d'aujourd'hui de dire ce qu'ils croient être devenus.

Geneviève Gavignaud a su en même temps sortir du Roussillon. Ne se contentant pas de la nécessaire approche positiviste, ni de se faire à la fois démographe, économiste, sociologue, c'est-à-dire pleinement historienne, elle a voulu comprendre, à travers un destin régional, les mécanismes de fonctionnement d'un milieu socio-professionnel en vérité complexe. D'où une sorte de méditation sur les sociétés agraires, ces « sociétés discrètes », que l'on entend à peine bruire, mais qui durent. D'où la familiarité acquise par elle de diverses approches conceptuelles et théoriques, où son innocence idéologique originelle fait merveille. Elle lui permet en effet, sans perdre sa liberté d'esprit, d'aboutir à une typologie raisonnée et convaincante des forces en jeu dans la société foncière roussillonnaise. Et des forces en jeu dans toute société, pourra dire son lecteur.

Tout groupe se transforme par le dedans, et par les influences du dehors. De la « dialectique spontanée » entre conjoncture économique et structures sociales, on passe à la « dialectique bloquée », due à l'intervention du politique, c'est-à-dire de l'État : bloquée, du moins, des années 1900 aux années 1950, puisque depuis quelques vingt ans, l'État s'efforce d'aider au déblocage des structures séculaires de la propriété et de l'exploitation. Alors la petite propriété indépendante est à la limite de la survie. Dans l'été 1981 nombreux sont ceux qui ont encore en cave, en Roussillon comme en Languedoc, la récolte de l'automne 1978. D'où, comme l'auteur le décrit non sans âpreté... « l'exode vers la ville, son formica et ses cinés ». La démocratie propriétaire s'est défendue au XXe siècle par ses syndicats, ses mutuelles, ses coopératives, et l'État l'a longtemps flattée pour de profondes raisons socio-politiques. Mais l'histoire d'un pays révèle les « forces interactives » du mouvement social : les facteurs structurels (tout ce qui relève de la propriété du sol comme agent de l'organisation sociale), les forces conjoncturelles instables du « marché » ; les comportements, choix, contraintes, libertés des populations concernées ; la politique de l'État enfin, c'est-à-dire l'ensemble du socio-politique.

Geneviève Gavignaud nous expose là un « modèle », qualitatif sans doute, mais un modèle pertinent. Remplaçons la propriété du sol par celle du « capital », quittons les campagnes pour les villes et le modèle demeure fonctionnel. « Il n'y a pas coïncidence (au XXe siècle) entre les modes de fonctionnement de la société rurale et ceux de la société englobante. » Celle-ci baptisée trop souvent chez bien des auteurs comme étant simplement « la ville », laquelle n'est qu'un lieu alors que c'est de forces sociales qu'il s'agit, finit par imposer sa loi à des paysans-vendeurs qui n'ont résisté dans la longue durée que par l'auto-exploitation forcenée de leur force de travail. Du coup, « ex-post », l'Histoire peut prendre les apparences d'une logique. Mais la logique du marché est-elle une fatalité ? Geneviève Gavignaud nous assure qu'elle ne cherchait « ni un modèle, ni une chimère ». Certainement. Mais elle nous offre un exemple double : le Roussillon, et son œuvre."

Je ne ralentissais pas mon rythme de travail. J'ai rédigé et publié dans des revues françaises, catalane, allemande, des articles puisant leur information dans ma thèse. Ils constituent les jalons d'une recherche à longue portée ; le titre et le contenu de chacun d'entre eux prouvent que, profondément imprégnée des réalités locales, la réflexion atteint les strates profondes de l'existence humaine et sociale, autrement dit, celles de la complexe architecture du socio-économique[92]. J'avais compris que c'est en prise directe avec les « réalités » - et non s'en tenant à des « idées » - que la « cohérence logique » exprime une « vérité » : autrement dit, la cohérence logique d'idées n'est pas en soi garantie de véracité : si toute vérité est porteuse de cohérence logique, la cohérence logique d'idées ne suffit pas pour dire le vrai.

Je devais veiller à ce que, ancrés dans le réel, mes propos ne soient pas altérés.

[92] Vingt-cinq ans plus tard (2005), l'*item* propriété m'offrirait de rédiger une étude à dimension européenne ; les conclusions doctorales seraient réitérées à plus vaste échelle : cf. *Propriété et société rurale en Europe, les doctrines à l'épreuve de l'histoire sociale française (années 1780-1920),* Nantes, Les Éd. du Temps, 2005. Cf. *infra,* chap. 6.

Propriété et exploitation de la terre aux siècles contemporains. Le petit propriétaire ne se confond pas avec le petit exploitant

Les concepts « propriété » et « exploitation », ne sont pas interchangeables, droit foncier et droit des contrats ont trait à deux catégories juridiques distinctes du droit privé. Fort opératoire et déjà vulgarisée par Robert Laurent[93], la distinction terminologique et juridique reste opposable à toute confusion.

Il m'a fallu rapidement lever tout amalgame entre « propriété *usus et abusus* » et « exploitation » (métayage, fermage) ; un rappel historiographique à ce sujet s'avère utile. Ma thèse sur la propriété avait été publiée en 1983 ; Ronald Hubscher en 1985[94] et, une dizaine d'années après, son élève Jean-Luc Mayaud[95] ont mis en exergue l'« exploitation » (et non la « propriété »), le second préférant les statistiques administratives agricoles aux relevés cadastraux *in situ* ; sans doute faut-il dire ici que, complémentaires, ces sources d'information ne s'excluent pas respectivement[96].

Les témoignages sur la non superposition des conditions de propriétaire et de métayer ou de métayer aux siècles passés ne manquent pas, qu'ils émanent de syndicalistes engagés, tel Émile Guillaumin[97], ou d'agronomes, tel Louis Malassis[98]. Quant à la condition de fermier, que Jean-Marc Moriceau détecte dès le dix-septième sur des « exploitations »[99], elle ne saurait être, à elle seule, caractéristique de la société française pré ou postrévolutionnaire. La grande propriété n'a pas toujours été en France « exploitation de rapport » ; à quelques exceptions près, l'équivalent des *Junker* prussiens et des *landlords* britanniques n'a pas levé en masse sur le

---

93 « Tradition et modernité. Le secteur agricole, 1789-1880 », in F. BRAUDEL et E. LABROUSSE (dir.), *Histoire économique et sociale de la France*, Paris, PUF, 1976, t. III (2), p. 619-767

94 Ronald HUBSCHER, « La petite exploitation en France : reproduction et compétitivité (fin *XIX*e - début *XX*e s.) », *Les Annales ESC*, t. 276, 1, p. 206-210.

95 Jean-Luc MAYAUD, *La Petite exploitation rurale triomphante,* Paris, Belin, 1996, p. 31-36.

96 Le dépouillement du cadastre - établi au début du XIXe s. pour asseoir l'impôt - et plusieurs fois mis à jour, s'avère long et fastidieux ; pour établir une équivalence superficie/revenu, il faut en outre affiner la notion de superficie par celle des natures de culture. L'INSEE a ainsi pu composer, variable selon lieux et cultures, une échelle mobile des petite, moyenne, grande propriété en intégrant la force productive de la terre, et fournir une opératoire typologie structurelle foncière.

97 Emile GUILLAUMIN, *La Vie d'un simple,* 1904.

98 Louis MALASSIS, *La Longue marche des paysans en France,* Paris, Fayard, 2001.

99 Jean-Marc MORICEAU, « Les grandes exploitations en France du XVIIe au XIXe s. », *in Les Sociétés rurales en France et en Allemagne, XVIIIe-XIXe s.,* Bibliothèque d'histoire Rurale, 8, Rennes, 2004, p. 65-82. L'affirmation, p. 82, que « ces grandes familles de fermiers sont, pour la France, l'équivalent des J*unker* prussiens et des *landlords* anglais dans la modernisation de l'agriculture européenne » se fonde sans nul doute sur quelques cas précis, mais ne saurait concerner, sans de fortes nuances, l'ensemble des campagnes françaises ; notamment celles où de vives résistances ont freiné les volontés libérales.

sol français ; celui-ci suscitait de plus humbles ambitions, chacun se laissant convaincre que la propriété foncière - même de petite taille - constituait le moyen de son indépendance économique.

Nul ne saurait faire oublier l'importance historique de la petite propriété dans la France contemporaine. L'exploitation, qui inclut le contrat de location - modernes versements d'argent en remplacement des anciennes parts de fruits - s'adapte plus que la propriété à une modernité économique préférant le profit des capitaux à la stabilité structurelle ; souplesse du contrat et enracinement dans le foncier sont peu conciliables. Le passé étant suffisamment complexe à comprendre, il est du devoir de l'historien de lever toute confusion.

Le dix-neuvième siècle propulsa les populations européennes de la fin du régime seigneurial au renforcement du régime salarial. Entre les deux, le libre accès à la propriété du sol - en voie de généralisation en France jusqu'à la mi-vingtième siècle -, et l'indépendance gestionnaire des propriétaires ont été interprétés différemment : par les économistes, comme une transition historique plus ou moins longue vers le capitalisme ; par les moralistes, comme un état souhaitable et bénéfique autant pour la société que pour chacune de ses familles.

Reprenons ici les grandes lignes des *Campagnes en France,* ouvrage rédigé à la fin des années 1980, et publié en deux volumes en 1990[100].

Des « propriétaires-agriculteurs-marchands » français tôt exposés à une violente concurrence

Soumise par le droit français aux exigences de partage égalitaire entre héritiers, la propriété foncière a accentué sa fragmentation dès les premières décennies du dix-neuvième siècle ; lorsqu'elle est en partie vivrière, en partie intégrée au marché local, l'agriculture s'accommode de la petite propriété.

Avec l'ouverture des marchés orchestrée dans les années 1860 par l'empereur Napoléon III, les propriétaires-agriculteurs-marchands dépendants d'un commerce plus intense et à plus vaste rayon géographique ont subi de plein fouet les effets d'une concurrence européenne et mondiale devenue violente en deux décennies. La chute drastique des prix à la production, et donc des bénéfices légitimés par le travail familial, conduisait à la ruine les producteurs les moins novateurs. Leurs doléances abondent dans les dossiers d'archives.

Par l'échec commercial, et en l'absence de contre-offensive, viendrait la concentration foncière qui ralliait les suffrages tant libéraux laisser-fairistes que socialistes, ces derniers programmant la disparition de la propriété

[100] Cf. *Les Campagnes en France*, t. 1, *XIX*^e^ s., t. 2, *XX*^e^ s., Paris-Apt, Ophrys, 1990.

privée. Dans les nations ambitieuses de se positionner en grande puissance contemporaine, la petite propriété était appelée à disparaître au profit de la grande exploitation productiviste, que celle-ci relève de détenteurs privés, ou étatiques, ou groupés.

Confrontés au marché à vaste échelle, et tributaires des aléas spéculatifs qu'il génère trop souvent, les propriétaires-agriculteurs-marchands ont assez rapidement évalué le risque majeur de ruineuse déstabilisation de la propriété familiale, et l'ont situé dans le libre jeu des prix sur les marchés. Passé l'effet de surprise, ils ont cherché, par l'autodéfense professionnelle et des lois de sauvegarde, à se maintenir… Aristocrates et républicains se sont transformés, à la fin du dix-neuvième siècle, en agrariens respectivement de droite et agrariens de gauche pour la survie des paysans. Un agrarisme à vaste échelle et politiquement divisé qui, faut-il le souligner, se distingue de l'agrarisme élitiste, défenseur du droit d'aînesse au début du siècle.

Orchestrée par les conservateurs (catholiques) aussitôt rejoints par les républicains attentifs à ne pas perdre de suffrages électoraux, la défense de la propriété familiale, qu'elle soit dite « petite propriété », « propriété paysanne » ou plus confusément « petite exploitation rurale », a galvanisé la résistance des populations sur leurs lopins de terre. Ainsi ont-elles obtenu quelques lois d'encadrement de la dynamique économique de leur pays. Parce que les petits propriétaires sont apparus comme autant de barrages au socialisme marxiste, et autant de bons soldats de la Patrie - alors assimilée à la République -, des contraintes ont été imposées au marché laisser-fairiste, honni par ceux qu'il ruinait. La valorisation des petites structures était devenue affaire d'intérêts politiques, tant pis si leur efficacité économique décevait les chasseurs de profit.

Puis, la guerre de 1914-1918 ayant décimé la jeunesse masculine, la pression sur la terre s'allégea ; les morts de la guerre laissaient leur place aux rescapés du carnage. Avec la protection que, sous la pression d'une forte organisation professionnelle, continuaient à lui accorder les pouvoirs publics, la petite propriété s'est arc-boutée sur ses défenses, s'est renforcée jusqu'à la deuxième guerre mondiale, drainant même en sa faveur des promesses électorales socialistes, voire communistes ; elle n'a pas cédé la place à la grande exploitation industrielle que plébiscitaient tant les économistes qu'ils soient smithiens ou marxistes. Bloquées par une efficace résistance populaire, les exploitations capitalistes déjà en place devaient se satisfaire de tirer parti des bas salaires qui avaient cours.

En somme, les populations laborieuses ont veillé, jusqu'à l'entre-deux-guerres et tant que faire se put, à garder le marché au service de la société. Cela leur semblait la norme, contrairement à ceux qui prétendaient mettre la société au service du marché ou de l'État. Les petits propriétaires ont maintenu leur existence à grand renfort de défenses associatives et de lois protectrices, et ils perdureraient tant que resteraient efficaces ces deux atèles. Et cela, tant que le critère d'efficacité économique ne se substituerait pas aux préoccupations sociales pour faire du marché mondial l'exutoire de la « nouvelle agriculture », moyennant le glissement de la « propriété » en « exploitation » et l'agrandissement des structures.

Les années 1920-30 et jusqu'au milieu des années 1940 avaient permis à la très petite propriété du dix-neuvième siècle - née du dépècement de la grande - de s'arrondir en structure de production marchande ; le coup d'arrêt conservateur donné à l'offensive laisser-fairiste du siècle précédent a pris fin dans l'après-Deuxième guerre mondiale.

Les longues générations de cultivateurs s'éteindraient dans l'euphorie des *swinging sixties* favorables à la grande exploitation, avec de chiches retraites pour accompagner les survivants, moqués ou méprisés, jusque dans l'oubli. Éphémère se montrait le sort des propriétaires-agriculteurs-marchands qui avaient pris le relais des paysans-tenanciers ayant traversé les siècles ; à l'emprise des gens de la terre et de leurs familles, succèderaient ici le vide villageois, là des exploitations à caractère productiviste.

Le droit de propriété *usus et abusus* reconnu en 1789 n'a pas valu long enracinement de ses bénéficiaires ; deux siècles plus tard, la plupart ont loti, vendu ou abandonné à la friche quantité de parcelles arables. Le passage par un guichet prêteur d'argent, au Crédit Agricole ou autre banque, a souvent constitué l'étape précédant le renoncement à la terre ancestrale. Chacun apprit à ses dépens que, périlleuse à conquérir, et exigeante de soins pour la préserver, la terre se perd rapidement et pour longtemps si l'on y prend garde. Habiter à la campagne n'impliquait plus de travailler la terre.

Annexe 5. Ouvrages de l'auteur sur la propriété foncière

Thèse

- *La Propriété en Roussillon, Structures et conjoncture agraires, XVIIIe-XXe-siècle,* Thèse Paris I Panthéon-Sorbonne, diffusion microfichée Lille, ANRT, 1981 ; adaptée et éditée en 1983 par les Publications de la Sorbonne (cf. ci-dessous).

Livres

- *Propriétaires-viticulteurs en Roussillon, structures, conjonctures, société, XVIIIe-XXe siècle,* Paris, Publications de La Sorbonne, 1983, 2 t. adaptation de la thèse, préface de Jean Bouvier.
- *Les Campagnes en France.* t. 1 : XIXe siècle, t. 2 : XXe siècle, Paris-Apt, Ophrys, 1990.
- *Propriété et société rurale en Europe, les doctrines à l'épreuve de l'histoire sociale française (années 1780-1920),* Nantes, Les Éd. du Temps, 2005.

Articles publiés dans des revues, des actes de colloque ; contributions à des ouvrages collectifs

- « L'organisation traditionnelle communautaire dans les hauts pays catalans », dans *Conflent, Vallespir, Cerdagne,* Montpellier, Fédération historique du Languedoc-méditerranéen et du Roussillon, 1980, p. 201- 216.
- « La frontière pyrénéenne et la partie française de la Catalogne depuis 1659 », dans *Frontières et Limites, 101e Congrès national des Sociétés savantes,* Paris,

Secrétariat d'État aux Univ., Bibl. nat., 1976, p. 155-170. Texte repris sous le titre « La frontière pyrénéenne en Catalogne », Roussillonnaises, Revue d'Histoire et d'Archéologie Méditerranéennes, Perpignan, t. IX, 1989, p. 87-103.

- « Le rapport foncier ville-campagne en Roussillon au début du XIXe siècle », dans *Bulletin de la Société languedocienne de Géographie,* Montpellier, 1982, p. 7-18.

- « La propriété privée des terres en Roussillon : respect et contestations 1789-1848 », dans Jean NICOLAS (sous la dir. de), *Mouvements populaires et conscience sociale XVIe-XIXe siècle*, Paris, Malouine, 1986, p. 253- 260.

- « État et propriété dans le vignoble méridional (1880-1980), dans *Un siècle d'agriculture française 1880-1980,* Paris, Économie Rurale, 1988, p. 92-100.

- « Les effets d'un droit rural spécifique dans une région frontière », dans *La Terre privée et les conduites patrimoniales dans la France rurale,* Paris, ARF, 1991, p. 225-240.

- « Rupture ou continuité de la politique structurelle ? Le statut du fermage et du métayage. Ses projections en Languedoc-Roussillon », in Jules MAURIN (dir.), *Lendemains de Libération dans le Midi de la France,* Montpellier, Centre d'Histoire Militaire, Univ. Montp III, 1997, p. 181-192.

- « Paysans, Révolution, Propriété, 1789-1804 », dans *Mélanges Michel Péronnet,* sous la dir. de J. FOUILLERON et H. MICHEL, Montpellier, CHMCEMP, PULM, 2006, t.3, p. 355-370.

- « Les Perpignanais et la terre roussillonnaise au *XVIIIe* siècle : un rapport peu spéculatif », dans *Villes et représentations urbaines dans l'Europe méditerranéenne XVIe-XVIIIe siècle, Mélanges en l'honneur du professeur Henri Michel,* J. FOUILLERON et R. ANDRÉANI coord. Montpellier, PULM, 2011, p. 105- 112.

Annexe 6. Qu'est-ce un paysan ?

La question[101] a maintes fois été posée[102]. La référence à l'étymologie est incontournable. « Paysan » viendrait de « païsant » utilisé au Moyen Age, et ayant donné « païsanterie » au seizième siècle (du Fail), puis « paysannerie » au siècle suivant (Molière). « Païsant » venait du latin « *pagus* », source de « pays », et décliné en « *paganus* » (païen) aux troisième et quatrième siècles (Tertullien, saint Augustin), puis en « page(n)sis » au seizième siècle (Grégoire de Tours).

---

[101] Extraits du texte de G. GAVIGNAUD, « À propos des voies de passage de l'agriculture paysanne à l'agriculture capitaliste » publié *in Le Mouvement social,* Paris, les Éd. Sociales, 1978, n° 104, p. 31-42, et republié par Michel PIGENET et Gilles PÉCOUT (dir.) *in Campagnes et Sociétés en Europe, 1830-1930,* Paris, Éd. de l'Atelier, 2005, p. 25-36.

[102] Pierre BARRAL, « Note *historique* sur l'emploi du terme paysan », *in Études Rurales,* n° 21, avril-juin 1966, p. 72-80. Maurice AGULHON, « Apogée et crise de la civilisation paysanne », *in* Histoire *rurale de la France,* sous la dir. de G. DUBY et A. WALLON, Paris, Seuil, 1976, t. III, p. 20. Henri MENDRAS, *Sociétés paysannes*, Paris, A. Colin, 1976, p. 9-12. Marcel JOLLIVET, « Du paysan à l'agriculteur, le changement social dans le monde rural », *in Les Champs de la sociologie française,* Paris, A. Colin, 1988. Raymond HUARD, « Rural, Promotion d'une épithète et sa signification politique et sociale, des années 1860 aux lendemains de la Commune, *in Revue d'Histoire moderne et contemporaine,* t. 45, oct.-nov. 1998, p. 72-81. Paul FÉNELON, *Dictionnaire d'histoire et de géographie agraires,* Toulouse, Presses Univ., 1991.

Lorsque l'on ne néglige pas ce que les gens disent d'eux-mêmes, surgit la conviction que les appellations ont évolué de « pagés » vers « laboureurs » et « cultivateurs »[103] au dix-huitième siècle, avec une préférence pour « propriétaires » au dix-neuvième siècle, progressivement remplacés par « agriculteurs » et « exploitants » au siècle suivant, avant que n'arrive le tour des « entrepreneurs ».

Une façon de signaler que le terme « paysan » est peut-être (re)venu d'ailleurs.

« Paysan » est-il venu de l'anglais « peasant » ?

A la différence du *« farmer »*, dynamique et moderne entrepreneur, et du *« landlord »,* à l'existence cossue sur ses domaines, « *yeoman* » désigne, en Angleterre, le franc-tenancier médiéval (*freeholder)* qui s'adonnait, librement, à une culture encore largement empreinte d'autosubsistance. Entre les trois, il y a une place pour laisser la nostalgie parer de traits sympathiques le rustre campagnard d'autrefois, dit, en l'occurrence, « *peasant* ».

« *Peasant* », certainement issu du français médiéval « païsant », a sans doute retraversé la Manche, et redonné vie au « paysan », notamment au nord de la France. Si « paysan » avait coulé, en droite ligne à travers les siècles, de « pays », il ne se serait certainement pas chargé d'un sens souvent perçu comme péjoratif moins par les populations françaises concernées que certaines de leurs élites, et aurait été inséparable de l'histoire de leur pays.

Or, ceux qui la partageaient étaient dits, dans l'ancienne France, « pays » et « payses ». Sous sa forme moderne, « paysan » fait d'abord florès à Paris et à Versailles, comme pour souligner que la civilisation venait de la « ville », laissant toute rustrerie aux campagnes. La Bruyère avait donné le ton, en décrivant sans les nommer, dans ses *Caractères,* les travailleurs de terre : « l'on voit certains animaux farouches, des mâles et des femelles, répandus par la campagne, noirs, livides et tout brûlés du soleil, attachés à la terre qu'ils fouillent et qu'ils remuent avec une opiniâtreté invincible ; ils ont comme une voix articulée, et quand ils se lèvent sur leurs pieds, ils montrent leur face humaine, et en effet, ils sont des hommes. Ils se retirent la nuit dans leurs tanières, où ils vivent de pain noir, d'eau et de racines ; ils épargnent aux autres hommes la peine de semer, de labourer et de recueillir pour vivre, et méritent ainsi de ne pas manquer de ce pain qu'ils ont semé »[104].

Lorsque, deux siècles plus tard, l'écrivain suédois August Strindberg visite Paris, il ne manque pas d'opposer « ville » et « paysans », ni de relever, à son tour, que la première nourrit les autres, et plus encore : « la ville est une aristocrate qui vit du travail de la campagne. Elle se nourrit, s'habille, s'amuse aux dépens de la campagne. Le paysan, qui est encore un nigaud, fournit de la nourriture et de la boisson à la ville »[105]. La ville serait, dans cette version réactualisée de la fable romaine de Plutarque[106], « l'estomac », et les paysans « les membres ». Sans doute avant lui d'autres citadins avaient-ils dépeint les « paysans », tel Halévy dans sa

---

[103] Chefs d'exploitation de grande (laboureurs) ou petite (cultivateurs) taille.

[104] LA BRUYÈRE, *Les Caractères*, Paris, Éd. R. Garapon, classiques Garnier, 1983, p. 339. John Stuart Mill partage cette vision, reprenant les propos d'un auteur anglais : « ils se tourmentent du matin au soir, d'un bout de l'année à l'autre ; ce sont les plus endurants, les plus infatigables, les plus persévérants des bêtes de somme » (sic !)

[105] Auguste STRINBERG, *Parmi les paysans français,* Bonnier, 1889, Arles, ét. Actes Sud, 1988, trad. E. Ahlstedt et P. Mouziet, p. 15.

[106] PLUTARQUE, *Vies,* « La vie de Coriolan ».

Visite aux paysans du Centre[107]. Le « paysan » serait-il connu seulement des citadins ?

Peut-être est-il utile encore de faire remarquer que, dans l'Hexagone, le caractère discriminatoire accolé à « paysan » ne s'est effacé, et le mot ne s'est répandu, au niveau des campagnes, que lorsque la « propriété paysanne » a relayé la « propriété familiale », sous la Troisième république. Et il faut attendre l'entre-deux-guerres, pour que les populations elles-mêmes expriment « la fierté d'être paysan », au moment où l'exode nourrit, dans la mémoire des partants, le souvenir de leurs racines. Alors se renforce, chez les restants, la volonté de renouer avec des ancêtres souvent présentés sous les traits de Jacques Bonhomme. En France, le « paysan » est alors - et à nouveau - généralement assimilé au « pays ». Pour les Anglo-saxons, le *peasant* trouvait sa justification dans sa condition campagnarde, « être paysan c'est un état », a-t-il souvent été dit en écho sur la rive sud de la Manche. Mais quel état ?

En France, le vocable privilégie-t-il le rapport à la ville ou au marché ?

Le « paysan » est parfois paré, en France, des traits de l'économie traditionnelle, présentée comme plus ou moins généreuse : « avoir du pain dans la huche, du grain au grenier, quelques barriques au cellier, une vache à l'étable, la basse-cour pleine de volailles, la possibilité de vendre quelque surplus, c'était de quoi contenter une paysannerie pauvre de moyens et d'ambitions.[108] »

Autant dire que, dans cette perspective, l'économie paysanne répond prioritairement à la logique de l'autosubsistance de la famille, et qu'elle fournit, sous forme et à des degrés variables, une contribution au marché. Et ce n'est pas tout : elle fournit une part de son bénéfice, en nature ou en espèces, sous forme de prélèvements divers, une part de son produit au maître du sol comme aux pouvoirs publics. C'est le sens que privilégie Maurice Agulhon, pour qui être paysan, c'est avoir son sort « intimement lié à une économie rurale figée, tributaire qu'elle est de l'accident météorologique et des inerties de l'appareil commercial.[109] »

Concentrons l'attention sur le marché. Il est des produits dont la destination essentielle est la vente, non des seuls surplus, mais de l'essentiel de la récolte : « l'on ne boit pas sa vendange comme l'on mange sa moisson » a martelé Ernest Labrousse. Sans nul doute, le blé n'a pas tardé à rejoindre le vin sur les marchés, la céréaliculture à destination commerciale entraînant dans son sillage la transformation des propriétaires-exploitants en producteurs-vendeurs, plus généralement désignés comme « agriculteurs ». Par le truchement de la variation des prix, conséquence inéluctable du contact croissant avec le marché, la loi de l'offre et de la demande fait sentir ses effets en l'absence de règles commerciales. La petite production marchande peut, en conséquence, apparaître comme forme embryonnaire du mode de production capitaliste, annonciatrice, ou non, de production capitaliste.

Cette forme de production - la petite production-marchande - encore aux mains d'une large fraction de la population et déjà ouverte au marché, serait-elle encore à qualifier de « paysanne » lorsqu'elle se verrait intégrée au grand marché ? Ses

---

[107] Daniel HALÉVY, *Visite aux paysans du Centre,* Paris, Grasset, 1935.

[108] Daniel FAUCHER, « Routine et innovation paysannes », *in La vie rurale vue par un géographe, Toulouse, 1962, p. 117.*

[109] M. AGULHON, *op. cit.,* t. III, p. 20.

acteurs, dits « agriculteurs précapitalistes », « artisans agricoles », sont-ils aptes à développer une production exigeante en capitaux, et donc en profits ?

Il semble bien que non ; il convient, pour le moins, de s'interroger sur les éléments susceptibles de freiner le processus évolutif. La force de l'association coopérative et mutualiste, venue renforcer la cohésion des agriculteurs face aux menaces du capitalisme commercial et industriel, est évidente. Le pouvoir de l'Etat, par le biais de sa législation, est décisif. En outre, la division parcellaire fait généralement obstacle au remembrement, passage obligé pour inciter à l'investissement financier dans l'agriculture. Le problème des structures ramène à celui du capital : pour que celui-ci s'intéresse à une branche de production, il faut qu'elle lui apparaisse source de gros profit.

Lorsque c'est le cas, l'investissement d'un capital étranger à l'agriculture, dans un secteur dynamique de la production agricole, métamorphose les exploitants en entrepreneurs agricoles, dont les caractères se rapprochent de ceux des entrepreneurs industriels contemporains, productivistes et affairistes. Les « paysans » disparaissent, remplacés par des salariés mis au service des gros exploitants, eux-mêmes à la botte du capital. Une analyse qui rappelle les écrits des socialistes agraires.

L'empreinte du socialisme allemand

L'histoire a des constantes. Les travailleurs de terre soumis aux détenteurs du sol, fussent-ils seigneurs ou actionnaires, ne sont jamais pleinement indépendants sur leurs terres. Cela signifierait-il que les tenanciers des siècles seigneuriaux, les métayers des économies peu monétarisées, et les propriétaires endettés des siècles capitalistes, ayant en commun d'être privés d'une réelle liberté sur leurs terres, partagent le sort de « paysans », lesquels ne se caractérisent pas seulement par la production de leur nourriture ?

Il semble que ce soit là la version socialiste *made in Germany.* Friedrich Engels, dans *La guerre des paysans,* en fait des révoltés contre le régime féodal[110], Karl Marx a évoqué le « paysan »[111] avant de décrire une forme particulière de propriété précapitaliste. Il s'agit de « la propriété parcellaire » [ou petite propriété], où « une partie considérable du produit agricole entre directement dans la consommation de son producteur, *le paysan,* et son excédent seul passe comme marchandise dans le commerce des villes »[112]. Une façon d'opposer le paysan (*Bauer)* au fermier capitaliste industriel, lequel recrute des salariés agricoles.

Le paysan de l'Est, reconnu comme davantage soumis aux maîtres du sol qu'aux caprices des marchés, n'est pas pour autant perçu sans disgrâce. Les descriptions de Marx sur « les barbares presque en marge de la société »[113], autant que les allusions courantes, en convaincront : « un paysan du Danube » ne désigne-t-il pas un homme rustre, au discours déconcertant ? Dans l'Allemagne de l'entre-deux guerres, prendre le contre-pied de cette analyse permettrait de fondre l'histoire des « paysans » dans une histoire du « peuple » : interprétation selon laquelle le paysan, conservateur, « se fait une haute idée de la continuité de sa ferme et de sa famille, bref, il incarne le

[110] Friedrich ENGELS, *La Guerre des paysans en Allemagne,* Paris, Éd. Sociales, 1974

[111] Karl MARX, *Le 18 brumaire de Louis Napoléon Bonaparte,* 1852, « politique paysanne ».

[112] K. MARX, *Le Capital,* L. III, Paris, Éd. Sociales, 1976, texte intégral, p. 728.

[113] *Ibid.,* p. 735.

lien entre le sang et la terre »[114]. Une façon de renouer les liens avec l'époque médiévale où le « paysan » s'inscrivait dans une société d'ordres ; il « n'existait plus en tant que figure juridique depuis la suppression par les réformes agraires des liens féodaux liés à cette société » ; depuis, « seules la perception et l'interprétation de l'observateur permettaient d'identifier ce qu'était un paysan »[115]. Au dix-neuvième siècle, « propriétaire rural » distinguait celui qui possédait une terre.

Revenons en France. Le cheminement repéré par Raymond Huard est intéressant à double titre : il note que « paysan » remplace « rural » au début des années 1870, et que le but de ce glissement de langage est d'effacer la connotation péjorative de « rural[116] ». Commençons par lui emprunter la citation de Victor Hugo, contemplant l'assemblée de Bordeaux à l'hiver 1871 : à « la France dont la capitale est Paris (les élus républicains des villes), il oppose « la France qui a pour métropole la Rome des papes » (les élus conservateurs venus des campagnes). Une façon limpide de renvoyer dos à dos deux France, la « France civilisée » et la « France primitive ». Ces moments de jugements hâtifs passés, des hommes politiques plus avisés, tels Léon Gambetta ou Jules Ferry, comprirent que, citoyens à part entière de la République, les ruraux français devaient être mieux considérés, ne serait-ce que pour des raisons politiques. Ils les nommèrent « paysans » et adaptèrent la formule de Thiers[117] pour affirmer que « la République serait paysanne ou qu'elle cesserait d'exister ». *La République des paysans*[118], avait de beaux jours devant elle : elle s'apprêtait à faire la promotion du paysan républicain et patriote. Celui-ci cessait d'être le rustre saisi comme offense à la civilisation urbaine des élites progressistes françaises.

L'unité de vocabulaire est-elle possible entre les républicains opportunistes qui entendaient œuvrer en faveur du « paysan-citoyen libre », et les socialistes qui analysaient la place dans la société du « paysan-asservi et exploité » ? Et entre socialistes européens ?

Avant la guerre de 1914, les socialistes français, avec Adéodat Compère-Morel rapprochent la condition paysanne de celle des ouvriers des autres secteurs professionnels : affectés par le développement du capitalisme, les campagnards se transforment « en une masse de paysans aussi asservis, aussi exploités que les travailleurs des villes », non sans rappeler les « manants d'autrefois »[119]. La confusion ne tarde pas à s'installer entre « paysans » et « salariés agricoles ». Le Parti radical français se veut plus précis : il met successivement en exergue la « propriété paysanne » et l'« exploitation familiale », dont les beaux jours passeraient le cap de l'autre guerre ; il s'agit de catégories ouvertes au progrès, dans une modernité compatible avec des petites et moyennes structures de production.

---

114 Gérard BÉAUR et Jürgen SCHLUMBOHM, « Les enjeux d'histoire franco-allemande des sociétés rurales », *in Les Sociétés rurales en France et en Allemagne, XVIIIe-XIXe s.*, Bibliothèque d'histoire Rurale, 8, Rennes, 2004, p. 7, 19.

115 Suzanne ROUETTE, « Droit successoral et transmission des biens dans la société rurale allemande. Les discours et les pratiques » *in Les Sociétés rurales en France et en Allemagne, XVIIIe-XIXe s., op. cit.*, p. 130-31.

116 R. HUARD, *op. cit.*, p. 79 et suiv.

117 Thiers, mars 1873, « la République sera conservatrice ou ne sera pas ».

118 Jean TURIGNY, 1875. Turigny est député de la Nièvre.

119 Adéodat COMPÈRE-Morel, *Les Propos d'un rural,* 1902.

Au cours de cette période, Georges Lefebvre intitula sa thèse *Les Paysans du Nord*[120]. Il le fit peut-être tout autant en ses qualités de citadin, de contemporain des « programmes paysans », d'historien fin connaisseur de l'historiographie allemande. Le ton était donné, divers historiens des campagnes reprendraient cette terminologie, sans doute pour des motifs spécifiques à chacun d'entre eux. Et beaucoup s'interrogeraient, nous l'avons vu, sur le sens du mot.

Le choix subsiste donc entre plusieurs définitions :

- le paysan s'adonne prioritairement à une activité nourricière de la ville, version britannique, ayant influencé la perception parisienne,
- le paysan est l'homme d'un terroir et fier de l'être, version actuelle française,
- le paysan est le travailleur de la terre à qui il manque une part de liberté, juridique dans le passé, économique à l'époque contemporaine, et qui consomme plus qu'il ne vend sa production. Version socialiste rhénane,
- le paysan et le peuple se fondent pour animer l'histoire germanique,
- le paysan est assimilé, en Italie, en Espagne, au moderne « salarié agricole ».

Selon le cas de figure choisi, la fin des paysans est consommée... ou elle ne l'est pas ! Et, qui plus est, l'amalgame de conditions différentes dans un même mot[121] peut enchevêtrer les responsabilités politiques.

Plus simple à définir, l'agriculteur est considéré, à travers les siècles contemporains, comme l'exploitant qui, converti aux conditions modernes de l'économie, produit, à grand renfort technique et technologique, en vue du marché, dans le but de réaliser un profit maximum. Il s'agit là d'une définition d'expert que le réalisme populaire n'a pas souvent adoptée.

Qu'en est-il de l'« agriculteur » et de ses variantes ?

Le dix-huitième siècle en avait fait le propriétaire féru d'agronomie, et ce caractère lui est commun en Angleterre, en France ou en Prusse. Il s'agit d'un notable, bourgeois ici, noble là, toujours instruit. Il n'exploite pas lui-même ses terres. Au dix-neuvième siècle, il est encore appelé « Monsieur » en langue d'oïl, *moussu* en langue d'oc, *herrelitte* en dialecte germanique (issu de *Heuerleute)*, à rapprocher de l'*hereu* catalan. Tous ces représentants d'une bourgeoisie rurale, décrits par Maurice Agulhon, ont « du bien au soleil, les mains blanches, ils sont allés au collège, ils portent la redingote et le pantalon, le chapeau noir sur la tête, et la canne à la main ».

Ceux qui exploitent des terres qui ne leur appartiennent pas en propre, et qui la complètent par une micropropriété dans les meilleurs des cas, sont désignés comme « *bauern* » en alsacien, « *ménagers* » en provençal. Le ménager a perdu sa connotation de propriétaire-exploitant, et tend à se généraliser pour désigner le fermier tout autant que le rentier[122]. Dans la Sarthe, la différence entre « bordage » et « métairie » se mesure en hectares et mode de labour : au moins une paire de bœufs

---

[120] Georges LEFEBVRE, *Les Paysans du Nord pendant la Révolution française*, Paris, 1924, rééd. 1972.

[121] Werner ROSENER, *Les Paysans dans l'histoire de l'Europe*, Paris, Le Seuil, 1984.

[122] Maurice AGULHON, *La Vie sociale en Provence intérieure au lendemain de la Révolution*, Paris, Société des Etudes Robespierristes, 1970.

attitrée, et une dizaine d'hectares pour la seconde[123]. La borde du midi toulousain est gérée familialement, à raison d'une famille par paire de bœufs.

Les maîtres-valets et auxiliaires de culture permanents sont dits, suivant les pays, et avec des variantes de statut, « *payres* » ou « *ramonets* », « *bayles* » ou « *grangers* ». « Brassiers » et « journaliers » sont employés au jour le jour, les « *estivandiers* » font la moisson, les « *messadiers* » travaillent au mois… Interminable serait la liste des dénominations régionales[124] ! De plus, d'un lieu à un autre, ou au gré des époques, les mêmes mots recouvrent des situations différentes…

Tandis que le régisseur supplée le propriétaire absentéiste dans le faire-valoir direct, le fermier (celui qui paie en monnaie la location d'une terre[125]) et le métayer (qui s'acquitte par le partage des fruits) relèvent du faire-valoir indirect ; ou du faire-valoir mixte s'ils sont aussi propriétaires de terres associées dans la même exploitation. Afin de bien faire la différence, le possesseur de biens, fussent-ils réduits, se dirait « propriétaire » à la charnière du dix-neuvième et vingtième siècle. L'attribut plastronnerait sur les adresses postales avant de figurer sur les annuaires téléphoniques… D'autant plus que rien n'empêche les métayers, ou *métiviers*, qui partagent les fruits de la récolte avec le propriétaire des terres qu'ils exploitent, ni les fermiers qui louent la terre, de se dire « exploitants » ou « agriculteurs ». Le salarié agricole relève, au dix-neuvième siècle, de la catégorie socioprofessionnelle qu'il partage avec les salariés de l'industrie, classe dite « prolétarienne » par les marxistes. Bon pour le marché, l'agriculteur se transforme en « entrepreneur agricole » ; laissé pour compte, il régresse à la case « paysan ». Ainsi s'effacerait, à l'orée du vingt-et-unième siècle, l'usage du mot « agriculteur ». Paysans et agriculteurs laissent tant d'empreintes dans les paysages[126] et les documents qu'il est possible de les laisser transparaître, au rythme des sources, non comme populations ballottées au gré des événements, mais comme acteurs de leur propre survie, par des efforts hardis porteurs de fruits. Il appartient à l'historien de faire son devoir, c'est-à-dire de leur rendre la parole pour en garder la mémoire.

Nota-Bene. La définition du qualificatif « rural » est incontestablement plus aisée, encore faut-il la préciser. Il s'agit, en France, de l'habitant de communes inférieures à deux mille inscrits[127], quelle que soit son activité économique ; la distinction faite aux États-Unis, depuis 1920, entre *rural farm* et *rural non farm,* reprise en France avec « rural agricole » et « rural non agricole », se révèle fort opératoire pour cerner l'évolution socioprofessionnelle des campagnes

---

[123] Paul BOIS, *Paysans de l'Ouest, des structures économiques et sociales aux options politiques depuis l'époque révolutionnaire dans la Sarthe,* Le Mans, Vilaire, 1960 ; éd. abrégée, Paris, Flammarion, 1971.

[124] Cf. André ARMENGAUD, *Les Populations de l'Est aquitain au début de l'époque contemporaine,* Mouton, 1961, p. 79-92.

[125] Dans le langage populaire, le « fermier » désigne l'habitant d'une ferme, habitation isolée dite « mas » dans le Midi.

[126] Outre les ouvrages classiques de Gaston ROUPNEL et Roger DION, Cf. les travaux plus récents : André BURGUIÈRE, *Paysages et paysans : les campagnes européennes du XXe au XXe s.,* Paris, Nathan, 1991. Jean-Robert PITTE, *Histoire du paysage français de la Préhistoire à nos jours,* 1986, Paris, Taillandier, 2001.

[127] Seuil que d'aucuns souhaiteraient voir s'élever en France ; il est de 2 500 habitants aux États-Unis.

Chapitre 4

Le concept de « Révolution rurale » pour rendre compte des bouleversements à l'œuvre dans les campagnes occidentales contemporaines (années 1980)

Flash-back. Dans la foulée de ma soutenance de thèse, était arrivée l'invitation de l'institution universitaire *Davidson College* (USA, *North Carolina*) à la rejoindre dès la rentrée suivante afin d'y faire cours, deux trimestres durant, sur la civilisation rurale française.

« Révolution rurale », un concept formulé à partir du cas américain (USA)

Le 1er Septembre 1980, je m'installais dans l'une des jolies maisons en briques qui parsemaient le *Campus* américain ; les premiers pas effectués dans les rues de l'agglomération (Davidson, deux mille habitants) et ses abords classés *rural area* me surprirent beaucoup : les universitaires, les professions libérales, les employés et ouvriers y étaient plus visibles que les *farmers...*

La forte tonalité rurale des lieux était exempte de caractères agricoles ! En France à la même époque, et depuis une dizaine d'années, quelques citadins en nombre croissant élisaient domicile dans les campagnes jouxtant les grandes villes où ils travaillaient, mais les villages étaient encore majoritairement peuplés de ruraux vivant ou ayant vécu « de la terre » ; les « maisons secondaires » qui s'y éparpillaient appartenaient souvent aux descendants de familles paysannes. Différente était la réalité nord-américaine.

Un inattendu projet d'étude

Tout en assurant avec bonheur les cours qui m'étaient confiés, j'entrepris aussitôt et sans l'avoir programmé, un travail de recherche sur les populations rurales américaines ; l'abondance des statistiques en provenance des archives de Washington, et la rapidité des prêts d'ouvrages consentis à la bibliothèque universitaire me permirent de rassembler dans les meilleurs délais une abondante documentation... et de prendre rapidement conscience d'un phénomène social précocement implanté aux États-Unis.

Je remarquais en effet que, dès les années 1940, les mutations techniques et structurelles de l'agriculture réalisées depuis la fin du siècle précédent avaient provoqué d'importants mouvements de populations d'abord entre campagnes et villes - ce qui s'était aussi produit en Europe sous le nom de « Révolution agricole » - ; puis, ce qui était novateur aux yeux d'une universitaire du vieux monde, entre villes et campagnes. Je nommai « Révolution rurale[128] » et caractérisai cette nouvelle phase de transformation des campagnes que constitue leur alignement sur le mode de vie urbain.

Le concept novateur de « Révolution rurale » est à distinguer de celui de « Révolution agricole » défini par Marc Bloch au début des années 1930, les deux étant regrettablement confondus par les auteurs américains[129].

Sous le nom de « Révolution agricole », « habitude est prise de désigner les grands bouleversements de la technique et des usages agraires qui, dans toute l'Europe, à des dates variables suivant les pays, marquèrent l'avènement de l'exploitation contemporaine. Le terme est commode (...) il met l'accent sur l'ampleur et l'intensité du phénomène (...) Révolution sans doute si l'on entend une mutation profonde. Mais secousse succédant à des siècles d'immobilité ? Non, certes ; mutation brusque ? Pas davantage. Elle s'étend sur plusieurs années, voire plusieurs siècles.[130] »

S'en distingue nettement la « Révolution rurale », laquelle vient parachever au présent la grande transformation des campagnes commencée aux siècles précédents par la « Révolution agricole » ; elle souligne la rupture de civilisation que constitue la rupture du lien hommes-terre, et le remplacement des agriculteurs - qui avaient succédé aux paysans - par des populations actives dans les secteurs secondaire (artisanat, industrie) et tertiaire (services divers).

La nature a horreur du vide, dit-on ; les places laissées dans les « *rural areas* » par la ruine des agriculteurs et de ceux qui travaillaient dans leur voisinage, ont été occupées par de nouveaux-venus, généralement citadins en quête de verdure et de calme, sans autre rapport à la terre que la tonte du gazon pavillonnaire. Les précises distinctions de vocabulaire opérées par les statisticiens américains dès 1920 me permirent de comprendre que les *rural non farm populations* avaient pris le relais, dans les campagnes américaines, des *rural farm populations*. Faute de remarquer cette fine distinction sémantique, j'aurais pu conclure hâtivement - les pertes d'agriculteurs ayant été comblées par les gains de nouveaux-venus - que l'*american rural population* avait stagné au cours du vingtième siècle. Ce qui aurait été exact arithmétiquement mais contraire à la réalité.

Le travail de recherche sur *La Révolution rurale*, *essai d'après le cas américain* a donné lieu à la publication d'un livre (1983) préfacé par le

---

[128] Cf. *La Révolution rurale, essai à partir du cas américain* USA, Le Coteau, Horvath, 1983, préf. de Robert Laurent.

[129] Cf. Gordon WRIGHT, *Rural Revolution in France,* Éd. de l'Épi, 1967 : l'auteur y traite de Révolution agricole.

[130] Marc BLOCH, *Caractères originaux de l'histoire rurale française,* Oslo, 1931, p. 101.

professeur Laurent. Pour en saisir le caractère avant-gardiste, il convient de se replacer dans le contexte du début des années 1980

Un livre préfacé par Robert Laurent

"De l'intime connaissance des campagnes roussillonnaises à la découverte des campagnes des États-Unis d'Amérique, bel est l'itinéraire emprunté par Geneviève Gavignaud. De cette brusque transplantation est né « un choc culturel » singulièrement enrichissant. L'auteur en dégage, à partir d'une analyse raisonnée des données statistiques et dans une envolée hardie, l'esquisse de la problématique de l'habitat à la surface de l'*œkoumène.*

Quel habitat ? Question d'actualité et combien controversée. Le « cas américain » offre une solution originale au problème séculaire des rapports villes/campagnes : une population rurale en expansion, mais de moins en moins agricole ; une population urbaine qui a déserté les *megalopolis* pour s'établir dans des villes suburbaines. Ainsi se renforce depuis trois décennies une nouvelle occupation de l'espace, favorisée par la « libération du poids structurel du passé » et l'actuel standard de vie élevé. Constitue-t-elle un simple dégorgement de la cité ou amorce-t-elle une redistribution des activités professionnelles ? L'*agrobusiness*, qui emploie un effectif sans cesse réduit d'agriculteurs ne représente plus qu'une activité parmi d'autres au sein de cette société rurale nouvelle, de type *cottage* anglo-saxon, qui ne tire plus d'elle-même sa vitalité mais la reçoit de la société urbaine. On sait les rapports étroits qui, dans le temps unissent l'occupation de l'espace et les révolutions techniques. S'agit-il d'une nouvelle étape en relation avec la révolution technologique en cours ?

Le « cas américain » formule-t-il les prémisses d'une « Révolution rurale » susceptible de se réaliser dans le cadre des vieilles civilisations européennes ? Ici sévit encore un exode rural déjà ancien, amplifié depuis la mi-siècle par d'incessants progrès techniques. Il débouche sur la désertification des campagnes. Ce qu'une « Révolution agricole » a détruit ne peut-il renaître, dans une perspective et sous les aspects modernes, d'une « Révolution rurale » ? L'hémorragie des populations agricoles ne peut-elle être compensée, ici comme aux États-Unis, par l'arrivée de populations non agricoles ? Un tissu tertiaire, enfanté par la révolution technologique, ne peut-il se substituer au tissu primaire détruit par la révolution technique et contribuer à la renaissance des villes et des bourgs de province ? La greffe devrait s'opérer d'autant plus facilement qu'un terrain d'accueil encore vivant s'offre à elle.

Hors d'Europe, il faut remonter davantage dans l'échelle du temps. Les campagnes surpeuplées y sont toujours dominantes. Mais l'ère du déclin des sociétés à vocation agricole prééminente paraît déjà ouverte. Suivront-elles l'itinéraire des vieilles nations européennes qui conduit des sociétés rurales traditionnelles aux sociétés urbanisées sous l'action, simultanée cette fois et non plus échelonnée dans le temps, des « révolutions » démographique, industrielle et agricole ? Déboucheront-elles, directement ou par étape, sur le « cas américain » ?

Quelle occupation de l'espace ? Constatation au départ, interrogation à l'arrivée après une grande enjambée à travers « la grille du temps et de l'espace ». C'est là prudence de la part d'une jeune historienne dont la méthode d'analyse, l'esprit de synthèse, la clarté de style, l'audace intellectuelle faisaient déjà la valeur et le charme de sa thèse de doctorat d'État."

La société rurale révolutionnée

Inséré dans l'Encyclopédie contributive Larousse[131], le texte ci-dessous « La Révolution rurale, un concept novateur » permet de faire le point sur le sujet. Le lecteur voudra bien excuser la reprise, dans cette synthèse, de faits évoqués ci-dessus dans le vif des événements.

Un nouveau concept opératoire

"Elaboré par l'auteur de ces lignes lors d'un séjour de *visiting professor* aux Etats-Unis (1980-81, Davidson, North Carolina), le concept de *Révolution rurale* s'avère fort opératoire pour saisir l'évolution des sociétés occidentales dans la longue durée. Tandis que la « Révolution agricole », bien connue des historiens, concerne les mutations techniques et structurelles de l'agriculture en vue de son adaptation au grand marché, la « Révolution rurale » recouvre l'ensemble des transformations économiques, sociales, administratives et culturelles subies par les campagnes, leurs populations et leurs activités.

Un concept qui ne se laisse donc pas confondre avec celui de Révolution agricole - comme l'avait fait Gordon Wright dans son ouvrage *Rural Révolution in France* (1967) -, mais l'englobe et le complète pour rendre compte des profondes mutations économiques, sociales et culturelles ayant affecté les campagnes contemporaines délestées de leurs paysans, ouvertes à de nouveaux usages. Mutations non exclusivement liées à l'agriculture.

C'est aux États-Unis qu'a pu se faire une analyse pionnière sur le sujet : les populations rurales non agricoles ont massivement remplacé, dans les campagnes et dès les années 1940-60, les populations rurales agricoles ; la réflexion sur une ruralité avant-gardiste observée *in situ*, conduit à faire de la Révolution rurale l'expression complète de l'évolution des campagnes contemporaines.

La définition, forgée dès 1983 à propos du cas américain, peut être étendue à l'ensemble des sociétés occidentales : « la révolution rurale consacre un changement radical, une rupture dans l'organisation des campagnes ; elle donne aux populations non agricoles la maîtrise des campagnes dégagées de leur traditionnelle vocation nourricière ; elle fait des territoires ruraux le principal terrain d'expansion de la société urbaine

---

[131] Mis en ligne par l'auteur en février 2008. Cf. aussi l'article « *Révolution rurale* » *in Wikipédia* (2014).

dominante. Elle marque, en conséquence, le temps de la consolidation des structures de la société moderne, au sein de campagnes aménagées à l'usage des populations urbanisées. » A ce titre, la révolution rurale repérée en premier lieu aux Etats-Unis représente une rupture dans l'histoire économique, sociale et culturelle des campagnes occidentales.

L'adaptation de la problématique au « cas français »

Avec quelques décennies de retard, La France présente, depuis les années 1970, certains caractères comparables à la situation américaine : les populations des grandes villes étirent leur territoire résidentiel jusque dans les villages avoisinants, le mode de vie urbain se répand sur les territoires ruraux dotés d'une rente de situation. Mais, ailleurs, dans les pays de l'intérieur, la déprise humaine s'accélère, les friches galopent en conséquence. Alors que les observateurs du rural se rangent en deux camps antagonistes, celui du renouveau (voire de la renaissance - Bernard Kayser, 1988 -) et celui de l'abandon (ou de la désertification et du vide - Roger Béteille, 1981 -), l'historienne s'appuie sur le temps long - cher à Fernand Braudel - pour donner au concept de Révolution rurale la force d'exprimer l'ensemble des mutations subies par les campagnes, leurs populations et leurs activités. Est concerné l'espace non-urbain, c'est-à-dire, faut-il le préciser, quelque 85% du territoire français.

La disparition de l'économie et de la société rurales du passé (Henri Mendras, *La fin des paysans,* 1967) fait ressortir aujourd'hui l'enjeu que représentent les campagnes pour les années à venir. Activités et populations se redistribuent sous nos yeux, abandonnant là des terres à la friche, accentuant ici l'urbanisation pavillonnaire, ailleurs l'industrialisation de l'agriculture : partout, se dissocient lieux de travail et lieux de résidence, se désagrègent les liens traditionnels qui unissaient les populations à la terre qui les portait. La rupture est totale entre l'héritage économique, social et culturel transmis de génération en génération, depuis plus de mille ans, et la dynamique des populations actuelles. Les protestations de ceux qui n'ont pas encore basculé dans le monde incertain de la nouveauté résonnent peu.

De la sédentarisation néolithique à la mobilité accélérée

Replacée dans la succession des sociétés, la « Révolution rurale » vient convaincre que la mutation en cours sous nos yeux clôt celle qui, à l'époque néolithique, avait poussé à la sédentarisation des populations de cultivateurs. En quelques décennies, déracinement et mobilité des populations salariées accélèrent l'effacement du lien les reliant à la culture de la terre ; ce saisissant contraste entre le passé et le présent constitue l'un des traits majeurs des temps contemporains. Il s'agit là d'un champ de recherche novateur, aux multiples lignes de perspective encore floues : outre l'économie et la société agricoles, l'économie et la société non agricoles, s'y rattachent les gestions environnementales et foncières oscillant entre conduites de propriétaires, usages communs et interdits, ainsi que les politiques culturelles largement déclinées entre passéisme et futurisme.

En résumé, le concept de *Révolution rurale*, défini par Geneviève Gavignaud permet de rendre compte des mutations profondes subies par les campagnes contemporaines délestées de leurs paysans, ouvertes à de nouveaux usages. La *Révolution rurale* ne se confond pas avec la *Révolution agricole* qui recoupe les bouleversements des techniques et usages agraires : elle l'englobe et la dépasse pour exprimer, simultanément et sans contradiction, la dynamique démographique des villages dotés d'une rente de situation (aires urbaines, aptitudes touristiques), et la déprise humaine et culturale des « pays de l'intérieur » abandonnés à la friche, tandis que l'*agrobusiness* uniformise ses champs. La *Révolution rurale* signe donc, avec la fin de l'exode agricole, le début d'une tendance lourde de nouveau peuplement ; elle traduit le changement radical tant de l'occupation et des modes de gestion du territoire, que des pratiques du pouvoir dans les espaces ruraux. A ces titres, la *Révolution rurale* est à considérer comme l'une des interrogations majeures de ce nouveau siècle."

Quelques définitions

- Les populations rurales vivent dans des agglomérations de moins de deux mille habitants en France, deux mille cinq cents aux États-Unis.

Parmi elles :

- Les populations rurales agricoles (*rural farm*) travaillent dans l'agriculture (secteur primaire)
- les populations rurales non agricoles (*rural non farm*) travaillent dans l'industrie ou les services (secteurs secondaire et tertiaire)
- les paysans ont accès à des marchés locaux pour vendre leurs surplus, dans une économie vivrière où l'autosubsistance est importante
- les agriculteurs produisent pour des marchés spécialisés, avec des méthodes modernes
- les entrepreneurs agricoles gèrent industriellement de grandes exploitations."

La Révolution Rurale : une rupture de civilisation, et non une renaissance rurale

L'ouvrage ne rencontra pas les relais qui auraient pu le faire connaître alentour ; Une poignée d'années passèrent avant que ne rebondisse, dans l'*intelligentsia* française, la question rurale que j'avais publiquement posée en 1983. Bernard Kayser, professeur de géographie à l'Université Toulouse-Le-Mirail, partit découvrir, à sa façon après quelques autres, la société américaine ; en 1988, prenant à son tour appui sur les États-Unis, il publia un article suivi, deux ans plus tard, d'un livre sur *« La Renaissance rurale*[132] *»*.

[132] Bernard KAYSER, « Une renaissance rurale aux États-Unis ? » *in Études Rurales,* 1988. *La Renaissance rurale,* Paris, A. Colin, 1990. Le lecteur curieux n'y trouvera aucune référence à

Promu par le microcosme parisien, le concept de « renaissance rurale » avait vocation à faire oublier celui de « révolution rurale » ; il n'y parvint pas car il ne « collait » pas à la complexe réalité rurale : il suffit de prendre à témoin la galopante désertification qui affectait déjà de vastes pans de l'espace rural français, pour aussitôt réfuter une hypothétique « renaissance rurale » en ces années 1980.

Plus approprié, le terme « révolution » englobe tout à la fois le regain de population rurale autour des villes les plus dynamiques, et l'abandon décrit par Roger Béteille dans *la France du vide* (1981). Seuls les observateurs à l'attention rivée au périurbain pouvaient s'en tenir aux effets heureux d'un renouveau des campagnes (dotées d'une véritable rente de position auraient-ils dû préciser). Il leur aurait fallu aussi noter que, à court terme, les anciens villages deviendraient statistiquement des villes maillant les aires métropolitaines... Quant aux analystes qui scrutaient la déprise rurale, ils n'auraient aucune difficulté à montrer le complet dépérissement des terroirs délaissés par la compétition économique.

Le regard historique, celui de la longue durée, avait permis de mesurer et nommer les effets que provoquent les mutations affectant, sous nos yeux, les campagnes ébranlées de fond en comble. Dans le cadre de la Mission « S*ituation du monde rural et les perspectives d'avenir de l'espace rural*[133] » qu'il présida en 1991, le député Pierre Estève me demanda de présenter à l'Assemblée Nationale mes conclusions les plus récentes. Le 17 décembre, les députés assistent à la séance et posent des questions. L'ensemble des auditions serait imprimé[134].

Des campagnes américaines aux campagnes françaises, la comparaison à faire s'était vite imposée[135]; dans les années 1990 et dans l'orbite des villes importantes, les « néoruraux » de l'Hexagone ressemblaient aux *american rural non farmers,* à la différence près que les emplois non-agricoles étaient rares dans les villages français éloignés des villes. Dans les zones les plus reculées, des populations soucieuses de vivre à la marge de la société de leur temps côtoyaient quelques tenaces « anciens » sans toujours les aider à combattre la friche environnante ; ils se satisfaisaient de « boulots

---

La Révolution rurale. Essai à partir du cas américain, ouvrage publié en 1983. J'étais alors membre du Comité directeur de l'Association des Ruralistes Français dont le président était Bernard Kayser.

133 Cf. *infra,* fin du chapitre, annexe 6, « Une mission parlementaire d'information sur la ruralité française... et un rapport bon pour les archives ».

134 Rapport d'information déposé par la Mission d'information « S*ituation du monde rural et les perspectives d'avenir de l'espace rural* », Assemblée nationale n° 2608, 1992. Compte-rendu d'auditions dont celle G. GAVIGNAUD-FONTAINE, p. 448-456 : cf. « La ruralité française à la fin du *XX*e s. d'après un rapport de l'Assemblée Nationale », *Pratiques et Cultures politiques dans la France Contemporaine, Hommage à Raymond Huard,* Centre d'Histoire Contemporaine, Univ. Mont. III, 1995 p. 347-368.

135 Cf. *La Révolution rurale dans la France contemporaine, XVIII*e*-XX*e *s.,* Paris, L'Harmattan, 1996.

occasionnels » et d'aides sociales. Quant aux agriculteurs, établis sur les terres les plus adaptées à leur activité, ils étaient, d'année en année, toujours moins nombreux, le faible pourcentage de la population active française qu'ils constituaient passant au-dessous de 5 % dans les années 1990, des 3,5 % vingt ans plus tard.

In fine, qu'il y ait dans les campagnes, selon les cas, urbanisation des populations, coexistence d'anciens agriculteurs et de néoruraux, ou désertification, profonds se montraient les bouleversements opérés au cours des décennies de la fin du deuxième millénaire. Nul ne peut plus nier qu'à la France rurale et paysanne du dix-huitième siècle[136] a succédé une France à trois visages juxtaposés : rurale non agricole, rurale agricole, désertifiée. Les campagnes ont, toutes mais souvent différemment et de façon contrastée, enregistré des mutations radicales : le concept de *« Révolution »* recouvre toute la gamme des situations, du nouveau peuplement périurbain à la désertification des espaces ruraux restés à l'écart des grands axes du « développement du territoire », et désignés sous le terme de « rural profond ». La « renaissance » ne saurait concerner les campagnes en proie à l'abandon, la destruction d'emplois n'y étant pas compensée par des créations d'entreprises aptes à maintenir la vie « au pays ».

Difficile donc de remplacer et faire oublier le concept de *« révolution rurale » ;* apte à mouler le processus de transformation qui affecte l'ensemble des campagnes occidentales, il prend le relais de celui de *« Révolution agricole »* fort opératoire en son temps et en son domaine ; les deux ne sauraient être confondus, le caractère rural englobant le caractère agricole. En conséquence, les mutations techniques et structurelles de l'agriculture en vue de son adaptation au grand marché relèvent bien de la Révolution agricole, la Révolution rurale recouvre, elle, l'ensemble des transformations subies par les campagnes, leurs populations et leurs activités, et cela concerne en France quelque 85 % du territoire.

Plus les années passent, plus s'affichent perspicaces les propos tenus sur la Révolution rurale dès le début des années 1980. Rares pourtant ont été, des décennies durant, les contemporains à prendre la réelle mesure d'une telle mutation pourtant lourde de changements civilisationnels. J'en fus cependant peu étonnée car Fernand Braudel, à qui j'avais présenté mon projet d'ouvrage sur « la Révolution Rurale » en novembre 1981[137] m'avait prévenue : « C'est une mine que vous ouvrez, mais il vous faudra être

---

[136] Dans les années 1780, la population rurale représente 85 % (la population paysanne 75 %) de la population française.

[137] Fernand Braudel dirigeait alors, à Paris, la Maison des Sciences de l'Homme (MSH) ; à la demande du professeur Bouvier, il me reçut pour « donner son avis » sur l'essai rédigé aux États-Unis. Le 18 décembre 1985, il m'invita à la réception organisée à la MSH de Paris pour la remise de l'épée d'académicien offerte par ses collègues à l'occasion de son élection à l'Académie Française.

patiente, car vous ne serez comprise que dans une vingtaine d'années ; des années passeront encore avant que l'opinion publique en prenne la mesure… »

Quatre décennies sont passées. Bon nombre des « Gilets Jaunes[138] » de 2018-19 n'étaient pas encore nés ! Leur mouvement de révolte mettrait au grand jour les fractures[139] territoriales, sociales et culturelles de la France. Fractures qu'auraient pu combler le déploiement, au cours des quarante dernières années, d'activités diverses dans les campagnes…

Annexe 7. Une mission parlementaire d'information sur la ruralité française, et un rapport promptement archivé

Dans un contexte de crise agricole et d'inquiétude du monde rural, la commission des Finances, de l'Économie générale et du Plan, de concert avec la commission de la Production et des Echanges de l'Assemblée nationale, ont lancé « une mission d'information sur la situation du monde rural et les perspectives d'avenir de l'espace rural » (juin 1991).

Les députés du groupe « socialistes et apparentés » avaient déposé, quelques mois auparavant, une proposition de résolution tendant à la création d'une commission d'enquête sur la France rurale. Face à l'appauvrissement et à la désertification croissante du « rural profond », ils ambitionnaient de rechercher les causes et les conséquences des déséquilibres économiques en faveur des métropoles et au détriment des zones rurales, d'examiner les conditions d'application des mesures réglementaires et législatives tant nationales qu'européennes, de vérifier le niveau et l'efficience des moyens affectés par les divers échelons de responsabilité territoriale à ces zones rurales, de proposer enfin des solutions visant au développement et à l'aménagement rural. Ce qui importait aux yeux de ces députés conscients du poids de la ruralité dans l'histoire, le patrimoine et la société de la France, c'était de prendre d'urgence des mesures efficaces, aptes à enrayer le processus en cours, porteur du dépérissement d'une grande partie du territoire rural national. Classés en zone rurale, les 85 % du territoire national ne sauraient être oubliés ; encore empreinte de son héritage ancestral, et non sans quelque état d'âme, la France s'interrogeait donc jusque sous les lambris des palais nationaux où l'Assemblée nationale lançait son enquête sur le devenir de la ruralité, ses capacités d'adaptation au seuil du troisième millénaire. Les rôles assignés à la Mission sont définis : « écouter » certes, mais aussi et surtout « formuler des propositions, définir des orientations dans la perspective d'une action volontariste et concertée de tous les partenaires, d'une politique volontariste d'aménagement du territoire adaptée aux spécificités de la ruralité française. » Présidée par M. Pierre Estève, député socialiste

[138] Hommes et femmes qui se sont ainsi nommés, et qui ont incarné les fractures territoriales et sociales de la France après que celle-ci ait fait le choix de l'économie financière globalisée favorable à la dynamique métropolitaine. Les territoires laissés pour compte sont dits « périphériques », ils s'étendent de l'aire périurbaine aux villages-dortoirs.

[139] Cf. à ce sujet les travaux de Christophe GUILLUY, *La France périphérique*, 2014 ; cet auteur avait déjà fait le diagnostic des *Fractures françaises* (2010), et des *Nouvelles fractures sociales* (2004, en collaboration avec Christophe NOYÉ).

des Pyrénées-Orientales - Jean-Pierre Balligand, Jean Briane Michel Cointat, Jean-Marc Nesme étant vice-présidents -, la commission d'enquête se comprend dix-neuf autres députés issus de formations politiques diverses ; M. Augustin Bonrepaux, député socialiste de l'Ariège, est désigné comme rapporteur. Commencés dès le 11 septembre 1991 et ponctués de vingt-quatre séances généralement consacrées à des auditions de consultants, les travaux font l'objet d'un rapport d'information, lourd de cinq cents pages et riche d'une vaste synthèse sur le monde rural contemporain tout autant que de son ambition d'enrichir l'action législative des années à venir.

L'examen en détails de cet important rapport parlementaire diffusé par l'Assemblée Nationale en 1992[140] est fort instructif. Témoignage sur l'état du monde rural français au début des années 1990, et témoignage sur les vœux émis par les membres de la Commission afin de le sortir de l'état d'abandon dans lequel il se trouvait, l'ouvrage est puissamment articulé. Il se compose d'un long préambule et de quatre parties, chacune solidement charpentée de sections et de sous-sections, débouchant sur des « recommandations ». En annexe, le rapport contient, les contributions des membres de la Mission ainsi que le compte-rendu des interventions extérieures issues d'horizons divers. Il a été soigneusement classé dans les rayonnages archivistiques.

À l'été 1993, le ministre de l'Intérieur et de l'Aménagement du Territoire, M. Charles Pasqua - issu de la nouvelle majorité parlementaire - donnait, depuis Mende en Lozère, le coup d'envoi d'une autre vaste enquête sur les rééquilibrages à introduire dans l'aménagement du territoire pour qu'il ne se fasse plus au seul profit des métropoles régionales[141]. Missions, enquêtes, commissions, rapports se succédaient… Au nom de la Délégation à l'aménagement et au développement durable du territoire, les sénateurs Jean-François Poncet et Claude Belot rédigeaient, en 2007-08, leur rapport d'information sur « Le nouvel espace rural[142] ».

Non enrayée, la dévitalisation des campagnes françaises contrasterait toujours davantage avec le dynamisme métropolitain.

Annexe 8. Ouvrages de l'auteur sur les campagnes des XIXe et XXe siècles et la Révolution rurale

Livres

- *La Révolution rurale. Essai à partir du cas américain (USA),* Le Coteau, Horvath, 1983.

- *Les Campagnes en France au XIXe siècle, Paris, Ophry*s, 1990. *Les Campagnes en France au XXe siècle, Paris, Ophry*s, 1990.

- *La Révolution rurale dans la France contemporaine, XVIIIe-XXe siècle, Paris, L'Harmattan, 1996.*

- V*illageois sans agriculture ! Observations sur la société rurale contemporaine,* Montpellier, PULM, 2007.

---

[140] Rapport N° 2608, enregistré à la Présidence de l'Assemblée nationale le 15 avril 1992. Cf. G. GAVIGNAUD-FONTAINE, « La ruralité française à la fin du XXe siècle. Bilan et perspective », *in Mélanges d'histoire contemporaine en Hommage à Raymond Huard,* Centre d'Histoire Contemporaine, Univ. Montp. III, 1995, p. 347- 368.

[141] Comité interministériel d'aménagement du territoire du 12 juillet 1993, et mise en chantier d'une loi d'orientation présentée au Parlement en 1994, dotée d'une « charte nationale du territoire, image de la France en 2015 ».

[142] Rapport n°468.

Articles publiés dans des revues, des actes de colloque ; contributions à des ouvrages collectifs

§ Campagnes françaises

- « A propos des voies de passage de « l'agriculture paysanne » à « l'agriculture capitaliste », *in Le Mouvement Social,* Paris, les Éd. Sociales, 1978, n° 104, p. 31 à 42. Repris *in Campagnes et Sociétés en Europe, 1830-1930,* (Michel PIGENET et Gilles PÉCOUT dir.), Paris, Éd. de l'Atelier, 2005.
- « La géographie économique de la France de J.A. Chaptal », *in Chaptal,* (dir. M. PÉRONNET, Toulouse, Privat, 1988, p. 253 à 262 (en collab. avec Jules MAURIN).
- « Conclusions », *in De la fibre à la fripe,* Actes de colloque coordonnés par G. GAVIGNAUD-FONTAINE, H. MICHEL, É. PÉLAQUIER, Montp., PULM, 1998.
- *Mouvements paysans face à la politique agricole commune et à la mondialisation (1957-2000),* sous la dir. de L. JALABERT et C. PATILLON, « Introduction : Les enjeux internationaux du monde agricole de la PAC à l'OMC », Colloque de Nantes 2009, Presses Univ. de Rennes, 2013, p. 15-35.

§ La Révolution rurale

- « La Révolution rurale. Du cas américain au cas européen », *in Contribution au 13e Congrès International de Sociologie*, Braga, Portugal, 1986. Cf. le résumé publié en France par la Commission Nationale d'Organisation.
- « De la Révolution agricole à la Révolution rurale : des sociétés rurales contemporaines en mutation », *in Revue Historique,* Paris, 1987, n° 9, p. 99-119.
- « Éléments d'une nouvelle dynamique rurale », in *Campagnes de l'Europe, nouvelles donnes, nouvelles frontières,* colloque organisé par l'Association des Ruralistes français, Lyon, résumés multigraphiés.
- « Les nouveaux usages de l'espace rural. Approches méthodologiques à partir du cas américain », *in Contribution aux 2es rencontres de la Société Franco-Britannique d'Études Rurales,* Paris, Institut Britannique, 1988, multigraphié, 15 p.
- « Y aura-t-il encore demain des villes et des campagnes » ? Contribution à la Table ronde organisée par la SFER, *in Quel avenir pour l'agriculture et le monde rural ?* Paris, n° 202-203, Mars-juin 1991, p. 121-124.
- « Révolution agricole et Révolution rurale dans les campagnes contemporaines », *in Rapport d'Information déposé par la Mission sur la situation du monde rural et les perspectives d'avenir de l'espace rural*, Assemblée Nationale, n° 2608, Paris, 1992, p. 448-456.
- « La Terre et les Pouvoirs Publics : de la Révolution agricole à la Révolution rurale », *in La Terre et les Pouvoirs en Languedoc et en Roussillon du Moyen Age à nos jours.* Actes du LXIIIe Congrès de la Fédération historique du Languedoc méditerranéen et du Roussillon, Montpellier, 1992, p. 211- 220.
- « Les déstabilisations du monde rural contemporain », *in Cahiers d'Économie Appliquée aux Sciences Humaines,* Univ. Montp. III, 1992-93, p. 93-102.
- « Les mutations dans les sociétés rurales. Des paysans d'hier aux ruraux d'aujourd'hui », *in Le Travail Social à l'épreuve des faits,* actes du colloque de Montpellier, Alain MARCHAND (coord.), L'Harmattan, logiques sociales, Paris, 1993, p. 93-102.
- « Révolution agricole et Révolution rurale dans les campagnes contemporaines XVIIIe-XXe siècle », *in Revue de l'Économie Méridionale,* vol. 42 (1 et 2), 1994, n° 165-166, CRPEE, Univ. Montp. I, p. 133-151.

- « De la destruction d'une société autochtone à la société urbaine occidentale. Le cas nord-américain », *in Pow-wow 92 Amérique-Europe,* Danièle VAZEILLES (coord.), LASPEC, Univ. Montp. III, 1995, p. 33- 42.

- « La ruralité française à la fin du XXe siècle. Bilan et perspective », *in Mélanges d'histoire contemporaine en Hommage à Raymond Huard,* Centre d'Histoire Contemporaine, Univ. Montp. III, Montpellier, 1995, p. 347- 368.

- « La Révolution rurale. Du cas américain au cas français », *in Rural 94*, CRPEE, *Les Cahiers de l'Économie Méridionale,* n° 19, 1995, p. 169-186.

- « La Révolution rurale. Un concept opératoire pour l'étude des mutations en cours dans les campagnes », *in Revue Historiens et Géographes,* n° 354, 1996, p. 94-103.

- « La Révolution Rurale, un concept opératoire pour analyser les nouveaux rapports économie/démographie dans les campagnes occidentales », *in Entretiens de la Société de Démographie Historique et de l'Association Française des Historiens Économistes*, Paris, 1998.

- « En quête de qualité de vie : les Américains redécouvrent les bienfaits de l'ancestrale centralité villageoise », *in Revue de l'Économie Méridionale,* n°201-202, CRPEE, 2003, p. 257-262.

- « Le monde rural : crise ou recomposition ? Analyse d'une Révolution rurale annoncée », *in* Laurent JALABERT (coord.), *Comprendre le XXIe siècle (1991-2011), t. 2 La France,* Cahier d'histoire immédiate, n° 42, 2012, Collection Méridiennes, FRAMESPA, Toulouse, 2013, p. 157-182.

§ Environnement

- « Histoire et environnement : le temps long de l'espace vécu », Document préparatoire aux rencontres CNRS organisées par Maryvonne Bodiguel (1988 : Bath, Royaume-Uni ; 1989 : Wageningen, Pays-Bas ; Florac, Val-André, France).

- « De la gestion collective à la gestion administrative de l'espace », Document préparatoire au chantier Midi-Méditerranée (Environnement et aménagement) organisé par la Préfecture de Région, Montpellier, 1993.

- « La Révolution rurale, un concept opératoire pour l'analyse historique de l'environnement et du territoire à l'époque contemporaine », Document préparatoire au colloque de l'Association des Ruralistes Français, Paris, 1994.

- « Les pratiques environnementales dans les campagnes françaises : de la gestion collective à l'action publique », *in Rural 95,* CRPEE, *Les Cahiers de l'Économie Méridionale,* n° 20, 1996, p. 171-192.

- « Usages, Propriété, Environnement : les mutations du paysage rural contemporain », *in Le paysage rural et ses acteurs,* Aline ROUSSELLE et Marie-Claude MARANDET (coord.), Presses Univ. de Perpignan, Coll. Études, 1998, p. 379-405.

- « Rapport de synthèse d'atelier : Émergence de la fonction patrimoniale de l'environnement, colloque *Dynamique rurale, environnement, stratégies spatiales,* CNRS/UPV, 2001, *in Revue de l'Économie méridionale*, vol. 50, n°197-198, 1-2 2002, p. 151-157.

Chapitre 5

L'inacceptable condition de certains vignerons et autres producteurs à l'heure du marché-roi (années 1990 et suivantes)

Dans les années 1970, j'avais reconstitué la longue l'histoire vigneronne des populations roussillonnaises ; héritières de traditions culturales et culturelles bimillénaires, elles étaient fortement enracinées dans leurs propriétés. Au cours des décennies suivantes, vint le tour des vignerons languedociens ; il fallait d'abord établir la chronologie des dix-neuvième et vingtième siècles - pour la première fois complètement étirée dans la durée biséculaire[143] -, et mettre en place avec fin maillage celle des années 1950-2015,

La mise en cohérence historique des événements languedociens - plus denses que les événements roussillonnais -, confirmait la dynamique de ces derniers ; j'insistais sur les articulations de l'histoire régionale à l'histoire française, puis européenne : la propriété foncière et la société, le marché et les prix, l'organisation tant syndicale que coopérative et les rapports à l'État, la longue marche qualitative, les combats antieuropéens... Sur tous ces thèmes, il fallait repérer et scruter méthodiquement les archives disponibles, tout en instituant équitablement l'apport historiographique des générations précédentes. Pour ce faire, je reçus le concours de bon nombre de mes étudiants.

Ils ont été nombreux à suivre les cours d'histoire régionale axée sur le vignoble du Languedoc et du Roussillon organisés dès la fin des années 1980. Je partageais avec chacun d'entre eux la puissance évocatrice que représentent, au passé comme au présent, la vigne et le vin sur les bords de la Méditerranée. Les plus motivés choisirent de faire leur mémoire de maîtrise, puis parfois de DEA, et quelques fois leur thèse de doctorat sur un sujet relevant de la problématique vigneronne. Que chaque étudiant ou jeune chercheur avait à cœur de renforcer par sa contribution.

Historiens en herbe - trop nombreux pour être nommés ici[144] - et cinq futurs docteurs ont amplement enrichi l'historiographie vigneronne[145] : Jean-

---

[143] Deux thèses sur le vignoble languedocien ont fait date : celle de Gaston GALTIER, *Le Vignoble de masse du Languedoc et du Roussillon. Etude comparative d'un vignoble de masse,* Montp., Éd. Causse, Graille et Castelnau, 1960. Et celle de Rémy PECH, *Entreprise viticole et capitalisme en Languedoc-Roussillon*, Public. de l'Univ. Toulouse-Le-Mirail, 1975.

[144] Cinquante-cinq étudiants recensés ayant préparé un mémoire de recherche sous ma dir. (Maîtrise, DEA puis Master 1 et 2) sur la question viticole ; *Le Languedoc viticole, la Méditerranée et l'Europe au siècle dernier*, Montp., PULM, 2000, 2e éd. 2006, leur a été dédié.

Philippe Martin a travaillé sur les syndicats de viticulteurs, Jean-Marc Bagnol, sur les députés « du vin », Stéphane Le Bras sur le négoce et les négociants vinicoles, Jacques Lauze sur la Confédération Générale des Vignerons, Didier Porcer sur les stratégies familiales et professionnelles des languedociens au cours des siècles.

Ensemble, nous avons scruté les paroles et les actes des vignerons jusque sous les feux d'une l'actualité venue ruiner la société méridionale pour laquelle la société englobante[146] avait d'autres projets, en l'occurrence touristiques. Les différentes composantes de la thématique vigneronne se laissaient réunir en un ensemble languedocien dont l'interne cohésion s'imposait à l'intellect. Même en y consacrant sa vie, un chercheur isolé aurait eu quelque difficulté à consulter autant de documents archivés.

L'histoire de ce qui a été, au vingtième siècle, le plus vaste vignoble du monde et l'un des plus commercialisés dès l'Antiquité romaine, laissait transparaître la complexe évolution des rapports économiques.

« Parce que l'on ne boit pas sa vendange comme l'on mange sa moisson » (Ernest Labrousse), tout vigneron se préoccupe, bon an mal an, de vendre son vin ; lorsque « les jeux de l'échange » (Fernand Braudel) se substituent à de loyaux partenariats économiques, surviennent de ravageuses crises commerciales. Au cours des premières décennies du vingtième siècle, tandis qu'affluaient en Métropole les vins d'Algérie - en ce temps « française » -, les Méridionaux avaient réussi à faire entendre et accepter leurs revendications, parmi lesquelles celle d'un prix « social » en lieu et place des prix « de misère » issus de la spéculation; vivifiées par de fort liens de propriété et de solides pratiques associatives, les populations attendaient des pouvoirs publics la sauvegarde de leur existence économique…

Dans la deuxième moitié du vingtième siècle, par leur intensité et leur diversité, de successives crises de marché n'en continuèrent pas moins à déstabiliser, *crescendo,* les activités, les familles, les bourgs ; jusqu'à pouvoir les détruire au paroxysme de la confusion entre relations de marché et jeux de hasard[147].

Les décennies du « vignoble de masse » (1890-1970) avaient certes pâti de la caution donnée aux professionnels du négoce par de nombreux producteurs, ceux de trop petits vins destinés au coupage des vins d'Algérie très fortement titrés. Toutefois, tous les bons vins languedociens et roussillonnais n'avaient pas été précipités dans les cuves du mélange « vinassier », en témoignent les Appellations d'origine Contrôlée (AOC) et les Vins de Qualité Supérieure (VDQS) venus, dès 1936 pour les premières et

---

[145] Cf. *infra,* chap. 5, annexe 10, titres de leurs thèses respectives.

[146] Concepts de « société englobante » et « société englobée » développés *in Propriétaires-viticulteurs en Roussillon. Structures, Conjonctures, Société, XVIIIe-XXe s.,* Paris, Publ. de la Sorbonne, 1983, 2 t., préf. de J. Bouvier.

[147] Cf. *Terroirs et marchés des vins dans un siècle de crises. Languedoc et Roussillon, 1907-2007,* Montp., PULM, 2012.

1944 pour les seconds, renforcer et diversifier le palmarès vinicole méridional. Lequel s'était amplement diversifié tandis que, dans la longue maturation du marché européen (1970), s'ouvrait le marché mondial (1994).

Ledit palmarès ne vaudrait pourtant pas assurance de longévité à tous les vignerons ayant fait le choix de « la qualité pour tous », car en l'absence de puissante valeur ajoutée, la loi du marché fait affecter aux pays disposant d'une main-d'œuvre bon marché les productions dites « de masse ». Ainsi se trouve sacrifiée toute exigence qualitative dès qu'il s'agit de vendre au plus grand nombre. En ce qui concerne la fraction fortunée de la clientèle pour laquelle les vins sont objets de désirs sublimés, aucune limite n'est assignée à leurs prix.

Plus vaste vignoble du monde, le vignoble du Languedoc et du Roussillon constitue un cas d'école pour la compréhension des marchés

La mondialisation n'est pas qualifiée d'« heureuse » par les hommes chassés de leurs vignes généreuses, de leurs ancestraux terroirs, de leurs propriétés familiales.

Les vaincus de la guerre mondiale du vin.

Autant en emportent les marchés[148].

" Trois quarts des vignerons recensés à la fin de la Deuxième guerre mondiale ont, deux générations plus tard, abandonné leurs propriétés. Une société et son patrimoine bimillénaire tissé de savoir-faire et savoir-vivre sur ses terroirs disparaissaient à vive allure. Un temps coupables de pratiques quantitativistes, de nombreux vignerons s'étaient pourtant amendés en arrachant leurs souches surproductrices, sélectionnant les meilleurs cépages, élevant soigneusement leurs vins nouveaux.

Mais, tandis qu'il était en bonne voie de reconstruction, à grands frais et lourds efforts rénovateurs, voici le vignoble languedocien à nouveau submergé par les problèmes récurrents de marchés, livré à la concurrence que fausse l'absence de communes législations notamment salariale et fiscale. Mévente et baisse des prix de produits ici dits « non concurrentiels », là « non compétitifs » pour ne pas dire « non lucratifs », arrachages et ventes d'exploitations… Qu'ils aient plus ou moins de cinquante-cinq ans, qu'ils arrachent une partie ou la totalité de leurs exploitations, les exclus du marché par tranches successives s'expriment d'une même voix : renoncer à son activité sans avoir démérité, c'est voir mourir une partie de son existence. Et de soi. Cela arrive sans crier « gare » lorsque le prix de l'échange, au prétexte de devoir être « compétitif » face aux concurrents, mais aussi « attractif » en faveur de la chaîne de distribution commerciale, tombe si bas

[148] *Le Point,* n° 2019, 26 mai 2011, p. 178-180, G. GAVIGNAUD-FONTAINE, « Autant en emporte le marché mondial du vin ».

pour le producteur qu'il ne lui permet plus de rester dans la compétition économique.

Ils sont des milliers, chaque année et depuis plus de trente ans, à arracher les vignes plantées à la force de leurs poignets, sous la charge de la dette ; quelque trente mille hectares ont été barbarisés au cours du dernier (?) régime financé par le FEAGA, et à cheval sur trois campagnes consécutives (2008-2011). L'expérimentation de l'arrachage temporaire, où celui qui est payé pour arracher n'est pas celui qui reçoit des aides pour replanter, n'a pas prouvé la pertinence d'un projet de reconversion qualitative différée ; il avait été concédé en 2002-2003, et coûté des millions d'euros.

Dix ans plus tard, non seulement Languedociens et Roussillonnais dessouchent sans espoir de replantation, mais ils n'épargnent pas les cépages réputés bonificateurs, tels les grenache, vieux carignan et autres ; les coteaux dépouillés se désertifient, alors que, ailleurs dans le monde, les bas-fonds irrigables et surmécanisés s'adonnent allègrement à la nouvelle viticulture industrielle qui n'a que faire d'IGP et encore moins d'AOC. Les actions de déstructuration et d'abandon du vignoble vont bon train entre Rhône et Pyrénées où se trouvent 70 % des superficies françaises proposées à l'arrachage ; le vignoble régional est ainsi actuellement (2011) ramené à ce qu'il était au début du dix-neuvième siècle, soit moins de deux cent quarante mille hectares. C'était avant la révolution du rail ; ce qu'une prouesse technique et un marché national avaient fait, un calcul spéculatif le défait ; entre-temps, la vigne avait organisé le paysage tout autant que le village, scandé la respiration quotidienne dans le Midi, et couvert près de cinq cent mille hectares. Non sans excès productivistes ni dysfonctionnements de marché. C'était hier.

L'injonction de créer de la valeur ajoutée pour les uns l'emporte sur le devoir fait à chacun de travailler ; le sauve-qui-peut a poussé à la disparition de la moitié des caves coopératives encore en place dans les années 1970. La nouvelle Fédération Régionale des Caves coopératives encourage la sélection d'outils de production performants sur le « grand » marché, elle pousse aussi au regroupement des structures les plus offensives (janvier 2009). Entre stratégies agroalimentaires des vins anonymes, et stratégies des vins culturels de terroirs, les hésitations font tanguer la balance sans état d'âme mutuelliste. Les grandes déclarations fraternelles du siècle dernier ont perdu de la voix. Les capitaux de l'industrie, des transports et de la grande distribution ont le vent en poupe ; ils viennent relayer les spectaculaires installations de *stars* du *show business* en quête de Sud. Chacun investit proportionnellement à ses moyens, assurément tous ont le goût de l'entreprise et du commerce.

Du vin continuera à couler de ces terres où prospère depuis des millénaires la vigne vinifère ; pour autant, la loi du marché sans règle n'implique pas de durable prospérité économique ; deux constats gagnent du terrain : d'une part, le prix de revient d'une marchandise n'est pas rabattable à l'infini, d'autre part la clientèle des vins de « garage » - nombre d'hectolitres ou de bouteilles annuelles préréservée - est bien difficile à fidéliser. L'argent, qui manque aujourd'hui aux vignerons boutés hors de chez eux, peut demain faire défaut à ceux qui gardent encore la main sur l'échiquier de la mondialisation ou « économie du prix ». Jusqu'à quand ?

Les enseignements du marché des vins ordinaires - les vins fins présentent une valeur ajoutée - valent pour d'autres « grands marchés ». De nombreux producteurs dans le monde (vin, café, coton...) ne tirent pas de quoi vivre de leur travail et des investissements effectués sur leurs exploitations respectives ; ils se trouvent, en conséquence, déstabilisés. Mis en difficultés sur le marché mondial par une concurrence effrénée en l'absence d'harmonisations de politiques sociales, fiscales et règlementaires, ils laissent aux négociants et distributeurs en gros toute latitude à tirer les prix au plus bas. Déréglementée, la concurrence est plus souvent faussée par des fraudes en tous genres, que loyale. Des réalités qui peuvent trouver leur cause tant dans la recherche de productivités croissantes et de profits accumulés, que dans le mépris du travail de production effectué, mais qui ne satisfont pas ceux qui refusent de confondre, compte tenu des conséquences humaines et sociales de l'activité économique, marché et casino."

Scruter les marchés vinicoles fait comprendre tous les marchés

Très tôt ouverts à l'échange, et premiers partisans du libre-échange sous Turgot (XVIIIe siècle), les vignerons du Midi avaient éprouvé les déconvenues que suscitent les promesses non tenues. La surabondance de liberté sur les marchés les avait rapidement conduits à craindre pour la permanence de leurs activités. Aussi a-t-il été instructif de suivre les étapes de leur adaptation d'abord au marché national (vin fraudé, vin d'Algérie), puis au marché européen (vins italiens d'abord, espagnols et portugais ensuite) et, *in fine,* au marché mondial (vins australiens, californiens, sud-africains ou sud-américains, avant les vins chinois, turcs et autres encore).

Confrontés aux irrégularités de la production et aux aléas commerciaux, les vignerons du Midi de la France avaient fait du prix de vente de leurs récoltes le baromètre de leur existence. Chaque nouvelle « chute des cours » - dont les observateurs de la surface des déséquilibres commerciaux préfèrent attribuer la responsabilité à de la « surproduction » qu'à des manipulations frauduleuses[149] - faisait l'effet d'une alarme parcourant le vignoble ; sur le terrain, le laisser-fairisme commercial particulièrement prisé par les futurs lauréats de « Prix Nobel d'Économie » était connu pour ses méfaits concrets. La mémoire vigneronne vibrait de ses victoires acquises par de courageux et récurrents combats contre les dérives

---

[149] Cf. *Terroirs et marchés des vins, op. cit.*

commerciales[150] ; du côté du négoce, souvent - mais pas toujours - fraude, concurrence déloyale ; du côté de la production - non exempte de fraudeurs, associations professionnelles (l'union faisait la force) et législation française (État).

Des années 1970 aux années 2010, le Languedoc a perdu deux successives batailles de prix. La première (1973-1984) pour les vins de consommation courante (ou vins de table) ; les vignes dévolues à la consommation populaire (vignoble de masse dans les années 1890-1970) ont été massivement arrachées, et une production soignée a été promue. Dans les années 2000, une nouvelle offensive marchande dirigée contre des vins à la traçabilité pourtant établie est venue déstabiliser la génération de la reconversion qualitative.

Dès lors, la mystique du marché tout-puissant poussait dans l'ombre les nombreux perdants de la concurrence particulièrement aiguisée dans la catégorie « sans valeur ajoutée », et attirait sous les projecteurs ses *happy few winners*. Inversion des priorités : les bénéficiaires de la nouvelle donne commerciale et ceux qui attendaient d'être par elle distingués crachaient sur le « vin-aliment pour tous » d'hier, et se montraient intarissables sur les mérites des « vins-plaisir » destinés aux riches de demain. Les vignerons dont les produits à haute qualité reconnue tissaient la nouvelle réputation des vins du Languedoc et du Roussillon.

Convaincue que la qualité est attendue de tout producteur par tout consommateur[151], je n'adhérais pas à la promotion du vin rare recherché pour satisfaire l'élite du goût… et de l'argent. Le bon vin n'est-il pas celui dont la qualité et le prix satisfont l'acheteur, tandis que, correctement rémunéré, le producteur continue à faire son métier ?

Malgré les déconvenues que suscitait le décalage entre mes travaux et le positionnement d'élus - à quelques exceptions près - tant politiques que professionnels, je ne me décourageais pas ; j'appuyai mon attention sur le bras-de-fer qui opposait ceux qui voulaient rémunérer toujours plus faiblement les produits étiquetés avec mépris « basiques » (ou *premium)*, et ceux qui vivaient de leur travail de production « loyale et marchande ». La cupidité des uns accélère la ruine des autres dès que le « prix de marché » ne couvre plus le « coût du travail ». Confisquer au producteur la part de légitime rémunération qui lui est due revient à le frapper de mort économique.

Le moyen d'échapper à la cruelle dégringolade des prix consiste à chercher et trouver, comme il se dit en la circonstance, une « niche » (quel vocabulaire !) ; cela consiste à promouvoir un produit spécifique, c'est-à-dire

---

[150] Cf. *Le Languedoc viticole, la Méditerranée et l'Europe, op. cit. Vignerons,* Montp., PULM, 2005.

[151] Les vins « tord-boyaux » ont été tôt et à juste titre décriés par les médecins et les associations hygiénistes.

d'un caractère assurant à son promoteur une « valeur ajoutée ». Pour un temps. Nul ne se hasarderait à assurer de la persistance des désirs d'une clientèle de luxe… Quoi qu'il en soit, les adeptes de vins susceptibles de se vendre quelques dizaines, et pourquoi pas quelques centaines d'euros la bouteille, faisaient des émules chez les vignerons du Midi ; et l'élitiste exigence qualitative divisa en profondeur le vignoble…

En rangs serrés, les vignerons successivement laissés pour compte de la conjoncture commerciale, autrement dit les vaincus de la guerre économique, ont abandonné leurs vignes et leurs caves. Après les promesses non réalisées d'un avenir harmonieux, ils étaient invités à croire que de la destruction d'emplois devenus inutiles résulterait la création d'emplois nouveaux… et que, *in fine,* l'intérêt général serait au rendez-vous. Au début des années 2000, sous la bannière d'un marché assuré « autoéquilibré au service de l'harmonie planétaire », le laisser-fairisme[152] concrétisé comme compétition de chacun contre tous ruinait des familles de producteurs désemparés face à de multiples déloyautés commerciales, vidait villages et bourgs, répandait la friche et la désolation dans les campagnes[153].

D'autres vignobles du monde, dont ceux de la Mancha espagnole et de la Chine, avaient récupéré les parts de marché abandonnées par les Méridionaux qui perdaient aussitôt leur label « plus vaste vignoble du monde ». Fort contrariante pour les populations qu'elle frappe, une telle réalité résulte de la *praxis* libérale (laisser-fairiste) inspiratrice de la mondialisation économique ; celle-ci, expérimentée à échelles plus ou moins réduites au cours de l'histoire, réussit à accomplir, dans la globalisation financière de ce début de troisième millénaire, des pas de géant.

Les producteurs de France et du monde sous les fourches caudines de « l'avantage comparatif »

L'insertion dans la globalisation financière de la France, et autres États convertis au monétarisme, a fait du marché le prétexte à accumulation d'argent ; le diktat des coûts mondiaux de la production s'est imposé.

[152] Tandis qu'une avalanche de règlementations administratives concerne les secteurs du travail, de la production, de l'alimentation…, la dérèglementation du marché se fait au nom de la « concurrence libre non faussée » (sic !) : le poids de la norme dont s'exonèrent les maîtres du marché contraint au maximum les producteurs français et européens.

[153] Le 30 avril 2021, tandis que la vague de suicides ayant déjà frappé éleveurs et agriculteurs français n'épargnait pas les vignerons, la société vigneronne du Montpelliérais apprenait avec stupeur le mort que s'était donnée à cinquante-huit ans le « mozart » de la qualité vinicole languedocienne qu'était devenu Laurent Vaillé, l'une de ses exceptionnelles bouteilles ayant atteint le record, l'année précédente, de 5 319 euros (sic !, de « bonnes » AOC produites entre Rhône et Pyrénées se vendant une poignée d'euros la bouteille).

Concrètement, « l'avantage comparatif[154] » - concept de la science économique moderne - fait rechercher les coûts de production les plus bas et les profits les plus gros. Explicitons.

L'avantage comparatif se fonde sur le prix de revient fonctionnel et l'utilitarisme quantitatif

Au siècle des Lumières, Adam Smith[155] avait théorisé qu'« une main invisible du marché » présidait à l'harmonie économique naturelle : guidées par l'intérêt particulier, les libres actions individuelles (libre-initiative, libre-concurrence) et intérêts particuliers étaient censés servir la richesse générale. Avant même de chercher à démontrer que la libre-concurrence favorise l'équilibre des marchés autorégulés, l'école dite « classique » a stipulé que les prix doivent échapper à toute correction humaine - sous peine de pénalité économique -. Ce qui, dans les faits, revient à faire du prix de marché le résultat du seul rapport de force qui s'établit entre les partenaires de l'échange ; ledit prix ne prend donc pas compte la valeur humaine et sociale des produits ou services échangés. Avec la suppression du caractère moral et social de la vie économique, l'activité commerciale s'affranchit de toute contrainte.

Ricardo est venu expliquer que la valeur de production[156] détermine la valeur d'échange des marchandises reproductibles à gré ; considérée à l'aune du coût de production (ou prix de revient), et déchargée d'implication sociale, la valeur d'échange est propulsée valeur fondamentale, la valeur d'usage n'étant de mise que pour les marchandises rares ou reproductibles dans des circonstances particulières. Sur le marché, le prix le plus bas assure donc la vente des produits ordinaires.

Il s'en suit que dans toute entreprise soumise aux dures lois de la concurrence, il faut produire beaucoup pour vendre vite et pas cher, sans avoir à stocker. Afin de ne pas entamer le profit affecté au capital investi dans les grandes entreprises, l'effort de compression porte sur les autres frais de production dont le salaire. Lorsque tous les efforts se reportent sur la contraction du coût du travail, le prix de marché s'aligne sur les plus bas salaires pratiqués à travers le monde dans le secteur concerné. Le « prix de

---

[154] Torrens, 1815 ; David Ricardo 1817. Ricardo, 1772-1823, économiste anglais, connu pour ses travaux sur la rente foncière et sur la valeur d'échange « travail incorporé au produit » ; cf. *Principes de l'Économie Politique et de l'impôt,* 1817.

[155] Adam Smith, 1723-1790 ; économiste et chef de file de l'école classique britannique ; cf. *Théorie des sentiments moraux,* 1759 ; *Recherches sur la nature et les causes de la richesse des nations,* 1re éd., 1776. Avec l'épargne ou accumulation de capital rémunéré, la division du travail, la taille du marché comme facteurs de richesses, le « marché autorégulateur » (orientations spontanées du marché vers des situations d'équilibre) est fait moteur de croissance, le tout garant d'une « mondialisation heureuse ».

[156] La valeur de production comprend le travail humain incorporé à la marchandise ainsi que la couverture des frais de production autres que salariaux dont la rémunération du capital investi ; pour le producteur, il importe que le bénéfice réalisé assure son maintien à la tâche.

revient fonctionnel » s'établit sur la base des salaires minima et se renforce de rendements et/ou productivités maxima ; il détermine le prix de marché de référence appelé à se généraliser. L'« avantage comparatif » favorise de la sorte les marchandises obtenues avec les coûts de production les plus bas. Rendements et productivités maxima sont recherchés.

Comparés au prix de revient fonctionnel obtenu à coup de rationalisation technique et de bas salaires, les prix qui émanent des entreprises les moins compétitives sont dits « marginaux » même lorsqu'ils proviennent du plus grand nombre d'exploitations à la ronde ; leurs produits sont délaissés. Laisser fluctuer le « prix économique » sur les marchés revient, tôt ou tard, à faire du prix de revient fonctionnel le « prix courant ». Le marché fait loi du prix le plus compétitif - qui est aussi le plus agressivement bas -.

Ce qui n'était qu'un postulat allait présider au fonctionnement réel des circuits commerciaux. Et y répandre de barbares pratiques. Pour saisir le désespoir des agriculteurs de France et du monde où les mêmes causes produisent les mêmes effets, il suffit de mettre l'accent sur les logiques effets des dites pratiques.

Faits objets de l'économie, les producteurs sont soumis à la loi du marché

Plusieurs phases s'enchaînent. Dans un premier temps, comme cela est annoncé par les économistes, le prix de marché s'aligne sur le coût de production le plus compétitif, c'est-à-dire généralement le plus bas porté à la connaissance de l'intermédiaire. S'ils veulent vendre, les producteurs se trouvent contraints d'obtempérer ; les experts affirment qu'à ce stade, les prix se stabilisent. C'est faire abstraction de toute concurrence déloyale ; le marché du vin a fait constater combien la perspective de gains faciles attire aux fonctions de l'échange des acteurs dans le seul but de réaliser des profits rapides ; la cupidité suscite la fraude.

Invariables sont les moyens utilisés pour accroître le profit dès que la concurrence sans borne est érigée en seule règle commerciale : tromperies sur la marchandise aussi variées que pernicieuses, émission de fausses nouvelles - les fameuses rumeurs qui enflent aussi vite qu'elles courent -, recours à l'agiotage qui soumet le producteur au spéculateur, celui-ci pouvant se désister avant de retirer la marchandise pourtant réservée... à moins qu'il ne l'arrache à vil prix. La concurrence est d'autant plus faussée que l'uniformisation monétaire, fiscale, salariale du coût salarial n'est pas requise à l'échelon international ; l'échange déloyal surfe sur les différences entre pays en matière de coûts salariaux, de contributions fiscales, et de taux directeurs monétaires.

Pour les entrepreneurs déterminés à maintenir leurs activités, les gains de rendement et de productivité sont considérés comme porteurs de « rente différentielle » en faveur de « l'avantage comparatif ». La recherche de plus-value - au sens de différence entre le coût du travail incorporé dans le produit et le prix de marché - pousse, dans ce deuxième temps, à « moderniser » les entreprises ; le « progrès » s'emballe au service du productivisme concurrentiel qui permet le tassement des prix, fut-il obtenu par des détériorations de la qualité des produits, la dégradation des conditions salariales va bon train. La valeur du travail est progressivement réduite au moindre coût de ce dernier ; et le coût est minimal lorsqu'il atteint le seuil de son incompressibilité, en dessous-duquel le travailleur ne peut entretenir ses forces ; à ce moment, il a généralement perdu tout espoir d'avenir.

Lorsque la spéculation se nourrit en un point du Globe de production de masse à bas prix et de dérisoires salaires au service d'un productivisme croissant, chaque nouvelle baisse lance une spirale d'effets déstabilisateurs pour les producteurs les moins compétitifs en matière de prix. Lesquels, pour se caler sur la compression des prix, n'ont plus qu'à rogner leur marge bénéficiaire… appelée à se réduire comme peau de chagrin. C'est la troisième étape. Plus se nivelle l'écart entre le prix de revient de la production et son prix de vente sur le grand marché, plus s'appauvrit le producteur. En bout de processus, s'établissent des « prix de misère » faisant atteindre aux petites entreprises les limites de l'insupportable[157]. Les spéculateurs parviennent d'autant plus rapidement à imposer leurs conditions que les trésoreries à la production sont vides. Il ne reste plus aux producteurs endettés qu'à « brader » leur marchandise - même de qualité - pour acquitter les échéances. Les gagnants d'une étape sont les perdants de la suivante…

L'oppression sociale est à son comble lorsque la loi de la concurrence sauvage impose aux producteurs une « économie subie ». Après avoir comprimé au maximum le coût de la production, puis son bénéfice, chaque producteur acculé à céder ses récoltes ou ses stocks à des prix de misère se trouve contraint à lâcher prise ; étranglé par le prix de marché, il renonce à son activité ; d'aucuns préfèrent se suicider avant d'être expulsés de leurs terres. L'échange a viré à un cruel rapport de forces. Les exploitations sont saisies et vendues aux enchères pour apurer les dettes. Ces terres sont acquises à des prix effondrés par ceux qui échafaudent d'autres calculs… et vont jusqu'à arguer soutenir « la lutte contre la pauvreté dans les pays émergents » comme d'autres prétendaient, hier, contribuer au « développement du Tiers-Monde » par leurs [inéquitables] pratiques commerciales !

Quand le libre prix de vente (prix de marché) commande le prix à la production (prix de revient) et favorise celui qui est tiré au plus bas, non seulement la rétribution du travail de production est réduite au minimum, mais le mépris adressé à la condition du travailleur est affiché ; il va de pair avec le dédain de l'existence des populations démunies. La tyrannie des prix

157 Les grandes entreprises disposant d'importants capitaux sont plus efficaces à reconvertir leurs activités.

remet périodiquement en cause la répartition des cultures et des entreprises : seul le souci du profit maximum guide leur développement ou leur suppression ; autrement dit, tout changement intervenu sur le front des prix provoque aussitôt une redistribution des activités et le remodelage des paysages. La rente foncière s'aligne sur le mouvement des prix agricoles, la diminution de la valeur vénale de la terre précipite la concentration des exploitations et ressources. Le mépris de l'homme et de son environnement est à son comble.

Mis dans la dépendance du prix de marché, l'homme n'est plus sujet, mais objet de l'économie ; assimilé à ses seules fonctions matérielles, il est ballotté dans le monde telle une boule de billard. Maître des rapports économiques, le marché se fait ordonnateur des sociétés. Celles-ci éclatent en miettes dans les nations déstabilisées ; par-delà des ruines tant humaines que sociales et écologiques, le libre jeu de la concurrence sur un marché rapace conduit aux monopoles économiques[158] ; ces derniers s'imposent après la disparition des partenaires inorganisés. La concurrence tue la concurrence. Ainsi le veut la loi mécanique du laisser-fairisme commercial, sous la férule de laquelle s'accélèrent les destructions en tous genres. Des bords de la Méditerranée occitane à l'*œkoumène*, sous toutes les latitudes, les mêmes causes produisent les mêmes effets ; d'année en année, se diversifie la déjà longue liste des vaincus du marché[159].

Sous couvert de globalisation économique, l'économie spéculative - mondiale - active tant que faire se peut l'exploitation massive de ressources naturelles[160], s'accommode du monopole de fait de certaines Sociétés, d'infractions au droit international du travail, de *dumping* fiscal, de fraudes en tous genres... Dans cette guerre économique qui ne dit pas son nom, l'attention ne se porte plus sur les hommes et leurs sociétés, mais sur les flux de marchandises : abondance et pénurie rythment les calculs de profits à réaliser par les *happy few* du moment.

Annexe 9. Ouvrages de l'auteur sur l'histoire vigneronne et direction de travaux de recherche

Livres - *Propriétaires-viticulteurs en Roussillon. Structures, Conjonctures, Société, XVIIIe-XXe siècle,* Paris, Publications de la Sorbonne, 1983, 2 t., adapt. de la thèse, préface de Jean Bouvier.

- *Caractères historiques du vignoble en Languedoc et Roussillon* Montp., PULM, 1997.

---

[158] Dans le secteur privé, ni le monopole vendeur, qui concentre les productions et en fixe les prix, ni le monopole acheteur qui joue sur d'âpres concurrences entre producteurs, sont à même de responsabiliser les acteurs du marché.

[159] Cf. la révolte des éleveurs français, de la Normandie à la Dordogne, 19/24 juillet 2015.

[160] Toute nouveauté, tel l'intérêt de l'huile de palme pour le biocarburant, se traduit d'abord par la pratique de hauts prix...

- *Le Languedoc viticole, la Méditerranée et l'Europe au siècle dernier (XXe),* Montp., PULM, 2000. 2e éd. 2006.

- *Les caves coopératives dans le vignoble du Languedoc-Roussillon*, Montp. PULM, 2001 ; Vignerons-Coopérateurs, 2002.

- *Vignerons,* Montp., PULM, 2005.

- *Terroirs et marchés des vins dans un siècle de crises. Languedoc et Roussillon, 1907-2007,* Montp., PULM, 2012.

- *Vignobles du Sud, XVIe-XXe siècle,* Actes du colloque du Centre d'Histoire moderne et contemporaine de l'Europe méditerranéenne et de ses périphéries, Montp., PULM, 2003, en collab. avec Henri MICHEL.

- *Le Vin en Languedoc et Roussillon, de la tradition aux mondialisations XVIIIe-XXIe siècle,* Perpignan, Trabucaïre, 2007, en collab. avec Gilbert LARGUIER.

- *Précis d'histoire du Languedoc-Roussillon,* Montp., CRDP, 2007, ouvrage collectif sous la dir. de Christian NIQUE et Jacques LIMOUSIN.

- *Le Cours des vins en Catalogne et Languedoc-Roussillon. Fluctuations et portée des prix dans le temps long de l'histoire,* Textes réunis par Geneviève GAVIGNAUD-FONTAINE, Actes de la Journée d'étude Actes de la Journée d'étude CRISES (EA 4424, Univ. Montp. III, 2011), Toulouse, *Annales du Midi,* n°281, janvier-mars 2013. Contributions de J.-M. BAGNOL, J. COLOMÉ FERRER, R. GARCIA ORALLO, G. GAVIGNAUD-FONTAINE, P. LACOMBRADE, G. LARGUIER, J. LAUZE, S. Le BRAS, J. PLANAS, C. RAYNAUD, F. VALLS JUNYENT.

- *Corps intermédiaires marchands et vignerons en Languedoc. Années 1700-1930,* (Actes de la Journée d'études de 2014 codir. avec Gilbert LARGUIER, Presses Univ. de Perpignan, 2016. Contributions de J.-M. BAGNOL, J.-P. DONNADIEU, G. GAVIGNAUD-FONTAINE, P. LACOMBRADE, G. LARGUIER, J. LAUZE, S. Le BRAS, D. PORCER.

Articles publiés dans des revues, des actes de colloque ; contributions à des ouvrages collectifs

§ Généralités

- « Évolution du vignoble français d'après les enquêtes statistiques agricoles », *in Géographie historique des vignobles,* Bordeaux, Éd. du CNRS, 1978, 2 t., t. 1, p. 93-110.

- « Le Midi des vignerons de Charlemagne au marché commun », traduit et publié sous le titre « El midi de los viñedos desde Carlomagno al Mercado común », *in Areas, Revista de Ciencias Sociales,* Murcia, 12, 1990 (España), p. 117-124.

- « Lieux de mémoire vigneronne », *in Ombres et lumières du Sud de la France,* sous la dir. de Christian AMALVI, Paris, Les Indes Savantes, 2015, T. 2, p. 109-118.

§ Caves coopératives

Outre le fascicule *Les caves coopératives dans le vignoble du Languedoc-Roussillon*, Montp., UPV/Vignerons-Coopérateurs, 2001-2002, 52 p.

- « Du libéralisme à la coopération », *in Le Capitalisme français XIXe-XXe siècles. Blocages et dynamique d'une croissance, Hommage à Jean Bouvier,* sous la dir. de P. FRIDENSON et A. STRAUS, Paris, Fayard, 1987, p. 355- 366.

- « Les Caves coopératives, bastions de la viticulture populaire en Roussillon au XIXe siècle », *in Revue de l'Économie Sociale,* Paris, 1987, p. 11- 22.

- « The Emergence of wine co-operatives in the Midi », in *Co-operation and Farmers« Union in western Europ,* South Jutland Univ. Press, 1990 (Danemark), p. 100-115.

- « Un siècle de coopération viticole en Languedoc-Roussillon », *in Actes du colloque de Maraussan,* Conseil général de l'Hérault*, 2001.*

- « Introduction : Les caves coopératives du Languedoc-Roussillon dans l'histoire », *in Caves coopératives en Languedoc-Roussillon,* ouvrage collectif, Lyon, Lieux Dits Éd., 2010.

§ Progrès techniques

- « Les courroies de transmission du machinisme agricole dans la viticulture du Languedoc et du Roussillon 1880-1940 », *in Actes du IVe Colloque National sur le Patrimoine industriel,* Beauvais, 1983, p. 92-100.

- « De la diversité des pressoirs, fin XIXe - début XXe siècle », *in Études sur l'Hérault*, n° spécial 5-6, Montp., 1989-90, p. 197- 200.

- « Images du Languedoc viticole mécanicien (1re moitié du XXe siècle) », *in Amiras-Repères occitans,* Aix-en-Provence, Édisud, 1984, p. 11- 22.

§ Société vigneronne

- « Propriétaires-viticulteurs en Roussillon », traduit et publié sous le titre « Propietaris-viticultors al Rosselló », *in Estudis d'Historia agraria,* n° 6, Centre d'Estudis historics internationales, Barcelona, 1985 (España), p. 7- 56.

- « La propriété en Roussillon. Structures et conjonctures agraires », *in Histoire économique XVIIIe-XXe siècle* sous la dir. de M. MARGAIRAZ, Textes essentiels, Larousse, 1992, p. 721-728.

- « Le petit cultivateur de vignes en Roussillon 1750-1850 », *in Les vignerons du Moyen Age au phylloxera,* Centre Pierre-Léon, Lyon, 1996, Bull. 3-4, p. 121-127.

- « Les grands propriétaires et leurs exploitations viticoles dans l'Hérault. Histoire en chantier », *in* Études *Héraultaises,* 1995-96, n° 25-26, p. 153-165.

- « Les combats du Midi viticole ou le pragmatisme des gauches vigneronnes », texte écrit pour un projet de livre, *Les Gauches paysannes,* sous la dir. de R.-M. LAGRAVE et R. HUBSCHER, Paris, Hautes Études des Sciences Sociales. Non publié.

- « Un mouvement de grèves agricoles : les ouvriers roussillonnais 1937-38 », Colloque *la Vie quotidienne à l'époque du Front Populaire,* Paris I - Panthéon-Sorbonne, 1986, diffusion de résumés.

- « De la violence des viticulteurs languedociens et roussillonnais : de mythes en réalités », *in La Civilisation de la vigne et du vin en Languedoc-Roussillon,* Montp., Fédération Historique du Languedoc méditerranéen et du Roussillon, 1985, p. 155-161. Repris *in Cahiers de l'Office Régional de la Culture,* Montpellier, 1985, p. 116-126.

- « De la pluriactivité en Roussillon », texte écrit pour des tables rondes, Paris, Maison des Sciences de l'Homme, 1985-86.

- « Conjoncture viticole et diversification des cultures en Roussillon », *in Économie et société en Languedoc-Roussillon,* Montp, Centre d'Histoire Contemporaine, Univ. Montp. III, 1978, p. 87-110.

- « Prix - Revenus - Niveaux de vie. Le portefeuille du propriétaire et le panier de la ménagère », *in La Vaunage au* XIXe *siècle,* Nîmes, Lacour, 1996 (coord. J.M. ROGER), p. 219-232.

- « La défense de l'artisan viticole languedocien 1945-1953 », *in Mélanges offerts à Marianne Leulliez. Regards sur la France méridionale* XVIIIe-XXe *siècle,* Univ. Montp. III, CHMCEMP, 2002, p.197-214.
- « André Castéra », *Revue des Œnologues,* Chaintré, n° 129 Hors-série, oct. 2008.

§ Études de marché
- « Le Marché du vin en Languedoc et Roussillon 1860-1930 », traduit et publié sous le titre « Der weinmarkt in den regionem Languedoc und Roussillon 1860-1936 », *in* Jahrbuch für wirtschaftsgeschichte, Akademie Verlag, 1996, 1, p. 109-128.
- « Les vignerons du Midi et la réglementation française du marché des vins de consommation courante (VCC) 1907-1970, *in* Mont., *Études Héraultaises*, n° 35, 2004-2005, p. 143-154.
- « Dérèglementation du marché des vins de table et secousses languedociennes 1957-1984 », *in Mélanges en l'honneur du professeur Roland Andréani,* coord. J. F. JACOUTY, Montp., PULM, 2007, p. 259-276.
- « Les politiques de régulation du marché du vin en Languedoc 1889-1976 », *in Regulierte Mârkte : Zünfte und Kartelle*, Margrit Müller, Heinrich R. Schmidt, Laurent Tissot (Hg.), Société suisse d'histoire économique et sociale, Univ. de Neuchâtel, *Schweizerische Gesellschaft für Wirtschafts-und Sozialgeschichte,* Band 26, 26. Jahrgang, *Société suisse d'histoire économique et sociale,* n° 26, 26e année, 2011, p. 225 à 241.
« Principes de réalité du marché du vin en Languedoc 1889-1976 », *in* Nîmes, *Revue d'Histoire Moderne et Contemporaine de Nîmes et du Gard,* n° 25, janv. 2010, p. 33-42.

§ Un vignoble nouveau
- « L'extinction de la viticulture pour tous en Languedoc », *in La grande transformation du Midi rouge,* Univ. Montp I, Pôle Sud, Revue de Science Politique, n° 9, 1998, p. 57-70.
- « Le vignoble nouveau du Languedoc-Roussillon : une reconversion du terroir au service de la vitiviniculture populaire ? », *in La Protection des terroirs viticoles. « Entretiens de Bordeaux »,* CERVIN, Univ. Bordeaux III, OIV, Paris, 1991, p. 43-55.
- « Pour un renouveau culturel de la vigne et du vin en Languedoc-Roussillon », *in Vignobles et vins du monde, Hommages à Huetz de Lemps,* Presses Univ. de Bordeaux, 1996, p. 217-224.
- « La vigne méridionale, une source de développement économique contrariée à l'époque contemporaine », *in Environnement et Développement économique,* Paris, AFHE, 1996, p. 453-462.
- « Un vignoble à la croisée des chemins quand commence un nouveau millénaire », *in Les Carnets du Parc* Naturel régional de la Narbonnaise en Méditerranée », n° 14, 2014.

§ Centenaire 1907
- « Vignerons méridionaux contre betteraviers septentrionaux et autres partisans de la chaptalisation », in *Nouvelles de la Révolte 1907-2007,* Association Autour des Auteurs, Perpignan, éd. Cap Béar, 2007, p. 213-227.

- « 1907 et la Confédération Générale des Vignerons *in* « Le Midi : combats pour la défense du vin naturel et la maîtrise du marché des vins », Montp. *Études Héraultaises* n° 37-38, 2007-2008, p. 141-154.

- « La Confédération Générale des Vignerons : une réponse à la crise de 1907 », *in L'Aude et la vigne : Cent ans de passion,* Actes du colloque international de Carcassonne, Archives Départementales/Aude Conseil Général, 2008, p. 194-210.

- *« Introduction », in Le Vin et la République 1907-2007, Actes du colloque de Montpellier, oct. 2007,* coord. Philippe LACOMBRADE et Fabien NICOLAS, Paris, L'Harmattan, 2009.

§ Vins de qualité

- « Le Languedoc, l'un des berceaux de la vigne et du vin en Europe », *in* Alain BLAYAC (coord.), *Nourritures, Saveurs, goûts et modes,* Montp., PULM, 2000, p. 11-24.

- « Les vins doux naturels en Languedoc-Roussillon. Un savoir-faire ancestral de qualité pour l'avenir », *in Clio dans les vignes,* Mélanges d'histoire offerts à Gilbert Garrier, Presses Univ. de Lyon, 1998, p. 217-231.

- « Des atouts ancestraux pour une stratégie qualitative », *in Les rencontres universitaires de Vauban,* Bibl. univ. de Nîmes, 2001, p.1-19. Publié *in Autour de Nîmes et de sa région,* Textes réunis par C. BERNIÉ-BOISSARD et D. JULIEN, Paris, L'Harmattan, 2004, p. 21-54.

- « Stratégies qualitatives des vignerons du Midi », *in* Alimentation *et Agriculture, bilans et perspectives,* Actes du colloque de Millau, 2001, non publié.

- « De la route des vins à la routes des abbayes en Languedoc », *in Languedoc, Art, Presse,* Uzès, hiver 2002.

- « Introduction », et « Stratégies qualitatives des vignerons du Languedoc-Roussillon », *in Vignobles du Sud, XVIII-XXe siècle,* Actes du colloque de Montpellier, CHMCEMP, 2001, coord. G. GAVIGNAUD-FONTAINE, Henri MICHEL, Montp., PULM, 2003, p. 577-604.

- « La longue marche du Midi », *in Académie Suisse du Vin,* n° 41, oct. 2003, p. 18-28.

- « à propos d'un rapport d'expert publié en 1964. Les vins doux naturels à Saint-Paul-de- Fenouillet », *in* Revue *Fenouillèdes,* n°18, juill. 2006, p. 30-37

- « Nature et culture du terroir dans l'histoire vigneronne de la France du Sud », *in Territoires et terroirs du vin XVIII-XX^e^siècle, Approche internationale d'une construction historique* » sous la dir. de Serge WOLIKOW et olivier JACQUET, Éd. Univ. de Dijon, 2011.

- « La qualité des vins en Languedoc et Roussillon : Terroirs ancestraux et médailles (1855-1944) dans un vignoble hérité de l'Antiquité », dans *Mélanges en l'honneur du Recteur Michel Gayraud,* restés à l'état de projet.

Presse

L'Indépendant, interview 16 sept. 2000
Le Paysan du Midi, interview 20 mai 2004
Midi Libre, billets 26 mars 2006, 8 juin 2008, 8 janv. 2010
L'Agri des Pyrénées-Orientales, article 6 avril 2006
Le Point, interview 31 mai 2007, n° 1811 « Spécial Montpellier » p. IV-VI.
L'Express, pages Languedoc-Roussillon, interview 6 déc. 2007, n° 2944, p. VII.

Annexe 10. Direction de recherches

*** Direction de Thèses soutenues sur la thématique Vignerons, vignes et vins**

Jean-Philippe Martin[161], Les syndicats de viticulteurs en Languedoc depuis 1945, 1995.

Jean-Marc Bagnol[162], Les députés languedociens et la viticulture dans l'entre-deux-guerres : organes de décision, relais de pouvoir, législation, 2007.

Stéphane Le Bras, Le négoce du vin en Languedoc, et la place des négociants dans la société des années 1900-1960, 2013[163].

Jacques Lauze[164], La Confédération Générale des Vignerons (du Midi). Originalité languedocienne de l'organisation interprofessionnelle du vin (XXe siècle), 2018.

Cf. aussi certains chapitres « vignerons » dans Didier Porcer, Stratégies familiales et professionnelles : contribution à l'histoire économique et sociale du Languedoc XVI-XXe siècle, 2004[165].

Autres thématiques

Éric Teyssier[166], La vente des Biens nationaux dans l'Ardèche. Bilan historiographique et problématique historique, 1996.

Pierre Fabre, Les mutations agricoles dans deux communautés du Gard Rhodanien au XIXe siècle, 1996.

Paul Planté[167], L'adaptation des techniques aratoires aux nouvelles cultures dans le Midi de la France au XIXe siècle, 1997.

Marc Cholvy, Épargne et société : l'émergence des Caisses d'Epargne en France, et leur diffusion en Languedoc - Roussillon au XIXe siècle, 2002

Samantha Morette-Mondet, La peur d'avril 1792 dans le département du Gard : rumeurs et brûlements de châteaux, 2002.

Maguelone Nouvel[168], Les idées sociales de Frédéric Le Play : réseaux de diffusion, réception critique et incidences politiques sous le Second Empire, 2006.

Ne sont pas citées les participations à des jurys de thèse.

---

[161] Cf. Jean-Philippe MARTIN, *Histoire de la nouvelle gauche paysanne*, Paris, La Découverte, 2005.

[162] Jean-Marc BAGNOL, *Le Midi viticole au Parlement. Edouard Barthe et les députés du vin de l'Hérault (années 1920-1930),* Montp., PULM, 2010.

[163] Stéphane LE BRAS, *Le Négoce des vins en Languedoc. L'emprise du marché 1900-1970,* Tours, Presses Univ. François-Rabelais, 2019.

[164] Jacques LAUZE, *La Confédération Générale des Vignerons (du Midi, 1907-1997),* Paris, L'Harmattan, 2021.

[165] Didier PORCER, *Les Bessier en Languedoc, de la Renaissance à nos jours*, Nîmes, Lacour, 1994.

[166] Cf. Éric TEYSSIER et Bernard BODINIER, *La Vente des biens nationaux en France. L'événement le plus important de la Révolution Française,* CTHS, Paris, 2000.

[167] Thèse imprimée, Nîmes, Monédition, 2018-19, 2 vol.

[168] Maguelone NOUVEL, *Frédéric Le Play : une réforme sociale sous le Second Empire,* Paris, Économica « Économies et Sociétés contemporaines », 2009.

*** HDR**

Direction

- Paul Allard, « Eléments pour une problématique de l'histoire du risque : du risque accepté au risque maîtrisé. Représentation et gestion du risque d'inondation en Camargue *XVIII*ᵉ-*XX*ᵉ siècle », Marseille, 2000.

Participation à des jurys HDR

- Philippe Lacombrade, « Des Chambres de commerce en République : le Languedoc méditerranéen sous la Troisième république » sous la direction du pr. Jean Garrigues, Orléans, 2021.
- Jacques Freyssenge, « Sociétés, Religions, Mentalités en Rouergue », sous la direction du pr. Emmanuel Le Roy Ladurie, Montpellier, 1999.
- Rémy Pech, « Economies et sociétés viticoles en Languedoc », sous la direction du pr. Maurice Agulhon, Toulouse, 1993.

**** Mémoires de recherche dirigés, toutes thématiques confondues***

- *Maîtrise 1984-2005.* Diplômés en

1984, Claude Constant

1989, Renaud Segond, Muriel Malez

1990, Christophe Aberlenc, Christine Marty, Florence Thouzet-Barthès

1991, Frédéric Blanc, Emmanuelle Delmas

1992, Lydie Brion, Véronique Chauzy, Christelle Durand, Marylène Ehling, Hélène Le Guillou, Laurence Murat, Valérie Node, David Pioch, Estelle Sauze, Anne-Laure Vialle, Bernard Vin

1993, Sébastien Badet, Patrick Barbusia, Nadège Cavaillé, Jean-Luc Maurin, Caroline Reboul, Claudine Rous, Véronique Runel, Jean-Luc Lambert, Anne Manca, Esther Martinez-Mora

1994, Patricia Abrial, Nathalie Bornier, Hélène Brunel, Frédéric Dumolard, Véronique Lusinchi, Frédérique Murgia, Laurent Parentini, Rémi Thiebaud

1995, Lionel Berlion, André Bresson, Christine Chapelle, Hélène Clavreuil, Delphine Durand, Sarah Esquer, Fabienne Louche, Stéphanie Llory, Doriane Luperini, Hélène Peyre, Véronique Pichard, Sylvie Resche, Isabelle Tarral, François Thomas

1996, Caroline Boussac, Nathalie Cabanas, Séverine Chabrol, Sarah Fenouillet, Claire Flye-Sainte-Marie, Valérie Molines, Yannis Haon, Nathalie Jofre, Marion Martin, Frédéric More, Catherine Nougaret, Carole Papineschi, Philippe Pastor, Lydie Rocca-Serra, Romain Ruel, Christelle Serval, Sandrine Trapy

1997, Claire Écochard, Alexandra Escourrou, Laurence Eyquem, Natacha Garcia, Alix Frediani, Pierre-Marie Ganozzi, Mireille Glardon, Anne Guillamot, Fabrice Guiral, Sandrine Lapierre, Bénédicte Lemattre, Karine Lledo, Yannick Renaud, Renaud Segond, Pierre Sélariès

1998, Delphine Amiel, Béatrice Clavel, Nancy Clément, Laurent Duminy, Chantal Flohic, Fabienne Foppolo, Arnaud Guedet, Céline Lafon, Renaud Laurent, Audrey Lucas, Fanny Marquès, Stéphane Maurin, Maguelone Nouvel, Aude Perrin, Nathalie Poujol, Nathalie Rivière, Rémy Soutous

1999, Magali Bilhac, Cécile Campagné, Stéphane Le Bras, Laurence Pedreno, Éric Poujade, Stéphane Sicard

2000, Audrey Berdot, Céline Clauzel, Roxane Codou, Olivier Commandré, Julien Hoebrechts, Florence Martin, Laurence Pedreno, Emilie Cocagne, Lionel Lacaze, Raphaëlle Munos, Florence Vigne

2001, Marlène Bonneaud, Chantal Berlamont, Dominique Deixonne-Cailleau, Hélène Delaye-Flinnois, Nathalie Fournier, Delphine Lelong, Magali Llopis, Marjorie Mora, Mélissa Neuschwander, Sandrine Souyris

2002, Isabelle Barrère, Chantal Berlamont, Mélanie Boussagol, Nicolas Casado, Stéphanie Grimaud, Stéphanie Guigue, Céline Mante, Nathalie Martinez, Magali Maury, Ralia Sayad, Agnès Soler, Aurore Taxi

2003, Anne-Marie Castellano, Marilyne Devès, Harry Derond, Sandrine Mateo, Philippe Rey, Nicolas Tiquet

2004, Cédric Besnard, Aurélien Hernandez, Maxime Privat

- Dipl. d'Études Approfondies (DEA) 1987-2005

1987, Shigeru Maki-Hara

1988, Atushi Yanagi

1991, Yannick Brochard, Marc Cholvy, Muriel Malez, Jean-Philippe Martin

1992, Emmanuelle Delmas, Jeannine Redon

1993, Jean-Marc Bagnol, Christel Durand, Isabelle Duquesnay, Madeleine Guyot, Valérie Node, Éric Teyssier, Florence Touzet-Barthès

1994, Kareen Cornaille, Pierre Fabre, Jean-Luc Lambert, Hélène Le Guillou, Esther Martinez-Mora

1995, Frédérique Murgia, David Pioch

1996, Sébastien Badet, Pierre Gouard, Stéphanie Llory, Mahbond Norddine, Georges Vidal

1997, Nadège Cavaillé, Sarah Esquer, Nathalie Jofre, Christine Marty, Frédéric More, Laurent Parentini

1998, Martine Audibert, Delphine Durand, Alexandra Escourrou, Patricia Estrade, Marion Martin, Stéphane Maurin, Lydie Rocca-Serra, Renaud Segond

1999, Bénédicte Lemattre, Maguelone Nouvel, Aude Perrin, Nathalie Rivière, Rémy Soutous, Isabelle Tarral, Gilles Vallès

2000, Magali Bilhac, Vincent Delfour, Fabienne Foppolo, Yannis Haon, Stéphane Le Bras, Frédéric Marti, Pierre Sélariès, Stéphane Sicard

2001, Nancy Clément, Jean-Marie Gavanon

2002, Cendrine Souyris, Delphine Lelong, Dominique Deixonne-Cailleau

2003, Nathalie Martinez, Stéphanie Grimal, Benoît Jalabert, Lionel Lacaze

2004, Maryline Devès, Philippe Virely, Stéphanie Guigue, - Éric Landuze, Nicolas Tiquet, Hélène Talagrand

- *Master 2005-2015* (il est mentionné « M1 » si une année seulement, « M2 » si les deux années ont été effectuées, « M2 seul »)

2005, Cédric Besnard, M2 ; Aurélien Hernandez, M2 ; Claude Nougaret, M2 ; Orlane Rome, M1 ; Naéhu Tuira, M2

2006, Anne Amic, M1 ; Alice Bel, M2 ; Marjorie Blanc, M2 ; Canelle Luria, M2 ; Maïté Jullian, M2 ; Sandrine Matéo, M2 ; Michèle Rubio, M2

2007, Laurène Bertino, M1 ; Julie Blanc, M1 ; Aurélie Larguier, M1 ; Sophie Marion, M1; Michaël Peyronnet, M1 ; Maud Teisserenc, M1

2008, Raoul Agut, M2 ; Julien Bonnet, M2 ; Sylvain Montigny, M2

Jérôme Viala, M1

2009, Felipe Bastos de Carvalho, M1 ; Othman Bensbrahim, M2 ; Marion Émery, M2 ; Aurélie Grand, M2 ; Adelaïde Heliot, M1 ; Caroline Paul, M1

2010, Claire Boutet, M2 ; Laurie Destaville, M2 ; Fanny Hermann, M2 seul ; Julien Herpson, M2 seul, Noémie Latte, M1 ; Laure Mazel M2, Alane Parisot, M2 ; Pauline Richer, M2 ; Fabienne Théron, M2 ; Carine Verdié, M2

2011, Anne Guillamot, M2 ; Yann Lévina, M1 ; Maxime Rouffia, M2 ; Natacha Primaux, M1

2012, Jacques Lauze, M2

2013, Isabelle Barbin, M2

2014, Hugo Daumas, M2 seul ; Steeve Tissot, M2

2015, Blaise Rogue, M2 ; Éric Poujade, M2

Annexe 11. « Pour la dignité du vigneron et de l'agriculteur » *(Midi Libre,* billet de l'auteur, 8 janvier 2010

La terre où je suis née est féconde en pampres aux reflets d'or ou grenat, portés par des racines millénaires. Le pays que j'ai quitté dès mon enfance pour passer quelques années en Provence, à Paris, au Sénégal, aux États-Unis... se pare du titre du « plus grand vignoble du monde ». La ville qui m'abrite depuis des décennies est riche d'ancestrales recettes médicinales à base de vin, de formules œnologiques aptes à faire vieillir les crus ; les registres des négociants étalent les preuves de leur renommée. Bibliothèques et églises veillent sur des trésors associant la vigne, le vigneron et le vin.

Cette culture nourricière du corps et de l'esprit, commune aux familles et bourgs du Languedoc et du Roussillon, continue à rayonner ; elle doit perdurer. Pour cela, il faut que le bon vin des terroirs, étirés entre Rhône et Pyrénées en une flamboyante mosaïque, rémunère les vignerons vaillants à la tâche. Leur production continuera d'autant mieux à égayer repas festifs et soirées estudiantines, à régaler les passants amateurs de millésimes à boire avec modération.

Vœux pieux, diront les lecteurs les plus sceptiques. Vœux peut-être à contre-courant de la marche du monde qui est le nôtre. Un monde où les villages se vident de leurs agriculteurs, vite remplacés par de nouvelles populations acquises à d'autres activités. Ici, les terres sont abandonnées à la friche, là l'urbanisation pavillonnaire ne cesse de faire surgir de terre des quartiers « clés en mains ». En moins de cinquante ans, vient de se dévitaliser le lien anciennement établi par la société néolithique entre le travail de la terre et l'existence quotidienne : vivre et travailler sur le même lieu. La lente évolution des siècles a cédé le pas à de brusques accélérations difficilement contrôlables ; il n'est plus possible de traverser cette mutation sociétale sans prendre la mesure de ses possibles conséquences. Si l'avenir passe pour une majorité de terriens par des villes dont la taille n'en finit pas de s'élargir, la question des emplois, constamment renouvelés par des technologies de plus en plus sophistiquées, est posée pour longtemps ; quant aux modes de vie éclatée que nos aïeux n'auraient su imaginer, ils livreront demain leurs effets.

Face aux interrogations majeures de la décennie qui s'ouvre, aux défis d'un monde nouveau, l'espérance porte à garder le cap. Pour continuer sa marche en avant, chacun dispose de ses repères particuliers. Pour l'historien, la tendance naturelle est de tirer du passé des faits explicatifs du présent, non par nostalgie du temps perdu, mais bien pour y repérer les traces d'efficaces conduites adaptables au jour qui lève. Une persévérante plongée dans l'histoire convainc de la formidable longue portée de pratiques autrefois considérées comme fondatrices ; ainsi en est-il de la reconnaissance du travail accompli, du savoir-faire des populations, de l'efficacité des actions professionnelles, du rôle de l'État en vue du bien commun, des convictions religieuses. Aujourd'hui comme hier, la dignité humaine est mise en avant, le tout est de savoir comment la respecter. En toutes circonstances.

À ce sujet, des millions d'agriculteurs à travers le monde, l'Europe, la France, le Languedoc-Roussillon affirment d'une même voix qu'il suffirait d'augmenter de quelques dizaines de centimes les prix à la production pour leur rendre espoir. Dans les villages, les maisons ne seraient plus à vendre, les paysages retrouveraient leurs couleurs, chatoyantes sous les vents changeants. Mais une poignée de centimes par volume comptable suffirait à détourner les flux commerciaux et éloigner les consommateurs, rétorquent les maîtres du marché, ceux qui fixent les prix.

Nœud de l'organisation économique orchestrée par la libre concurrence, le prix n'est certes pas l'alpha et l'oméga de l'existence humaine ; cependant, lorsqu'il exprime la contrepartie du travail fourni pour subsister, il se dote, comme le salaire, d'une valeur morale, en rapport avec les exigences de la justice. Celle-ci doit concerner tous les actes quotidiens, qu'il s'agisse de production, d'échange, de consommation ; il appartient à la générosité d'en pallier les déficits. C'est dire combien nos sociétés ont à donner lorsque la volonté justice n'y imprègne pas les relations économiques…

L'heure est à la formulation de souhaits ; il faut une grande hotte pour contenir tous ceux que suggèrent les besoins de nos compatriotes et de nos voisins sur les autres continents ; ajoutez les vôtres aux miens, et ce ne sera pas de trop pour tenter de les faire aboutir. La ronde des saisons, la farandole des générations se poursuivront-elles pour des noces éternelles entre les populations, leurs terres et les fruits de leur travail ? Oui, assurément, si nous nous souvenons tous que, profondément enfouies, nos racines sont aptes à nous faire traverser les nuages pour retrouver l'azur des cimes.

Deuxième partie

De l'école historique des *Annales* ESC à la philosophie morale thomasienne.

Points communs de méthode, et divergences dans l'interprétation de l'homme en société

Qu'il s'agisse de la propriété foncière en Roussillon, de la société rurale française ou américaine, du marché des vins en Languedoc, j'ai choisi et traité successivement ces sujets en lien avec des réalités qui m'entouraient. Le vécu des populations a nourri ma réflexion avec d'autant plus d'intensité que de longs séjours loin de ma terre natale, d'abord en Afrique (Dakar, 1956-58), puis en Amérique (*Davidson, North Carolina*, 1980-81) m'avaient fait tôt prendre conscience que la civilisation reçue dans mon berceau présentait de vivaces spécificités. J'aurais pu en saisir plus rapidement les fondements.

J'avais entendu certains de mes collègues évoquer avec enthousiasme l'importance intellectuelle de saint Thomas d'Aquin. Et d'abord le professeur Michel-Marie Dufeil, en poste à Montpellier ; dans les années 1980, nos discussions portèrent surtout sur la querelle médiévale qui opposa les ordres mendiants au chanoine Guillaume de Saint-Amour[169]. Avec mon jeune collègue Michel Fourcade, auteur d'une thèse sur Jacques Maritain[170], nos échanges ont été d'autant plus nourris que nous travaillions, dès les années 2005 et suivantes, dans la même équipe de Master et, plus largement, de recherches universitaires sur le thème « Sociétés et Religions ». En faisaient aussi partie mes collègues Christian Amalvi, Serge Brunet, Carol Iancu, Pierre-Yves Kirschleger.

J'avais, de longues années durant, partagé un bureau universitaire avec le professeur Gérard Cholvy qui occupait une place de premier plan tant à l'Université Montpellier III que dans « l'histoire religieuse » contemporaine

[169] Michel-Marie DUFEIL, *Guillaume de Saint-Amour et la polémique universitaire parisienne 1250-1259*, Paris, A. et J. Picard, 1972 (Thèse Paris-IV Sorbonne, 1969). Cf. aussi *Saint-Thomas et l'histoire*, Presses de l'Univ. de Provence, 1991. Le professeur Dufeil mourut en 1991, année où il publiait son recueil de textes sur *Saint Thomas et l'histoire*, ouvrage que nous n'avons pas eu le temps d'évoquer ensemble, et dont j'ai appris l'existence par la *Revue Thomiste* qui le cita en référence, t. CXVI, 2016.

[170] Michel FOURCADE, *Feu la modernité ? MARITAIN et les maritainismes*, thèse Montp. III, 2000 sous la dir. du pr. Gérard Cholvy. Il avait au préalable fait son mémoire de maîtrise sur la doctrine sociale de l'Église. En 2021, publ. de ladite thèse par le Cercle d'Études J. et R. Maritain, Saint-Étienne-Lès-Remiremont.

(sociologie religieuse, histoire des croyances et pratiques religieuses). Il avait siégé à mon jury de thèse en remplacement du professeur montpelliérain Robert Laurent, et m'avait tôt associée à des travaux qu'il dirigeait, qu'il s'agisse de publications ou de jurys de thèses. Nos conversations sur la spécificité des comportements économico-sociaux des populations christianisées depuis plus d'un millénaire sont venues tardivement, au gré des réflexions qui se pressaient dans ma tête.

Et dont j'ai tout aussi spontanément fait part à mes collègues Charles-Olivier Carbonell et Christian Amalvi, tous deux réputés spécialistes tant d'histoire culturelle que d'historiographie, et toujours prompts à partager leurs savoirs respectifs. Devenu directeur de l'axe de recherche « Sociétés et Religions » inscrit dans l'équipe universitaire CRISES (EA 4424), le professeur Amalvi a toujours manifesté une attentive écoute à mes propos, et un généreux soutien à mes projets.

J'ajoutais inlassablement de nouvelles lectures aux précédentes. Des « structures, conjonctures, société » appréhendées dans le temps long de l'histoire, analysées et conceptualisées dans les années 1970, aux « principes fondamentaux et pratiques éthiques » constitutifs de la philosophie morale, mon cheminement intellectuel ne butait sur aucune contradiction.

Chapitre 6

À la rencontre de l'économie morale sociale (fin des années 1990 - premières années 2000)

Un document d'archive des années 1930 me fit plus particulièrement remarquer la revendication d'un « prix social » à substituer aux « prix de misère » pratiqués sur le marché national des vins.

« Prix social » n'était pas expression courante chez les historiens qui parlaient plutôt de « bons prix » ; intriguée, je consultais d'abord les écrits de l'économiste Charles Gide[171], y trouvai bien mention du « prix social », mais à propos des coopératives en charge de l'intérêt des consommateurs ; or, dans le cas qui retenait mon attention, il s'agissait de la rétribution des producteurs. Encore quelque effort pour remonter le temps, rencontrer le « bon échange » de saint Thomas d'Aquin[172] et... d'Aristote[173]. Dit aussi « juste échange », il concernait l'ensemble des partenaires de l'échange.

Des savoirs remisés dans l'oubli, mais des savoirs dont la clarté, la rigueur, la cohérence se sont imposées à mon attention d'abord, à ma raison ensuite.

Quand l'histoire contemporaine corrobore de constants enseignements du passé

Au gré de l'une des lectures dont je viens d'évoquer la diversité, quelle fut ma surprise de constater combien les analyses doctorales que j'avais

---

[171] C. Gide, 1847-1932, économiste engagé dans le mouvement coopératif français (coopératives de consommation), fondateur de l'École de Nîmes, de la *Revue d'Économie Politique*.

[172] St T. d'Aquin, 1225-74, théologien qui fit prendre en compte par la théologie les divers savoirs - notamment la philosophie - organisés par la raison. Pour le « bon échange », cf. *Som. de théo., IIa, IIae q*. 61, a. 1 : « La justice commutative dirige l'homme dans les conventions qui se font entre particuliers, elle a pour objet les échanges. » q. 80 « *Des parties potentielles de la justice (vertus qui lui sont annexées)* », a. unique : « La justice particulière comprend le bon échange qui est une habitude par laquelle on maintient l'égalité entre choses échangées. » Pour le « bon prix », cf. notamment q. 77 « *De la fraude que l'on commet dans les achats et les ventes, de l'usure qui se pratique sur les prêts, moyens pour s'enrichir aux dépens des autres dans les échanges volontaires* » q. 77, a. 1, il est injuste d'acheter une chose moins cher qu'elle ne vaut, la vendre trop cher, tromper l'acheteur ou le vendeur, sauf compte tenu du besoin de l'acheteur ou du vendeur; q. 77, a. 2 : Il n'est pas permis de vendre et d'acheter une chose pour une autre, ou de tromper sur la mesure et la qualité de l'objet vendu.

[173] Aristote, v.-384 / -322, né en Macédoine, philosophe athénien : « Il n'y aura ni commerce ni échange, et cela ne saura se faire, si l'on n'établit pas, jusqu'à un certain point, l'égalité [entre choses échangées] » (cf. *De l'Éthique à Nicomaque,* Liv. V, sect. V : « *De la justice* »).

soutenue en 1980 rejoignaient celles faites par le pape Léon XIII dans *Rerum novarum* en 1891 ! Lesquelles renvoyaient à la théologie chrétienne incluant la philosophie morale de saint Thomas d'Aquin alors remise à l'honneur en cette fin du dix-neuvième siècle[174].

Saisissantes correspondances entre mes conclusions doctorales et les recommandations doctrinales thomistes

Tout en soulignant l'essentielle mission spirituelle de l'Église (salut des âmes et gloire de Dieu), le document pontifical explicitait l'importance, pour la paix sociale, de la propriété familiale, des associations professionnelles, de l'attitude de l'État… Ainsi Léon XIII conseillait-il aux travailleurs à qui il s'adressait plus particulièrement - les ouvriers d'usine - d'accéder dès que possible à la propriété d'un bien (logis, lopin de terre), de s'associer pour défendre leurs intérêts légitimes, de demander aux pouvoirs publics d'équitables arbitrages... Ma thèse n'a-t-elle pas mis en évidence et expliqué la forte inclination des populations envers la propriété « familiale », leurs actions pour faire obstacle aux forces destructrices des marchés (fraude et concurrence déloyale, prix de misère…), qu'il s'agisse d'organisations professionnelles ou d'appels à l'État législateur ?

Certes, avant toute chose, le pape avait exhorté ses lecteurs à suivre ses recommandations spirituelles afin de mener une existence vertueuse conforme à la morale chrétienne… Nonobstant cette importante précision, qu'il s'agisse d'une encyclique pontificale ou d'une thèse universitaire, le caractère profondément humain des situations examinées sur le terrain des réalités présentes ou passées conduisait aux mêmes conclusions.

En prise directe avec le quotidien des hommes, la méthode de travail utilisée m'avait conduite à expliquer et conclure en écho à des textes doctrinaux[175] que je ne connaissais pas encore. « L'exposé fidèle des choses qui sont, qui ont été, ouvre sur la vérité », avait dit Cicéron[176] ; attentive à penser la saisissable réalité des choses, j'avais avancé à la rencontre de saint Thomas d'Aquin pour qui « *veritas est adequatio rei et intellectus*[177] ».

Sur la base d'une vaste collecte documentaire et du traitement rigoureux des données, j'avais raisonné du particulier au général, sans perdre de vue que ces faits concernent les personnes, familles et communautés qu'elles composent. Lorsque l'attention est attentive à l'épaisseur de l'histoire sociale, et que l'actualité vous met sous les yeux le dessouchement des millénaires terroirs et villages du Midi de la France ruinés par la spéculation commerciale, comment ne pas se poser les questions qui surgissant dans la

---

174 LÉON XIII, encycl. *Æterni Patris*, 1879.

175 Doctrine (vient de *docere,* enseigner) : ensemble cohérent d'analyses et de propositions présentées comme nécessaires pour atteindre le but proposé.

176 CICÉRON, *De inventione,* Lib. II. « La vérité est l'exposé fidèle des choses qui sont, qui ont été ou qui doivent être. »

177 St T. d'AQUIN, *De veritate, q. 1, a. 1, c.*

tête des faillis économiques ? Les vignerons avaient réclamé la loyauté au détriment de la fraude dans les cuves et sur les marchés, l'établissement du juste prix dans les contrats commerciaux. Pour défendre leurs terres et leur métier, au « chacun pour soi » ils avaient préféré l'union de tous ; ils avaient exigé des pouvoirs publics qu'ils répondissent à leur détresse... et légiférassent pour apaiser la situation.

Les attentes et conduites personnelles, les actions collectives de défense témoignent toutes de l'importance attachée à la valeur du travail, à sa rémunération, à la stabilité familiale et sociale... Par-delà la portée morale des faits économiques passés ou présents, je saisissais maintenant le fondement spirituel des conduites des populations. Celles que j'étudiais et moi-même avions en bien commun le patrimoine de l'éthique thomasienne, je n'en avais pas davantage qu'elles - jusqu'alors - pris conscience. Que les principes vertueux retenus comme fondement de la réaliste philosophie chrétienne soient « accessibles à la raison », cela est évident comme en atteste mon étude doctorale.

Ce cheminement intellectuel m'incita à reprendre, dès la fin des années 1990, l'articulation des « structures socio-économiques/conjoncture » et des « comportements populaires voire mentalités » afin de considérer les « conduites morales et enseignements » dont relevaient les populations considérées. Je remarquais que même lorsqu'étaient oubliés les enseignements moraux, lesquels ne se réduisent pas à du « socio-économique » agrémenté de « socio-culturel », leurs échos se prolongeaient dans de modernes contextes socio-politico-culturels. Un temps.

De fil en aiguille...

Je devais expliquer pourquoi, en des terres précocement christianisées comme le furent le Languedoc et le Roussillon, puis parfois politiquement qualifiées - abusivement - de « rouges », les attitudes ou *desiderata* des populations continuaient à témoigner, aux dix-neuvième et vingtième siècles et sans toutefois en faire état, de recommandations doctrinales catholiques. Il me revint alors en mémoire que les Petits séminaires diocésains ont longtemps été fréquentés par les garçons les plus doués pour apprendre, que de nombreux jeunes gens de « bonne famille » faisaient leurs études dans les collèges tenus par des religieux. Si des pères de famille affichaient quelque indépendance à l'égard de la religion, des mères se montraient attentives à la voix de l'Église.

Ainsi, parmi les héros du vignoble méridional, Ernest Ferroul - figure de proue de l'épopée de 1907 et président-fondateur de la Confédération Générale des Vignerons - avait-il un temps fréquenté le Petit séminaire de Carcassonne ; son cadet Emmanuel Maffre-Baugé, charismatique protagoniste de « la guerre du vin » menée dès les années 1972-76 contre la déréglementation européenne du marché vinicole, a été tour à tour été élève des Jésuites à Toulouse et des Dominicains à Rodez... Leurs jeunes oreilles d'élèves avaient peut-être entendu et retenu quelques notions de philosophie morale, voire de morale sociale ? Confrontés aux difficultés économiques de la vie[178] - estimées inacceptables pour eux, leurs familles, leurs bourgs -, ils avaient mis en œuvre des enseignements dont le bienfondé se montrait évident sur le terrain. Dans certains plis de la conscience, des siècles de critiques intellectuelles et de combats politiques anticatholiques n'avaient pas encore effacé tous les piliers de l'héritage chrétien.

Lutter contre la fraude, s'organiser en associations professionnelles, solliciter l'arbitrage de l'État pour garantir le « juste prix », autant de combats qui s'imposaient concrètement comme légitimes aux vignerons : à l'unisson de leurs meneurs, ils revendiquaient le respect d'ancestrales pratiques ancrées dans le patrimoine de l'Europe chrétienne. Les enseignements moraux qui sous-tendaient lesdites pratiques s'avéraient conformes, par-delà les changements des temps, aux aspirations profondes des populations.

Combien fructueux se montrait le travail fait pour saisir l'origine et le caractère moral du concept de « juste prix » auquel avait renvoyé l'expression « prix social du vin » relevée au gré d'un document ! Dans ce cas comme dans tant d'autres, des notions dont la charge doctrinale embarrasse les esprits matérialistes avaient été « revisitées » mais n'avaient pas perdu de leur force mobilisatrice.

La réflexion en cours conduisait aussi à comprendre la spécificité de l'école labroussienne plus attentive au prix du pain qu'au prix du blé ; autrement dit, l'attention portée au prix à la consommation ne s'encombrait pas de considérations pour le prix à la production. La rémunération des populations productrices était de la sorte sacrifiée afin de permettre aux bas salaires pratiqués dans ateliers et usines de permettre d'acheter du pain à petit prix… et aux industriels de sous-payer le travail. Le lecteur sait sans doute qu'il en va de même au temps présent (2018)[179], alors que le prix du panier alimentaire absorbe moins de dix pour cent du revenu moyen d'un ménage français, les agriculteurs se suicident en nombre faute de revenus suffisants pour continuer à produire… et donc à vivre ! Où est la relation de justice que devrait respecter TOUS les partenaires de l'échange ?

La justice renvoie à la morale, et la morale à la philosophie. Resserrer les liens entre la connaissance historique et philosophie morale se montrait action nécessaire (années 1995-2005).

[178] Cf., *Le Languedoc viticole au siècle dernier,* Montp., PULM, 1re éd. 2000, 2e éd. 2006.

[179] En juin 2018, le projet de loi « Agriculture et alimentation » introduit la notion de « juste prix » afin « de lutter contre la déflation des prix et d'assurer la juste répartition de la valeur ». Il est dit que « la construction du prix devrait tenir compte du coût de production », certes, mais lequel ? Local ou mondial ? Local, si s'applique la précision « le contrat et le prix seront proposés par celui qui vend » (art. 1 à 3).

Une nouvelle dynamique pour la connaissance historique

La philosophie morale n'était plus guère enseignée en dehors des cours de théologie. Parmi les historiens universitaires du vingtième siècle s'étant spécialisés en « histoire religieuse », la plupart ont diversifié leurs thèmes d'étude avant d'opter pour « l'histoire du fait religieux ». S'interrogeant sur l'articulation de l'histoire aux autres disciplines cognitives, Henri-Irénée Marrou a été l'un des rares à œuvrer pour rattacher l'histoire à la théologie chrétienne. Je ne me situai pas dans ce sillon ; la prise en compte des données morales charriées par l'histoire m'orientait vers la philosophie morale traditionnelle. Le métier d'historien que je pratiquais depuis un quart de siècle recevait un nouvel élan. Par-delà l'homme et la société, l'événement et la durée, le singulier et l'universel, les registres physique (économie), philosophique (morale) et religieux (théologie) s'imbriquaient les uns dans les autres ; entre contingence et permanence, se mouvaient encore et toujours personnes et sociétés. Vaste horizon en perspective…

Les questions sur l'ordonnancement des faits s'avéraient fécondes : articuler entre elles l'économie, la société, la politique, la morale et la religion ne signifie pas nécessairement les superposer de bas en haut, avec l'économie en position déterminante : de multiples rapports d'influence relient ces domaines. Si voir à l'œuvre les seules forces matérielles dans l'histoire incite à s'interroger sur les intérêts qui mènent le monde, vouloir restituer les responsabilités agissantes dans la vie des hommes et de leurs sociétés fait considérer les forces spirituelles à l'œuvre dans l'histoire.

Lorsque la connaissance historique fait la démonstration que les faits matériels portent la marque de la volonté qui les met en œuvre, ces faits se dotent d'une portée morale : ils émanent d'hommes et de femmes responsables d'actes conformes ou non à des principes moraux de toujours. L'historien est à même de cerner les responsabilités agissantes, d'accéder aux principes moraux ou immoraux qui les sous-tendent.

Tandis que la matière relève de la loi physique de la dégradation et du dépérissement, le caractère spirituel de l'homme[180] confère à celui-ci, et selon les capacités de chacun, la faculté d'œuvrer pour la bonne marche du monde s'il la préfère au chaos. À la différence des progressistes qui assimilent au progrès tout ce qui est techniquement possible, les serviteurs de la stabilité dans la durée choisissent de maintenir ce qui est bon… au risque d'être taxés de passéisme voire de conservatisme honteux.

La prise en compte des réalités de la vie quotidienne m'avait conduite à vérifier - sans en avoir formulé le projet - des analyses et propositions thomasiennes, et à souligner la portée morale - ou immorale - des actions humaines relatives à l'économie. Avant d'aller plus profondément dans la réaliste philosophie morale de saint Thomas d'Aquin, il m'importait

---

[180] Conception selon laquelle l'homme, antérieur à la société, est doté d'une valeur unique qui en fait une personne ; la personne revêt une dimension morale, voire théologique.

d'opérer une confrontation entre d'une part l'évolution concrète de la société que silhouettaient mes travaux, d'autre part les idéologiques contemporaines : d'abord la stratégie libérale (laisser-fairiste) de *l'homo œconomicus,* ensuite le schéma marxiste de la lutte des classes ; l'*item* « propriété » s'y prêtait, ainsi que les circonstances universitaires.

Les sociétés rurales étaient en effet mises au programme des concours d'Agrégation et de CAPES 2006-2007 ; comme il est d'usage que les spécialistes rédigent des synthèses susceptibles d'aider à la préparation des concours, je décidai de préparer un livre sur le sujet. Je choisis de mettre l'accent sur l'histoire de la propriété pour en tenter une histoire européenne, avec confrontation des doctrines aux réalités de terrain ; soumis à Hélène Fréchet, directrice de l'une des collections universitaires intéressées par la préparation des concours, mon projet fut accepté ; fin mars 2005, engagement était pris de publier une synthèse sur la place de la propriété dans la société et la pensée européennes.

Rédigé à vive cadence, l'ouvrage fut imprimé à la fin de l'été et publié sous le titre *Propriété et société rurale en Europe, les doctrines à l'épreuve de l'histoire sociale française*[181].

Les idéologies libérale et socialiste à l'épreuve des réalités de terrain (1780-1920)

Mise une nouvelle fois en exergue, la question de la propriété est étendue du Roussillon à divers États européens ; j'avais lu, au cours de mes études doctorales, d'abondants écrits relatifs à la propriété foncière ; je disposais en outre, avec mes travaux sur la Révolution française[182] et les paysans[183] de bases synthétiques de comparaison avec d'autres pays européens. Il fallait maintenant confronter au plus près et à l'échelle européenne, constructions intellectuelles et attitudes concrètes des populations.

Le grand écart entre les promesses théoriques et les résultats concrets

Dès l'orée des siècles contemporains, l'enseignement social chrétien a été combattu par deux programmes - rivaux entr'eux -, le libéralisme laisser-fairiste et le socialisme d'État. Dans chacun des deux, les faits économiques - matériels - orchestrent la marche du monde à venir ; rendent-ils compte des

---

181 Nantes, Les Éd. du Temps, 2005.

182 Robert LAURENT, Geneviève GAVIGNAUD *La Révolution française dans le Languedoc méditerranéen*, Toulouse, Privat, 1987.

183 Outre ma thèse sur la propriété foncière en Roussillon (1980), cf. « La propriété privée des terres en Roussillon : respect et contestations 1789-1848 », dans Mouvements *populaires et conscience sociale XVIe-XIXe s.*, Paris, Malouine, 1986, p. 253-260. Ainsi que « Paysans, Révolution, Propriété, 1789-1804 », dans *Mélanges Michel Péronnet,* sous la dir. de J. FOUILLERON et H. MICHEL, Montp., CHMCEMP, PULM, 2006, T. 3, p. 355-370.

expectatives des populations conformément à leurs nécessités, ou détaillent-ils ce que serait l'avenir préparé en certaines têtes ?

Les libéraux manchestériens condamnent les petites structures en hissant la productivité agricole au rang de critère déterminant, les socialistes et les marxistes font porter sur la propriété privée la responsabilité de graves maux sociaux. De Leroy-Beaulieu (libéral) à Jaurès (socialiste), tous misent en chœur sur la supériorité de la grande exploitation ; parce que la propriété parcellaire constitue, à leurs yeux, un frein aux conditions modernes de la production, elle doit disparaître pour que l'avenir s'ouvre à l'exclusive grande culture. Dont les épigones expliquent qu'il fallait patienter quelque temps pour qu'elle fasse sentir ses bienfaits.

Cependant, les années passaient et, à la fin du dix-neuvième siècle, alors qu'une première mondialisation économique s'intensifiait, les faits ne s'alignaient pas sur les prévisions, l'histoire ne portait pas témoignage de marchés autorégulateurs en vue de l'équilibre naturel promis dès le siècle précédent ; la prétendue « universelle motivation de l'utilité dans la quête de l'intérêt particulier » ne se vérifiait pas dans les chaumières où la pression des nécessités rythme les existences laborieuses des familles, et font dire que la somme des intérêts particuliers ne sert pas toujours l'intérêt général...

S'il est vrai que, par la déloyale mise en concurrence, le laisser-fairisme de marché accélérait la concentration des capitaux, le déploiement capitaliste des terres s'est heurté, un temps, à la résistance des paysans devenus agriculteurs - en l'occurrence petits et moyens propriétaires-agriculteurs-marchands - résistance qu'avait minimisée Marx. La logique d'une lutte des classes promue absolu moteur de l'histoire, et la logique d'un marché propulsé organisateur suprême de l'économie et de la société, les deux logiques ont leur origine dans les têtes des idéologues, non dans la vie. L'attention portée aux populations fait comprendre sur le terrain que la dialectique de la lutte des classes s'active dans les bureaux feutrés où se refait le monde, et qu'elle se termine sous la pression politique.

Pour faire coïncider faits et prospectives, les travaux des Allemands Kautsky, Berstein, Hertz, du professeur et député belge Vandervelde, de l'Italien Gatti durent prendre quelques distances avec la construction théorique. D'autres idéologues préférèrent s'éloigner de la réalité qui ne coïncidait pas avec leurs idées ; plutôt pour eux oublier la force du réel que changer d'idée, plutôt mépriser les réfractaires à leurs projets que s'adonner à l'autocritique ! C'est ainsi que perdurent tant de balivernes contraires à ce que chacun peut vérifier dans des faits ayant valeur générale !

J'explicitai combien, à travers l'Europe Occidentale, les attentes des populations, leurs comportements individuels et collectifs sont différends des modèles mis en perspective par les traités libéraux ou socialistes des temps contemporains. L'étude approfondie de la « propriété familiale », dite aussi « propriété paysanne », ou plus confusément « petite exploitation rurale », ne conduit pas à établir qu'elle résulte d'« une évolution naturelle » qui en ferait un tremplin du capitalisme, mais à la qualifier de « structure de résistance », tant à la concentration des terres qu'à la suppression de la propriété, à la double condition de s'autodéfendre, et d'obtenir protection juridique et législative.

Les idéologues ne font pas plier les réalités

Fondement de stabilité sociale, l'attachement à la propriété de son outil de travail l'avait emporté, aux dix-neuvième et début du vingtième siècle, sur l'opposition des classes : « mieux vaut être petit cultivateur maître chez soi que grand valet » et « mieux vaut être petit exploitant que précaire salarié » ont répété des générations de travailleurs. Ils savaient plus ou moins confusément que l'accès à la terre et l'échange des productions doivent être mis au service des personnes et des sociétés qu'elles composent, et ils avaient agi en ce sens. Aux antipodes de la lutte des classes prônée par le philosophe rhénan, et du laisser-fairisme anglo-écossais, sont repérables au ras du quotidien : l'importance prise par la propriété familiale, l'organisation professionnelle, l'action responsable de chacun et de tous, l'arbitrage des autorités politiques ; autant de comportements légitimés, à travers l'Europe, par des enseignements réunis en doctrine sociale catholique.

Dans un passé plus lointain, saint Thomas avait précisé, eu égard à la disposition universelle des biens : il y a deux choses qui conviennent à l'homme à l'égard des biens extérieurs, posséder en propre et respecter le droit d'usage[184]. Des siècles durant, le rapport à la terre associa possession (maîtres du sol) et usage (concession de parcelles à travailler en famille, mais aussi pratiques collectives sur des terres privatisées ou communes) ; l'attachement aux droits collectifs et biens communaux si féconds pour des générations de paysans avait été relié au droit naturel décliné en droit des gens. À la suite de Jean Jaurès, les historiens des *Annales*[185] avaient choisi d'en faire l'expression d'un « communisme rudimentaire », oublieux qu'ils étaient ou voulaient être de l'enseignement thomasien.

À la fin du siècle du fer et de l'acier, avant-même l'avancée de la révolution communiste qui rêverait de rassembler, au « grand soir », tous les opprimés de la terre, le pape Léon XIII a savamment préparé le renouveau d'une pensée thomasienne remisée par les rationalités matérialistes des seizième et dix-septième siècles. À la charnière des dix-neuvième et

[184] Cf. *infra,* chap. 6, annexe 12 « Distinguer avec st T. d'Aquin, « possession » (droit de propriété) et « usage » (des terres attribuées).

[185] L'histoire des biens communaux et droits collectifs occupe une part des travaux de Georges Lefebvre, Robert Laurent, Albert Soboul, et, plus récemment, de ceux de Nadine Vivier. Georges Lefebvre avait attiré l'attention de ses collègues sur une France rurale pétrie de droits collectifs, et transformée, à l'époque contemporaine par une diffusion quasi généralisée de la petite propriété. Une histoire foncière conflictuelle qui rompt - lui et ses collègues le surent-ils ? - avec la traditionnelle distinction thomasienne entre usage et possession.

vingtième siècles, théologiens, philosophes et juristes acquis à la nécessité de protéger la propriété familiale ont opté pour sa consolidation, sans pour autant dénigrer les biens communaux et usages collectifs acquis « de temps immémoriaux » par les communautés paysannes ainsi que millénairement respectés par la société chrétienne. Tout en restant conforme à des principes considérés comme universels et pérennes, et sans porter atteinte à ce qui est déjà enseigné, la doctrine de l'Église apporte les précisions que requièrent les circonstances historiques.

En organisant la défense de la propriété familiale, les sociétés rurales européennes ont plus ou moins durablement fait obstacle, dans la première moitié du vingtième siècle, au libéralisme anglo-écossais comme au socialisme rhénan ; elles ont freiné, tant que faire se put, les mutations dont ne voulaient pas la majorité de leurs membres. Mes conclusions mettent dos à dos les théories libérale(s) et socialiste(s), aucune des deux ne se montrant pertinente à répondre aux profonds souhaits des sociétés concernées. Si les promesses faites par les idéologues ne s'inscrivent pas dans les faits, c'est sans doute parce qu'elles sont issues de la tête de penseurs, et appliquées par ceux qui, aux réalités vécues, préfèrent de troubles élucubrations.

Pour ce qui est des théories socialistes et entre autres nombreux documents[186], en témoignent les *Résolutions du Congrès ouvrier international de Bâle (1869).* Dès les congrès internationaux de Lausanne (1867), Bruxelles (1868) s'était en effet imposée l'hypothèse marxiste selon laquelle le processus de capitalisation et de concentration foncière se déroulerait dans l'agriculture comme dans l'industrie, avec prolétarisation des populations. En conséquence, les militants reconnurent la nécessité d'abolir la propriété individuelle, non légitime et sous le régime de laquelle serait impossible l'émancipation des travailleurs. Réuni à Bâle, le quatrième congrès de l'Association ouvrière internationale adopta la résolution suivante : « la société a intérêt à transformer la propriété foncière en propriété collective, nationale ».

Cette résolution visait particulièrement les pays où prédominait la grande propriété foncière, où l'exploitation de vastes domaines se faisait avec le concours de journaliers ; avec l'Angleterre, l'Allemagne alors en construction enregistrait une forte progression du nombre d'ouvriers agricoles lesquels continuaient à entretenir d'étroits rapports avec leurs employeurs historiques, « féodaux et hobereaux ». Situation ubuesque pour Engels qui avait noté : « c'est la classe la plus proche des ouvriers des villes, qui partage avec eux les mêmes conditions de vie, qui est dans une misère encore plus profonde que la leur[187] » : la plus urgente tâche n'était-elle pas

---

[186] Cf. *Propriété et société rurale en Europe, les doctrines à l'épreuve de l'histoire sociale française, années 1780-1920, op. cit.*, p. 120.

[187] Frédéric ENGELS, *La Question paysanne en Allemagne,* préface de 1870, Paris, Éd. Sociales, 1974.

de convaincre politiquement cette classe de l'urgence d'un changement de fond en comble ? Au nom des lois de l'agronomie favorables à la grande exploitation agricole, les socialistes allemands se déclarent, en 1870 à Stuttgart, acquis à la socialisation du sol. À prendre ou à laisser.

Quant aux théories libérales, nul besoin de donner en cet ouvrage un nouveau contre-exemple de non-conformité à la volonté de nombreuses populations concernées.

À partir du cas roussillonnais, j'avais établi que, lorsque les hommes lient leur sort aux effets de la conjoncture sur les structures, ils deviennent objets d'un fonctionnement structuralo-conjoncturel où le déterminisme ne laisse place à aucun état d'âme ; de sujets responsables qu'ils étaient, spontanément par leur propre action organisatrice et défensive, et politiquement par l'intermédiaire des États respectueux du bien commun, ils se trouvent dès lors mis dans la dépendance de choix économiques et sociaux indifférents à leur sort. Les conclusions de 2005 corroborent à plus grande échelle celles de 1980.

Ici et là, les concordances entre d'une part les recommandations doctrinales chrétiennes, d'autre part les conduites, les attentes des populations laborieuses en matière de travail, de propriété, de salaire ou de bénéfice, de défense collective, s'établissent aisément. Têtus, les faits historiques font preuve du réalisme des enseignements chrétiens enracinés dans l'épaisseur des faits économiques et sociaux des campagnes européennes.

Je décidai, en ces premières années 2000, d'approfondir lesdits enseignements.

L'économie morale sociale est nourrie de l'expérience concrète de la vie de chacun et de tous les hommes

Élaboré et transmis par les pères, les docteurs de l'Église et ses souverains pontifes, un roboratif enseignement court du premier siècle chrétien aux temps actuels ; il doit être pris dans sa continuité bimillénaire et dans son ensemble. Sans prétendre ouvrir une « troisième voie » matérielle entre libéralisme et socialisme puisque la vocation du christianisme est essentiellement d'ordre spirituel, la doctrine de l'Église - qui a déjà retenu l'attention de nombreux observateurs[188] - n'en concerne pas moins l'ensemble des secteurs constitutifs de l'existence humaine, celle de chacune des personnes réunies en société.

Tout en sachant que les recommandations doctrinales catholiques ne se réduisent pas au seul secteur économique, je scrutais une à une les

[188] Chez les historiens, cf. l'ouvrage avant-gardiste de Jean-Baptiste DUROSELLE, *Les Débuts du catholicisme social en France, 1822-71,* Paris, PUF, 1951.

composantes de l'économie morale telle que la présente la chrétienne philosophie réaliste.

Fonction personnelle et fonction sociale de l'économie

Je retins en premier lieu la pertinence qu'il y a à considérer la fonction personnelle et la fonction sociale de l'économie, et l'opposai à l'actuelle prise en compte de la seule fonction spéculative attribuée à l'économie afin d'accumuler les richesses en quelques mains seulement, et pour le plus grand profit de cyniques individualistes. Pas à pas, dans les *Considérations économiques chrétiennes* que je réunissais en un projet de livre à publier, j'analysais les composantes de la multiséculaire économie morale sociale dont je donnerai, *in fine*, la définition qui suit :

L'économie est dite « morale » lorsqu'elle est conforme aux justes règles que font établir les préoccupations de justice dans les relations entre les hommes, en l'occurrence celles qui se déploient dans les activités de production, de transformation, de commerce et de services. À la vertu cardinale qu'est la justice[189], les chrétiens ajoutent l'équité, vertu auxiliaire de la justice, et la théologique vertu de charité (non réductible à la seule aumône). Lorsqu'elle répond aux nécessités de chacun et de tous les membres de la société, l'économie morale sert les biens particuliers dans le respect du bien commun ; cette articulation des dimensions personnelle et commune la fait alors qualifier de « sociale ».

« L'économie morale sociale » prend en compte le devoir de chacun de travailler - honnêtement - pour vivre, dans le respect des libertés économiques fondamentales, des règles conformes à la volonté de justice, et des lois que demande la sauvegarde du bien commun. La graphie « économie-sociale » avec un tiret permet de distinguer celle-ci, pensée en lien avec la métaphysique, des économies sociales (Owen[190], Proudhon[191], Fourier[192], Gide[193]), ou solidaire[194], si ce n'est solidariste[195], toutes plus ou

[189] Laquelle s'associe en la circonstance à la vertu cardinale de prudence qui fait ordonner à la perfection morale tout acte humain.

[190] Robert Owen, 1771-1858, filateur à Glasgow, riche manufacturier réputé pour les œuvres sociales développées dans son entreprise ; théoricien anglais du socialisme coopératif, il crée les premières coopératives de consommation.

[191] Pierre Joseph Proudhon (1769-1865) est philosophe et homme politique (anarchiste) ardent à promouvoir le mutuellisme dans la production, le commerce, la finance, l'assurance.

[192] Charles Fourier, 1772-1837, philosophe et économiste, développe son projet de société dans *Le Nouveau monde industriel et sociétaire* (1829), ainsi que dans le revue *La Réforme industrielle ou le Phalanstère,* devenue *La Phalange*, organe de l'école sociétaire de Victor Considérant. À ne pas confondre avec, *L'école de la paix sociale (1881) de* Frédéric Le Play (1806-1882), fondateur en 1857 de la Société internationale des études pratiques d'économie sociale (société savante dédiée à la Réforme sociale, projet moral, abordant l'économie par les analyses sociologiques, projet singulier en son temps ; cf. Maguelone NOUVEL, *Frédéric Le Play : une réforme sociale sous le Second Empire,* Paris, Économica, 2009, (thèse sous la dir. du pr. Gavignaud-Fontaine, Univ. Montp. III, 2006).

moins matérialistes. Tout comme l'« économie sociale de marché » inspirée de l'« ordolibéralisme » mis en œuvre après 1945 par la République Fédérale Allemande, elle se place sous l'égide d'un État attentif au bien-être des travailleurs, et se montre hostile à de puissants monopoles.

Le concept d'économie morale sociale, une « économie sociale » morale imprégnée des principes chrétiens[196], est au confluent de l'histoire et de la philosophie morale[197] ; tandis que je retrouvais la source spirituelle qui avait façonné les sociétés européennes, aucune contradiction ne se glissait entre mes travaux passés et présents. Les préceptes moraux conduisent à parler de dignité, liberté, responsabilité de la personne, à comprendre aussi la place de cette dernière dans le cours de la vie et celui de l'histoire. Les concepts relevés (destination universelle des biens, bien commun, principe de subsidiarité, justice commutative et juste prix, justice sociale…) s'avèrent des plus stimulants pour la réflexion[198].

Comme j'avais déjà pu le vérifier pour l'*item* propriété, les expectatives et comportements les plus répandus dans les populations renvoyaient plus généralement aux recommandations doctrinales chrétiennes. Après avoir approfondi ces dernières, il faudrait suivre au fils des jours et de l'histoire leur poids dans l'orientation des politiques aux siècles industriels. Cela constituerait l'objet d'un deuxième volume ; encore fallait-il d'abord publier le premier (*Considérations économiques chrétiennes*) et les éditeurs contactés au cours des années 2006 et 2007 restaient peu convaincus de la popularité des thèmes traités. Je ne désespérais pas…

L'actualité fait approuver mes travaux les plus récents

Tandis que je progressais dans la compréhension de l'économie-sociale, déferla dans le monde une crise financière qui, partie des États-Unis, ferait mesurer, comme en 1929, les périls du capitalisme financier (redondance s'il en est) modernisé en « économie financière de marché ». Qui dit marché, dit concurrence (loyale ou frauduleuse), formation de prix rémunérateurs pour les uns, ou de misère pour d'autres… En l'occurrence, le triomphe de la cupidité[199], l'éloge du vice[200] exerçaient leurs ravages dans les économies et

---

193 C. Gide, 1847-32, économiste, engagé dans le mouvement coopératif français (coop. de consommation), fondateur de l'École de Nîmes et de la revue d'Économie Politique.

194 Cf. la loi sur l'économie sociale et solidaire, dite loi Hamon, votée en 2014.

195 Léon BOURGEOIS, *Solidarité,* 1896. Léon Bourgeois, 1851-1925, homme politique (parti radical), considéré comme fondateur du solidarisme.

196 C'est-à-dire attachée à la vertu de « prudence » ordonnant à la perfection morale tout acte humain y compris économique.

197 Cf. Les *Catholiques et l'économie-sociale en France, XIXe et XXe s.,* Paris, Les Indes Savantes/LBH, 2011.

198 Cf. *Considérations économiques chrétiennes de saint Paul aux temps actuels*, Paris, La Boutique de l'Histoire éd., 2009 et publ. suiv.

199 Joseph STIGLITZ, *Le Triomphe de la cupidité*, Paris, Les Liens qui Libèrent (LLL), 2010

200 Daniel COHEN, *La Prospérité du vice,* Paris, Albin Michel, 2009.

les sociétés du monde acquises au marché laisser-fairiste (contraction du dix-huitiémiste « laissez-faire, laissez passer »).

Rares avaient été les économistes à pressentir le *krach* financier et boursier de 2008[201]. Les signes avant-coureurs de la crise systémique qu'il déclencha leur avaient échappé, occupés qu'ils étaient sur les plateaux de télévision et autres faire-valoir médiatiques, à la différence des analystes attentifs à l'existence quotidienne des populations mais non invités à exposer les conclusions de leurs études.

Les réalités finissent toujours par imposer leur dynamique ; l'actualité validait à grande échelle mes travaux réalisés au plus près de la société vigneronne déstabilisée par le marché mondial. Cela incita l'éditeur Pierre Borella - contacté sur les conseils de mon collègue Christian Amalvi - à accepter en décembre 2008, et publier dans les plus brefs délais (avril 2009), les *Considérations économiques chrétiennes* bloquées sur mon bureau depuis novembre 2005… Avec son futur associé Frédéric Mantienne, ils éditeraient en huit ans une quadrilogie[202] pour laquelle je leur renouvelle ici l'expression de ma bien vive gratitude.

Annexe 12. Distinguer, avec saint Thomas d'Aquin, possession (droit de propriété) et usage (des terres attribuées)

Pour ce qui concerne les biens extérieurs, l'Aquinate distingue le droit de propriété et l'usage. À l'égard des biens extérieurs, il y a deux choses qui conviennent à l'homme : posséder en propre et respecter le droit d'usage. « Le droit de posséder en propre est nécessaire à la vie pour trois raisons. Premièrement, parce qu'on est plus soigneux quand il s'agit de cultiver ce que l'on possède en propre que ce qui est commun à tous ou à plusieurs ; car chacun fuit le travail et laisse à l'autre ce qui regarde le bien commun, comme il arrive quand il y a multitude de ministres. Deuxièmement, parce que les choses humaines sont mieux disposées quand chacun

---

201 J. STIGLITZ avait dénoncé des dérives dans la globalisation capitaliste (*Quand le capitalisme perd la tête,* Fayard, 2003 ; *un Autre monde,* Paris, Fayard, 2006 ; *Pour un commerce mondial plus juste,* Fayard, 2007). Paul Kugman (Princeton), Nouriel Roubini (New York) et quelques autres analystes plus discrets (parmi lesquels Paul Jorion) avaient désigné comme dangereuses les innovations financières des années 2000, les prises de risques excessives, la bulle immobilière, le surendettement des ménages américains… L'économiste américain Nouriel Roubini avait notifié les risques provoqués par les *subprimes.* Tandis que les économistes restés fidèles à Keynes, ou militant « à gauche » (tel Jacques Généreux, *La Dissociété,* Le Seuil, 2006) commençaient à se faire entendre, Alain Minc restait admiratif de la main invisible : « elle existe, nous l'avons rencontrée. Le marché réagit, s'énerve mais ne se trompe guère » *(www.capitalisme.fr*, Paris, Grasset, 2000) ; pour Nicolas Baverez, les États-Unis sont « le régulateur du capitalisme », le réassureur ultime de l'économie mondiale » (*La France qui tombe,* Paris, Perrin-Tempus, 2003) ; pour Guy SORMAN, « le temps des grandes crises semble passé parce que les progrès de la science permettent de mieux les comprendre et mieux les gérer » (*L'Économie ne ment pas*, Paris, Fayard, 2008.)

202 Cf., *Considérations économiques chrétiennes, op cit. 2009 ; Les Catholiques et l'économie-sociale, op. cit.*, 2011 ; *Marchés sans justice, ruines sociales,* Paris, Les Indes Savantes/LBHE, 2013 ; *Justice dans les relations économiques et justice sociale,* Paris, Les Indes Savantes, 2017.

est chargé de s'occuper des intérêts propres de sa famille, tandis qu'il y aurait confusion si chacun s'occupait de tout indistinctement. Troisièmement, parce que la paix est par là même plus facilement conservée, quand chacun est content de ce qu'il a. Ainsi voyons-nous souvent des querelles s'élever parmi ceux qui possèdent quelque chose en commun et d'une manière indivise.[203] »

Ces raisons sont celles que donnait déjà Aristote dans sa réfutation du « communisme » de Platon. L'expérience est là pour se prononcer entre les deux systèmes. Cependant, saint Thomas ajoute :

« La deuxième chose qui convient à l'homme à l'égard des biens extérieurs, c'est leur usage ; à cet égard, l'homme ne doit pas posséder les choses extérieures comme si elles lui étaient propres, mais comme étant communes, afin de les donner facilement pour venir en aide à ceux qui sont dans la nécessité ». Autrement dit, la propriété est particulière, l'usage est commun ; leur agencement n'est pas contradictoire.

Distinguant « possession » et « usage » pour différencier les détenteurs du sol des tenanciers ou usagers de la terre, saint Thomas[204] fait comprendre combien l'*usus,* parce qu'il permet à ceux qui ne possédaient rien de se maintenir sur les tenures et de les transmettre, de jouir de droits collectifs et de biens communaux, garantissait à chacun un accès à la disposition universelle des biens. Autrement dit, posséder la terre ne revient pas à en disposer selon son bon vouloir, cela implique le respect de leur utilisation par autrui ; seigneurs et paysans avaient des devoirs et des droits.

Le théologien a mis en évidence les avantages que procure la propriété de la terre, une propriété conforme aux besoins de chacun : travail, responsabilité, stabilité, paix. Il en a reconnu « la légitimité naturelle » ; ainsi élevée au niveau du droit naturel (droit issu de la nature humaine), et mise en relation avec la disposition universelle des biens, la propriété n'implique en rien un droit individuel.

La précision est de taille : sous le rapport de l'usage, l'homme ne doit pas tenir les choses extérieures pour privées, mais pour communes, de telle sorte qu'il en fasse facilement part aux autres dans leurs nécessités. L'usage des choses est donc commun à tous, subordonné à la destination universelle des biens, conformément à la loi de solidarité entre les hommes, au nom du souverain domaine de Dieu sur toute chose, et de la part de chacun dans le produit de l'activité humaine. Ce qui revient à distinguer :

- la juste possession des richesses (*jus possessionis*) ;
- leur usage légitime.

Une façon de dire que si les possessions sont distinctes, l'usage commun est inclus en elles. Le droit à la disposition du bien propre n'est donc point si absolu qu'il ne doive céder devant la nécessité créée par le besoin d'autrui. À condition, toutefois, de ne pas verser dans un projet collectiviste généralisé, dénué de tout fondement thomasien ; il serait fallacieux de faire dire à saint Thomas que les choses extérieures sont communes et non privées : ce serait nier le droit de possession qu'il s'est évertué à fonder. Et à faire respecter. Plus que d'un droit, il s'agit d'un pouvoir

[203] St T. d'AQUIN, *Som. de théo., II^a II^ae*, q. 66 « *Des péchés opposés à la justice* », a. 2.
[204] *Ibid.,* q. 66, a.1.

(*potestas procurandi et dispensandi*) qui réunit un droit et une fonction, un droit et une charge.

Favorable à la propriété comme à la liberté d'entreprendre, saint Thomas a pris soin de mettre en avant une propriété mesurée, une limitation à la possession des richesses. Selon son enseignement, le droit de propriété trouve ses limites dans sa nature même : satisfaire aux besoins essentiels de chacun et de tous, avant de servir les intérêts autres du propriétaire. Ainsi la propriété, comme le travail, conservent-ils, par-delà l'appropriation privée, un caractère éminemment social : parce qu'elle est le fruit du travail personnel effectué en société, la propriété est dotée d'un caractère social ; elle n'a pas pour but de flatter l'égoïsme, ni l'accumulation des capitaux ; elle doit servir la communauté d'intérêts. De la sorte, la reconnaissance d'une valeur d'usage commune répond au droit naturel du pauvre sur la propriété qu'il doit respecter. Le droit des autres à l'usage commun des biens de la terre pèse, de ce fait même, sur celui du propriétaire comme une sorte d'hypothèque sociale : un droit social dont l'exercice doit être réglé et respecté[205]. À cette condition seulement, le droit naturel de chacun à jouir des dons de la terre est reconnu à tous les hommes ; constitués par Dieu comme ministres de la providence à l'égard des pauvres, les riches accomplissent leurs devoirs en exerçant leur responsabilité.

Juste possession et usage légitime des richesses ont longtemps fait oublier, en Europe, le droit romain de propriété, de nature plus exclusive et abusive. L'*abusus* étant réglementé par la tradition agraire commune, certains seigneurs durent fléchir leur tendance à considérer uniquement la propriété comme un attribut du pouvoir exempt de devoirs ; la possession personnelle implique la responsabilité sociale. Le *jus possessionis* ainsi défini marqua la société française jusqu'à la Révolution de 1789 venue redéfinir le droit de propriété. Les communautés paysannes s'arc-boutèrent sur la défense des droits collectifs et biens communaux dont elles jouissaient de temps immémorial comme l'on disait alors !

Dans la voie ouverte par saint Thomas d'Aquin, il a été inlassablement rappelé, au fil des siècles, que le droit de chacun à l'usage de la terre devait être respecté au nom de la destination universelle des biens. Au titre de laquelle, aucun propriétaire ne dispose sur son lopin d'un pouvoir souverain irresponsable. Il a redit aussi la nécessité de borner la propriété au nécessaire (au titre de la fonction personnelle de la propriété), et de faire retomber le superflu dans la communauté usagère au titre de la fonction communautaire de la propriété. Si, pour être parfait, il faut donner tous ses biens aux pauvres, pour être honnête il faut respecter la loi qui bannit le vol et le mépris d'autrui.

En conséquence, la prudence a fait veiller, sans relâche, à garder la terre libre de la domination la plus asservissante qui soit à ses yeux, celle de l'argent. Il s'agissait de préserver les campagnes des pratiques de l'usure, celle-ci constituant un obstacle de taille au maintien du débiteur sur sa terre. L'usurier est d'autant plus redoutable qu'il est appelé aux pires moments de détresse ; or, nul n'est à l'abri, au cours de son

---

[205] L'usage commun s'est imposé dans le cadre même de la gestion de certains biens, jusqu'au XVIIIe s. ; l'organisation seigneuriale des campagnes se fonda, des siècles durant, sur la séparation du domaine utile du seigneur (domaine privé) et du domaine éminent divisé en tenures attribuées aux chefs de famille ; droits d'usage et biens communaux exprimaient la dimension usagère de la propriété seigneuriale de la terre, au nom de la destination universelle des biens.

existence, de mauvaises récoltes ou de maladies. La menace est donc générale de voir un jour le cultivateur tomber sous la coupe du prêteur et de ses pièces d'or. Une fois le prêt consenti, le débiteur est soumis à un remboursement annuel, comportant fraction de la somme due et intérêts invariables, jusqu'à extinction de la dette. En cas de non-paiement d'une échéance, le créancier s'arroge le droit de récupérer son prêt, quitte à acculer le malheureux bénéficiaire à lui remettre son bien en échange. Huissiers et ventes aux enchères signent alors la dégringolade économique. Et les misères qu'elle précipite.

Annexe 13. Aux sources chrétiennes d'une économie au service des hommes et des sociétés qu'ils forment[206]

Soulignons d'abord que si la vocation fondamentale du christianisme est d'ordre spirituel, aucune activité humaine inscrite dans le temporel ne lui est étrangère. En témoigne le fortifiant enseignement élaboré du premier siècle chrétien aux temps actuels, et transmis par les pères, les docteurs de l'Église et ses souverains pontifes ; pris dans sa continuité et son ensemble, il inclut le secteur économique revêtu de ses caractères humain et social : la production et sa transformation, le commerce, les services mettent en présence des hommes, et ceux-ci ne sauraient être assimilés à des choses.

En référer à saint Thomas d'Aquin

Saint Thomas d'Aquin conduit à penser l'économie en lien avec la vertu de prudence, elle-même ordonnée à la perfection morale de toute activité humaine[207], et en lien avec la vertu de justice[208] ; rattaché à la philosophie et à la théologie morales, le savoir économique intègre la pensée que tout acte, et l'objectif par lui visé, engagent la responsabilité de l'acteur économique à l'égard de son partenaire comme de son concurrent (responsabilité morale), et par-delà, envers la société dont il est membre (responsabilité sociale). Ces dimensions morale et sociale de l'agir économique accompagnent la double fonction - personnelle et sociale - reconnue à la propriété, au travail, au salaire, au bénéfice…. Mise au service de chacun et de son bien privé, dans le respect des autres et du bien commun, l'économie est incompatible avec de cupides calculs visant les plus gros profits individuels et l'accumulation des richesses entre quelques mains seulement. Autant de raisons d'établir et faire respecter de justes règles économiques.

La réaliste philosophie morale a inclus, au fil des siècles, des études concernant l'économie et les éléments qui la composent : la définition d'une économie morale et sociale s'y profile. L'économie est dite morale lorsqu'elle est conforme aux justes règles que font établir les préoccupations de justice dans les relations entre les hommes, en l'occurrence celles qui se déploient dans les activités de production, de transformation, de commerce et de services. À la vertu cardinale qu'est la justice, les chrétiens ajoutent l'équité, vertu auxiliaire de la justice, et la théologique vertu de charité (non réductible à la seule aumône).

---

[206] Texte publié par l'auteur *in L'Homme Nouveau*, n° 1709, 11 avril 2020.

[207] St T. d'Aquin réactualisa au XIIIe s. la spécificité de l'« Économique » aristotélicienne (IVe s. avant J.-C.) reliée en amont à la loi naturelle et à la morale, en aval à la Politique.

[208] *Som. de théo., IIa IIae*, q. 47 « *De la prudence* », *q. 58 «* De la justice », et questions suivantes.

Lorsqu'elle répond aux nécessités de chacun et de tous les membres de la société, l'économie morale sert les biens particuliers dans le respect du bien commun ; cette articulation des dimensions personnelle et commune la fait alors qualifier de « sociale ». L'économie morale sociale prend en compte le devoir de chacun de travailler - honnêtement - pour vivre, dans le respect des libertés économiques fondamentales, des règles conformes à la volonté de justice, et des lois que demande la sauvegarde du bien commun.

Distinguer l'économie morale sociale des diverses économies sociales

Dans le sillage thomiste l'encyclique *Rerum novarum* (Léon XIII, 1891), des théologiens ont ainsi dit, dès la fin du XIXe siècle, la force des liens entre économie, justice et bien commun ; des livres et cours de Théologie Morale[209] ont regroupé les *items* analysés dans des chapitres d'« Économie Sociale » notion en vogue dans les sociétés européennes. D'autres propositions d'économies dites aussi « sociales »[210] - Owen, Proudhon Fourier, Gide -, ou « solidaire »[211], si ce n'est « solidariste », se différenciaient déjà entre elles ; écrire avec un tiret[212] « économie-sociale » aurait peut-être permis de distinguer - au moins symboliquement - la spécificité de l'« économie morale sociale » : la concrétisation d'une Économie Sociale pensée en lien avec la Métaphysique.

Diversité des concepteurs de projets plus ou moins matérialistes « d'économie sociale » :

Robert Owen (1771-1858), riche manufacturier ; considéré comme le théoricien britannique du socialisme coopératif.

Pierre Joseph Proudhon (1769-1865), homme politique (anarchiste) promoteur du mutuellisme dans la production, le commerce, la finance, l'assurance.

Charles Fourier (1772-1837) est philosophe et économiste ; il fonde l'école sociétaire - ne pas confondre avec l'école de la Paix sociale de Frédéric Le Play (1806-1882) - et développe un projet de société organisé en phalanstères.

Charles Gide (1847-1932), économiste engagé dans le mouvement coopératif français (coopératives de consommation), parfois qualifié de « théoricien de l'économie sociale ».

Léon Bourgeois (1851-1925) homme politique (parti radical), fondateur du solidarisme *(Solidarité,* 1896).

Quant à l'« économie sociale de marché » inspirée de l'« ordolibéralisme » mis en œuvre après 1945 par la RFA, elle se place sous l'égide d'un État attentif au bien-être des travailleurs, et se montre hostile à de puissants monopoles.

---

209 Mgr Paul STEVEN, *Éléments de morale sociale*, 1954 ; p. 16, il définit l'économie sociale : une science normative dont le but immédiat est un bien d'ordre temporel ; elle propose les moyens et recherche le bien-être matériel en respectant les exigences de justice pour tous.

210 André GUESLIN, *L'Invention de l'économie sociale. Idées, pratiques, et imaginaires coopératifs et mutualistes au XIXe s.*, Paris, Économica, 2e éd., 1998.

211 Dite loi Hamon, une loi sur l'économie sociale et solidaire a été votée en 2014 (anciens et nouveaux réseaux associatifs contribuent à la prise en charge de populations appauvries).

212 Cf. Les *Catholiques et l'économie-sociale, op. cit.* Dans la diversité des « économies sociales » proposées aux *XIXe* et *XXe* s., et que l'auteur avait déjà mentionnées dans ses travaux sur la société rurale française et la société vigneronne méridionale, se singularisait l'économie qualifiable de « morale et sociale » dont les caractéristiques sont soulignées dans cet ouvrage.

La prise en compte de la fonction sociale de l'économie fait considérer des logiques autres que celle du seul intérêt particulier; cependant, là où sont évacuées les préoccupations de justice - de toutes les justices -, l'économie sociale devient un outil de gouvernance certes habillé de préoccupations altruistes, mais pouvant être mis au service de certains intérêts - collectifs ou particuliers - et conséquemment inefficace à répondre durablement aux légitimes nécessités des populations, tant en ce qui concerne leur bien commun que leurs biens privés. La paix sociale se fracasse contre le mur des passions humaines.

Aujourd'hui acharnés à faire de l'économie une science du profit maximum et de l'accumulation des richesses, les adeptes du « laissez-faire, laissez-passer » et de la déloyale concurrence qu'il implique, nient à l'économie sa dimension morale poussant au respect d'autrui, et la délestent de sa responsabilité sociale ; lorsqu'est rejetée toute limitation à l'enrichissement individuel, l'activité économique revêt un caractère belliqueux, le rapport de force s'impose en faveur des acteurs les plus agressifs ; l'expérience prouve que, faute de repères moraux, libre cours laissé à la cupidité des uns et ruine des autres ont partie liée.

La richesse économique d'un peuple ne résulte pas seulement de l'abondance globale des biens, mais aussi et plus encore de leur répartition effective entre les membres de la société. Ceux qui prennent trop privent les autres du nécessaire ; fractures et violences s'ensuivent dans la société.

Bref rappel sémantique (liste non exhaustive de contributions à la pensée économique et sociale catholique...)

- « Économie sociale », expression présente chez

Frédéric Le Play : il fonde en 1857 de la Société internationale des études pratiques *d'économie sociale* (société savante dédiée à *la Réforme sociale*, projet moral, abordant l'économie par les analyses sociologiques).

R.P. Felix, *L'Économie sociale devant le christianisme, les conférences de Notre-Dame en 1866,* Joseph Albanel Libraire, 1866.

Pie XII : dans ses allocutions radiophoniques, à partir de 1941, il définit *l'économie sociale* en faisant référence aux principes chrétiens de la vie sociale (cf. notamment le 7 mai 1949).

Marcel Clément : il soutient et publie *L'Économie sociale selon Pie XII, synthèse doctrinale,* Thèse ès sciences économiques, Univ. d'Ottawa, Nouvelles éd. Latines, 1953, 2 vol.

- D'autres expressions sont repérables :

« *Économie politique chrétienne* », chez Villeneuve de Bargemont (1834)

Dans l'*Essai d'économie politique* (1832), le professeur Charles de Coux affirme que le catholicisme renferme, dans ses conséquences pratiques, le plus admirable système *d'économie sociale* qui ait jamais été donné à la terre.

« *Ordre social chrétien* » chez René de la Tour du Pin (1882)

« *Régime corporatif* » chez Louis Salleron (1937, 1942)

Toutefois, « doctrine sociale de l'Église » et « catholicisme social » sont les mentions les plus fréquemment reprises au XXe siècle...

Chapitre 7

La déflagration financiaro-économique de 2007-2008, preuve présente et mondiale de l'antagonisme entre libre-jeu des forces du marché et préoccupations de justice

Longtemps, le bien-être des corps était resté moins important que le salut des âmes ; être libre ne signifiait pas n'en faire qu'à sa tête, nul n'aurait pu se dire épanoui dans le seul contentement de soi. L'autre, les autres, ceux qui vivaient et ceux dont persistait le souvenir, avaient leur place dans le quotidien familial et communautaire ; chacun ou presque avait en tête quelques récits sur son pays, et ceux qui ne s'étaient pas éloignés de la Chaire gardaient quelques notions sur le péché et la Rédemption.

À la sagesse des siècles, les temps modernes avaient voulu substituer, de façon accélérée au cours de l'ère contemporaine, un mode d'emploi d'enrichissement pour assoiffés de profit matériel. Le contraste entre d'une part l'attention portée à toutes les populations par la doctrine sociale chrétienne, et d'autre part l'axe de fer des économistes acquis aux exploits des acteurs les plus performants, fait mettre en évidence combien les seconds sont attentifs à développer les richesses, non pour les mettre au service de la multitude, mais pour accumuler l'argent en faveur d'une minorité d'acteurs ayant accès aux plus hauts niveaux de vie matérielle. Contrairement aux attentes quotidiennes des populations « ordinaires » ; seul le mépris des peuples peut conduire à déclarer infondées leurs demandes les plus existentielles, et à cautionner la volatilité économique des marchés.

Tenaces idéologies du mépris d'autrui

Avant et après la guerre de 1914-1918, au nom de la raison de l'intérêt, la spéculation avait voulu assimiler aux valeurs boursières, et la traiter pareillement, la terre nourricière fécondée par les vertus et le travail des générations passées. L'intérêt capitaliste grimé en bienfaiteur de l'économie et de la société, la smithienne main invisible promue nouvelle providence, la morale de l'intérêt (sic !) se substituerait-elle à celle du respect d'autrui ? Le marché sans garde-fous deviendrait-il le moteur de l'organisation rationnelle du monde ? Ce fut le krach de 1929.

Sous le choc des années 1930, Marc Bloch avait osé montrer du doigt « l'erreur si souvent répétée de la vieille théorie économique. Son *homo œconomicus* n'était pas une ombre vaine seulement parce qu'on le supposait exclusivement occupé de ses intérêts : la pire illusion consistait à imaginer qu'il pût se faire de ces intérêts une idée si nette.[213] »

Étaient venues la guerre de 1939-1945, puis les Trente Glorieuses faisant de la paix retrouvée - non sans exceptions de lieux - leur base de lancement. Délibérément coupée de la morale - traditionnelle -, l'économie a continué à se draper d'amphigouriques formules ; de l'énumération de postulats (présupposés) étaient déduites de successives affirmations, toutes prometteuses mais jamais vérifiées si ce n'est, promis-juré, dans un futur plus ou moins lointain… c'est-à-dire dès que seraient en place les conditions optimales de la réussite annoncée. Ambitionnant néanmoins de s'ériger en science, l'Économie insérait la conduite utilitaire des hommes dans une logique de type mathématique ; peu d'économistes en vue se sont gênés pour affirmer sans état d'âme que si chacun ne peut comprendre les enseignements de ladite science, c'est parce que seule l'élite pensante en a les moyens intellectuels. Est-ce la crainte de se voir qualifier de sot qui bâillonne toute critique ?

Évincés des altitudes où se déploie la « raison savante de l'économie », « gens d'en-bas » et « gens de peu » rejoignaient, dans la France des années 1980, les « exclus » de la vie ; dans la société laisser-fairiste, la disqualification se fait sur la base de l'échec économique, non de la transgression du code moral. Signifié par la chute du Mur de Berlin (1989) et la désintégration de l'Union des Républiques Socialistes Soviétiques (URSS), l'échec du socialisme en Europe fit annoncer, par des esprits pressés de conclure, « la fin de l'histoire[214] » - entendue comme victoire libérale, universelle et définitive -. La démocratie libérale devenant, au terme de l'histoire, la forme finale de tout gouvernement humain, la liberté « libérale » (ou licence) permet à chacun de s'émanciper de toute autorité : nul ne serait empêché dans ses désirs sans fin et les plus fous de jouissances…

Lorsqu'amasser des fortunes devient plus urgent que sauvegarder pour tous, les plus démunis compris, les nécessaires moyens d'existence, les hommes et les femmes sont considérés comme des machines à produire et à consommer… ou à jeter ! L'habile substitution d'une économie du soi-disant « intérêt général » à l'économie du vrai « bien commun » permet toujours aux plus forts de s'imposer aux plus faibles ; le mépris manifesté à leur égard est proportionnel au degré atteint par les dévorantes convoitises et âpreté au gain. Sur fond de guerre déloyale, la logique marchande ne s'encombre pas de préoccupations vertueuses. Limité au calcul le plus terre à terre, le raisonnement asséché s'atrophie ; l'humanité rêvée se borne aux

---

[213] Marc BLOCH, *Apologie pour l'histoire ou métier d'historien,* Paris, Cahier des Annales 3, A. Colin, 1964, p. 101.

[214] Francis FUKUYAMA, *La Fin de l'histoire et le dernier homme,* 1992.

caractères de la froide matière. Devenue le but ultime de la vie, la réussite économique ne s'accompagne généralement pas de quête spirituelle.

Au cœur du marché financier spéculatif : mécanisme d'un krach peu annoncé

Devenu fondement de la société après n'avoir été qu'une modalité de l'économie plus ou moins valorisée, l'échange marchand a soumis l'économie réelle de productions diversifiées et commercialisées dans un cadre règlementé à l'effet « casino » au profit de l'économie de marché financiarisée. Laquelle impose, de façon pressante dès la fin des années 1970, une redistribution des activités à échelle planétaire de façon à réaliser une localisation optimale des ressources et optimiser les profits ; les actionnaires achètent toujours plus d'actions, suppriment ici beaucoup d'emplois stables, en suscitent d'autres plus précaires ailleurs. Dans une économie non de la valeur des choses mais de leur prix de marché férocement concurrentiel, rien ne s'oppose à ce que la finance s'ingénie à faire flèche de tout bois tant pour créer de la monnaie que pour générer de fabuleux gains.

Avec de nerveux placements monétaires à court terme, et dans le mouvement perpétuel des fonds spéculatifs, de sentencieux et imprudents *traders* donnaient le ton à l'orée du troisième millénaire[215]. « Dirigeants mégalomanes et cupides, produits toxiques, ententes illicites, fraudes comptables, politiciens complaisants ou conflits d'intérêt à revendre »[216], mais aussi scandales bancaires (HSBS, UBS, Libor, Standard Chartered, JP Morgan…) et *shadow banking* menaient la danse de l'iniquité. Turpitudes de l'économie financière que la crise de septembre 2008 a fait connaître à l'opinion publique… depuis les États-Unis, et comme en 1929. Une façon de rappeler que ce n'est pas la banque qui, en soi, serait condamnable, c'est l'usage qu'en font parfois les hommes. Dès la rentrée 2008, je faisais

[215] À la demande de l'éditeur Pierre Borella, je rédigeai au cœur de la crise financière un *post-scriptum* pour les *Considérations économiques chrétiennes* alors en cours d'impression (décembre 2008) ; je faisais depuis septembre un cours de Master sur « crises financière, crises économiques et sociales dans l'histoire contemporaine ». Ce *Post-scritum 2008, « La déroute financière et les manquements à la justice commutative »*, pp 247-58, a été développé au fil de l'actualité (travail « à chaud », facilité par les informations à croiser - données en temps réel ou presque -, sans pour autant être exempté d'appareil critique) ; en 2013, je faisais le point dans « *Marchés sans justice, ruines sociales. Refonder les libertés économiques sur la justice,* Paris, Les Indes Savantes/LBH, chap.1. De 2008 à 2021, se sont multipliées les publications d'économistes, scientifiques et observateurs, sur la crise de 2007-2008 : elles ne conduisent pas à nuancer, voire modifier mon texte de 2009-2013 ; rendu ici définitif, ce travail personnel d'analyse de la crise de 2008 ne saurait être assimilé à un quelconque résumé *ex post* d'écrits d'économistes.

[216] Marc ROCHE, Correspondant du *Monde* à Londres, supplément « géo et politique », 17 sept. 2012.

coïncider avec l'actualité un cours de master portant sur « les crises contemporaines ».

Les États-Unis avaient légalisé la mixité des genres bancaires ; depuis 1999, banques de dépôt et banques d'affaires étaient toutes ouvertes à diverses activités élargies aux courtage, assurance[217]… Diplômés inventifs, les spéculateurs à court terme pouvaient jouer à la guerre des étoiles sur les marchés financiers et boursiers.

Alors que les places financières distribuaient les bons et les mauvais points aux entreprises, de subtils mathématiciens avaient calculé que l'accès au crédit facile rend inutile l'augmentation des salaires, que la hausse des prix de l'immobilier autorise à consentir de gros prêts à ceux qui hypothèquent leurs maisons… même en l'absence de solides garanties pour le paiement des échéances.

Privés de revenus décents et subjugués par l'estimation de leur bien, des millions de ménages s'étaient laissé convaincre ; hypothéquer son domicile permettait de décrocher un pactole, et attendre la prochaine embellie économique... Des prêts avec intérêts ont même été consentis à des emprunteurs sans ressources ni documents de référence ; ces créances « pourries » ont été « titrisées », et mêlées à des produits financiers complexes, répartis dans des portefeuilles d'actions, des fonds de pension… et diffusés à travers le monde.

Sources habituelles de gain par l'intérêt, les prêts bancaires se faisaient sources de gain spéculatif. Car si trop de débiteurs s'étaient un jour trouvé dans l'impossibilité d'honorer leurs dettes, la chute du prix des maisons aurait assurément entraîné la ruine des prêteurs ; ce risque n'avait pas échappé à la perspicacité des financiers. Pour éviter que ce scénario catastrophe ne se concrétise, ne suffisait-il pas de convertir les dettes en titres (*subprimes,* ou titres de créances hypothécaires adossés à des actifs), et de les vendre comme fonds d'investissement ou de retraites ? Sous le vocable « titrisation » - vente de prêts sur le marché du crédit[218] -, s'est aussitôt opérée la dispersion du risque dans des produits financiers de toute évidence piégés : un véritable tour de prestidigitation qui permettait aux banques de sortir les prêts de leurs bilans. Ainsi seraient répartis les périls de défaut de paiement, et les bilans des banques paraîtraient sains ; mieux encore, des assurances[219] protègeraient de toute insolvabilité. La

[217] Le *Banking Act* de 1933 avait instauré aux États-Unis l'incompatibilité entre les activités de banque de dépôt et de banque d'investissement, le système fédéral d'assurance des dépôts bancaires, le plafonnement des taux d'intérêt sur les dépôts bancaires. Il a été abrogé sous la Présidence Clinton, le 12 nov. 1999. Activités bancaires spéculatives (de marché) et activités gestionnaires (dépôts et crédits) se mêlaient désormais.

[218] Après avoir été consentis à bas taux d'intérêt, les prêts circulent de mains en mains conformément à la loi du marché.

[219] *Credit Default Swaps* ou CDS, polices d'assurance incluant les produits dérivés, et faisant le pari qu'elles ne seraient pas mises à l'épreuve…

vulnérabilité du système financier serait endiguée. Du moins certitude en étant affichée !

Les banquiers américains s'affairaient euphoriquement à regrouper les prêts immobiliers consentis par des courtiers, et les diffusaient dans des produits dérivés revendus sur le marché, produits embrouillés aux modèles mathématiques incompréhensibles pour les clients qui en usaient et en abusaient fort imprudemment. Après l'euphorie, le sauve-qui-peut ?

Davantage versés dans la surenchère que dans l'arbitrage, des fonds d'investissement spéculatifs (*hedge funds)* ont inondé le marché de produits dérivés douteux, et parié sur des gains en hausse ; les agences de notation ont laissé faire ; aucun vent n'annonçant la tempête aux aigrefins. Seul l'échec du montage pourrait laisser transparaître les inimaginables turpitudes ; or d'invétérés *winers* ne sauraient envisager l'échec ! Les calculateurs qui ont emporté l'adhésion des responsables de l'économie américaine de privilégier, outre l'industrie militaire et les revenus de la propriété intellectuelle[220], les produits financiers et la spéculation qu'ils génèrent, campaient sur leurs certitudes. Hors sol.

Arriva ce qui était dans la logique des choses. Après avoir démarré à bas taux, l'intérêt des prêts immobiliers a grimpé au gré des indices autant sophistiqués qu'abscons qui encadraient les prêts ; lorsque de plus en plus nombreuses sont devenues les familles modestes en difficultés économiques, les cessations de paiement à l'échéance hypothécaire se sont multipliées. La prolifération des procédures de saisie immobilière lancées dès 2007 outre-Atlantique (un million trois cent mille) n'a pas manqué de provoquer chez les spéculateurs une défiance galopante à l'encontre des produits dérivés du crédit. Parmi les détenteurs d'instruments financiers agrégeant des *subprimes*, les mieux informés en demandèrent le remboursement sur le champ ; ces produits toxiques dépréciés devinrent impossibles à masquer plus longtemps dans les bilans bancaires ; les banquiers étaient au pied du mur. Compte tenu de la complexité des interactions bancaires (dépôt, investissement, spéculation), du mélange de produits sains et de produis avariés dans les avoirs, l'accélération des ventes anticipées allait dynamiter le système en quelques mois.

De la crise financière à la crise systémique

Le château de cartes basculait, entraînant de fortes pertes quotidiennes dans les cotations boursières. L'imposture dévoilée au grand jour, ce fut la débandade sur les places financières ; les sociétés de gestion de fortune qui comptaient indifféremment parmi leurs clients banques, fonds rabatteurs, associations caritatives ne purent continuer à honorer les retraits réclamés ; et les banques impliquées dans les fonds qui coulaient se trouvèrent au bord

---

[220] Assimilables au paiement d'un droit d'usage dont le poids ne se laisse pas encore sentir !

du gouffre. Rien n'allait plus dans le plus grand des casinos où le jeu économique devenait, sans sommation, vertigineux égarement collectif.

L'effet « boule de neige »

Aux premiers touchés de l'année 2007 (la société de crédit hypothécaire New Century Financial), se sont ajoutés, au cours de l'été 2008, des organismes américains de refinancement hypothécaire (Fanny Mae et Freddy Mac), des assureurs ruinés par l'insolvabilité des sociétés émettrices (AIG). À la mi-septembre, Merrill Lynch, troisième banque d'affaire américaine fut *in extremis* absorbée par la Bank of America pour cinquante milliards de dollars, tandis que Lehman Brothers, classée quatrième, faisait faillite ; les autorités américaines n'intervinrent pas. Les Britanniques avaient déjà entrepris de nationaliser la banque Northern Rock au début de l'année ; la banque Bradford and Bingley entra dans les mêmes projets ; la banque Bear Stearns a été rachetée par JP Morgan, HBOS par la Lloyds TSB. L'Islande fit banqueroute. La déflagration atteignit en quelques jours la zone Euro : Fortis (Benelux), Dexia (franco belgo luxembourgeoise), Natixis (filiale commune de la Banque Populaire et de la Caisse d'Épargne), Hyo Real Estate (allemande) envisagèrent le pire. Le marché interbancaire ne fonctionnait plus, la défiance s'était installée ; le b.a.-ba du capitalisme financier était ébranlé.

La spirale de l'échec entraînait ceux qui avaient pris pour des réalités leurs désirs excités par des bonimenteurs ; avec l'impossibilité d'honorer les engagements pris envers la banque, le rêve se terminait dans la rue et ses abris de fortune. Le scandale des *subprimes* jetait à la rue des dizaines de milliers d'américains pauvres que le surendettement chassait de chez eux ! Dans une société où le prêt à intérêt s'était banalisé à l'extrême, nul n'aurait prévu des scènes de désespoir rappelant celles qui avaient tant marqué saint Augustin, saint Antoine de Padoue, et autres esprits préoccupés par les malheurs d'autrui ! Et qui avaient inspiré de millénaires mises en garde à l'encontre du prêt à intérêt. Marqué au fer rouge de l'endettement des pauvres dans le pays le plus riche de la planète, le *krach* occidental faisait redécouvrir les affres de l'expropriation à grande échelle.

Saisies et vendues aux enchères, les maisons changeaient de propriétaires. Le montant retiré de la vente étant largement inférieur à l'estimation hypothécaire, les anciens propriétaires continueraient longtemps à rembourser leurs créditeurs ; pour se défouler, quelques victimes portèrent des coups de pioche sur les murs de leurs demeures perdues. Oh *home, sweet home*...

Après la spoliation des propriétaires américains trop crédules, la ruine des créanciers peu exigeants de garanties, les élans de solidarité n'ont pas manqué aux peuples dont les capacités caritatives et philanthropiques sont tenaces ; diverses en sont les ressources. Néanmoins, miser sur la générosité des rescapés d'une crise de telle ampleur, c'est faire fi de la cupidité de ses responsables[221] ; c'est aussi surestimer la capacité de résistance de l'économie parfois dite réelle, celle qui produit les richesses concrètes nécessaires aux hommes, dans lesquelles s'alimente avec avidité la finance spéculative. Sommés - sans vergogne - par les banquiers de renflouer leurs caisses, et depuis des décennies acquis aux intérêts du marché - financier évidemment -, les représentants des nations trouvèrent les sommes nécessaires pour augmenter les liquidités en circulation, empêcher la débâcle financière. Ils s'étaient réunis à plusieurs reprises sur le devant de la scène internationale, et avaient convaincu, au sein de leurs États respectifs, de mobiliser les capitaux nécessaires pour remettre en selle la finance internationale. Et ne pas ruiner les prêteurs, acteurs principaux du Marché.

De la crise américaine du marché hypothécaire (dite des *subprimes)* à la crise européenne des risques souverains, du problème des dettes non solvables des particuliers à celui des dettes à haut risque des États européens, de la crise financière à la crise économique et sociale, l'engrenage ne surprendrait que des têtes de linotte ayant refusé d'anticiper les effets systémiques de l'intégration des marchés financiers. Combien faudrait-il de nouveaux scandales pour enrayer efficacement les ruineuses pratiques bancaires, mettre en doute les capacités des financiers à orchestrer la marche du monde ?

Désastreuse avalanche

Vinrent les annonces, dès la fin de l'été 2009, de milliards d'euros empochés par des spéculateurs de *Wall Street* ou de la *City* de Londres, de millions d'euros attribués sous forme de bonus bancaires à des employés promptement ragaillardis ; elles firent l'effet d'une insupportable provocation dans les milieux français confrontés à de croissants tracas quotidiens. Difficile aussi d'admettre que les émoluments annuels des « grands patrons » battent les records millionnaires, quand les salaires les plus faibles permettent difficilement aux ménages de finir le mois courant, quand les plans de licenciement tombent comme feuilles d'automne, et quand huit millions et demi de personnes sont en-dessous du seuil de pauvreté !

En 2010-11, les agences privées chargées de garantir la solvabilité des emprunteurs dégradaient la note des États jugés incapables de juguler leur déficit public (États-Unis, Irlande, Grèce, Italie, Portugal, Espagne, France…), lequel alourdit proportionnellement la dette souveraine dont le service représente une part croissante d'un PIB devenu haletant. Le déficit de la balance commerciale, le gonflement du nombre des travailleurs

---

[221] Cf. Daniel COHEN, *La Prospérité du vice*, Paris, Albin Michel, 2009. Joseph STIGLITZ, *Le Triomphe de la cupidité*, Paris, LLL, 2010. Ces ouvrages sont commentés, ainsi que celui de Paul Jorion (*Misère de la pensée économique*, Paris, Fayard, 2012), *infra*, chap. 16 ; l'accent étant mis sur les divergences d'analyse entre ces écrits et le présent ouvrage.

licenciés[222] n'incitaient pas davantage à l'optimisme ; des allusions à l'accablant endettement de la France en 1789 ne manquaient pas. La consommation et les départs en vacances se contractaient.

Tandis que sévissait la faux d'un incoercible chômage, les conditions de travail se dégradaient dans les entreprises. Comme leurs voisins européens et américains, les salariés français souffraient de problèmes de santé liés au *stress* que provoquent cadences et surcharges de travail, affectations inadaptées aux postes, tension des rapports entre donneurs d'ordres et exécutants. Les actes de violence se multipliaient à l'encontre de « patrons » adeptes de plans de licenciements massifs[223] ; les suicides au travail se comptaient par centaines[224]. Lourde de la pratique de taux d'intérêt à court terme trop élevés, la spirale du surendettement des ménages fit des bonds en avant[225] dans l'Hexagone.

La crise financière et boursière était devenue économique et sociale sur fond de défaillance morale, déployant les conséquences des dénis de réalité accumulés depuis des générations, et démultipliés au cours des dernières décennies. Les abyssaux dégâts faits dans les sociétés occidentales s'étalaient à la vue de tous ; en lieu et place de l'attendu équilibre naturel des marchés, ont surgi destruction d'emplois, fragilité de l'individu, appels au secours… Les quelques contrôles promis dans les zones d'ombre financières (paradis fiscaux, secret bancaire…) ne sauraient efficacement réguler le marché de l'argent ; *a fortiori*, ne pourraient-ils réguler les autres marchés qui l'alimentent. L'intégration commerciale conçue pour servir de gros profits à une minorité de bénéficiaires portait gravement atteinte aux intérêts vitaux des populations.

Bref, les exclus du « système » ont vu leur nombre s'alourdir en France, en Espagne, en Italie, en Grèce… Quelle que soit la part de responsabilité des populations économiquement déstabilisées, la gravité extrême de la situation témoigne des méfaits en chaîne d'une spéculation avide qui fait de la ruine des États l'un de ses moyens d'enrichissement.

La planète n'appartient pas aux seuls actionnaires, les monnaies ne sont pas l'apanage des financiers. Enlever le pouvoir monétaire aux États, c'est

---

222 Rappelons que la définition du chômeur au sens du Bureau International du Travail (BIT) ne reconnait que la catégorie A de Pôle Emploi qui comptabilise, en avril 2014, le chiffre-record de 3,5 millions de chômeurs sans aucune activité et inscrits en métropole, soit 10,8 % de la population active. Pôle Emploi recense cependant, toutes catégories et territoires confondus, 5 972 000 inscrits, auxquels il faut ajouter les chômeurs invisibles - une part importante des 2,2 millions d'allocataires du RSA -, les non-inscrits découragés et les temps partiels subis.

223 Cf. New Fabris, Molex, Continental, Sanofi-Aventis, Total, Arcelor-Mittal, Rhodia… la destruction à vive cadence de sites industriels et postes de travail réduit comme peau de chagrin le nombre d'emplois malgré quelques créations dans certains secteurs.

224 Cf. Jean-Claude Delgènes, directeur du cabinet Technologia, cité par *L'Express*, 18 oct. 2009, p. 108.

225 Le nombre de dossiers de surendettement a crû de 17 % entre 2008 et 2009.

déposséder les populations qui ont fondé la légitimité et la valeur de leurs monnaies respectives au cours des siècles passés.

Concrétisée sous nos yeux par de colossales pertes d'argent et d'incommensurables abandons moraux, la « crise de civilisation » n'en a pas pour autant renversé le mur dressé par la « pensée unique » ; tout au plus a-t-elle permis de le rendre perceptible. Au terme d'annotations distillées d'année en année, Joseph Stiglitz décortique, en 2010, la faillite d'un système sur fond de *triomphe de la cupidité* ; il n'hésite plus à assimiler à de la « dépravation morale[226]» l'exploitation des pauvres qui est faite aux États-Unis et ailleurs pour grossir les profits bancaires. C'est dit, et bien dit... après coup ; n'avait-il pas conseillé les puissants de Washington[227] ?

Manifestation à la vue de tous des ravages des actuelles pratiques d'argent et de marché, la crise de 2008 valide à grande échelle les précédentes conclusions fondées sur le marché vinicole : l'antagonisme entre libre-jeu des forces du marché et préoccupations de justice commutative s'y montre mondialement, et de façon paroxystique, à l'œuvre. De l'économie du prix de marché à l'économie du profit financier illimité, le pas est rapide.

Les thuriféraires du laisser-fairisme ou libre-échangisme n'en continuaient pas moins à rendre synonymes « capitalisme financier » et « économie de marché », à confondre « capitalisme marchand » et « activité de l'échange », désignant malignement « l'économie administrée par l'État » comme seule alternative possible à l'économie marchande financiarisée et mondialisée (ou capitalisme de marché globalisé, ou économie financière de marché). L'économie de marché compatible avec des règles et des contrôles n'était pas mentionnée ; si elle n'était pas pour autant effacée des annales de l'humanité, elle y restait enfouie.

Avant même que ne s'expriment les états d'âme des « économistes atterrés[228] », les plus réactifs à donner de la voix ont été ceux-là même qui avaient aidé ou vanté les offensives de la conquérante financiarisation de l'économie. Daniel Cohen s'est montré plus prompt à louer qu'à désavouer « la prospérité du vice »[229], l'anthropologue Paul Jorion a cherché à jeter l'opprobre, non sur les fondements du capitalisme, mais seulement sur son

---

[226] Joseph STIGLITZ, *Le Triomphe de la cupidité*, *op. cit.*, p. 44 ; p. 262-263, il note à propos des banques américaines : « l'échelle des fourberies commises est époustouflante ». Cf. aussi *La Grande désillusion*, Fayard, 2010.

[227] Né en 1943, J. Stiglitz est un économiste américain, lauréat du prix Nobel (2001) économiste américain nobélisé, ayant exercé d'importantes responsabilités américaines et internationales (économiste en chef et vice-président de la Banque Mondiale 1997-2000).

[228] Un collectif de chercheurs, universitaires et experts en économie, regroupés, avec d'autres citoyens non économistes, en une association créée en 2011 dont l'action consiste à animer et entretenir la réflexion collective et l'expression publique des économistes qui ne se résignent pas à la domination de l'orthodoxie néolibérale.

[229] Daniel COHEN, *La Prospérité du vice*, *op. cit.*

aile la plus financiarisée[230]. Le refus des valeurs morales du travail et de sa rémunération restait au cœur du mécanisme économique de l'actuelle globalisation orchestrée par la guerre des prix.

Annexe 14. Autrefois dite « chrématistique » ou « économie spéculative », l'économie financière de marché met aujourd'hui hors jeu l'économie territoriale à vocation humaine et sociale [231]

En ces jours où la puissance financière répandue sous nos yeux suscite un flot d'interrogations, une question de fond ne saurait être éludée : est-il réaliste d'attendre des professionnels du capital - financiers, banquiers, *traders*... - qu'ils commutent leur attachement au profit individuel en une philanthropique attention, qu'ils voient en autrui une personne à respecter et non une occasion de gain à maximiser ? Pour y répondre, appel est fait à l'actuelle connaissance historique, au savoir philosophique antique, à la philosophie morale chrétienne ; toute concordance entre les trois ne manquerait pas de renforcer chacun de leurs enseignements.

Praticien de la durée multiséculaire (XVe- XVIIIe siècle), et curieux des différentes formes de marché repérables à travers les âges, l'historien Fernand Braudel (1902-1985) a observé l'accumulation de capitaux dans certaines villes d'Europe[232]. Il a expliqué comment Venise, Bruges, Anvers, Amsterdam, et autres cités ont constitué des lieux propices à la finance[233], bases de successives « économies-monde » définissables comme des unités autonomes, chacune étant portée par son propre dynamisme. Faut-il y voir l'avant-garde d'un « système-monde » dont les mailles se seraient resserrées lors des siècles suivants[234] ? N'extrapolons pas ; aux temps modernes, les « jeux de l'échange » orchestrés par la baguette financière se font à « l'étage supérieur et étroit », celui de la ville tentaculaire où s'animent les acteurs des économies spéculatives[235], où affluent informations, marchandises, capitaux ; dans les périphéries et aux marges de ces villes, autrement dit dans les « étages d'en-dessous », perdurent les marchés alimentés par les économies territoriales et leurs acteurs.

L'analyste du temps long des sociétés et des diverses échelles spatiales du marché prend souligne de la sorte que, au cours de la période étudiée, l'économie gérée « en bon père de famille », dite en l'occurrence « territoriale », et l'économie financière qualifiée de « spéculative » ne s'exercent pas sur les mêmes espaces, ne concernent les mêmes types de marché. Outre le démenti qu'elle inflige à ceux qui inscrivent au cœur du Moyen-Âge les prémisses de la présente économie financière

---

230 Paul JORION, *Misère de la pensée économique*, op. cit. En 2007, il avait publié *Vers la crise du capitalisme américain,* Paris, La Découverte.

231 Texte publié par l'auteur *in L'Homme Nouveau*, n° 1694, 14 sept. 2019.

232 Fernand BRAUDEL, *Civilisation matérielle, Économie et Capitalisme, XVe-XVIIIe s.*, Paris, A. Colin, 1979, 3 t. Cf. aussi *La Dynamique du capitalisme,* Paris, Champs Flammarion, 1985.

233 La racine latine des mots médiévaux « finance » (1283), « financer » et « financier » (1420), est « *finer* » (payer).

234 Le sociologue américain Immanuel WALLENSTEIN (*Comprendre le monde. Introduction à l'analyse des systèmes-monde,* Paris, la Découverte, 2006) dépasse la pensée de Braudel, historien des siècles où la succession des « économies-monde » n'a pas tissé la toile d'une économie de marché globalisée.

235 Chercher à réaliser du profit sur des produits vendus au loin plutôt que de répondre aux besoins de l'économie locale.

de marché, cette différenciation sémantique fait immédiatement penser à celle qu'avait opérée Aristote[5], dès le quatrième siècle avant Jésus-Christ, entre l'« Économique » et la « Chrématistique »[236].

Économique, de « *oïkonomia*, gestion de la maison ». Rattachée aux nécessités du quotidien des populations dont elle relève, elle a pour objet la production et l'échange de denrées requises par les hommes et leur famille. Faire de l'activité domestique une priorité ne signifie pas pour autant être « autarcique » : hors situations exceptionnelles, les surplus de ses productions diverses n'ont pas manqué d'alimenter les marchés citadins.

Chrématistique, de « *krema* », denier, richesse. Désignant l'accumulation de gains particuliers par le truchement de la spéculation marchande au mépris de la dimension familiale et sociale de l'économie, elle fait sélectionner les produits de consommation susceptibles d'alimenter un commerce lointain pourvoyeur de monnaies et de profits : échanger des marchandises contre de l'argent, puis faire de celui-ci une marchandise comme les autres ouvrent des perspectives d'enrichissement illimitées. Louage de travail, commerce extérieur, prêt à intérêt sont ainsi devenus, aux temps antiques où s'exacerbaient déjà les convoitises matérielles des hommes, les mamelles du cupide profit.

Pertinents concepts qui, deux millénaires et demi plus tard, font comprendre que l'économie dite banalement de nos jours « de marché » renvoie de fait à de spéculatives activités commercialo-financiaires à grande échelle (« chrématistique » aristotélicienne, « économie spéculative » braudélienne) ; promue depuis des décennies par l'Union Européenne et l'Organisation Mondiale du Commerce, l'économie où l'intensification des échanges, la recherche du profit maximum et l'accumulation de capitaux entre quelques mains seulement ont partie liée, devrait être qualifiée d'« économie financière de marché ».

Cela permettrait de remarquer combien, dans le monde contemporain, cette économie en ruine une autre, celle qui, à vocation humaine, personnelle et sociale, a longtemps fait vivre, bon an mal an, villes, bourgs, villages maillant des territoires récemment classés « non métropolitains ». C'était avant que les promoteurs de la lucrative globalisation du monde n'affectent, d'une part la production de masse et ses bas prix aux pays pourvus d'une abondante main-d'œuvre à bas coût, et d'autre part les produits à haute valeur ajoutée (articles de luxe, armes et autres objets dotés de technologies avancées…) aux pays qui en ont acquis la compétence, et plus précisément à leurs métropoles où se brassent idées et numéraires.

Au temps présent comme souvent dans l'histoire, s'opposent donc deux façons de considérer les fruits de la terre et du travail des hommes : les penser soit au service de leurs producteurs et consommateurs dont ils assurent équitablement l'existence matérielle, soit au service des spéculateurs qui mettent de nombreuses destinées à la botte de profits convertibles en capitaux « à faire fructifier ». Dès la basse Antiquité, réprouvant les pratiques usuraires imposées par les prêteurs aux

---

[236] ARISTOTE, *Politique, liv.* I, chap. III. Cf. *Considérations économiques chrétiennes,* Paris, La Boutique de l'Histoire éd., 2009, p. 11 et 262. *Marchés sans justice, ruines sociales,* Paris, Les Indes Savantes/LBH, 2011, p. 84 et suiv.

populations à court de pièces sonnantes et trébuchantes, pères de l'Église, conciles s'efforcèrent de maintenir les « affaires d'argent » à distance de la vie quotidienne.

Il a appartenu à saint Thomas d'Aquin (1225-74) de distinguer prêts à la consommation et prêts à la production[237] ; une prise d'intérêts pouvait s'effectuer sur les seconds (contrat de *speculatum*) eu égard aux risques encourus par les prêteurs dans les investissements de fonds (intérêts compensatoires ou primes au risque), mais devait rester prohibée sur les premiers (maintien du contrat de *mutuum* pour les choses fongibles).

L'impitoyable joug infligé aux emprunteurs imprudents par des prêteurs pressés de s'enrichir se vérifie en tout temps ; dans un passé récent, lors de la crise américaine dite des *subprimes* (2008), l'endettement contracté auprès des banques par des ménages à faibles revenus, et néanmoins incités à spéculer sur la valeur de leur maison, a livré à la rue des dizaines de milliers d'américains pauvres ! Les scènes de désespoir qui ont accompagné les expulsions d'emprunteurs devenus incapables de rembourser leurs dettes ont réactualisé les paroles de saint Antoine de Padoue (1195-1231) proférées à l'encontre des prêteurs appelés en la circonstance « vendeurs de larmes »[238]... Qui sait si demain des États surendettés ne seront pas déclarés en faillite ?

Quoi qu'il en soit, la destruction des économies territoriales s'accélère, y compris celles qui avaient atteint, aux dix-neuvième et vingtième siècles, une dimension nationale ; ces dernières n'intéressent pas la lance financière toujours en quête, depuis les tours métropolitaines, de nouveaux profits sur le « grand marché mondial ». Ainsi, sous les effets ravageurs d'un déloyal libre-échange, dégâts humains, sociaux et territoriaux s'enchevêtrent-ils. Situation extrême eu égard aux époques dont Aristote, Braudel ont parlé, au cours desquelles coexistaient économie des gens et économie des spéculateurs.

Pour autant, l'accumulation de capitaux ne poussa pas leurs détenteurs à se préoccuper spontanément des attentes des populations impliquées dans des activités économiques à caractère personnel, familial et social. Les faits historiques, l'antique expertise philosophique convainquent que les abusives ambitions de la spéculation financière s'échafaudent, aujourd'hui plus qu'hier et avant-hier, au détriment des nécessités quotidiennes des populations locales ; en l'absence de profonds changements dans les conduites privées et publiques, de cruels calculs continueront donc à impulser des pratiques économiques contraires à celles qui ont vivifié des espaces actuellement démunis d'emplois.

Mise au service de l'économie des hommes et des sociétés qu'ils constituent, de leur bien commun, la finance pourrait stimuler de saines stratégies d'investissement en faveur de raisonnables politiques territoriales. À ceux qu'interpelle le rapport de l'homme à la société et à l'économie, la doctrine sociale chrétienne offre l'énoncé de principes universels ayant traversé les âges et leurs cortèges de contingences.

Contrairement à ce qu'affirment de fallacieuses opinions, le passé n'est jamais dépassé ; car si après un temps en vient un autre, chacun peut vérifier, dans le long cours de l'histoire, qu'il n'y a pas de réalités d'antan qui ne reviennent. Autant conclure que d'aventureuses remises en cause d'un savoir multimillénaire ne sauraient conduire à perfectionner les connaissances de fond qui le constituent.

---

[237] St T. d'AQUIN, *Som. de théo., IIa IIae, q. 78 « le péché d'usure dans les prêts », a 1-4.*

[238] St Augustin (354-430) avait, quant à lui, assimilé l'usure au « meurtre des pauvres ».

Chapitre 8

La notion morale de « justice » imprègne l'histoire des prix

Contrariée dès le quatrième siècle après Jésus-Christ par les critiques des pères de l'Église et les décisions conciliaires, la spéculative chrématistique des Anciens s'est cantonnée, lors des siècles médiévaux et modernes, aux économies-monde centrées sur des villes acquises à l'accumulation financière (Venise, Bruges, Anvers, Amsterdam...) Après les tentatives manquées, des années 1860-1880 et 1920, l'économie financière de marché s'est imposée, à la suite de la guerre de 1939-1945, dans sa dimension mondiale et aux dépens des économies locales. Rapidement délabrées, celles-ci ne sont plus que des restes des florissantes économies passées, successivement dites « domestiques », « familiales », « territoriales » ... Lorsque l'existence matérielle des populations laborieuses est mise dans la dépendance des prix mondiaux, postes de travail et gains affluent entre les mains des maîtres du marché.

La guerre des prix faisait rage sur les marchés du monde enfiévrés par la crise de 2008. L'*item* « prix social » m'avait conduite à trouver chez saint Thomas d'Aquin mention du « bon échange[239] » dit aussi « juste échange » ; je prêtais désormais attention aux questions de justice que l'Aquinate avait, après Aristote[240], mises en exergue[241]... pour remarquer qu'aujourd'hui, à la différence des Anciens, personne - ou presque[242] ! - ne se préoccupait de justice dans l'échange ou « justice commutative[243] ».

Constats qui m'incitèrent à revenir sur l'un des chapitres les plus prisés au siècle dernier par les historiens contemporanéistes des *Annales*, celui...

---

239 St T. d'AQUIN, *Som. de théo., IIa IIae*, q. 80 « *Des parties potentielles de la justice (vertus qui lui sont annexées)* », a. unique : « La justice particulière comprend le bon échange qui est une habitude par laquelle on maintient l'égalité entre choses échangées. »

240 ARISTOTE, *De l'Éth. à Nic.*, Livre V, sect. V : *De la justice*.

241 St T. d'AQUIN, *op. cit. IIa IIae*, q. 58 « De *la justice* » et suivantes, notamment q. 61 « *Des parties ou espèces de la justice* », q. 77 « *De la fraude que l'on commet dans les achats et les ventes, de l'usure qui se pratique sur les prêts, moyens pour s'enrichir aux dépens des autres dans les échanges volontaires* ».

242 Raymond de ROOVER, « « The Concept of Just Price : Theory and Economic Policy », in *Journal of Economic History, Cambridge Univ. Press, 1958, p. 418-34.*

243 St T. d'AQUIN, *op. cit. IIa IIae, q.* 61, a. 1 : « La justice commutative dirige l'homme dans les conventions qui se font entre particuliers, elle a pour objet les échanges. » q. 77, a. 1, il est injuste d'acheter une chose moins cher qu'elle ne vaut, la vendre trop cher, tromper l'acheteur ou le vendeur, sauf compte tenu du besoin de l'acheteur ou du vendeur ; q. 77, a. 2 : Il n'est pas permis de vendre et d'acheter une chose pour une autre, ou de tromper sur la mesure et la qualité de l'objet vendu ».

des prix[244]. Les auteurs en référaient volontiers à un « bon prix du blé » permettant de faire à bas prix le pain des citadins.

L'incontournable question des prix

Riche de références[245], l'étude des prix a pris racine dans des agrégats de chiffres en provenance de sources diverses ; elle s'est épanouie avec le déroulement de séries tirées de comptabilités institutionnelles. S'intéresser aux prix pour en mesurer les effets dans la société implique, pour beaucoup de ceux qui s'y adonnent, de transformer les chiffres en moyennes mobiles ou d'indices composites, de construire de séries plus ou moins longues ; cependant, fût-elle légitimée par l'adhésion de renommés « savants », le trait scientifique de l'information ne garantit pas la justesse de la conclusion qui l'accompagne[246].

L'attention que je portais à l'étude des prix remontait à ma formation universitaire. Sans avoir été indifférent, dans ses pages doctorales comme dans ses cours polycopiés sur *les paysans,* aux conséquences des chutes de prix céréaliers pour les petits producteurs, Ernest Labrousse avait répandu parmi ses étudiants la notion de « bons prix du pain » pour les ouvriers des villes industrielles : leurs salaires de misère ne les privaient-ils pas de pain quotidien lors des flambées spéculatives sur les gains ? « Une morale informulée affleure sous le marxisme » se plaisait-il à dire, rapprochant à sa façon marxisme et morale, et mêlant de façon non orthodoxe idées

---

244 Cf. *Le Cours des vins en Catalogne et Languedoc-Roussillon. Fluctuations et portée des prix dans le temps long de l'histoire,* Textes réunis par G. GAVIGNAUD-FONTAINE, Actes de la Journée d'études de Montpellier (équipe 4424, CRISES/Univ. Montp, III, 2011), Toulouse, *Annales du Midi*, n° 281, janv.- mars 2013. Cf. aussi *Considérations économiques,* Paris, La Boutique de l'Histoire éd., 2009, chap. 4, 5 ; des précisions complémentaires sur le juste prix sont apportées dans *Marchés sans justice, ruines sociales,* Paris, Les Indes Savantes/LBH, 2011, chapitre 8 ; ainsi que dans *Justice dans les relations économiques et justice sociale,* Paris, Les Indes Savantes, 2011, chap. 11.

245 La réflexion a été aiguillonnée par les démonstrations de l'abbé MABLY (*Du Commerce des grains,* 1775-1789*),* puis relancée par René de LA TOUR DU PIN (*La question agraire*, juillet 1886), Georges LEVASSEUR (*Les prix. Aperçu de l'histoire économique, de la valeur et du revenu de la terre en France,* 1893), Georges D'AVENEL (*Histoire économique de la propriété, des salaires, des denrées et de tous les prix en général, depuis l'an 1200 jusqu'en l'an 1800, Paris, Imprimerie Nationale, 1894-1926 ; Les Enseignements de l'histoire des prix*, Payot, 1925). Suivraient Paul RAVEAU (*Le prix du froment du XVIe s. à nos jours,* interrompu en 1931), François SIMIAND (*Recherches anciennes et nouvelles sur le mouvement des prix du XVIe au XIXe s.*, 1932 - étude commencée en 1915 - et Henri HAUSER (*Recherches et documents sur l'histoire des prix en France de 1500 à 1800*, Paris, Les Presses Modernes, 1936). De l'autre côté de la Manche, Beveridge - qui travaille sur les prix depuis 1921 - compose en 1929 un Comité International sur l'Histoire des prix.

246 Cf. Julien DEMADE, *Produire un fait scientifique. La méthodologie de l'histoire des prix entre structures académiques et enjeux intellectuels, milieu XIXe-milieu XXe s.*, CNRS/Univ. Paris I [nov. 2012], texte publié ultérieurement.

marxistes, morale traditionnelle et chrétienne[247]. Dans son sillage de nombreux historiens avaient longuement et patiemment scruté les mercuriales, l'étude des prix était devenue, dans les années 1960, un passage obligé de l'histoire économique et sociale.

En 1978, alors que ce champ d'étude était quasiment délaissé, je présentais au Colloque Pierre-Léon, à Lyon, une communication sur les variations de prix au dix-neuvième siècle[248] ; le texte était du professeur Robert Laurent qui, empêché de se déplacer, avait demandé à l'assistante que j'étais alors de l'exposer en son nom. Le sujet de cet article paraissait si désuet qu'un jeune auditeur - Jacques Marseille - s'étonna à haute voix d'entendre encore parler de « prix ». Qu'aurait-il dit si, dans le texte présenté, il avait été question de « juste prix » ?

Les prix avaient, semble-t-il, livré leur part d'explication en matière économique et sociale. Une inflation débridée nourrissait la sévère critique du pouvoir monétaire de l'État ; la nouvelle vague libérale déferlait d'Amérique en France, relançant les théories contemptrices des orientations de prix ; toute action pour les soutenir était tenue pour suspecte car, était-il assuré, le seul moyen d'éviter un quelconque désordre économique consiste à priver les prix de correction humaine.

Or il a longtemps été pensé que s'il n'a qu'un prix pour conclure la transaction, il y a deux valeurs - terme emprunté à saint Albert le Grand qui l'a (re)mis en avant au treizième siècle -, l'une pour le vendeur (qui évalue le coût de production), l'autre pour l'acheteur (qui évalue l'utilité, voire le désir de l'acquisition). En conséquence de quoi le prix était établi avec prise en compte de l'estimation de l'acheteur, dépendante des avantages qu'il attribue au produit, et de l'estimation du producteur, lourde de son implication tant personnelle que sociale dans le processus productif. Le coût de la production évinçait la valeur d'usage pour établir le prix des marchandises reproductibles à gré. Hier stimulantes par leurs fonctions d'encadrement du marché, et désormais considérées comme autant d'entraves, les institutions publiques n'ont plus qu'à s'effacer pour laisser libre cours, dans l'échange, à la théorie dite des jeux[249] (sic). Sur la base des observations sur la conduite

---

[247] Ernest LABROUSSE in Christophe CHARLE, « Entretien avec Ernest Labrousse », *Actes de la recherche en Sciences sociales,* 1980, 32-33, p. 119 : « Une morale informulée affleure sous le marxisme, de même qu'il y a plus largement, une morale du socialisme économique. La notion de spoliation ouvrière est une idée morale [...] l'exploitation, l'humiliation, l'aliénation, sont à la fois des idées marxistes et de morale traditionnelle. Et bien entendu de morale chrétienne. »

[248] R. LAURENT, « Les variations départementales du prix du froment en France, 1801-70 », *in Hommage à Pierre Léon. Histoire, Economies, Société,* Lyon, Presses Univ. de Lyon, 1979, p. 115-150. R. Laurent avait fait sa thèse en Sorbonne, sous la dir. d'E. Labrousse dont la 1re thèse porta sur *Esquisse du mouvement des prix et des revenus au XVIIIe s.,* 1933.

[249] Oskar MORGENSTERN et John VON NEUMANN, *Théorie des jeux et du comportement économique*, 1944.

d'autres agents, ladite théorie fait déterminer la stratégie optimale d'un agent particulier ; la manne attendue ne saurait se faire attendre.

La valeur d'échange établie sur le coût de production le plus bas étant propulsée valeur fondamentale, et la valeur d'usage bel et bien enterrée, Hayek[250] faisait du prix l'indicateur de l'état des marchés, convaincu avec les disciples de Walras[251] que la flexibilité des prix et des quantités conduit à l'équilibre général ; Pareto[252] avait même mis en perspective « l'équilibre optimal ». Sur la base de l'utilité de l'objet échangé et du faible coût du travail qui lui est incorporé, le pari en la rationalité des agents économiques emportait l'adhésion des praticiens de la nouvelle science économique.

Géré par les seules lois physiques et mathématiques, le prix du marché - ou « prix libre » - devenait le nouveau nerf de l'échange ; résultant du seul état du marché, comme l'affirment ceux qui misent sur sa puissance autorégulatrice, il perd tout rapport à la valeur sociale des produits ou services échangés. « Que le plus efficace gagne ! », tel est le mot d'ordre libéral. La suppression du caractère moral de la vie économique affranchit de toute contrainte à l'égard d'autrui. Les rapports de force entre partenaires de l'échange reprennent aussitôt le dessus en faveur de ceux qui servent avidement leur propre appétit d'enrichissement. L'économie est du ressort de l'intérêt individuel et de lui seul, qu'on le tienne pour acquis ! Il n'y avait plus à se soucier comme autrefois de la sauvegarde du bien commun[253]. Jacques Rueff[254] en avait convaincu l'Institut de France dès 1964. Avec la

---

250 Friedrich August von Hayek (1899-1992) pr. à l'univ. de Chicago, récipiendaire du prix Nobel d'économie (1974). Partisan la liberté des prix (*Prix et production,* 1931), il se déclare adversaire de toute économie dirigée et tout contrôle économique. Cf. *La Constitution de la liberté*, Paris, Éd. Litec, 1994 ; éd. orig. 1940. *La Route de la servitude,* Paris, PUF, Quadrige, 1985 ; éd. orig. 1946. *Droit, législation et liberté,* trad. française, Paris, PUF, 1986. *Droit, législation et liberté,* vol. 2, *Le Mirage de la justice sociale,* trad. française, Paris, PUF, 1980-1983 ; éd. orig. Univ. of Chicago Press, 3 t., 1973-79, p. 80-83, 94. Milton Friedman (1912-2006) publie, en 1962, *Capitalism and Freedom*, Univ. of Chicago Press ; trad. française, Paris, Laffont, 1971 ; ode à la libre fécondité du marché, hors de toute intervention de l'État. Pr. à l'univ. de Chicago, récipiendaire du prix Nobel d'économie (1976). David Friedman (univ. de Santa-Clara), Israël Kirzner (univ. de New York) appartiennent à la même école.

251 Léon Walras (1834-1910), économiste français, pr. à l'univ. de Lausanne, où il applique à l'économie les méthodes mathématiques ; cf. *Traité d'économie politique pure,* 1874. La preuve par les équations se substitue à « la main invisible du marché » pour affirmer que prix et quantités s'équilibrent par le libre jeu de la loi de l'offre et de la demande.

252 Vilfredo Pareto (1848-1923), sociologue et économiste italien, né à Paris, successeur de Walras à Lausanne, courant néoclassique. Il n'évoque pas les effets de l'innovation que mettra en avant Joseph SCHUMPETER, *Capitalisme, socialisme et démocratie,* Paris, Payot, 1961, 1re éd. 1942. Le modèle des « marchés parfaits » sera mis en exergue par les néoclassiques.

253 Le socialiste Karl Polanyi nomme « désencastrement » l'autonomisation de l'économie à l'égard de la société ; cf. *La Grande transformation, aux origines politiques et économiques de notre temps*, Paris, Gallimard, 1983 (éd. orig. 1944).

254 Jacques Rueff (1896-1978), économiste, haut fonctionnaire, auteur de nombreux ouvrages dont l'*Ordre social,* 1945.

« main invisible du marché » harmonisant la vie économique, l'« avantage comparatif[255] » se hissait au rang de paradigme du libéralisme ; la finance pourrait prendre les commandes du moteur économique.

Un demi-siècle plus tard, à l'heure de la globalisation financière, en lieu et place de l'attendu « équilibre général et harmonieux du marché », une concurrence économique effrénée générait de la pauvreté dans les sociétés occidentales, et d'inhumaines conditions de travail dans les sociétés émergentes. Les déconvenues de bon nombre de populations laborieuses, débauchées et déracinées par les effets concrets de la praxis laisser-fairiste, vont à l'encontre des promesses par elle diffusées. La somme des intérêts particuliers ne conforte pas automatiquement l'intérêt général ; ce ne sont pas les quelques correctifs successivement intégrés à la marge qui feront coïncider théories et faits.

Le prix de concurrence parfaite n'a jamais convaincu ceux qui préfèrent traiter des réalités de la vie, et celles-ci font comprendre que les prix « libres » de toute correction sont les baromètres de rapports de force établis dans l'échange commercial. À la façon de barbares *habitus*.

Le prix, vecteur de justice ou d'injustice

Je devais rechercher ce qu'il restait de préoccupations morales - non pas « marxistes » mais « traditionnelles » - dans la mémoire contemporaine. Je relançais l'étude des prix que les historiens avaient délaissée depuis la fin des années 1970 ; avec mon équipe universitaire, je mis en chantier, *Le cours des vins en Catalogne et Languedoc-Roussillon. Fluctuations et portée des prix dans le temps long de l'histoire*[256].

Le juste prix ne saurait être établi dans le seul intérêt des consommateurs (1890-1930)

Il fallait une nouvelle fois remonter le temps. Les recherches pour définir le « prix social » revendiqué par les vignerons du Midi - en lieu et place du « juste prix » réactualisé par le regain thomiste qui inspirait La Tour du Pin (1886) - m'avaient d'abord conduite à Charles Gide, professeur d'Économie (Montpellier, puis à Paris). À la fin du dix-neuvième siècle, il œuvrait en faveur « d'un prix accessible à la clientèle ouvrière, un prix social[257] » ; trois décennies plus tard, professeur au Collège de France, il expliquait qu'il appartient aux producteurs et aux consommateurs de fixer, d'un commun accord, le prix[258]. Les propositions de Gide en faveur de la maîtrise du

---

[255] Cf. *supra*, chap. 5.

[256] *Op. cit.*

[257] *Revue d'Économie Politique* fondée en 1887.

[258] Charles GIDE, recueil de quatre articles intitulé « Formation et évolution du juste prix », 1922, publié par l'Association pour l'enseignement de la coopération.

marché par l'action sur les prix n'en visaient pas moins, aux lendemains de la guerre et de ses privations, la satisfaction des consommateurs pour lesquels était réclamé le « juste prix » ; soutenues par l'économiste, les coopératives de consommation faisaient tirer au plus bas possible le bénéfice des producteurs. « Prix social » et « juste prix » ne sont pas toujours superposables !

La forme partisane prise par le concept de « prix social » dans la pensée de l'école de Nîmes qui l'adaptait aux intérêts particuliers des consommateurs trouve une résonance différente chez les vignerons du Midi de la France. Ces derniers se mobilisaient pour défendre leurs légitimes intérêts des producteurs - sans pénaliser ceux des consommateurs qui donnent sens à leurs activités - ; ils s'impliquaient dans la constitution de coopératives de production, et mettaient en avant un « prix social[259] » qu'ils considéraient comme prix à la production suffisamment rémunérateur pour assurer le maintien des familles dans leurs activités, et non prohibitif pour les consommateurs ; une revendication fermement présente de 1931 à 1976[260].

Dans la tête des vignerons, le « prix social » n'était autre que le « juste prix » prenant en compte les intérêts des producteurs[261], ceux des consommateurs[262], et ceux des intermédiaires ; cela fait écho à d'anciennes pratiques qui, dans les sociétés européennes, visaient à construire des prix réputés « bons » parce qu'issus de la volonté commune des acteurs impliqués dans l'échange.

Le « juste prix » dans l'échange de biens privés

L'estimation commune visait, en ces temps passés, à ne léser personne, ni producteurs, ni intermédiaires, ni consommateurs. Le respect du travail de production faisait établir un prix apte à maintenir en activité l'exploitant, un prix suffisamment rémunérateur pour le maintien de l'intermédiaire sans qui ne pourrait se faire la transaction, un prix non prohibitif pour le consommateur mu par le besoin d'acheter. Le prix à la production procède du juste salaire et du juste bénéfice que requièrent le producteur et

---

[259] En dépendait le maintien des activités économiques dans la société. Déjà avant 1789, l'abbé Gabriel Bonnot de Mably plaidait pour une justice économique apte, pour le moins, à garantir à chacun sa subsistance (*Doutes proposés aux philosophes et aux économistes sur l'ordre naturel et essentiel des sociétés politiques,* 1768).

[260] Cf. *Le Languedoc viticole, la Méditerranée et l'Europe,* Montp., PULM, 2e éd. 2006. Dès 1908, le Syndicat des Vignerons de la Région de Narbonne évoque le « prix de revient moyen du vin récoltant » pour fixer la base de la prise en charge temporaire et de la vente opportune du vin warranté (Proposition Blanc, 1er oct.).

[261] Les frais des producteurs comprennent le coût de la production (coût du travail, frais de production) et les dépenses familiales usuelles (nourriture, éducation, santé…).

[262] Les consommateurs ne doivent pas être empêchés par des prix trop élevés Pour approfondir le contexte, cf. Jean-Marc BAGNOL, *Le Midi viticole au Parlement. Édouard Barthe et les députés du vin de l'Hérault (années 1920-1930),* Montp., PULM, 2010, thèse sous la dir. du pr. Gavignaud-Fontaine, 2007.

l'intermédiaire ; le juste salaire[263] rétribue le travail fourni. Déterminer d'un commun accord la juste valeur de la chose échangée, c'est reconnaitre la part revenant au travail fourni par chacun pour subsister ; c'est aussi faire du rapport de justice dans l'échange commercial un principe irréfragable. Le « juste » prix fait attribuer à chacun ce qui lui revient en brisant le choc frontal des intérêts contradictoires : il ne s'agit plus pour l'un de vendre au plus haut prix et pour l'autre d'acheter au plus bas prix.

Ainsi le commande la justice particulière commutative[264] si peu évoquée de nos jours. Ladite justice dirige les relations entre particuliers traitant entre eux de choses concrètes et privées (biens, marchandises, travail et autres services...) ; elle s'exerce sur une multitude d'actions - conventions, échanges ; considérant que les particuliers impliqués dans l'échange de biens privés sont des personnes similaires[265], et au nom du principe moral de réciprocité (ne pas faire à autrui ce que soi-même ne saurait subir[266]), la justice particulière commutative fait maintenir l'égalité entre choses échangées[267]. Lesquelles doivent rester commensurables[268].

La volonté de justice a longtemps poussé les Anciens à rechercher le « juste échange » (ou égalité entre la somme d'argent et la chose échangées), à combattre la fraude ; ladite volonté fait établir de « justes prix » acceptables par les acteurs concernés (producteurs, intermédiaires, consommateurs pour ce qui concerne les marchés ordinaires), de justes « salaires » acceptables par patrons et salariés...

Conformes à l'enseignement scolastique, la construction du « juste prix » s'est maintenue jusqu'à ce que les libéraux révolutionnaires tentent de lui

---

263 L'historiographie française est riche d'analyses concernant les salaires et le droit du travail, et l'auteur s'intéresse à ces questions *in Considérations économiques chrétiennes, op. cit.* (2009, chap. 15). Des précisions complémentaires sur le juste salaire sont apportées dans *Les Catholiques et l'économie-sociale en France, op. cit.* (2011, chap. 5) ; ainsi que dans *Justice dans les relations économiques, op. cit.* (2017, chap. 11). Des précisions sur le juste prix sont apportées dans *Considérations économiques chrétiennes, op. cit.*, chap. 4, 5 ; *Marchés sans justice, op. cit.*, chap. 8 ; ainsi que dans *Justice dans les relations économiques et justice sociale, op. cit.*, chap. 11. Il va de soi que des « prix de misère » sur les marchés ne permettent pas de rémunérer les producteurs par de justes salaires ou justes bénéfices.

264 St. T. d'AQUIN, *op. cit.*, q. 61 a. 1 : « la justice commutative qui dirige l'homme dans les conventions qui se font entre particuliers, elle a pour objet les échanges. »

265 Les particuliers sont ici considérés comme similaires, et non comme singuliers eu égard à leurs mérites ou démérites ainsi que le fait la justice particulière distributive (cf. *supra*, chap. 11).

266 Cf. st. MATTHIEU, 7, 12 : « Faîtes aux autres ce que vous voulez qu'ils vous fassent à vous-même ».

267 St. T. d'AQUIN, *op. cit.*, q. 77 a. 1 : il est injuste « d'acheter une chose moins cher qu'elle ne vaut, la vendre trop cher, tromper l'acheteur ou le vendeur, sauf compte tenu du besoin de l'acheteur ou du vendeur » ; q. 77, a. 2 : « Il est défendu de vendre et d'acheter une chose pour une autre, ou de tromper sur la mesure et la qualité de l'objet vendu ».

268 Des manipulations monétaires et des taux de change instables faussent les échanges internationaux ainsi que des poids inégaux de charges fiscales, sociales et autres, faussent les échanges internationaux.

substituer le « prix de marché », ou « libre prix », lequel résulte du rapport de forces entre négociants et producteurs.

La problématique du prix interpelle Michel Augé-Laribé

Il savait que lorsque s'exerce la liberté des prix de marché, les uns l'accusent de bafouer la juste rémunération des producteurs, d'autres d'appauvrir les consommateurs. Il n'ignorait pas que parler « prix », c'est inévitablement considérer l'axe de l'échange.

Attentif aux marchés agricoles du vingtième siècle, Michel Augé-Laribé[269] reprit l'idée d'un juste prix tout à la fois pour les producteurs et les consommateurs, démontrant sans difficulté qu'un prix de vente inférieur au prix de revient est trop bas[270]. Il plaida pour l'abandon des bas prix agricoles impulsés pendant la Première Guerre mondiale par une drastique réglementation (taxations, réquisitions, règlements…) ; il ne saurait être question pour lui de laisser aux agriculteurs les pertes quand l'exige la « raison d'État », et de leur en retirer les profits lors de la normalisation de la vie économique.

L'économiste s'efforçait de détourner le mécontentement des cibles injustement entretenues : « quand les consommateurs lassés de se plaindre voudront trouver les profiteurs et les responsables de la vie chère, c'est moins du côté des producteurs qu'ils devront chercher, que du côté des intermédiaires, d'abord parce qu'ils sont trop nombreux, et aussi en raison du taux de leur profit.[271] »

Néanmoins, Augé-Laribé situe le juste prix dans la dépendance de la baisse du prix de revient : or « c'est tout le contraire de ce que souhaitent les agriculteurs qui ne voient de solution que dans la hausse du prix de vente. En cela, ils se trompent sûrement.[272] » De quoi relancer le débat sur de nouvelles voies ! Le positionnement de cet auteur est spécifique : contempteur du projet commercial qui fait de l'argent une fin en soi (accumulation monétaire), il considère la surproductivité comme nerf de l'échange : il approuve le productivisme comme moyen d'une vaste redistribution des produits ; la modernité ne cherchait-elle pas sa sécurité dans la croissance productiviste la satisfaction du plus grand nombre ? L'« utilitarisme quantitatif » n'était-il pas à son service ? Sans doute, s'il s'agit de servir le quotidien des populations et non les profits d'une minorité de spéculateurs.

Quoi qu'il en soit, la notion de concurrence contenue dans la liberté de pratiquer l'échange n'est compatible avec la morale que si ladite liberté est

[269] Michel Augé-Laribé, 1876-1954, économiste en poste au ministère de l'Agriculture, président-fondateur de la Société Française d'Économie Rurale, nombr. publ.

[270] M. AUGÉ-LARIBÉ, *La Situation de l'agriculture française 1930-35,* Paris, Berger-Levrault, 1941, p. 265.

[271] IDEM, *L'Agriculture française pendant la guerre 1914-1919,* Paris, PUF, 1925, p. 153.

[272] IDEM, *La Situation de l'agriculture française, op. cit.*, p. 269.

maintenue dans des limites, celles que fixe la préoccupation de justice en matière de prix ; en son absence, la détermination du prix relève des conditions des dominants, en l'occurrence les plus agressifs. Alors que le « prix de marché » enrichit d'autant plus les uns qu'il ruine les autres, le « juste prix » s'efforce de servir le bien particulier tout en respectant le bien commun de la société ; ni issu de rapports de forces commerciaux, ni artificiellement administré, le « bon prix » redevient baromètre de justice dans l'échange.

La problématique du « prix » se renouvelait avec la (re)prise en compte de préoccupations de justice dans l'échange qui fait donner à chacun ce qui lui revient.

Marchés sans justice commutative

D'abord conçue comme moyen de faciliter l'échange, la monnaie est devenue formidable geyser d'enrichissement pour ceux qui la détiennent ; la marche à la globalisation financiarisée passe par la subordination du monde au cupide *homo œconomicus.* Inhérente au libéralisme laisser-fairiste qui s'exonère de tout interdit, la spéculation se nourrit, sur fond de mépris d'autrui, de rapaces calculs sur le marché.

Pour l'analyste de l'économie et de la société que j'étais, pouvoir scruter la sournoise guerre économique qui se déployait à l'heure de la mise en concurrence mondiale[273] est fort instructif[274]. Après avoir mesuré, comme cela a été dit au chapitre 5, la misère des hommes et des femmes laissés pour compte au nom de « la main invisible du marché » et de « l'avantage comparatif », est venu le moment d'ajouter que, acquise à la liberté des prix, l'économie du monde contemporain a rompu avec la morale attentive, en principe, à ne léser personne ; chaque effacement de la volonté de justice commutative vient aggraver, de jour en jour et à la vue de chacun, le sort des acteurs économiques les moins compétitifs en matière de prix. Ce ne sont ni des phantasmes ni des nombres, mais des corps qui souffrent et aussi, selon l'enseignement chrétien, des âmes. Du Languedoc d'hier au monde

---

[273] Étape vers la « globalisation », saisie comme la réunion, en un tout économique, des différents éléments dispersés à la surface de la terre, sous l'égide de la marchandise et de la communication. Chaque disparition d'obstacle au libre mouvement des marchandises et des services favorise la maximalisation du profit, et ses affidés font du chômage un moyen de gestion économique, au mépris de la nécessité de travailler pour vivre sur terre. Ce n'est évidemment pas ce que laissaient attendre, depuis plus de deux siècles, les promesses libérales d'harmonie individuelle et générale, portées par le libre jeu des marchés. « Globalisation » diffère d' « universalité », définie comme ensemble de biens, ou de droits et d'obligations, considéré comme formant une unité juridique. Le marché-monde n'est pas l'humanité-monde ; cf. David LE BRETON, *in Libération,* 8 août 2003.

[274] De même après la crise de 1929, des réflexions ont-elles été menées par divers groupes d'intellectuels, cf. P. ANDREU, *Les Révoltes de l'esprit : les revues des années 1930,* Paris, Kimé, 1991.

d'aujourd'hui (2019), du marché du vin à tout marché, de l'histoire à la philosophie morale, dans cette interaction des analyses locales, nationales ou supranationales, et mondiales, chaque nouvelle investigation vient compléter et renforcer la précédente.

Si le spectre du chômage hantait, depuis des décennies déjà, hommes et sociétés, la débandade financière de 2007-08, et la violente crise systémique qu'elle a engendrée ont déstabilisé économies et sociétés, aggravant les inégalités jusqu'à les rendre insupportables. Les ravages humains et sociaux de l'économie financière de marché sont observables par ceux qui ne ferment pas les yeux. Qui aurait pensé être un jour témoin, aux États-Unis, de la détresse de familles entières chassées de leurs maisons hypothéquées sous les encouragements de cupides banquiers[275] ? Le caractère immoral des situations rappelle les temps ignorants ou transgressifs des lois morales. Reviennent en mémoire les paroles d'Héraclite qui, dès le cinquième siècle avant notre ère, avait relié le chaos social au trop-plein d'injustices. Les vices défont les sociétés où s'amenuisent les vertus.

La dépendance des populations toujours plus fragilisées pousse les États à accroître leurs dettes pour tenter de colmater les dégâts. Des experts de plus en plus nombreux glosent sur l'amplification des inégalités tant à échelle planétaire qu'à l'intérieur de nombreuses nations[276], mais l'interrogation porte-t-elle sur les causes profondes des dégâts humains et sociaux qui se généralisent dans les deux premières décennies du vingt-et-unième siècle ? Que nenni ! Qui dénonce les galopantes injustices commutatives commises dans les transactions commerciales et financières ? Leur flot continue pourtant à durcir les criantes inégalités qui mettent en difficultés la globalisation financière, cohésion et paix sociales, entente entre les nations…

Même parée des adjectifs - qu'elle déshonore - « libre et non faussée », la concurrence illimitée ne saurait servir de norme régulatrice à la vie économique à moins de considérer cette dernière comme coupée des intérêts vitaux de pans entiers de la société…

Comme dans ma thèse où j'avais pu, allant d'aval en amont du temps, retrouver les racines carolingiennes de la propriété foncière en Roussillon, le prix de marché et les scandaleuses injustices qu'il génère me renvoyaient aux fondements-mêmes du libéralisme laisser-fairiste, celui qui ne contient pas les jeux de l'échange dans les limites d'un « négoce loyal » au service de tous. Il restait à conclure que l'injustice est intrinsèque audit libéralisme.

---

[275] Il a été rappelé au chap. 7 combien la spectaculaire mise à la rue de milliers d'Américains victimes de leur naïveté à l'égard du crédit bancaire était venue réactualiser les dures paroles prononcées à l'égard de l'usure par saint Augustin, saint Antoine de Padoue et tant d'autres.

[276] Nombreuses publications américaines et françaises à la suite des travaux de James GALBRAITZ, *Inequality and Instability. A Study of the World Economy Just Before the Great Crisis,* Oxford Univ. Press, 2012.

Conduite au plus près des racines des faits, la réflexion fait reconstituer la logique des évolutions ou mutations observées, et conduit à s'interroger tant sur les motifs que sur la finalité des actes. Derrière la physique de l'événement, se love la question des causes et des fins ; la philosophie morale s'invite au programme de l'historien.

Annexe 15. Le marché n'est pas un casino : et si économie de marché et justice de l'échange étaient compatibles ? (Billet de l'auteur *in Midi Libre,* 8 juin 2008).

S'il est vrai que la concurrence effrénée conduit inexorablement au partage des richesses entre quelques monopoles, il est tout aussi vrai que la liberté de l'échange n'implique pas de renoncer à l'exigence de justice économique, fondement le plus sûr de justice sociale. Faut-il en outre rappeler que la liberté de l'échange n'est pas proportionnelle à la liberté de concurrence, la première impliquant par éthique de se maintenir « non faussée » : il est aisé de vérifier que la volonté de régulation fausse moins le mécanisme que les pratiques frauduleuses en tous genres charriées par le laisser-fairisme.

Depuis que celui-ci triomphe sur les marchés du monde, nombreux sont les producteurs de vin, de café, de bananes... à être acculés à céder leurs récoltes à des prix toujours plus bas, du moins jusqu'à ce que l'agiotage, le stockage et la raréfaction des flux ne provoquent de flambée de crise. Ou jusqu'à ce que soient estimées insuffisantes les offres faites eu égard au gonflement de la demande. Chacun trouvera aisément illustration de ces mécanismes dans la hausse actuelle du prix des céréales, ou la relance faite auprès des éleveurs laitiers pourtant pénalisés les années précédentes pour leurs bonnes performances. Ainsi va l'économie spéculative, celle qui s'inscrit dans le court terme et la frénésie du gain, tandis que l'économie nourricière, celle qui sert les hommes et leurs sociétés, se gère dans la longue durée, celle des communautés et des terres.

Les vignerons languedociens et roussillonnais qui en appellent à l'arbitrage de l'Etat et à la loyauté interprofessionnelle le font au nom de leur expérience multiséculaire du « grand » commerce ; tout en s'affichant résolument partisans de l'économie de marché (et non du « pouvoir de marché », celui du marché à fixer les prix), ils entendent rétablir la justice de l'échange, celle qui reste compatible avec la liberté, c'est-à-dire dans le respect dû à la dignité humaine, au travail honnête auquel celle-ci incline. Et la liberté qui tolère, voire suscite la fraude consistant à priver le travailleur des fruits de son travail, est dénoncée comme injuste puisque source de misère imméritée. Lorsque le libre jeu de l'offre et de la demande conduit à confondre marché et casino, producteur et pion à déplacer, consommateur et *jackpot*, le recours à des règles est seul à même d'assurer la parité entre choses échangées. Il appartient à l'autorité publique en charge du bien commun d'arbitrer en faveur de l'équilibre des parties concernées. Si ce n'est plus à la France de le faire, alors c'est à l'Union Européenne, ou à l'Organisation Mondiale du Commerce : il est de leur devoir de collectivités dotées de pouvoirs de garantir la loi de justice économique, sans laquelle aucune justice sociale n'est durablement possible.

La loi de justice économique se décline en termes de loyauté de l'échange, sur la base de prix rémunérateurs pour les opérateurs, et de qualité requise pour les consommateurs. Faute de quoi, le marché mondial devient maître unique des rapports sociaux et internationaux, ajoutant au déni de justice la négation de la destination universelle des biens. L'activité économique, moyen de vivre sur la terre de son travail se mue en économie subie par ceux qui en perdent la maîtrise, tandis que ceux qui ramassent la mise se mettent à décider du sort des laissés-pour-compte, lequel passe par l'enchaînement des liquidation judiciaires des exploitations, chômage de longue durée, humiliations diverses… Il n'est pas inutile de préciser que l'abandon des uns précède l'abandon des autres dans une société qui ne garantit plus le droit de vivre de son entreprise et de son travail, le droit de consommer des produits non frelatés, pour le plus grand profit d'une économie à inclination financière. Le retour à une économie humaine passe par le respect de la parité de l'échange, laquelle exige la fin de la concurrence faussée entre bassins de production, et la disparition des prix de misère alignés sur les prix les plus bas pratiqués à l'échelle mondiale. C'est en termes de prix et de qualité que se définit la justice de l'échange, prélude à sa liberté dans une économie de marché à vocation humaine.

Avant de développer plus longuement les questions philosophiques de « justice », parlons une nouvelle fois des rapports entre histoire et philosophie.

Chapitre 9

Contribution méthodologique : une connaissance historique ouverte au questionnement philosophique

Interrogée sur les influences reçues au gré de mon cheminement intellectuel, je répondrais « la méthode de l'école des *Annales* et les enseignements de saint Thomas d'Aquin : la méthode historique permet de saisir sur le terrain des faits matériels à portée humaine et sociale, la pensée thomasienne ouvre sur le grand horizon philosophique moral et, par-delà, pour ceux qui en ont la compétence, théologique. » À cette confluence s'opèrent des mises au point méthodologiques.

J'ai déjà exposé comment, après avoir analysé le vécu des populations, j'avais entrepris de confronter réalités historiques et différentes pensées - doctrines, idéologies -. Avec la mise en évidence de normes morales auxquelles les actes et leurs auteurs se conforment ou pas, je raccordais l'histoire à la philosophie, plus précisément la philosophie morale thomasienne.

Si histoire et philosophie disposent certes chacune de repères conceptuels et pratiques spécifiques, toutes deux n'en sont pas moins - en principe - exigeantes de rigueur intellectuelle dans la recherche de la vérité.

Préoccupations méthodologiques ou éloge de la méthode

Aucun des marqueurs de l'école des *Annales* (longue durée, pluridisciplinarité, attention portée aux faits économiques, aux groupes sociaux - auxquels sont aujourd'hui préférés les individus -, aucun desdits marqueurs ne s'oppose à ce que les historiens s'enhardissent à étudier toutes les strates de la vie, à développer leurs analyses hors de la sphère matérielle (physique), avec prise en compte, non seulement des comportements et mentalités, mais de la strate éthique. Il suffit d'articuler entre elles l'économie, la société, la politique, la culture et la religion ; domaines non nécessairement superposables de bas en haut avec l'économie déterminant les strates supérieures, mais domaines imbriqués les uns aux autres par de multiples rapports d'influence.

Comparaison… et discernement

Lucien Febvre, Marc Bloch connaissaient-ils les écrits de saint Thomas d'Aquin[277] - « *Nihil est in intellectu quod non prius fureit in sensu* », ou encore « *veritas est adequatio rei et intellectus* » - ? Certaines orientations méthodologiques leur sont communes, notamment le poids de ce qui est établi avec soin à partir de documents authentiques (herméneutique). Ajoutons que M. Bloch avait souhaité faire graver sur sa pierre tombale « *Dilexit veritatem*[278] ».

Lorsque le Professeur Bouvier disait, au soir de sa vie et non sans critiques sur son siècle, qu'il fallait « raisonner juste sur des bases justes », il mettait ses pas dans ceux de saint Thomas pour qui « celui qui se trompe sur les principes ne peut être ramené à la vérité ; mais celui qui se trompe en conservant les principes peut être ramené à la vérité par ces principes-mêmes[279]. » Une telle proximité méthodologique entre thomistes et historiens des *Annales* n'est toutefois que ponctuelle.

Tous les historiens ne prolongent pas l'observation de cas particuliers par une conclusion de portée générale et la définition de concepts (raisonnement inductif du particulier au général). Le raisonnement déductif a ses praticiens qui, d'une idée ou théorie, tirent des propositions particulières, reportant loin dans le futur l'hypothétique vérification massive du postulat. Par-delà les strates matérielles des sociétés élargies aux représentations politiques et mentales, tous les historiens ne prêtent pas attention au temps long révélateur de permanences par-delà les changements d'époque[280].

---

[277] Les historiens de Strasbourg ont eu brièvement pour collègue à l'univ., en 1919-1921, Étienne Gilson, professeur d'histoire de la philosophie rédigeant en ce temps « *La Philosophie du moyen Âge,* t. 2 *: De saint Thomas d'Aquin à Guillaume d'Occam* » (1922). Quant à Henri Pirenne, historien belge proche des *Annales*, il a commenté une lettre de l'Aquinate, cf. *Extraits du Bulletin de l'Académie Royale de Bruxelles,* Classe des Lettres, 5e Série, t. XIV, p. 43-45, « La duchesse d'Aleyde de Brabant et le *De Regimine judxorum* de saint Thomas d'Aquin », Bruxelles, Hayez, 13 p. Cf. aussi *Revue du Nord,* 1930, 61, p. 52.

[278] *Le testament de March Bloch,* cité par Yves LEHMANN, « *Marc Bloch et l'Antiquité* » *in* Bull. de l'Association Guillaume-Budé, 2009, p. 56 ; *ibid,* p. 64, Y. Lehmann donne la devise latine de l'ex-libris de M. Bloch : « V*eritas vinim vitae* » (La vérité est le vin de la vie).

[279] St T. d'AQUIN, *Somme de théologie*, I^a^-II^ae^, q. 72, a. 5. St JEAN-PAUL II, *Fides et ratio, 1998, n. 44 ;* n. 50 : « La raison doit réfléchir correctement sur le vrai. ». L'Aquinate est qualifié d'« apôtre de la vérité ».

[280] Historien médiéviste, le pr. Dufeil a fait de st Thomas d'Aquin un précurseur de l'histoire telle qu'elle s'écrivait dans la deuxième moitié du *XX*^e^ s. ; il voit en lui le « créateur de tout un système méthodologique » apogée en son temps de la pensée humaine » (Michel-Marie DUFEIL, *Saint Thomas et l'histoire*, Presses Univ. d'Aix-en-Provence, 1991, préf. de Jacques Le Goff, p. 665 et suiv.). J'ai appris l'existence et lu en 2016 ce recueil d'articles alors référencé *in* Revue *Thomiste* (t. *CXVI*) ; je mesure à quel point sont regrettables les silences autour d'universitaires au parcours dit « atypique ». D'un quart de siècle mon aîné, M.-M. Dufeil a été professeur d'histoire médiévale à l'univ. Montp. III de 1977 début des années 1990, et s'il évoquait st Thomas au cours d'une conversation, c'était de façon plus empathique qu'universitaire. J'ai aujourd'hui la joie intellectuelle de lui rendre ici hommage -

Entérinée par les positivistes, la rupture avec la philosophie morale[281] s'était imposée à de nombreux universitaires, avant que nombre d'entre eux n'adhèrent à une philosophie matérialiste ; bien qu'apte à quantifier les destructions sociales générées par les mutations économiques, leur méthode historique ne débouchait pas sur la volonté de restituer aux agents économiques la responsabilité morale de leurs actes devant l'entière société et chacune de ses composantes. Il était devenu courant de refuser les leçons de l'histoire car, pensait-on en ce temps, que les enseignements du passé ne sauraient aider à modeler les nouveautés des siècles ; les circonstances mouvantes des temps l'emportaient sur les permanences de la vie.

Cheminement singulier

Appréhender le réel à partir de documents rassemblés en nombre et avec rigueur, prendre à témoin le temps long, abstraire pout conceptualiser, voilà des attitudes intellectuelles qui m'étaient devenues habituelles. À la lecture des questions-réponses de saint Thomas d'Aquin, j'ai aussitôt adhéré à sa façon de recourir à un *corpus* d'experts venus, à travers les millénaires, de précédentes et diverses cultures, à la précision des références données ; adhéré aussi à la cohérence de la construction des argumentaires, à la puissance logique structurant l'ensemble de la démonstration, aux concepts opératoires qui en résultaient, au réalisme, à la clarté et à la fermeté des réponses conclusives[282].

Le temps se laissait efficacement transcender ; à travers les points de rencontre entre auteurs interpellés, souvent issus de civilisations différentes, se manifestaient les constantes de la vie et des comportements humains. Des choses réelles aux universaux, par un raisonnent inductif, l'intellect pouvait saisir la portée générale et morale des problèmes traités.

L'histoire n'est pas réductible à une suite d'événements contingents ; celui qui établit une causalité strictement matérielle des faits de société minimise la densité de la vie des hommes. Considérer, par-delà les activités humaines, les représentations mentales (psychologiques, morales, spirituelles, religieuses...) des populations observées conduit à penser le passé dans sa complexité ainsi qu'en son lien avec l'actualité. S'interroger sur les problèmes de son temps, sur le cortège de nouveautés tout en prêtant attention au passé et à ses enseignements, en interpellant philosophes grecs et théologiens chrétiens, n'est-ce pas faire de l'histoire un savoir sur les temps anciens aidant à comprendre le présent et préparer l'avenir ? Certes, mais par-delà la mise en application des fortes exigences méthodologiques

---

lui qui était présent à ma soutenance de thèse - en citant ses travaux (dont l'on peut regretter qu'ils n'explicitent pas les liens entre l'histoire et la philosophie en tant que disciplines).

[281] L'attention portée par les historiens tant à l'incroyance qu'aux faits religieux (croyances, pratiques...) n'a pas nécessairement conduit à prendre en compte leur rapport à la morale.

[282] Cf. *Som. de théo., op. cit.*

de la discipline historique, c'est la conscience morale de l'historien qui est à mobiliser.

Longue mise au point méthodologique

Faut-il rappeler qu'une bonne mémoire est indispensable à l'historien ? Évidemment, mais il lui faut plus encore pour penser les données que lui fournissent les documents. L'analyse des réalités complexes de l'histoire repose sur des exigences de logique (une proposition ne peut être à la fois vraie et fausse, une chose est ce qu'elle est, ce qui est vrai est vrai), il est impossible d'affirmer et de nier une chose à partir du même point de vue, une affirmation et sa négation ne pouvant-elles être toutes deux vraies.

L'historien ne doit pas rechigner à l'effort pour organiser le corpus de ses notes en un ensemble cohérent ; classer, définir, ordonner et hiérarchiser se présentent à lui comme incessantes tâches... Dans la variété des phénomènes, l'esprit unificateur réunit en ensembles des objets aux caractères communs. Ce travail d'analyse, de synthèse et de conceptualisation vise à permettre d'aller vers le fond des choses étudiées.

Analyse, ordonnancement et conceptualisation scandent un long parcours intellectuel qui conduit à :

- adhérer à l'histoire-problème[283] avec le souci des causes profondes des faits étudiés (corrélation n'est pas causalité) ;
- préférer les faits aux théories ;
- ne pas raisonner avant d'établir par les sens ce qui est réel (non illusoire) et objectivement appréhendé ;
- analyser et mesurer au plus près possible les réalités observées dans les documents réunis et méthodiquement critiqués ;
- soutenir l'attentive et scrupuleuse volonté d'éviter l'erreur d'interprétation documentaire et de construction factuelle, ainsi que les conclusions hâtives ; le doute et l'inquiétude dardent le discernement ;
- penser que, à la différence de la science économique qui considère matières, techniques et ressources, l'histoire économique en réfère généralement à l'histoire humaine et sociale ; l'humanité saisie dans le temps est son objet d'étude en toute circonstance ;
- être attentif, aux hommes et aux femmes qui composent la société : tant les conditions physiques de leur travail et de leur vie, que les forces spirituelles qui les rendent aptes à transcender la matière ; la question économique renvoie au social, au politique, à la philosophie...
- faire l'effort de comprendre l'enseignement de référence et remonter à ses fondements ;

---

283 Cf. Henri-Irénée MARROU, *in Encyclopédie La Pléiade*, *L'histoire et ses méthodes*, Paris, 1961, p. 1507, « L'historien soulève un problème, un vrai problème, se pose des questions, élabore un processus pour répondre à une question qui possède un intérêt réel pour les contemporains. »

- inscrire conséquemment la réflexion dans le temps long, multiséculaire si ce n'est multimillénaire, sans se soucier des conventionnelles frontières chronologiques posées entre histoire ancienne, médiévale, moderne, contemporaine ; les problèmes dont il faut cerner les racines traversent les périodes. Prendre à témoin la longue durée permet de retrouver, avec vigueur d'analyse et force de synthèse, le souffle des civilisations ;

- outrepasser les tenaces divisions entre histoire économique, sociale, politique, culturelle, religieuse... pour faire, tout, simplement, de l'histoire ; l'intelligibilité du passé ne peut résulter d'un passé découpé en tranches, et en autant de « spécialités » offertes au chercheur sommé de se faire « spécialiste » de l'une d'entre elles ;

- consulter les diverses composantes des branches de la connaissance pour une meilleure compréhension des rapports entre faits économiques et faits tant humains que sociaux, les interactions entre comportements collectifs et actions personnelles ; les faits matériels (physique) et les réalités spirituelles (métaphysique) trouvent leur place dans la marche des siècles ;

- par-delà les mots et les représentations mentales qu'ils suscitent, s'efforcer de saisir les intentions et les fins qui sous-tendent l'action tant des dirigeants que des populations, mesurer le rôle des lois et codes, comprendre leurs fondements ;

- confronter les situations concrètes des populations aux constructions intellectuelles afin de comprendre les distorsions entre, d'une part les attendus des théoriciens, d'autre part les difficultés existentielles des hommes et des femmes laissés pour compte des promesses non tenues ;

- comparer de pays à pays pour s'assurer que, dans les faits relevés, les apparences ne soient pas prises pour des réalités ;

- dans l'expérience de sociétés analysées en profondeur, puiser matière à comprendre leur devenir ; les va-et-vient entre l'actualité et le passé éclairent les dynamiques d'avenir, le sens des mutations.

Ainsi, sur fond de temps long qui constitue la chaîne, avec pour trame l'articulation du local au national, du national à l'européen et de l'européen au planétaire, la pensée pluridisciplinaire saisit-elle des évolutions humaines et sociales sous leurs multiples facettes, et permet-elle les comparaisons. Les apports conjugués de l'histoire, géographie, démographie, économie, sociologie, psychologie, mais aussi de l'anthropologie, philosophie, théologie nourrissent réflexion et argumentaire aux antipodes d'une élaboration théorique ou idéologique.

Du singulier au général[284], du cas particulier aux types universels, le raisonnement est inductif. À la différence des intellectuels qui cherchent à construire *in abstracto* un système économique et social [soi-disant] parfait, et qui déduisent des hypothèses de recherche les cas d'application, sans faire

[284] Déduire (enchaîner les propositions) à partir de l'idée de départ (hypothèse) favorise, dans le champ humain et social, le basculement de la pensée dans la construction idéologique.

du vécu l'étalon de large vérification des constructions théoriques. Caractéristique des actuelles sciences économiques et sociales, le raisonnement déductif fait trop souvent de quelques cas isolés la preuve de résultats conformes aux attentes, et reporte loin dans le futur la confirmation de l'hypothétique pertinence du postulat.

Au confluent de l'homme et de la société, de l'événement et de la durée, du particulier et de l'universel, du contingent et du permanent, s'anime une dynamique féconde pour la connaissance de l'histoire : les registres physique (ou économique), métaphysique (ou philosophique) et religieux (ou théologique) s'ouvrent les uns aux autres pour s'interpénétrer. Avec la volonté de saisir le vécu des populations, et le souci de ne pas retenir d'argumentaire défectueux, il faut s'appliquer à raisonner strictement, les défaillances de la raison entrainant celles de la volonté[285] ; il faut s'évertuer aussi à discerner le vrai du faux ainsi que les causes de l'erreur. En toute circonstance, le discours doit coïncider avec le réel et tendre à la vérité. En bout de course, cela permet d'approfondir la nature des choses observées, de réfléchir sur leur ordonnancement, les principes dont elles découlent… et les conséquences qu'elles portent en germes.

Chercher à maîtriser, par une intelligible synthèse le tumulte du passé, ouvre sur le temps à venir et déjà en germe dans des temps présents lourds des temps passés. Pétrie de vie et d'expériences lorsqu'elle s'ouvre aux multiples dimensions de l'existence humaine, la pensée historique restitue le passé pour mieux faire appréhender le présent et comprendre sa charge d'avenir.

Il appartient au temps multimillénaire de montrer que lorsque les formes contingentes ne sont plus, reste immuable ce qui a trait aux lois morales. Encore faut-il prêter attention à ces dernières. Certes, les positivistes ne pensent pas possible d'atteindre les réalités métaphysiques, des économistes considèrent les passions des hommes, des philosophes ont polarisé sur les « valeurs » ou « normes » fondatrices de morale (vraie - et non, comme il se dit aujourd'hui « provisoire » -) ; mais le resserrement des liens entre histoire et philosophie morale est à même de faire connaître les ravages du désordre que génèrent, dans une société en proie à de fallacieuses promesses, d'égoïstes conduites individuelles et collectives. La rhétorique des sophistes et des nominalistes ne convainc pas les esprits ou auditeurs soucieux de cohérence et sens dans le propos.

---

[285] LÉON XIII, *Lettre encycl. sur la philosophie chrétienne Æterni Patris*, 1879. St Paul avait déjà prévenu, *Col,* 2, 8 : « Prenez garde qu'il ne se trouve quelqu'un pour vous réduire en esclavage par le vain leurre de la philosophie selon une tradition toute humaine, selon les éléments du monde, et non selon le Christ. »

Réconcilier histoire et philosophie morale

Penser c'est questionner, relier, opposer, mettre en évidence des constantes, unifier, conceptualiser : par l'analyse, la raison[286] abstrait les caractères communs ; par la synthèse, elle les relie en une définition commune aux objets remarqués semblables. Rationnellement travaillée, la complexité du réel livre une à une ses composantes, entre lesquelles sont établies simples relations, ou liens de causes à effets. Jusqu'à permettre d'atteindre et mettre en avant les causes principales bien souvent enfouies dans le temps.

Connaître en grande largeur

S'intéresser aux réalités matérielles de la vie n'implique pas de réduire l'analyse réflexive au seul plan physique ; prendre en compte des faits économiques et sociaux n'implique pas une lecture matérialiste de l'histoire. L'attention portée aux faits économiques et sociaux, aux agencements structurels et leurs mouvements conjoncturels, ne constitue aucun obstacle à la compréhension des faits historiques dans leur plénitude, strates spirituelles et religieuses comprises. Car si les forces matérielles affichent leur rôle important, conscience peut être prise que celui-ci est loin d'être exclusif dans la marche des siècles.

Taire les responsabilités morales des hommes - de leur volonté, de leurs institutions, de leurs actes et de leurs enseignements - sur le cours des choses revient à l'amputer. Parce qu'ils relèvent des personnes agissantes, faits matériels et caractères moraux - ou amoraux - s'imbriquent. Il suffit d'articuler entre elles l'économie, la société, la politique, la culture et la religion ; domaines non nécessairement superposables de bas en haut, avec l'économie déterminant les strates supérieures, mais faut-il le répéter, domaines combinés les uns aux autres par de multiples rapports d'influence.

De sérieux questionnements philosophiques font mettre en évidence que la logique d'une lutte des classes promue absolu moteur de l'histoire ne s'impose pas plus dans les faits que la logique d'un marché élevé au rang d'organisateur suprême de l'économie et de la société. Comprendre que la dialectique marxiste s'active sous la pression idéologique, que le laisser-fairisme de marché pousse à la rapace accaparation de richesses par peu de mains, c'est, *a contrario,* faire revivre les forces spirituelles qui concourent à maintenir à chaque personne sa liberté et sa place unique au service des autres.

---

[286] La pensée logique suit les règles du raisonnement dont celle de non-contradiction : une proposition principielle ne peut pas à la fois être vraie et fausse ; le principe d'identité : une chose est ce qu'elle est, ce qui est vrai est vrai ; le principe du tiers-exclu : une proposition et sa négation ne peuvent être toutes les deux fausses.

Examiner le vécu social pour le rendre intelligible, pénétrer le fonctionnement économique, en mesurer les effets sur les populations, les hommes qui les composent et les sociétés qu'ils constituent, les civilisations qu'ils vivifient relève d'une science conçue comme humble outil pour analyser les réalités de la vie. Et non pour mettre en formules l'état des richesses du monde, ni les lois de leur développement en vue du plus grand profit particulier.

Restituer le plus fidèlement possible le passé, tel est le métier de l'historien ; mais pour que celui-ci épanouisse sa vocation, il doit savoir adhérer aux êtres et aux questions existentielles qui les assaillent. Alors, quand le cœur et la raison vont l'amble, le réel livre, par-delà sa complexité, la logique mais aussi le sens de son mouvement profond. À la différence de l'empiriste rivé à l'observation des faits, l'historien peut remonter à leurs racines.

Repérer, quantifier et qualifier les faits économiques et leurs conséquences sociales, relier les faits à leurs causes, sans laisser faiblir la volonté de maintenir son raisonnement dans la chaîne du vécu, constitue déjà un dense programme. Rechercher les causes profondes des agencements de la vie des hommes et de leurs sociétés (causalités et considérations morales) voilà qui le complète ! Au point de rencontre de l'universalité perceptible en nombreuses circonstances et du temps long, le réalisme historique fait plaider pour la multitude des populations laborieuses que violentent d'insatiables agioteurs.

À la recherche des causes profondes

Sous le signe d'une liberté laisser-fairiste, la marche à la globalisation aiguillonnée par une impitoyable concurrence économique favorise l'avènement d'une cosmogonie utilitariste ; elle se fait avec mode de vie matériel et standardisé, dans l'ignorance, voire le mépris de l'homme devenu rouage de la gigantesque mécanique entraînée par la seule quête de profit[287]. En témoigne l'actuelle question sociale à dimension mondiale. Laisser la marche du monde à la baguette du marché-roi exaspère les laissés-pour-compte et aimante les ramasseurs de mise ; au mépris de ce que tout acteur économique détient de dignité humaine.

Qu'en sera-t-il demain des forces spirituelles qui ont animé la vie des hommes et le devenir de leurs sociétés ? Ravageuse est la force subversive du désir égoïste de celui qui aspire à dominer le monde. La seule logique économique, en l'occurrence marchande, ne tarde ni à ruiner travailleurs, familles et pays, ni à réduire la société à une mécanique lourde d'insatiables besoins matériels, avide d'inépuisables forces de travail mises au service de l'accumulation des richesses. Rendue insatiable, la cupidité aliène tant le

---

[287] Daniel COHEN, *La Prospérité du vice*, Paris, Albin Michel, 2009. Joseph STIGLITZ, *Le Triomphe de la cupidité*, Paris, LLL, 2010.

producteur, exploitable à l'envi, que le consommateur, harcelé dans l'abondance, et méprisé dans l'indigence.

Ce n'est ni dans la toute-puissance de l'État, ni dans celle de l'individu maître du monde, que les drames du siècle trouveront réparation. La métaphysique aristotélicienne et la théologie thomasienne avaient amplement démontré leur à-propos ; saint Thomas d'Aquin avait su prendre en considération les sages enseignements du quatrième siècle avant Jésus-Christ, nos contemporains ne devraient pas rechigner à réactualiser ceux du treizième siècle de notre ère. Rappelant que si, depuis l'antiquité, seule la garantie de l'ensemble des vrais droits fondamentaux de l'homme protège la personne humaine contre de barbares atteintes, il faut dire et redire qu'à de violents rapports de force commerciaux, la justice fait substituer de paisibles relations entre partenaires du négoce.

Par-delà la contingence des faits, des principes d'action moraux ou amoraux

Au terme de recherches conduites dans l'épaisseur des siècles, et en toute indépendance intellectuelle, forte s'est faite la cohérence des conclusions sur la propriété et le marché, le lien des producteurs aux organisations professionnelles et à l'État, le labeur, les révoltes et les adaptations des populations. Parce qu'ils relèvent des personnes agissantes, faits économiques et principes moraux - ou amoraux - s'imbriquent.

Au confluent de l'histoire des sociétés européennes et de la philosophie morale, le réalisme scientifique montre l'imprégnation des mentalités par des enseignements traditionnels malgré l'étiolement de la foi religieuse. Cependant, non entretenu, un patrimoine disparaît après avoir dépéri. Ou après avoir été détourné de sa fonction.

Le libéralisme laisser-fairiste s'est lové dans la marée montante de la Modernité européenne et américaine[288]. Si beaucoup de Réformés sont convaincus que la réussite matérielle et individuelle signe l'élection divine, les catholiques romains font du service du pauvre le chemin à suivre pour aimer Dieu. En principe, et non sans exceptions de plus en plus nombreuses dans les temps présents… qui ne sauraient prouver que christianisme et laisser-fairisme sont compatibles. Le premier ne doit pas cesser d'être fidèle à ses origines. N'en déplaise à ceux qui confondre Dieu et le dollar comme invite à le faire l'inscription sur le papier-monnaie américain « *in God we trust* ».

---

[288] Les critiques entourant la thèse de Max Weber n'ont pas réussi à l'infirmer. Cf. Max WEBER, *Die Protestantische Ethik und der Geist der Kapitalismus,* Tübingen, 1920. À noter que Max Weber (1864-1920) définit l'esprit protestant par l'obstination au travail, le souci de l'épargne, le dédain du luxe, des loisirs et plaisirs ; le but recherché n'est donc pas la richesse ostentatoire mais le développement économique. Si les premiers effets de la liberté du commerce de l'argent sont à rechercher en Écosse, en Angleterre, en Hollande, en Allemagne, en Hongrie, leur déploiement s'est depuis élargi…

Si « cherchez d'abord le Royaume de Dieu et sa justice, et toutes choses vous seront données de surcroît » sont paroles évangéliques[289], *a contrario,* fondamentaux et développements successifs du libéralisme laisser-fairiste servent quelques *happy few* occupés à spéculer en vue de leur enrichissement maximum, et ce dans une logique contractuelle qui limite tout sens moral au strict respect du contrat. Critiquer les fondements injustes du capitalisme n'est toutefois pas plaider pour l'organisation socialiste de l'économie et de la société, l'histoire du vingtième siècle en a concrétisé les échecs.

Art de réguler la production en vue de la consommation et de l'échange, l'économie ne peut durablement se construire sur un cupide égoïsme car cela défie la saine raison des hommes ; en l'absence de mobiles personnels et sociaux moraux, l'économie, dont la vocation est de servir l'homme en société, se coupe de sa raison d'être. Le respect d'autrui, de son travail indispensable à sa vie, de la part de revenus qui lui revient ne saurait desservir les nécessités de l'homme en société.

À nouveau réunies par la morale, histoire, économie, philosophie, et plus largement sciences humaines et sociales serviraient efficacement, par le truchement de leurs respectives exigences méthodologiques, la connaissance pour aider à résoudre les crises les plus aigües des temps actuels… Encore ne faudrait-il pas oublier que la méthode retenue, quel que soit son degré d'excellence, ne représente pas à elle seule l'ensemble du processus cognitif : celui-ci articule le raisonnement sur des bases principielles ; lorsque l'intellect projette sur le réel observé d'erronés présupposés, le processus cognitif est aussitôt faussé.

Ainsi, abandonner de réalistes fondements humains et sociaux accessibles à la raison pour développer de fallacieux parce qu'utopistes, fictifs ou mensongers systèmes intellectuels (rationalisation d'intérêts seulement particuliers ou collectifs, exclusivement matériels ou chimériques…) constitue *ipso facto* une altération méthodologique.

Annexe 16. Contributions méthodologiques de l'auteur

- « Histoire rurale. Éléments pour un bilan franco-britannique » et « l'École des Annales : une méthodologie pour l'histoire rurale française » *in Campagnes françaises, campagnes britanniques au carrefour des sciences sociales,* Paris, L'Harmattan, 1989 (coord. Maryvonne BODIGUEL, Philip LOWE), p. 55-62, et p. 83-102 (avec Ronald HUBSCHER). Ouvr. traduit : *Rural Studies in Britain and France,* Belhaven Press, London, 1990.
- « L'apport de l'École des *Annales* à l'histoire rurale contemporaine » *in Histoire et Sociétés Rurales,* n° 3, *L'Histoire Rurale en France,* Rennes, 1995, p. 94-103.

---

289 St MATTHIEU, 6, 33.

- « La méthode historique de l'École des Annales à l'épreuve des sociétés rurales contemporaines » *in Mélanges offerts à Charles-Olivier Carbonell, une passion de l'histoire*, Toulouse, Privat, 2002, p.183-196.

- « Robert Laurent, historien des vignerons de la « Côte-d'Or au XIXe siècle », *in Histoire et Sociétés Rurales*, n° 5, *Campagnes bourguignonnes dans l'histoire,* Rennes, 1996, p. 62 à 72. Repris *in Liame*, n°6, Univ. Montp. III, 2002.

- « La recherche en histoire rurale : l'antiquité et sa contemporanéité », *in Les hommes et la terre dans la Méditerranée gréco-romaine, Pallas, revue d'études antiques,* Toulouse, Presses Univ. du Mirail, 64/2004, Introduction.

- « Repères historiographiques et méthodologiques » *in Propriété et société rurale, les doctrines à l'épreuve de l'histoire sociale française (années 1780-1920),* Nantes, Les Éd. du Temps, 2005.p. 257-269.

- « Le point de vue d'une historienne » *in Histoire et agronomie : entre ruptures et durée,* actes coordonnés par Paul ROBIN et Jean-Paul AESCHLIMANN, Paris, IRD éd., 2007, p. 33-44.

- « L'historien et *l'homo œconomicus* », Annexe 1 *in Les Catholiques et l'économie-sociale en France, 19e-20e siècle,* Paris, Les Indes Savantes/LBH, 2011. Repris in *Hommage au Professeur Carol Iancu,* Textes réunis par Danièle DELMAIRE *et alii,* Paris, Honoré Champion, 2014, p. 660-668.

- « Quand *l'homo œconomicus* interpelle l'historien », *in Marchés sans justice, ruines sociales. Refonder les libertés économiques sur la justice, Paris, Les Indes Savantes/*LBH, *2013, p. 67-80.*

- « La spécificité du métier d'historien », *Justice dans les relations économiques et justice sociale. Sources morales, ruptures historiques,* Paris, Les Indes Savantes, 2017, p. 239-244.

- « Charles-Olivier Carbonell et l'école des *Annales* », Colloque *« Une passion pour l'histoire, Charles-Olivier Carbonell (1930-2013) »,* organisé par Christian AMALVI à Saint-Charles/Univ. Montp. III, 15-16 janv. 2020.

Annexe 17. Approche de la réaliste méthode philosophique de saint Thomas d'Aquin. Les sens, la raison, la pensée conceptuelle, premiers jalons au service de la connaissance[290].

Au treizième siècle, le maître d'Aquin a renouvelé la scolastique européenne, faisant établir par la *disputacio* que divers savoirs organisés par la raison, notamment la philosophie, n'étaient pas contraires aux principes de foi chrétiens. Il impulsait alors une nouvelle et fructueuse méthode de recherche universitaire[291].

---

[290] Cf. *Saint Thomas d'Aquin et la volonté justice : actualité du questionnement philosophique*, Paris, L'Harmattan, 2021, extrait, p. 91-96.

[291] Méthode dont certains éléments trouvent quelque écho chez les historiens de l'école des Annales, notamment chez Fernand Braudel, Ernest Labrousse, Robert Laurent, Jean Bouvier... (réalisme des faits, structuration de l'analyse, pensée logique et argumentation dialectique, temps long et force de synthèse...), professeurs auxquels j'exprime ici mes

Efficaces en sont les composantes par lui mises en avant : recherche de sources premières[292] et souci de les référencer, croisement des informations, plan structuré, raisonnement argumenté, dialectique serrée, conclusions précisément ajustées et à portée universelle… Ce savoir-faire intellectuel n'en est pas moins compatible avec une vive spiritualité dont le caractère affectif sinon amoureux éclaire de l'intérieur ; raisonnement serré et spontanéité de l'élan cordial, logique scientifique et fidèle adhésion au contenu de la foi se sont harmonisées au plus haut point dans l'esprit de Thomas d'Aquin.

Vérité des choses contre argument d'autorité. Dans le domaine scientifique, il est contreproductif de recourir au prêt à penser : les sens, la raison, la pensée conceptuelle font efficacement franchir les successifs degrés de connaissance.

La capacité intellectuelle

Si la connaissance commence par la sensibilité, laquelle ne saurait faire omettre la poussée intuitive qu'elle est susceptible de déclencher, l'essence des choses ne se laisse pas appréhender, même avec le renfort de la mémoire, par les seuls sens, lesquels saisissent les accidents extérieurs. Savoir ce qu'est la chose - son essence - relève de facultés intellectives aptes à rapprocher de la vérité la saisie de l'observé. Non sans passer par le doute, et la confrontation d'arguments (et non d'opinions) que suscite la dispute contradictoire.

« Entre dans la mer par les petits ruisseaux, non d'un trait, car c'est par le plus facile qu'il convient d'arriver au plus difficile » ; telle est la recommandation que ne manquait pas de faire le maître à ses étudiants qui l'ont rapportée. Commencer par les petits ruisseaux tels que chacun peut les observer - l'*ens* ou ce qui est -, c'est aussitôt grand ouvrir les portes de l'intelligence que sont les sens que relaie la mémoire. Aristote « avait appris dans les choses qui ne savent pas mentir[293] », « rien n'est dans l'intelligence qui n'ait été d'abord dans les sens[294] » précise le maître d'Aquin.

« À considérer les choses en leur genèse, on en obtient une parfaite intelligence[295] » disait l'Aquinate après le Stagirite. Remonter aux fondements, aux principes fondateurs conduit assurément à bien comprendre ce que l'on observe et veut analyser. Il faut donc aussi remonter à la source des petits ruisseaux avant de suivre le long cours des fleuves qu'ils

---

sentiments de gratitude pour l'enseignement de méthodologie reçu d'abord à la Faculté des Lettres de Montpellier, puis à l'Univ. Paris I Panthéon-Sorbonne. Cf. les divers travaux de l'auteur relatifs à la méthode historique, *supra,* annexe 16.

292 Ses biographes rappellent qu'il aurait dit préférer retrouver les homélies de st Jean Chrysostome que recevoir en don la ville de Paris tout entière.

293 St T. d'AQUIN, *Sermones*, 2e dimanche de l'Avent.

294 IDEM, *De veritate* (1256-59).

295 IDEM, *Sent. lib. Polit. Arist.*

constituent jusqu'à leur débouché maritime. Et, chemin faisant, écarter les erreurs qui ne résistent pas à l'exercice de la raison logique. Ce qui est (*quod est),* et par quoi c'est *(quo est).*

Faculté propre à l'homme, la raison permet, par étapes, de hiérarchiser et articuler les causes, jusqu'aux causes premières et principes, d'agir en vue du bien : raisonner, ordonner, se diriger. Sans oublier que si la raison humaine est apte à travailler sur son temps, elle l'est aussi sur le temps long - transgénérationnel -, celui de la durée des civilisations. Bien que souvent plus prompte à s'exercer sur les causes secondes que sur les causes premières, la raison sait aussi dépasser le temps à échelle humaine, allant jusqu'à poser le problème de la cause initiale des premières causes...

Fondée sur l'expérience du sensible, la pensée le dépasse : la science reste liée à la connaissance des causes, il faut identifier le type de cause concernée par chaque analyse. En creusant jusqu'aux racines de l'observé, se montre la substance des choses, et celle-ci perdure par-delà les générations d'hommes. Autrement dit, la connaissance s'acquiert à partir du sensible qui sollicite la raison, laquelle est apte à conduire aux principes premiers, ou « fondamentaux ».

Le principe qualifiant ce qui est premier, une connaissance ne peut être scientifique que par la conformation des conclusions aux principes. Toutes les opérations ont en vue des fins (des buts), les délibérations portent sur les moyens de les atteindre. Raison pratique et raison pure fusionnent... à condition toutefois que la philosophie soit considérée comme le tronc dont les autres sciences sont les branches, l'action pratique se nourrissant de la connaissance spéculative.

Du confus au distinct, du singulier au commun, par degrés, l'esprit se hisse de la connaissance obscure à la science parfaite ; « il semble naturel à la raison humaine de parvenir progressivement de l'imparfait au parfait. Ainsi dans les sciences spéculatives, voyons-nous que les premiers philosophes n'ont transmis que des résultats imparfaits. Ceux-ci, par la suite, ont été enseignés par les successeurs de façon plus parfaite. [296] » Tout ne se saisit pas instantanément, l'intelligence fait progressivement découvrir ce qui était dans l'ombre, certains chercheurs parviennent à développer ce qui restait déficient dans les études de leurs prédécesseurs[297].

Prudence et humilité n'en sont pas moins de mise. Thomas d'Aquin fait un contre-modèle de ceux qui, présumant de leur esprit, mesurent à leur savoir la nature de toutes choses : « ils estiment vrai ce qu'eux jugent tel, et faux ce qu'ils rejettent. [298] »

---

[296] IDEM, *Som. de théo.*, *Ia IIae*, q. 97 « Le changement des lois humaines », a. 1.

[297] IDEM, *Sent. lib. Ethic. Arist.*, Lib. I, l. 2.

[298] IDEM, *Som. contre les Gentils*, L. I, chap. 5.

Misère de l'erreur

Dans l'agencement des composantes de la pensée, ce ne sont pas des mots ou des phrases qu'il suffit de juxtaposer, ce sont des propositions qu'il faut articuler les unes aux autres par un raisonnement serré (démonstration logique par induction, déduction, comparaison analogique...) Démontrer, ce n'est pas sautiller d'une idée à une autre, la rhétorique de fond ne se réduit pas à la seule éloquence du verbe, et encore moins au clinquant du style. Démontrer c'est faire aboutir en toute logique d'arguments - qu'il ne suffit pas d'asséner pour les imposer - l'éperonnante exigence de vérité.

Ainsi, à partir d'une modeste découverte initiale, se laissent découvrir de grands ensembles. De la matière à l'Être, l'étude du plus petit fait peut conduire celui qui persévère au long de la marche du temps à la connaissance du vrai, au rattachement des vérités de raison à d'évidents principes fondamentaux.

Non sans exigeant attention, car « celui qui se trompe sur les principes, ne peut être ramené à la vérité[299] ». Autrement dit, « une petite erreur au commencement entraîne de grandes méprises dans les conclusions », mais « celui qui se trompe en conservant les principes peut être ramené à la vérité ». Et celle-ci n'est ni celle du siècle, ni celle d'un siècle : elle l'est pour tous les siècles. Telle est sa définition de l'objectivité.

« Misère de l'erreur », répétait inlassablement saint Thomas d'Aquin dont les enseignements se fondaient sur l'intelligence des réalités que perçoivent les sens. Il est contraire à la raison - et donc à l'esprit scientifique - de s'obstiner à défendre le bienfondé d'une théorie dont la valeur générale est sans cesse contredite par l'expérience ; les défaillances de la raison entraînent celles de la volonté ; ainsi s'abîment hommes, sociétés et civilisations.

Dire le vrai

« *Veritas est adequatio rei et intellectus*[300] » : observer méthodiquement et raisonner sans faiblir, discerner le vrai du faux, distinguer les intentions de vérité partout où elles sont, conduisent à cueillir des vérités.

Après avoir compris le vrai, objet de la connaissance, il faut le dire, et le dire le plus adéquatement possible avec des mots choisis pour leur précision - « des vases précieux » - et dans des phrases où clarté et cohérence sont recherchées en leur plus haut niveau. Pour expliquer, il faut certes nommer les choses identifiées et disséquées, les articuler entre elles ; mais conceptualiser est le passage obligé pour universaliser la pensée.

Conceptualiser, c'est développer une notion unificatrice à partir de ce qu'ont en commun des réalités singulières, ce n'est pas nécessairement réduire la connaissance à celle d'idées (Platon) ou d'*universalia,*

---

[299] IDEM, *Som. de théo.*, *I*^{a} *II*^{ae}, q. 72 « *De la distinction entre les péchés* », a. 5.

[300] IDEM, *De verit.*, q. 1, a. 1, c ; *Som. de théo.*, *Ia*, q. 16 « *La Vérité* », a. 1.

représentations universelles renvoyant concrètement à chacune de leurs composantes concrètes (chacun des hommes est un homme).

Par son « réalisme », le Maître d'Aquin traite de concepts sans les confondre avec les idées issues de la seule pensée ou d'idéalistes universaux ; pour autant, il n'en reste pas avec les « nominalistes » au ras des choses singulières. L'expérience des choses réelles convainc que la connaissance n'est pas le produit de la seule pensée ; livrée à elle-même, celle-ci se montre tantôt imaginative ou primesautière, tantôt impétueuse et excessive. C'est par induction que la raison généralise une observation ou un raisonnement établi à partir d'un cas singulier[301].

De la sorte, par-delà la chose observée et nommée, Thomas déclenche une construction mentale issue de la réalité et en adéquation avec elle : par le truchement d'un nom assorti d'une définition, le concept rend compte d'un commun entre observations particulières de choses réelles. L'universalité d'un concept élaboré à partir des réalités observées (« réalisme des concepts ») est appelée à s'imposer plus aisément que des universaux existant en soi dans la pensée (« vérisme d'idées métaphysiques »), et plus aisément aussi que la pragmatique singularité des noms mis par le langage sur des choses pensées, c'est-à-dire le nominalisme (contraire de la pensée universaliste).

Le réalisme des concepts caractérise une pensée qui universalise à partir de choses perçues ; diversité et unité de commun ne sont pas exclusives l'une de l'autre ; le concept n'est pas qu'un nom donné à un ensemble d'images. D'irréductibles nominalistes n'en continueraient pas moins à penser que si seule est réelle la chose observée, et que chacune diffère de l'autre, il est vain de vouloir la fondre dans une idée générale l'englobant : il suffit de la nommer sans avoir à mettre sous une enveloppe l'étiquette qu'est le nom.

Et se satisfaire de nommer des cas particuliers (nominalisme) au prétexte de leur indépassable singularité revient à nier la progression intellectuelle que constitue le passage d'un ensemble de données sensibles (empiriques) à la notion générale qui les englobe dans une définition unificatrice (concept).

Observer, raisonner, questionner pour comprendre (étymologiquement « prendre avec ») et conclure ; *intelligere,* c'est entrer dans le vrai, en prendre le maximum de parcelles avec soi, c'est conceptualiser (définir et nommer distinctement) pour pouvoir dialoguer et transmettre clairement : ce qui est compris doit pouvoir être partagé avec autrui.

Des choses réelles aux notions intellectuelles, avec discernement et choix du mot adéquat, l'abstraction fait tendre vers une connaissance unifiée,

---

[301] C'est par déduction que la pensée relie une affirmation à une autre en raison de son lien avec la précédente ; dans une théorie déductive, la règle d'inférence permet d'affirmer la vérité d'une proposition à partir d'une ou plusieurs propositions prises comme hypothèses (*Dictionnaire* ROBERT).

transpersonnelle, transmissible. Partageable avec autrui. Chemin faisant, « c'est grâce au temps que se parfait l'œuvre collective, en ce sens que tout penseur se forme par les découvertes de ses prédécesseurs et leur ajoute sa propre réflexion.[302] » Préserver l'acquis hardiment constitué, y ajouter et le parfaire est l'affaire des générations. Par la force de son labeur, la puissance de son génie, saint Thomas d'Aquin a augmenté, perfectionné le patrimoine sapientiel qu'il avait su recevoir des Anciens.

La raison et le cœur

Dans une telle élaboration du donné sensible, ni logicisme ou jeux abstraits de concepts hors-réalités concrètes (idéalisme, la raison traitant de sa production en vase clos) ; ni positivisme ou bornage de la pensée aux seules données de l'expérience (méthode empiriste qui commence et s'arrête avec l'expérience) ; ni rationalisme avec exclusion de ce que l'on ne comprend pas ; ni matérialisme réduisant la vie à de la matière (physique excluant la métaphysique). Si le logicisme pousse à l'oubli sinon au mépris de la réalité, le positivisme, le rationalisme, le matérialisme prédisposent au refus d'une connaissance complète. Quant à l'imagination hors-sol, au sentimental subjectivisme ou au fiévreux illuminisme, ils s'émancipent tôt ou tard de la raison.

Tandis que la sensibilité (les sens) nourrit l'intellect (raison et puissance de comprendre), l'affectivité (le cœur[303]) met en œuvre la puissance d'aimer ; non celle de rêver ou d'imaginer, mais celle-là-même qui, dans l'enseignement évangélique, est érigée en précepte majeur: par-delà l'antique « aime ton prochain comme toi-même, il est en effet intimé « aimez-vous les uns les autres comme je vous ai aimés » : surnaturelle vertu de *caritas* (vertu évangélique de charité-amour) qui fait déborder le cœur humain. Alors qu'une raison refoulant les élans ou même, à défaut, les devoirs altruistes positifs que suscite la vie, conduit à des catastrophes en tous genres, maints épisodes de la vie tant individuelle que sociale l'ont prouvé à travers histoires familiales et collectives. Le sens des réalités de toutes sortes étaye l'adhésion au précepte chrétien de *caritas*.

Leçon de méthode que conclut la remarque pratique suivante : retenir les conseils de savoir-faire méthodologique en faisant fi des connaissances de fond (principielles, accessibles à la raison et validées par l'histoire) qu'ils scellent, concourt, à brève ou longue échéance, à gâter le processus cognitif.

Rompant la continuité sapientielle consolidée au treizième siècle, des encyclopédistes français ont opté pour le moderne empirisme des philosophes britanniques.

---

[302] St T. d'AQUIN, *Sent. Lib. ethic.*, *op. cit.*

[303] Cf. Préface de Jean BOUVIER, *in, Propriétaires-viticulteurs en Roussillon. Structures, Conjonctures, Société, XVIIIe-XXe s.*, Paris, Publ. de la Sorbonne, 1983, 2 t. (adapt. de la thèse).

Chapitre 10

Quelques clarifications sémantiques : querelle de mots ou substitution de sens ?

Dans la langue française, si souvent limpide en raison de la précision du vocabulaire, de nombreux concepts opératoires (valeur, liberté, bien commun, justice sociale...) ont fait l'objet, au cours des ans, d'un insidieux recyclage[304] ; l'usage dévoyé des mots change leur sens. Lorsque le cheminement de la pensée vers le vrai bute sur des concepts au contenu variable, la perverse ambiguïté des mots fausse le raisonnement.

Ainsi de nouvelles formes d'organisation ou de conduite économique et sociale sont-elles revêtues d'un mot ancien vidé de son contenu premier. Un tel tour de passe-passe permet de parler de « corps intermédiaires, « d'économie sociale », de « libertés économiques », de « justice sociale », sans avoir en référer à ce qui était auparavant signifié par lesdits concepts ; nul n'informe que le vocabulaire d'hier recouvre aujourd'hui des réalités autres[305].

De la *valeur « force vertueuse » » à la valeur « poids d'argent » aux temps matérialistes*

Aujourd'hui affectée à la matière (argent, chose), la notion de « valeur » - du latin « *valere* », être fort - avait longtemps renvoyé à des qualités morales (vertus), orienté les actions en vue du bien, du vrai, du juste, et suscité des conduites héroïques... Synthèse de philosophie grecque et de théologie chrétienne, cette approche intellectuelle et spirituelle de la valeur-vertu est de nos jours fréquemment dénigrée: archaïque, ce qui a trait à la famille, à la patrie, à Dieu, à l'autorité, à la discipline et au devoir, au mérite et au progrès spirituel! Place à l'individu sans racines ni scrupules, bardé de droits et insatiable de licence, de nouveauté, de plaisir mais aussi d'argent autant que de pouvoir... d'achat !

---

304 Ainsi le libéralisme laisser-fairiste a-t-il corrompu la *liberté* par la licence, socialisme et communisme ont-ils vicié la *justice sociale* par l'égalitarisme. Des concepts (liberté, justice sociale) que la théologie morale avait pétris d'enseignement chrétien sont de la sorte devenus des valises publicitaires. Les justice commutative, distributive et sociale seront explicitées *infra*, chap. 11, 13.

305 Tout comme dans la philosophie « libérale » le libre-arbitre a cessé de renvoyer à la responsabilité morale de la personne reliée à Dieu, pour désigner la conscience individuelle de l'homme resté seul en chemin.

La valeur ne désigne plus une qualité morale, mais le prix affecté à une marchandise. Hier vertueuse, la valeur s'est faite matérielle. Comme aux siècles des métaux - or et argent, cuivre, et bronze, fer - ayant scandé les derniers millénaires avant J.-C.

L'avoir en lieu et place de l'être. Valeurs matérielles contre valeurs morales

Relancé en Europe au cours des temps modernes, le processus de valorisation suprême de la matière s'est accéléré aux siècles des révolutions politiques et des guerres mondiales. Définie par l'instant (*modo*) et assoiffée d'argent, la modernité ou « esprit du temps » fait tourner le dos à ce que les Anciens qualifiaient de « pérenne » ; afin d'inciter à produire et à consommer, elle choisit de courtiser de façon obsessionnelle la nouveauté, et de faire du « progrès » une incessante fuite en avant technique.

Les années successivement dites « Belle Époque » (avant la Première Guerre mondiale), « Années Folles » (entre les deux Guerres mondiales), « Trente Glorieuses » (d'après Deuxième Guerre mondiale) ont renforcé la spéculation économique. La forte croissance du Produit Intérieur Brut (PIB) propulsa en dynamique de vie le désir de confort quotidien et d'enrichissement rapide. Devenu, au siècle du pétrole et de la bombe atomique, plus qu'un commode moyen d'échange, l'argent, le « toujours plus d'argent », a envahi l'esprit des hommes au détriment de leurs préoccupations spirituelles ; lorsque la valeur matérielle des choses se substitue à la valeur morale des personnes, le marché ordonnance le monde et… fait ériger « en rois » les individus excessivement enrichis. La société est mise à leur service.

« Valeur » et « argent » confondus sous couvert de « morale de l'utile », les vices d'hier deviennent des vertus[306]. Oubliées les paroles de Sophocle selon lesquelles : « Jamais n'a fleuri chez les hommes plus mauvaise coutume que l'argent, il perd les villes, il expulse les hommes de leur foyer, il instruit et entraîne des cœurs excellents à tomber dans le crime. Il enseigne aux gens à mal faire, il leur inculque l'impureté capable de tout.[307] »

À l'orée des années 1960 ultérieurement mythifiées en *swinging sixties,* le pape saint Jean XXIII voulut à son tour mettre en garde ses contemporains ; dans l'encyclique *Mater et Magistra,* il dit son affliction d'avoir à constater combien, « dans les pays économiquement développés, la conscience de la hiérarchie des valeurs s'est affaiblie, éteinte, inversée[308] ».

---

306 Ligne de pensée de Bernard MANDEVILLE, *La Fable des abeilles (*1714) à Daniel COHEN, *La Prospérité du vice. Une introduction (inquiète) à l'économie,* Paris, Albin Michel, 2009.

307 SOPHOCLE, *Antigone, tirade de Créon.* Sophocle, dramaturge grec né à Colone vers -97, mort vers -406 à Athènes.

308 St. JEAN XXIII, Encycl. *Mater et Magistra* (1961), 186, 187.

La société de consommation n'en était toutefois qu'à ses débuts, et la crainte de l'extension du communisme en Europe occidentale contenait l'impatience chez les adeptes de la liberté inconditionnelle de tout acheter et tout vendre ; ils feraient de la faillite socialiste soviétique (1989) le signal d'une offensive annonciatrice de « la fin de l'histoire[309] » ...

Inconditionnelle, la liberté se fait transgressive

Censée réguler les échanges et réactualisée à échelle planétaire, la « main invisible du marché » (Adam Smith, 1776), pourrait enfin faire de l'absence de règles la seule loi du « laissez-faire, laissez-passer » (Turgot, 1759) ; les exigences d'un gain économique voulu maximal détermineraient sans plus tarder la masse de travail - évidemment rémunéré au minimum - nécessaire aux records visés, et sa localisation dans le monde. Privé de ses dimensions personnelle et sociale, le travail se trouve réduit à sa fonction économique, et celle-ci est aussitôt mise au service des maîtres des affaires ; « le travail a un coût, la matière de la valeur » assènent ceux qui sont toujours prompts à ordonner le travail productif des sans-grades au profit des ploutocrates. La société est mise au service de l'argent devenu une fin en soi.

Tandis que grimpe la « valeur boursière » des entreprises les plus performantes, embauchés pour des salaires de misère dans les pays les plus pauvres, adultes et enfants abîment rapidement leur vie à la tâche. Les chaussures qu'ils fabriquent sont faites non pour faciliter la marche de leurs semblables mais pour enrichir commanditaires et intermédiaires. Il y quelque vingt-quatre siècles, Aristote s'était déjà appuyé sur cette double fonction de la chaussure pour distinguer la valeur « d'usage » que la marchandise représente pour l'acquéreur, et la valeur « d'échange » qu'elle constitue pour le fabricant-marchand[310].

Sans approfondir ici[311] les notions de valeurs d'usage et d'échange, il n'est pas sans lien avec notre propos sur les valeurs de souligner que le Stagirite en a appelé à un principe de justice - il ne s'agit pas, en l'occurrence, d'un quelconque tribunal, mais d'une volonté vertueuse - pour maintenir l'égalité entre choses échangées : voilà qui fait établir la valeur matérielle (prix) par application d'une valeur morale (justice). Validée, une quinzaine de siècles plus tard, par saint Thomas d'Aquin, cette définition du « bon échange[312] » conduisit, des siècles durant et sur la base de l'estimation commune, à construire des prix satisfaisant tout à la fois le producteur ou fabricant, et l'acheteur, sans oublier l'intermédiaire. Issu de l'application du principe de réciprocité (ne pas imposer à autrui ce que soi-même ne voudrait

---

[309] Francis FUKUYAMA, *La Fin de l'histoire,* 1992.

[310] ARISTOTE, *Polit., liv. I,* 3 ; *Éth. à Nic.,* L. V.

[311] Cf. *infra,* chap. 16. À noter aussi les notions de « plus-value » et de « valeur ajoutée » venues diversifier le vocabulaire économique.

[312] St. T. d'AQUIN, *Som. de théo., IIa IIae,* plus particulièrement q. 61, 80.

subir, autrement dit « ne pas nuire à autrui »), le « juste prix » faisait la synthèse entre valeur d'usage et valeur d'échange ; ainsi valeur-vertu et valeur d'argent s'avérèrent-elles conciliables. Saint Thomas More prit néanmoins soin de prévenir dès 1516 : « là où l'argent est la mesure de toutes les valeurs, il ne sera jamais possible de mener une politique de justice et de bonheur.[313] »

Folie spéculative contre raison droite

Des siècles se sont écoulés ; détracteurs des « arbitraires constructions sociales de prix » et de la valeur d'usage, des économistes privilégièrent la seule valeur d'échange ; ils définirent comme le « bon prix » des marchandises ordinaires, non le « juste prix » mais le « prix de marché » adossé au plus bas coût de production. De la sorte, « le prix de marché » transformait les intermédiaires entre producteurs et consommateurs en maîtres de l'échange, et faisait de l'économie un geyser de profits convertibles en « valeurs » boursières et financières au service de leur *happy few* détenteurs. De la marchandise au profit, de l'argent à la finance… autant de milliards et vies rêvées pour les gagnants, autant de déclassement social, exclusions et misères pour les perdants. Spéculation individualiste et spectaculaire enrichissement contre morale et justice sociales ; transitoirement, la logique du profit par la marchandisation fait peser sur l'État - tant qu'il existe et qu'il dispose de réserves financières - la responsabilité d'assurer l'ordre public au quotidien, et de gérer dans l'urgence les situations de crise.

La poursuite du seul intérêt particulier en vue d'un rapport matériel extensible à l'envi fait mépriser les valeurs morales (ruses et tromperies déferlent sur les marchés où convoitise et cupidité se généralisent), détériore les forces sociales (familiales, professionnelles, locales) et nationales, flétrit les biens communs (spirituel et temporel), met en danger la concorde sociale[314]. Des pauvres toujours plus pauvres et des riches toujours plus riches, ainsi se distingue toute « économie de l'accumulation des richesses matérielles » (chrématistique des Anciens, capitalisme des Modernes, économie financière de marché des Contemporains) ; peu lui chaut - puisqu'elle n'est pas au service des populations locales, de leurs familles, de leurs territoires -, le saccage de la nature, l'expropriation de ressources locales, le déracinement de populations, le renforcement du précariat avec alternance de temps d'inactivité forcée et de temps d'harassants emplois… Il n'est pas nécessaire d'être docteur ès mathématiques pour comprendre que

---

[313] St. Thomas MORE, *Utopia,* 1516.

[314] Après la charge portée par les idéologues « soixante-huitards » (1968) contre la morale chrétienne - ou ce qu'il en restait alors - le mot « morale » resta encore honni quelques années durant, avant de laisser place, au cours des décennies suivantes, à de nouvelles morales provisoires (cf. Raphaël ENTHOVEN, *Nouvelles Morales provisoires,* Paris, éd. de l'Observatoire, 2019.)

les travailleurs sont moins nombreux là où augmente la productivité et où les robots sont affectés aux nouvelles tâches ; mais il faut être cruel calculateur pour tirer au plus bas le coût du travail, et considérer aussitôt que superflus et indésirables sont les travailleurs d'une activité où s'amenuisent les profits. Dissociété et chaos.

À plusieurs reprises à travers les millénaires, préférant le fruit au profit, la civilisation à la barbarie, la paix sociale à la guerre économique éperonnée par ceux qui en appellent à bafouer normes et règles, des philosophes grecs et des théologiens catholiques mirent leur savoir à la portée de ceux qui, mus par de communes considérations morales, avaient la volonté de maintenir les traditions par lesquelles le présent adapte à ses propres forces le meilleur du passé pour préparer l'avenir. Programme oh combien d'actualité (2018)[315] !

Poursuivons notre étude sémantique avec le mot « libéral ».

De la polysémie de « libéral » découle la difficulté de définir le libéralisme

La seule définition apte à faire l'unanimité conduit à définir un « libéral » non comme généreux donateur renvoyant aux libéralités des Anciens, mais comme « défenseur des libertés ». Oui, mais liberté de faire tout et n'importe quoi ? Liberté de chacun sans considérer autrui ?

La liberté se décline en libertés religieuses, libertés morales, libertés politiques, libertés économiques... Le libéralisme hérité du siècle des Lumières en recouvre un grand nombre, mais pas toutes, car toutes les libertés ne sont pas compatibles entre elles.

Ainsi, pour ce qui est des libertés économiques : leur gamme inclut liberté de posséder, d'entreprendre, de commercer, de concurrencer... selon l'énumération habituelle de nos jours. Silence est cependant fait sur les libertés professionnelles chères autrefois aux membres des métiers organisés. L'histoire a cependant gardé traces de libertés économiques compatibles avec le degré nécessaire d'organisation professionnelle ; elles balisent strictement la nécessaire intervention de l'État - notamment en sa qualité d'arbitre -, dans les activités concernées. Les défenseurs des libertés professionnelles ont été désignés comme « libéralistes » avant de l'être comme « corporatistes » ; cela a le mérite de clarifier la situation. Ils prônent la liberté pour les acteurs de la production, de l'échange, ou des services, d'organiser métiers et professions sous l'arbitrage et non l'ingérence de l'État. Il en va ainsi encore aujourd'hui pour les avocats, les médecins, les pharmaciens...

---

315 Sans oublier que d'actuels programmes étiquetés « anticapitalistes » visent généralement à canaliser, à la marge des vrais problèmes, et à des fins politiques, le mécontentement social. Et non à résoudre les questions de fond.

Le doigt est ainsi mis sur l'incompatibilité de fond entre, d'une part les libertés professionnelles et corporatives, d'autre part les libertés individuelles illimitées d'entreprendre et d'échanger (laisser-faire, laisser-passer) ne supportant aucune contrainte. Prônées contre l'ingérence étatique, les premières n'en sont pas moins décriées par les adeptes de la libre concurrence comme contraires à l'autorégulation du marché.

En somme, les libéraux « modernes », individualistes et laisser-fairistes, contre les libéraux « anciens » conservateurs et corporatistes. Partisans de d'organisation professionnelle au niveau de la production et de l'échange avec intervention minimale de l'État, et contempteurs des libertés économiques individuelles abusives, les anciens libéraux (ou libéralistes) se distinguent des actuels libéraux (néo ou ultralibéraux, tous adeptes du libre-échange (« laissez faire, laissez passer ») ; ils se distinguent aussi des dirigistes en tous genres favorables à un État omniprésent, ainsi que des socialistes acquis, jusqu'à la fin du vingtième siècle, à la puissance politique du syndicalisme ouvrier.

Il est aujourd'hui en France des libéraux qui veulent réduire à sa plus simple expression l'interventionnisme étatique, et aussi des libéraux qui, confondent liberté et licence pourvoyeuse de gains optima ; ferraillant pour le déchaînement de la libre-concurrence, ils contestent toute entrave à l'initiative privée, que ladite entrave soit le fait de la loi ou de la profession organisée; et il est aussi des libéraux libertaires qui font du choix individuel la norme de comportement en toute circonstance, à rapprocher des libertins du passé réputés pour leur tolérance au dévoiement moral.

D'évidence, il s'agit dans chacun des trois cas d'une liberté entendue différemment : dans le premier cas, liberté eu égard aux prétentions du pouvoir politique central ; dans le deuxième cas, liberté anarchique (sans régulation de flux) de laisser faire individuellement les acteurs de l'économie et laisser passer marchandises, capitaux, hommes ; dans le troisième cas, liberté de conduire son existence selon son bon plaisir ou, selon les mots de 1968, de jouir sans entraves. La licence d'autrefois s'est laissé assimiler à une liberté voulue sans limites, et porteuse de gains optima pour l'individu qui la revendique.

Tous ces sens différents pour le même qualificatif de « libéral » sèment le trouble dans les esprits, et ôtent toute cohérence à la pensée. Ainsi, le libéral qui s'engage à contenir l'ingérence de l'État en tout domaine est-il perçu comme partisan de la globalisation économique avec déchaînement de la concurrence la plus effrénée et ruineuse pour tant de gens ; il peut aussi être perçu comme adepte des mœurs les plus débridées

De l'amalgame, qu'il s'agisse d'usurpation terminologique délibérée, ou d'usure des mots avec, *in fine,* dégradation de leur sens, naît la confusion toujours porteuse d'erreurs. Socrate avait averti que « ne pas employer le mot juste, c'est faire du tort à la pensée ». Et à l'empereur de Chine soucieux de restaurer le pouvoir, Confucius avait conseillé : « commencez par restaurer le langage ». En ce début de vingt-et-unième siècle, alors que peu audible se trouve être la défense des libertés professionnelles, aussi bien contre les empiètements étatiques que contre les attaques anarchiques, le laisser-fairisme économique et moral a le vent en poupe. Toute liberté qui légitime des actions déshumanisantes ne cesse-t-elle pourtant pas d'être respectable ? Et si les défenseurs de la liberté non dévoyée par des dénis de réalité s'affichaient en « libéraux responsables », conjuguaient justice, liberté et charité, faisant résonner les principes qui transcendent les concepts ?

Articuler la liberté de chacun à celle d'autrui, l'arrimer aux notions de devoir et de responsabilité pour la mettre au service des hommes et de leurs sociétés, la fonder sur la volonté de justice et l'esprit de charité, voilà un programme qui servirait une économie morale sociale, au service de chacun et de tous, efficace dans la durée.

Des anciennes corporations aux actuels corps intermédiaires

L'économie libre-concurrentielle érige en principe absolu l'autorégulation du marché, et rejette conséquemment toute organisation et règle susceptible de fausser la concurrence commerciale ; double raison d'être de la défense professionnelle, la vigilance sur les prix et la qualité n'est pas à l'ordre du jour. Ni au Gouvernement français, ni au siège de l'Union Européenne, et pas davantage à celui de l'Organisation Mondiale du Commerce. Le pouvoir économique ne se partage plus avec les corps dits « intermédiaires » (syndicats, chambres consulaires, groupes de lobbying...) qui s'étaient constitués aux dix-neuvième et vingtième siècles[316], sans pour autant se laisser confondre avec les corps et communautés d'Ancien Régime[317], lesquels structuraient la société conformément aux principes de hiérarchie et d'autorité alors en vigueur. Avant que la Révolution ne les détruise.

En toute circonstance, pour s'assurer que les propos formulés comprendre sont à même d'être compris, il faut au préalable donner définition des concepts retenus.

François Bluche rappelle[318,] qu'un corps est une personne morale ; doté d'un statut reconnu qui le définit et lui confère une souveraineté limitée, il

---

[316] Cf. de G. GAVIGNAUD-FONTAINE, G. LARGUIER, *et alii*, *Corps intermédiaires marchands et vignerons en Languedoc 1704-1939*, Presses Univ. de Perpignan, 2016.

[317] Par le passé, les corps ou communautés de métiers ont d'abord été déclinés en métiers réglés (dits aussi libres), métiers jurés. Les premiers étaient règlementés par seigneurs, rois ou autorités municipales ; normes disciplinaires listées et droits spécifiques engageaient leurs membres. Les métiers jurés consistaient en communautés de métier fermées, dotées après consentement de la personnalité juridique ; certaines de ces communautés ont su stimuler le développement économique de leur époque. Quant aux corporations, une autorité inappropriée les dénature ; les corporations des XVIIe et XXe s. ne sont pas superposables à celles du Moyen Âge.

[318] Cf. F. BLUCHE, *L'Ancien Régime, institutions et société*, Livre de Poche, 1993, p. 43.

est autonome et garant de liberté. De ce fait, un corps constitué est une autorité modératrice qui dispose de lois, de règles, d'usages, voire de rites pour exercer son autorité ; il constitue un cadre de la vie sociale.

L'usage ancien a fait qualifier d'« intermédiaires » entre personnes et État les corps que sont la famille, la profession organisée, la communauté territoriale. Or, un corps intermédiaire, précise de nos jours l'historien et sociologue Pierre Rosanvallon[319], est un groupe social et humain, une institution de l'interaction entre les individus et l'État en vue d'atteindre les objectifs communs à l'ensemble de ses composantes. Le politiste Yves Mény[320] regroupe les corps intermédiaires en trois catégories : les organisations politico-sociales (partis politiques, syndicats, patronat), les organisations professionnelles sectorielles (chambre de commerce, d'agriculture, des métiers, ordre des avocats, des notaires...) et les associations. Signaler qu'il est des corps intermédiaires plus autonomes que d'autres majore la complexité de toute tentative de classification.

Nonobstant ces difficultés, il est aisé de remarquer que de corps - autonome - à corps intermédiaire - interactif entre l'individu et l'État -, le pas est parfois rapidement franchi sans souci des nuances, comme l'explicite l'amalgame corporation et syndicat. Selon les définitions ci-dessus, le syndicat contemporain est classé corps intermédiaire ou organisation interactive entre les individus et l'État ; cependant, même lorsqu'il prend en charge la défense des intérêts de l'ensemble de la profession, le syndicat n'est pas à confondre avec les anciens corps de métiers ou corporations qui contrôlaient l'accès à la profession et détenaient un pouvoir de police et de justice[321]. Dans la dynamique républicaine française, le syndicat s'apparente davantage à une organisation plus ou moins politisée qu'à un corps constitué placé comme autrefois sous les auspices d'autorités supérieures tout en s'autogérant conformément au principe de subsidiarité[322].

Qu'en est-il de l'économie de marché ?

---

[319] Définition de Pierre ROSANVALLON, cf. son cours au Collège de France, 2001-03 : « Les corps intermédiaires dans la démocratie », ainsi que ses publ. (dont *Le Modèle politique français. La Société civile contre le jacobinisme de 1789 à nos jours,* Le Seuil, 2004) ; cf. aussi « Diktat des corps intermédiaires », *Le Monde,* 19 mars 2012. En 1964, les corps intermédiaires étaient étudiés selon la doctrine sociale catholique ; cf. Michel CREUZET, *Les Corps intermédiaires*, éd. des Cercles Saint-Joseph. Et, plus récemment, dans une perspective différente, Clotilde DRUELLE-KORN (dir.) *Les Corps intermédiaires économiques entre l'Etat et le marché*, Presses univ. de Limoges, 2012.

[320] Yves MÉNY, *Idéologies, Partis politiques et groupes sociaux. Études réunies pour Georges Lavau*, Paris, Presses de la FNSP, 1989.

[321] Cf. Denis SEGRESTIN, *Le Phénomène corporatiste*, Paris, Fayard, 1985. Parmi les publ. plus récentes, cf. Philippe MINARD, *Les Corporations en France au XVIIIe s., métiers et institutions*, 2009.

[322] Cf. *infra,* chap. 11, annexe 18 « Lexique ».

L'économie de marché n'est pas réductible au marché laisser-fairiste, la liberté est compatible avec la justice

La domination du marché mondial par la globalisation financière fait assimiler économie de marché et capitalisme financier, confondre liberté de pratiquer l'échange et abusive libre-concurrence. Des siècles et millénaires durant, liberté de marché a signifié liberté d'accéder aux opérations de l'échange, lesquelles faisaient l'objet de règles de justice.

L'économie de marché n'implique pas la globalisation financière

Les crises financière et économique qui défraient l'actualité confirment la justesse de l'étude approfondie du marché du vin aux temps contemporains[323]. Réactualisons-là.

L'économie qui dégage du surproduit et l'oriente vers l'échange devient une économie de marché actionnée par la petite production marchande. Production et circulation sont simples, l'échange se fait dans la proximité sous le contrôle de chacun. Quand le marchand s'introduit entre le producteur et le consommateur qu'il a vocation à relier, il reste sous le contrôle du producteur, véritable maître de l'économie de marché traditionnelle. Celle-ci s'organise dans la transparence et la loyauté, sous la houlette de la justice, et en lien avec le monde réel du travail ; l'arbitrage de l'État fait de l'échange un acte public ; sur la base de règles communes, l'échange est concurrentiel, caractère qui accroît son efficacité dans le respect de limites assignées à la concurrence.

Mis au service de la dynamique économique, le progrès technique n'engendre pas nécessairement le capitalisme. Celui-ci nécessite une main-d'œuvre au rabais, des ressources à bas prix, et la connivence politique pour adapter lois et infrastructures à ses besoins. Le commerce lointain lui permet généralement de se soustraire aux usages locaux et règlements divers, d'échapper à la concurrence par la rapide constitution de monopoles ; l'économie se manipule souvent du dehors, aimait à dire Fernand Braudel.

Pour introduire et renforcer la sphère capitaliste, l'économie de marché doit rompre avec les pratiques transparentes et loyales, le marchand doit se faire redoutable homme d'affaires et contrôleur du producteur ; l'échange se conclut alors entre dominant - le négociant - et dominé - le fournisseur. Ainsi, sous sa forme spéculative, l'économie de marché s'absout-elle des règles contraignantes du marché organisé, rend-elle l'échange inégal, bafoue-t-elle la loyale concurrence par la fraude avant de le faire par le biais de monopoles de fait ou de droit. C'est dire combien le marché est faussé quand producteurs et consommateurs sont invités à accepter ce qui leur est proposé par les intermédiaires.

---

[323] Cf. nombreux travaux de l'auteur à ce sujet.

En quête de profit maximal, le négociant affairiste affiche un comportement opportuniste qui le conduit à changer rapidement de secteur d'intervention ; ses comptes sont hors du contrôle des États et des gens. Prompt à s'adapter et individualiste, il utilise à son avantage les avantages immédiats de la conjoncture. Il n'entre pas dans ses vues de veiller à l'autorégulation des marchés ; il est bien évident que celle-ci n'est que prétexte à liquider toute régulation publique ou interprofessionnelle indispensable à la sauvegarde de biens communs.

Affranchis des lois, les marchés sont dits, par des historiens, « libres » ou « privés » ; ils sont parfois qualifiés de « contre-marchés ». Ils visent à dégager de substantiels profits qui font des bénéficiaires les maîtres de l'échange. La machine à accumuler des richesses s'active comme elle a appris à le faire dans le commerce lointain (marché lucratif du bout du monde). Il n'y là rien de surprenant puisque la perspective du capitalisme est à échelle planétaire. Toutefois, entre les siècles modernes étudiés par Fernand Braudel[324] et les siècles contemporains, profondes sont les différences si l'on considère les économies territoriales, ravagées dans l'actuelle économie financière de marché mondial, et ignorées par la finance à l'œuvre dans les partielles et successives économies-monde (XVe-XVIIIe siècle[325]).

De nos jours et à la différence des temps anciens, entre la strate matérielle où s'exécute le travail de production des marchandises, et la strate où s'accumule les profits, se trouvent, voulus sans limites ni contrôles, les marchés des choses et des capitaux. Ainsi les transferts de gains se font-ils en faveur des maîtres de l'économie mondiale. Et en passe de devenir les maîtres des sociétés.

Pour avoir laissé affirmer, pendant plus de deux siècles, que le marché est autorégulateur, les grands de ce monde ont contribué à répandre les injustices, et durcir les inégalités du monde. Répéter aujourd'hui que la libre concurrence sous sa forme laisser-faire laisser-passer est fondement de toute économie de marché, et que les seules alternatives à la déloyale économie laisser-fairiste sont, soit la fermeture autarcique, soit les modèles socialistes (collectiviste, étatiste), c'est dire le contraire de la vérité et accélérer la soumission des hommes au capital et à ses monopoles.

Économie de marché et juste échange sont compatibles

L'économie de marché n'implique pas nécessairement une organisation capitaliste de la production en amont, du profit en aval. Adhérer à

[324] Fernand Braudel, *Civilisation matérielle, Économie et Capitalisme, XVe-XVIIIe s.*, Paris, A. Colin, 1979, 3 t. Cf. aussi *La Dynamique du capitalisme,* Paris, Champs Flammarion, 1985.
[325] Cf. *supra,* chap. 7, annexe 14 « Autrefois dite chrématistique ou économie spéculative, l'économie financière de marché met aujourd'hui hors-jeu l'économie territoriale à vocation humaine et sociale ».

l'économie de marché n'impose pas de tout sacrifier au profit, de laisser les puissances financières régler la vie économique et sociale, selon ses seuls intérêts. Les libéraux - authentiques - qui, s'opposant à l'ingérence étatique à tous propos, en appellent à l'arbitrage des pouvoirs publics lorsque cela est nécessaire, sont à distinguer des « libéraux » qui, sous usurpation sémantique, ferraillent pour le déchaînement de la libre-concurrence dont seuls les thuriféraires confondent liberté et laisser-fairisme pourvoyeur de gains optima.

Fermés au caractère social et moral de l'activité économique, les héritiers d'Adam Smith ont réussi à assimiler la liberté de pratiquer l'échange commercial à celle de ne pas respecter l'équivalence des parties en présence. Depuis, les zélateurs de la liberté économique s'opposent à toute idée de justice commerciale autre que celle qui préside au respect des contrats et de la législation contre les fraudes repérées, justice nécessaire mais insuffisant garde-fou moral face à la cupidité des hommes.

Liberté n'est pas licence. La « liberté » qui tolère, voire suscite les détournements de « valeur » privant le travailleur des fruits légitimes de son travail, doit être dénoncée comme injuste puisque source de misère imméritée. Sans l'exigence de complète justice économique, la solidarité ne peut se révéler efficace à combler les brèches par où s'engouffrent les injustices et abus de tous ordres, y compris la surconsommation des riches et la pollution de la planète.

Comme le respect de la justice publique conditionne la liberté des citoyens, l'impératif de justice dans l'échange conditionne la liberté d'accéder à l'échange. Sans aucun doute, contenue dans de raisonnables et justes limites, la liberté de l'échange est chose légitime et utile (la « juste liberté[326] ». Dans les sociétés de marché loyal les acteurs économiques (producteurs, consommateurs, intermédiaires) font de l'autorité publique - en principe attentive à la sauvegarde des biens communs - l'arbitre.

Marché et État ne s'opposent pas, le second peut arbitrer le premier, sans tracasseries inutiles, au service de tous ceux qui s'y rencontrent, avec le concours des organisations professionnelles ou interprofessionnelles. L'histoire enseigne aussi que la fixation de tous les prix par les seuls pouvoirs publics provoque rapidement de graves désordres, généralement dénoncés par ceux qui les subissent à leur tour. Comme les producteurs, les commerçants et les consommateurs se passent de soucis inutiles ; l'exclusive discipline étatique a conduit à nier l'homme, l'individu, la personne en tant que tels, et à figer en une masse la multitude d'anonymes.

Juste échange et économie de marché sont compatibles Des millénaires durant, de sages recommandations ont été égrenées au service des hommes et des sociétés qu'ils constituent :

---

[326] PIE XI, 1925.

- aux acteurs économiques d'être raisonnables en matière de salaires ou de bénéfices à la production ;

- aux consommateurs d'être regardants sur la qualité requise pour les produits proposés ;

- aux États d'être pondérés dans les prélèvements qu'ils opèrent.

Tant pis si cela scandalise ceux qui font de toute intervention professionnelle et étatique une cause de concurrence faussée. La concurrence non faussée est bien celle qui respecte les règles d'un marché utile aux populations ; seuls les égoïstes rebelles à toute autorité, c'est-à-dire des béotiens, peuvent dire le contraire. Et nier toute perspicace idée de bien commun.

En somme, toute économie de marché n'est pas nécessairement une spéculative économie financière de marché. La légitime liberté de pratiquer l'échange n'est pas à confondre avec un déloyal laisser-fairisme. Une loyale économie de marché rend compatibles, dans le respect des biens communs et particuliers, la liberté de pratiquer l'échange et la justice dans l'échange. Une loyale économie de marché constitue une alternative à la spéculative économie financière de marché.

Troisième Partie

Fructueuse (re)connexion de l'histoire à la philosophie morale

La recherche historique menée au plus près des réalités de la vie fait saisir combien, par-delà l'écume du quotidien, d'anciennes lois morales[327] imprègnent longtemps les mentalités et comportements des populations.

Ainsi, dans mon étude assidue du marché du vin[328], et par extension du marché en général, je comprenais qu'en lieu et place de l'avantage comparatif commandant aux actuels échanges économiques, avaient longtemps été attendus de justes rapports dans l'échange économique, qu'il s'agisse de travail (salaires, bénéfices) ou de commerce (prix pour les producteurs, intermédiaires consommateurs), afin d'établir la part légitime qui revient à chacun des acteurs économiques.

Penser les relations économiques et sociales en termes de « juste » et d'« injuste » relie à la philosophie morale balisée par des philosophes de l'antiquité grecque et des théologiens chrétiens[329]: nourrie d'observations et d'enseignements multimillénaires, elle ne saurait être qualifiée de « subjective » ou « provisoire ». Aux conclusions de mes recherches effectuées au plus près des populations, la (re)connexion de l'histoire à la philosophie morale traditionnelle[330] a donné des assises outrepassant les époques et les lieux ; qu'elle que soit l'échelle - régionale, nationale, mondiale - des études réalisées, chaque nouvelle investigation est venue compléter et renforcer la précédente. Entre mes travaux de jeunesse analysant le devenir d'une société dans le long terme, et ceux de l'âge avancé centrés sur le « monde globalisé » de notre temps, ne se glisse aucune contradiction ; ce qui fait la différence entre ces deux périodes, c'est l'identification de la morale en acte dans certaines situations historiques.

---

[327] La loi morale fait obstacle au libre cours des passions humaines.

[328] Cf. *Propriétaires-viticulteurs en Roussillon* : *Structures. Conjonctures. Société, XVIIIe-XXe s.*, Paris, Publ. de La Sorbonne, 1983, 2 t., préf. de J. Bouvier ; *Caractères historiques du vignoble en Languedoc et Roussillon* Montp., PULM, 1997 ; *Le Languedoc viticole, la Méditerranée et l'Europe,* Montp., PULM, 2000, 2e éd. 2006 ; *Vignerons,* Montp., PULM, 2005 ; *Terroirs et marchés dans un siècle de crises, 1907-2007 en Languedoc-Roussillon,* Montp., PULM, 2012.

[329] ARISTOTE, *Traité de Morale,* sect. III et IV ; livre V de *L'Éth. à Nic.* St T. d'AQUIN, *Som. de théo., IIa IIae,* q. 61, 77, 80, et autres.

[330] La philosophie morale considère la finalité - selon la raison - des actions humaines, et met en pratique des normes ou « valeurs » (le bien, le vrai, le juste...) ; la théologie morale y ajoute la finalité dans l'ordre surnaturel où la foi est engagée. L'historien qui cesse de penser en termes de valeurs morales rompt avec la philosophie morale traditionnelle. « Science morale » au XIXe s., l'histoire est devenue au XXe « science humaine ».

Un à un depuis une dizaine d'années, mes travaux sur la justice égrènent les étapes d'une étude pluridisciplinaire : au préalable historique à fort caractère économique et social[331], et, eu égard à la composante humaine qui lui a toujours été reconnue, de plus en plus préoccupée de philosophie[332]. Les années passées à cerner l'un des défis majeurs posés au monde contemporain - l'injuste libéralisme laisser-fairiste à l'œuvre dans l'actuelle globalisation économique - conduisent à questionner assidument[333] la place de la morale dans la société et l'économie.

« Vingt fois sur le métier remettez votre ouvrage » avait conseillé Boileau… Tandis que le fil de trame a d'abord déroulé l'argumentaire historique, le fil de chaîne restitue la portée de l'ensemble de l'étude. Ce n'est pas le temps mis à la tâche qui importe, c'est le résultat ; s'efforcer de saisir toujours au plus près et en grande largeur les enseignements des complexes réalités étudiées, cela prend du temps : ne m'avait-il pas fallu quatre décennies et maints ouvrages pour aller au fond des déstabilisations vigneronnes et paysannes ? *In fine*, faits économiques et sociaux - tant passés que présents - d'une part, et réflexions philosophiques d'autre part témoignent des mêmes réalités. Des « structures, conjonctures, société » appréhendées dans le temps long de l'histoire, analysées et conceptualisées dans les années 1970, aux « principes fondamentaux et pratiques éthiques » constitutifs de la philosophie morale thomasienne et saisis à partir des années 1990, le cheminement intellectuel qui a été le mien cinq décennies durant déroulait sa continuité.

Les chapitres inclus dans cette troisième partie de l'ouvrage constituent une étude récapitulative des concepts de justice hérités des Anciens, notamment celui, fort peu connu en ce siècle[334], de justice commutative : son efficacité pour le développement de relations économiques respectueuses du travail des hommes et de leurs sociétés s'était pourtant imposée à la raison voici quelque deux mille cinq cents ans, et au quotidien par la suite. Au fil des pages, lexicologie, logique, rhétorique, pratique, dialectique scandent la réflexion articulant successives connaissances historiques et ancien savoir philosophique.

---

[331] Cf. *Marchés sans justice, ruines sociales. Refonder les libertés économiques sur la justice*, Paris, Les Indes Savantes, 2013. *Justice dans les relations économiques et justice sociale. Sources morales, manquements historiques*, Paris, Les Indes Savantes, 2017.

[332] Cf. *Saint Thomas d'Aquin et la volonté de justice : actualité du questionnement philosophique*, Paris, L'Harmattan, 2021.

[333] Des conférences ont ouvert sur des discussions : Univ. Montp. III, site Saint-Charles (2016), Société Archéologique (Montp., 2017), Journée « *Comédie du Livre* » (Montp., 2017), Univ. du Tiers-Temps (Montp., 2018).

[334] « Le voile d'ignorance » (cf. *infra*, chap. 16) tant apprécié des nouveaux philosophes de la justice John Rawls, Amarthia Sen et autres encore… ne permet pas de mettre son esprit au plus près des réalités ainsi que le recommande st T. d'Aquin.

Chapitre 11

Justice(s) : fondements et classification. *Zoom* sur la justice des Anciens

Chercher des réponses aux questions de son époque, c'est remonter aux racines du problème posé ; les nommer, c'est les identifier. Commence alors la longue quête des concepts les plus opératoires pour la compréhension des faits retenus. Lorsque l'histoire fait cheminer, en remontant les siècles, du prix de marché au juste prix, vient le moment où la raison s'enquiert : mais qu'est-ce que la justice ?

La justice fait respecter le droit positif, sanctionne ce qui contrevient aux lois et codes, répondrait un étudiant en première année de droit. Au treizième siècle, saint Thomas d'Aquin[335] qualifiait la justice de vertu ayant son siège dans la volonté, et le bien commun[336] comme objet. Cette justice-là ne se rend pas qu'au tribunal, elle relève d'un état d'esprit ; elle est exigible dans tous les actes de la vie quotidienne, sociale et professionnelle. Elle a d'abord été pensée par les Grecs.

La justice commutative dans la nomenclature aristotélo-thomasienne de la justice, justice pensée comme vertu

Édifiante en tant de domaines s'est montrée la philosophie grecque !

La place d'Aristote dans le discours des Anciens sur la justice

Platon[337] est célèbre pour avoir fait de la justice le fondement de la Cité[338] ; entre les « naturels » particuliers des hommes, la justice fait établir un rapport proportionnel ; ainsi la distribution des récompenses, charges et honneurs mais aussi sanctions mettait-elle chacun à sa place dans la Cité, plaçant les plus compétents au sommet (justice distributive). Développer cet aspect, si important soit-il, dans notre exposé conduirait à centrer l'attention

---

[335] St Thomas d'Aquin, 1225-74, théologien dit docteur « angélique » « commun », « universel » …

[336] Le bien commun n'est pas la somme des intérêts individuels, lesquels ne font pas une société stable et durable, mais un monde d'affaires agité. Cf. *infra,* chap. 14.

[337] Platon, v. -427 / v. -347, philosophe athénien, nombreux écrits.

[338] Cf. PLATON, *Protagoras*, v. -399 / -390. Il propose d'organiser vertueusement la cité : *Les Lois* (vers -358 / -346), livres VIII, IX ; *La République* (vers -385 / -370), livre IV, *« De la justice »*.

sur le domaine politique aux dépens du propos économique et social constitutif du présent ouvrage.

Opposant la souveraine justice à la corruption des hommes, le philosophe athénien n'avait cependant pas omis de fustiger la cupidité de ceux qui, au lieu de se contenter d'un gain modéré[339], aspiraient à des profits sans mesure ; tandis qu'il avait encouragé les gardiens de la loi à considérer raisonnablement le profit du marchand, son illustre élève Aristote[340] fut prompt à diversifier ses curiosités intellectuelles, de considérer attentivement les transactions privées, et d'expliciter la justice dont il discerne la spécificité, la justice commutative. Dans un rapport entre particuliers considérés comme similaires, celle-ci fait considérer l'égalité et non la proportion : « Il n'y aura ni commerce ni échange, et cela ne saura se faire, si l'on n'établit pas, jusqu'à un certain point, l'égalité [341] [entre les choses échangées[342]]. »

Ainsi la philosophie grecque a-t-elle étayé de principes moraux la justice dans son ensemble (dite justice générale ou légale) ainsi que la justice particulière sous ses formes distributive en lien avec l'autorité hiérarchique, et commutative dans les échanges entre particuliers. Vertu naturelle émanant de la volonté, la justice est dite « vertu suprême[343] » par Platon et « vertu générale et spéciale[344] » par Aristote pour qui justice est toute vertu ; en lien avec le perfectionnement de la volonté, elle est censée favoriser concorde, harmonie, bonheur.

L'héritage grec a conduit à doter la justice d'une dimension morale. Le treizième siècle de l'ère chrétienne fut celui de l'intense (re)découverte de la philosophie grecque, de la confrontation des enseignements conformes à la raison aux vérités de foi. Il revint à saint Thomas d'Aquin de christianiser ce qui, rationnellement formulé par les philosophes de l'Antiquité, s'impose intellectuellement à lui[345] ; dans la cathédrale spirituelle de la *Somme théologique*[346] thomasienne, la justice est venue prendre rang, avec la

---

339 PLATON, *Les Lois,* liv. XI.

340 Aristote, v.-384 / -322, né en Macédoine, philosophe athénien, précepteur d'Alexandre le Grand.

341 ARISTOTE, *L'Éth. à Nic., « De la justice »*, où il procède à la distinction des différentes parties de la justice dont s'inspirera st T. d'Aquin.

342 De maladroites traductions ont parfois fait écrire « égalité entre partenaires de l'échange ».

343 Ou vertu « fondamentale » selon certains traducteurs. PLATON, *La République, « De la justice »*.

344 ARISTOTE. *L'Éth. à Nic., op. cit. ; Polit.,* I.

345 Cela concerne des enseignements ponctuels, aucune conclusion de conformité philosophique globale ne saurait en être tirée.

346 St T. d'AQUIN, *Som. de théo.,* La traduction utilisée est la *Somme Théologique* traduite et annotée par M. l'Abbé Drioux, Paris, Librairie ecclésiastique et classique, 1852. Nombreuses éd. postérieures. Ladite Somme rassemble et développe de pertinentes questions sur la justice, notamment la *IIa IIae*, et plus particulièrement q. 55, 57, 58, 59, 61, 62-67, 72, 77- 80. Q. 57 « *Du droit* », a. 1, 2-4 ; q. 58 « *De la justice* » (a. 1, 5-7 ; a. 8, a. 10) ; q. 59 « *De l'injustice* » ; q. 61 « *Des parties subjectives de la justice* (*ou espèces de justice)* » ; q. 63 « *De l'acception*

prudence et en harmonie avec elle, de vertu cardinale, non sans liens avec l'évangélique vertu de charité-amour (*caritas*).

L'esprit de justice et sa déclinaison par saint Thomas d'Aquin

Le propre de la justice consiste à régler les rapports extérieurs des hommes entre eux[347] ; comme Aristote avant lui, saint Thomas d'Aquin distingue deux manières de régler l'homme dans son rapport avec les autres : les considérer en général, ou individuellement en tant que particuliers[348] ; réglant l'homme dans son rapport avec les autres, la justice fait rendre ou donner à chacun ce qui lui revient[349]. Ce qui conduit à distinguer, selon l'objet auquel elle se rapporte[350], la justice générale ou légale[351] (les autres étant être considérés en général), et la justice particulière[352] (chacun étant considéré en tant que particulier), elle-même subdivisée en justice distributive et justice commutative en fonction de la matière principale à laquelle elle se rapporte.

---

des personnes » ; q. 66 « *Des péchés opposés à la justice* » ; q. 64 et q. 67 « *Des vices opposés à la justice commutative* ». L'Aquinate renvoie à ARISTOTE, *L'Éth. à Nic.* Cf. aussi *Sentencia libri Ethicorum,* Commentaire des dix livres de *L'Éth. à Nic.*, d'Aristote, trad. Yvan Pelletier, Laval, Canada, 1999.

347 St T. d'AQUIN, *Som. de théo, IIa IIae*, *op. cit.*, q. 57, a. 1.

348 *Ibid., q.* 58, a. 5 : « La justice règle l'homme dans ses rapports avec les autres, ce qui peut se faire de deux manières car on peut avoir des relations avec les autres considérés individuellement ou bien considérés en général. »

349 *Ibid.*, q. 58, a. 1 : « la justice est la volonté perpétuelle et constante de rendre à chacun ce qui lui appartient, ou bien une habitude d'après laquelle on accorde d'une volonté perpétuelle et constante à chacun ce qui lui est dû, ou bien une habitude d'après laquelle on fait le choix de ce qui est équitable ». Des latinistes ont contesté cette traduction, optant pour définir la justice selon st T. d'Aquin comme « L'habitus par lequel on donne, d'une volonté ferme [au lieu de *constante*] et perpétuelle à chacun ce qui lui revient » [au lieu de *ce qui lui est dû*]. Définition qui, par ailleurs, est à rapprocher de celle donnée par Ulpien (170-223, homme politique et juriste romain) : « la justice est la ferme et perpétuelle volonté de rendre à chacun ce qui lui revient de droit »). Cf. a. 11 : « La justice est la vertu qui rend à chacun son dû [ou ce qui lui revient], ne réclame pas le bien d'autrui, et néglige son propre intérêt pour sauvegarder l'équité commune. » pour conclure : « l'acte propre de la justice consiste à rendre à chacun selon son dû, ne réclame pas le bien d'autrui, et néglige son propre intérêt pour sauvegarder l'équité commune. ». Cf. q. 66 « *Des péchés opposés à la justice* », a. 3.

350 Les vertus se distinguant d'après leurs objets (cela est rappelé par st. T. d'AQUIN, *op. cit., Ia IIae*, q. 96 *« De la puissance de la loi humaine »*, a. 3), il en va ainsi de la vertu de justice.

351 *Ibid.*, q. 58, a. 6 : « La justice légale regarde directement et absolument le bien général [...] Vertu spéciale distincte de toutes les autres, on ne l'appelle générale qu'à titre de cause. On l'appelle aussi légale parce que c'est elle qui met l'homme d'accord avec la loi qui rapporte au bien général les actes de toutes les vertus. »

352 St. T. d'AQUIN, *IIa IIae*, *op. cit.*, q. 58, a. 8 : « La justice particulière a pour matière propre les actions extérieures de l'homme et les choses sur lesquelles un homme traite avec un autre. » L'article 7 rappelle qu'Aristote avait nommé « justice économique » l'espèce de justice concernant les personnes (époux et épouse, père et fils, maître et serviteur) de la société domestique - patriarcale et esclavagiste sous l'Antiquité (« justice domestique » - *domus maison* - aurait été plus explicite pour les lecteurs du XXIe s.)

Justice légale ou générale. La justice légale (dite générale à titre de cause) règle l'homme immédiatement par rapport au bien commun[353] *; elle a pour instrument la loi*[354]*; elle met l'homme d'accord avec la loi qui rapporte au bien général les actes de toutes les vertus*[355].

Tandis que l'unité du corps social requiert des lois, l'art de gouverner se mesure à l'aune des résultats des responsables politiques ; ceux-ci sont plus ou moins dirigés par les vertus de justice générale et d'épikie[356]. Celle-ci est aussi dite « équité » et assimilée au bon sens (intelligence dans l'application des lois)

Autre est la justice particulière.

La justice particulière fait considérer le particulier soit dans sa singularité eu égard à ses mérites ou démérites envers ou à l'encontre de tel bien commun, soit dans sa similarité aux autres quand il s'agit de traiter de biens privés ; les deux parties subjectives[357] *de la justice (ou espèces de justice) établies sur cette base sont la justice distributive et la justice commutative.*

La justice particulière distributive dirige les relations entre d'une part un particulier saisi dans sa singularité eu égard à ses mérites ou démérites à l'encontre de tel bien commun, d'autre part le ou les détenteurs de l'autorité concernée. Ainsi la justice particulière distributive a-t-elle « pour objet de faire participer les citoyens aux avantages communs de la société en leur distribuant des charges proportionnellement à leurs moyens[358] *» ; distinctions, honneurs, récompenses... mais aussi sanctions, peines...*

---

[353] St. T. d'AQUIN, *II^a II^ae*, *op. cit.*, q. 58, a. 7 : « La justice légale règle l'homme immédiatement par rapport au bien commun » ; cf. ce rappel, q. 66 *« Des péchés opposés à la justice »*, a. 8 : « La puissance publique est confiée aux princes pour qu'ils soient les gardiens de la justice ». Les domaines de la loi étant clairement définis, les dispositions règlementaires ressortent des autorités ayant pouvoir règlementaire.

[354] *Ibid.*, q. 58, a. 5 : « Il appartient à la loi de régler ce qui se rapporte au bien commun. » *I^a II^ae*, *Q*. 96, a. 1 : « La fin de la loi est le bien général » ; a. 3 : « La loi humaine a pour but le bien général. »

[355] *Ibid.*, *II^a II^ae*, q. 58, a. 6.

[356] *Ibid.*, q. 120 « *De l'épikie* », a. 1 : « L'*épikie* dirige les lois comme la raison de la justice et l'utilité publique le demandent [...] Partie la plus importante de la justice légale, elle est une vertu » ; a. 2 : « Si on appelle justice générale celle qui obéit à la loi, alors l'*épikie* est contenue dans la justice comme l'espèce dans son genre, elle est une règle supérieure des actes humains puisque c'est elle qui dirige la justice générale ». Cf. aussi q. 58, a. 11. L'épikie fait considérer l'intention du législateur. Q. 80, « *parties potentielles de la justice* », a. unique : « L'épikie ne s'adjoint pas à la justice particulière, mais à la justice générale ; elle paraît être la même chose que le bon sens. » « Le juste correctif c'est l'équitable », écrit ARISTOTE, *L'Éth. à Nic.*, « *De la justice* ».

[357] St. T. d'AQUIN, *II^a II^ae*, *op. cit.*, q. 61, a. 1 : « Il y a deux espèces de justice ; l'une commutative qui dirige l'homme dans les conventions qui se font entre particuliers, elle a pour objet les échanges ; et l'autre distributive qui distribue les choses communes dans une certaine proportion, elle a pour objet la distribution ». Ne pas confondre « *parties subjectives de la justice* (*ou espèces de justice*) » (q. 61), « *parties intégrantes de la justice* (*faire le bien et éviter le mal*) » (q. 79) et « *parties potentielles de la justice* (*vertus qui lui sont annexées) »* (q. 80).

[358] *Ibid.*, citation extraite du Plan de la 2e sect. Cf. aussi q. 61, a. 2 : « Dans la justice distributive, le milieu se prend d'après une proportion ici géométrique, tandis que dans la justice commutative, il se considère d'après une proportion mathématique. » Celui qui bafoue

La justice particulière commutative dirige les relations entre particuliers traitant entre eux de choses concrètes et privées (biens, marchandises, travail et autres services...) ; elle s'exerce sur une multitude d'actions - conventions, échanges...

« Le juste » étant requis dans les actes courants de la vie quotidienne, la justice se concrétise jusque les marchés dans les transactions.

La justice commutative est une partie (ou espèce) de de la justice particulière, laquelle n'est pas sans liens avec la justice générale ou légale

L'Aquinate exposa que « la justice a d'abord été recherchée[359], et elle l'est encore plus généralement, dans les échanges volontaires de denrées comme l'achat, la vente où ces mots trouvent leur application propre[360]. » Assuré que le bon échange est « une habitude par laquelle on maintient l'égalité entre choses échangées[361] », lesquelles doivent rester commensurables[362], le théologien a fait de l'Économique une branche de la vertu de prudence ordonnée à la perfection morale de toute l'activité économique.

Qu'il s'agisse des parties mises en présence sur le marché du travail (employeurs et salariés) ou sur celui des marchandises (producteurs, intermédiaires, consommateurs), par-delà leur force physique et leurs produits, ce sont bien des hommes qui sont concernés[363]. L'homme ne peut être ravalé à l'état d'instrument utile (pour produire et pour consommer...), encore moins d'exécutant à exploiter, ni de machine à user à son gré.

Considérer que, par-delà les marchandises échangées, les relations économiques concernent des hommes et leurs sociétés, et que les partenaires des opérations commerciales sont des personnes similaires, fait revêtir de préoccupations éthiques les relations économiques : au nom du principe moral de réciprocité, il importe de ne pas faire à autrui ce que soi-même ne

---

la juste proportion prend plus que son dû, et, comme celui qui viole la loi, nuit à son voisin et à la société. Le rapport est celui du tout à ses parties saisies dans leur singularité respective. Il en va de même dans les corps intermédiaires, une autorité pouvant y distribuer au mérite.

359 « Exercée » trouve-t-on dans certaines traductions en lieu et place de « recherchée ».

360 *Ibid.*, q. 58, a. 11. Q. 77 *« De la fraude que l'on commet dans les achats et ventes, de l'usure qui se pratique sur les prêts, moyens pour s'enrichir aux dépens des autres dans les échanges volontaires »*, a. 3 : « Il est permis à tout le monde de faire du négoce pour se procurer ce qui est nécessaire à la vie, mais on ne doit pas en faire pour gagner, à moins que l'on ne rapporte ce gain à une fin honnête. »

361 *Ibid.*, q. 80, article unique. Q. 77, a. 1 : il est injuste « d'acheter une chose moins cher qu'elle ne vaut, la vendre trop cher, tromper l'acheteur ou le vendeur, sauf compte tenu du besoin de l'acheteur ou du vendeur » ; q. 77, a. 2 : « Il est défendu de vendre et d'acheter une chose pour une autre, ou de tromper sur la mesure et la qualité de l'objet vendu. »

362 Des manipulations monétaires et des taux de change instables, ainsi que des poids inégaux de charges fiscales et sociales et autres, faussent les échanges internationaux.

363 Cf. st T. d'AQUIN, *op. cit.*, q. 57, a. 6 : « Le jugement à porter sur une réalité ou sur un acte doit se prendre en leur propre principe » autrement dit, traiter une chose selon ce qu'elle est en elle-même : par-delà son contenu, l'échange est affaire d'hommes.

saurait subir[364]. Priver producteurs et travailleurs de leurs légitimes gains revient à les exclure de la société dès que l'emploi s'y raréfie ; la survie des exclus est mise dans la dépendance des moyens de subsistance attribués.

En somme, s'il est une justice, qui, depuis les philosophes grecs et les théologiens chrétiens est reconnue efficace pour la bonne tenue des marchés et la satisfaction mutuelle des acteurs « libres et responsables », c'est bien la justice commutative. Entre des particuliers considérés comme similaires, elle règle les échanges et les contrats ; trop rarement évoquée dans la société affairiste contemporaine, ladite justice oblige à donner la part qui revient légitimement à chacune des parties ; chargée d'exigence morale, la reconnaissance réciproque des besoins de l'échange pousse au respect de ses partenaires (producteurs, intermédiaires, consommateurs).

Pour que l'échange ne vire pas à l'exploitation des uns par les autres, chacun est tenu de régler son appétit d'acquisition de richesses - qu'il s'agisse d'argent ou de marchandises - sur ce qui lui revient. Faire en sorte qu'aucune partie ne soit lésée au cours de l'acte marchand - c'est vouloir que le travail de chacun soit respecté ; demander plus, ou donner moins est essentiellement injuste et oblige à la restitution[365]. Une catégorie d'acteurs économiques ne doit en ruiner une autre. Exploiter la pauvreté, si ce n'est la misère, et spéculer sur l'indigence sont réprouvables.

Pour ce qui regarde l'échange entre les hommes de travail et de marchandises produites, le raisonnement en termes de profit ne saurait faire oublier le raisonnement en termes de morale.

La mise en pratique de la justice commutative

La justice commutative préconisée au cours des millénaires est source de « juste prix[366] » pour le producteur et le consommateur, de « juste bénéfice » pour l'intermédiaire, de « juste salaire[367] » pour l'embauché. Elle est apte à présider un véritable « juste - ou bon - échange », et celui-ci ne se confond pas avec le choix idéologique des pays avec qui commercer ou pas, mais celui qui conduit à respecter chacun des partenaires de l'acte commercial. Complémentaire des justes rapports établis entre le travail et le capital, le juste échange caractérise une économie de marché attentive aux intérêts de

---

364 Cf. st. MATTHIEU, 7, 12 : « Faîtes aux autres ce que vous voulez qu'ils vous fassent à vous-même. »

365 St T. d'AQUIN, *op. cit., q.* 77, a. 1.

366 Le juste prix est établi en référence aux biens des particuliers et au bien commun de la société où producteurs, intermédiaires et consommateurs sont invités à ajuster leurs *desiderata.* Le prix « juste » ne se laisse pas confondre avec le prix « de marché » issu du rapport de forces qu'établit la loi du marché laisser-fairiste, le prix alors assimilé au prix du désir de l'objet en question relègue tout autre considération au rayon des antiquités : cf. *infra,* chap. 16, annexe 26 « Prix juste *versus* prix de marché ».

367 La « juste » rétribution du travail doit être conforme au respect du travail effectué ; ni trop faibles ni trop élevés, les salaires doivent permettre au plus grand nombre de louer leurs services ; d'excessives protections génèrent des critiques pouvant détruire de légitimes acquis.

chacun et de tous (ou presque !) ; la toute-puissance de régler la vie économique - et sociale - n'est pas attribuée au marché.

La justice commutative et la justice générale ne sont pas sans liens entre elles. Certes, l'autorité publique n'est pas sommée de s'impliquer quand suffisent l'initiative et la responsabilité des personnes et sociétés concernées ; mais lorsque les groupements des intéressés ne remplissent pas, ou ne peuvent remplir leur devoir, qu'ils sont impuissants à prévenir ou réprimer les abus, et à ces moments-là seulement, il entre dans les attributions de l'État d'intervenir sous la forme et dans la mesure que demande le bien commun[368] justement compris.

L'unité du corps social requiert des lois, et l'art de gouverner se mesure à l'aune des résultats obtenus dans la société par les responsables politiques ; ceux-ci sont plus ou moins dirigés par les vertus de justice et d'épikie. S'il n'appartient pas à loi de légiférer en tous domaines, elle n'en a pas moins le pouvoir de faire reconnaître et respecter, dans les relations économiques, des orientations propices au bien commun. Ainsi a-t-il été rappelé que, dans les situations de pénurie d'aliments de première nécessité mettant en danger la population, la fixation du prix relevait de la justice générale, tandis que la construction du prix du vin relevait généralement d'organisations collectives (producteurs, intermédiaires, consommateurs) soucieuses de bien commun par-delà les biens particuliers.

Il a été possible d'établir[369] que le libre prix de marché contrevient à la justice dans l'échange : en lieu et place au juste rapport attendu entre ce qui est vendu et la somme reçue, certains profits se renforcent à outrance, gonflés des pertes infligées aux moins combatifs des producteurs et salariés. Ainsi augmente le nombre des exclus de la concurrence et donc du travail lorsque la liberté octroyée à la plus féroce des concurrences rémunère les conduites les plus déloyales.

Du juste et de l'injuste quand la morale introduit des préoccupations de justice dans les relations économiques

Les définitions de la justice trouvées dans la nomenclature thomasienne héritée d'Aristote[370] font penser les relations économiques en termes de juste et d'injuste, en lien non avec le profit mais avec la morale, celle qui relève

---

368 Cf. *infra,* chap. 13, annexe 23 « Les concepts de bien commun temporel et de justice sociale et dans la philosophie morale chrétienne ».

369 Cf. les travaux de l'auteur sur les marchés du vin et la société vigneronne languedocienne.

370 Le lecteur qui se rapporterait à *Wikipédia* pourrait s'étonner de voir la justice commutative rattachée à l'école libérale au prétexte que ladite école ignore les différences de principe entre les individus. Cf. *infra,* chap. 13.

de principes vertueux reconnus par la raison. Elles permettent de constater combien les temps contemporains dérogent à la justice selon les Anciens[371].

L'activité économique est compatible avec des relations de justice entre les hommes

Depuis l'aube de la civilisation européenne, des générations de philosophes ont considéré que l'activité économique était compatible avec l'esprit de justice ; il s'agit là, non de principes philosophiques ou religieux *a priori,* mais de constats réalistes organisés en morale pour que s'établisse une durable paix entre les gens, pour que la civilisation prenne le pas sur la barbarie.

Rappelons le soin mis par les Anciens à distinguer deux activités matérielles, l'Économique et la Chrématistique[372] ; l'importance du sens des mots gagne toujours et encore à être soulignée. Rattachée aux besoins des populations, la première est souvent dite « vertueuse gestion domestique[373] » ; la seconde visait à accumuler de la monnaie par le truchement de la cupide spéculation marchande, faisant fi de la dimension sociale de l'économie. Pour alimenter le commerce lointain pourvoyeur de richesses, il fallait produire le plus possible de biens de consommation à échanger contre de l'argent, avant de faire de cet argent une marchandise comme les autres. Prêt à intérêt, louage de travail et commerce extérieur sont ainsi devenus les mamelles d'un profit cupide. C'était aux temps antiques, où s'exacerbaient déjà les folles convoitises des hommes.

Dans son traité des *Lois,* Platon avait contesté l'intérêt sur le prêt et réclamé sa suppression[374]. Aristote était revenu à la charge ; parmi les prêts, il avait opéré une distinction entre prêts gratuits, assimilés à des actes d'amitié (*philia*), et des prêts onéreux. Pour condamner ces derniers, il avait

---

[371] Dans mes travaux, est mise en évidence l'absence de préoccupations de justice commutative sur les marchés libre-concurrentiels où s'impose la loi du plus fort ; pourraient tout autant être démontrés les déficits de justice distributive eu égard aux mérites des vertueux, ainsi que les déficits de justice générale lorsque celle-ci sert davantage les intérêts particuliers que le bien commun. La participation au bien commun s'apprécie d'après la vertu dans les États aristocratiques (*aristos* signifie excellence, *cratos* pouvoir), d'après l'argent dans les oligarchies ploutocratiques (*ploutos* richesse) avait noté st. T. d'AQUIN, *op. cit.*, q. 62 « *De la restitution* », a. 2 ; l'actualité fait remarquer que dans des États « démocratiques » (*demos* peuple) des riches, après avoir accumulé librement d'un maximum de richesses privées, cherchent à contribuer le moins possible, notamment par la fraude fiscale, au bien commun.

[372] De *krema,* richesse. Art de s'enrichir ; l'accumulation de richesses devient le but de l'activité économique commercialisée ; celle-ci répond alors à l'envie de gain particulier, et non aux nécessités des populations. Cf. *supra*, chap. 7, annexe 14 « Autrefois dite chrématistique ou économie spéculative … »

[373] Ce qui ne signifie pas « autarcique », les surplus des productions campagnardes n'ont pas manqué d'alimenter les marchés urbains, et la fabrication d'objets artisanaux a fait la réputation de diverses contrées rurales dans l'histoire européenne.

[374] PLATON, *Les Lois,* Liv. V.

souligné la stérilité de l'argent et l'imposture de l'intérêt, affirmant qu'il est contraire à la nature de vouloir retirer un fruit de ce qui est incapable de produire[375]. Il entendait cantonner la monnaie à son rôle de moyen d'échange pour stimuler l'économie, voire faire circuler l'argent par le prêt gratuit pour aider ceux qui avaient des besoins ponctuels de trésorerie ; mais il refusait d'en faire un instrument de pression usuraire, dont l'ultime conséquence revient à ruiner celui qui la subit.

Il en va de même dans le commerce des marchandises. Dans la transaction loyale, le producteur, le marchand, le consommateur sont considérés comme similaires, et soucieux de régler l'appétit de richesse sur ce qui leur revient légitimement. À chacun sa part, conformément au principe de l'égalité entre choses échangées[376]. Aristote avait discerné les spécificités de la justice particulière commutative, et établi que seule la nécessité légitime l'acquisition de biens terrestres. Saint Thomas d'Aquin avait exigé davantage que le seul respect des clauses établies par contrat commercial.

Au treizième siècle chrétien comme au quatrième siècle avant J.-C., la morale a été convoquée : réaction salutaire diront les uns, rupture avec d'efficaces stratégies financières diront les autres. Après analyse des faits observés de leur temps, et soucieux de paix publique, philosophes de l'antiquité grecque et théologiens du Moyen Âge ont acquis la certitude que des rapports de justice de justice en tous domaines, y compris dans les relations de travail et d'échange commercial font refluer rapports de force et pratiques frauduleuses entre marchands et producteurs (patrons et salariés), intermédiaires et consommateurs.

A contrario, d'insuffisantes préoccupations, génèrent tensions et conflits qui contreviennent à la paix. Celle-ci est favorisée par la rectitude dans les transactions privées, avec, tant que faire se peut, la diffusion du bien-être général qui caractérise plus spécifiquement chacune des époques, avec ses hauts et ses bas. En toutes circonstances, la justice s'oppose à ce que les richesses économiques soient confisquées à une partie de la société pour être accumulées au profit d'une autre ; l'accroissement démesuré du bien particulier va à l'encontre de la cohésion sociale.

De constructifs messages européens

Non sans manquements aux devoirs qui résultaient de la vertueuse règle de justice, des générations successives ont, des siècles durant, transmis la conception chrétienne de la justice. Pascal affirma, au dix-septième siècle :

---

375 ARISTOTE, *Politique*, I ; *L'Éth. à Nic.*, IV.

376 *Ibid.*, *« De la justice »* : « il n'y aura ni commerce ni échange, et cela ne saura se faire, si l'on n'établit pas, jusqu'à un certain point, l'égalité [entre choses échangées] ». De maladroites traductions ou interprétations ont fait écrire « entre partenaires de l'échange » : il s'agit en fait d'égalités des choses échangées entre partenaires saisis comme similaires.

« la justice réelle est une question spirituelle[377] » ; il savait l'intérêt individuel et l'amour-propre contraires à la volonté de justice, et soulignait la responsabilité des gouvernants dans le déploiement de l'injustice.

Au même siècle, Bossuet remarquait que « reine des vertus, la justice est établie pour entretenir la société parmi les hommes[378] », « là où la justice règne, la terre est en repos » ; il prenait soin de préciser : « quand je nomme la justice, le lien sacré de la société humaine, je nomme en même temps le frein nécessaire à la licence. »

Au siècle suivant, louant le « doux commerce[379] », Montesquieu, discernait clairement que « si l'esprit de commerce unit les nations, il n'unit pas de même les particuliers. Nous voyons dans les pays où l'on n'est affecté que par l'esprit de commerce, on trafique de toutes les actions humaines, et de toutes les vertus morales : les plus petites choses, celles que l'humanité demande, s'y font, ou s'y donnent pour de l'argent. » Une façon de distinguer les sociétés où se pratique « le bon échange » et celles où tout se trafique impunément. En des temps où se développaient les échanges commerciaux, la justice commutative restait définie et assimilée par les Anciens à une vertu.

L'Europe à un message à communiquer au monde, répètent les thuriféraires de la globalisation économique, certes, mais ce n'est pas celui des mondialistes (racine latine) ou cosmopolites (racine grecque), c'est celui des universalistes, celui qui a trait aux lois morales, lesquelles survivent à la contingence temporelle.

Expériences et raison

Au moment où, sur les marchés du monde, les relations économiques sont (re)devenues des rapports de force, où les exigences de « l'avantage comparatif[380] » se sont imposées, l'énumération des anciennes espèces de justice a fait comprendre que la volonté de justice ne se borne pas seulement, dans les relations économiques, au respect des lois et codes en vigueur, des conventions signées. Directrice des échanges de choses, la justice particulière commutative ne se limite pas à faire respecter les contrats passés

---

[377] Blaise PASCAL, *Misère* 9 - Laf. 60, Sel. 94. Pascal, 1623-1662, philosophe, mathématicien.

[378] Bégnine BOSSUET, « Sermon sur la justice » in *Sermons choisis de Bossuet,* Paris, Librairie de Firmin Didot Frères, 1863, p. 317. Bossuet, 1627-1704, évêque de Meaux, percepteur du Dauphin.

[379] MONTESQUIEU, *Traité des lois,* 1748, liv. *XX*, chap. II : « C'est presqu'une règle générale, partout où il y a du commerce, il y a des mœurs douces. » En fait, Montesquieu discerne clairement que « si l'esprit de commerce unit les nations, il n'unit pas de même les particuliers. Nous voyons dans les pays où l'on n'est affecté que par l'esprit de commerce, on trafique de toutes les actions humaines, et de toutes les vertus morales : les plus petites choses, celles que l'humanité demande, s'y font, ou s'y donnent pour de l'argent. » Une façon de distinguer les sociétés où se pratique « le bon échange » et celles où tout se trafique impunément.

[380] Cf. *supra*, chap. 5.

entre individus, elle confère à l'échange une valeur personnelle et une valeur sociale. Qu'ils en réfèrent au travail (salaires, bénéfices), au commerce (prix), les rapports dans l'échange doivent être justes, chacun des acteurs économiques devant recevoir la part qui lui revient légitimement.

En référer aux classifications aristotélicienne et thomasienne de la justice fait expliquer par la concurrence déloyale répandue sur les marchés laisser-fairistes[381] les inégalités et tensions sociales proliférant au présent dans le sillage des injustices commutatives. Analyse qui fait entendre l'actuel silence (ignorance, oubli, mépris ?) sur la justice particulière commutative ; soustraite à de justes règles, l'activité économique exacerbe les tensions dans la société. Jusqu'à la fracturer. Le marché s'est fait ordonnateur de la société ; peut-il rester arène d'affrontements où les intérêts les plus cupides imposent leur loi ?

Dès lors qu'il est compris que concurrence déloyale, injustices, inégalités sociales croissantes relèvent de la même logique économique, les réponses à certains défis lancés par la globalisation financière au monde contemporain ne devraient pas tarder à être discutées... Comment admettre que des textes fondateurs de la civilisation européenne restent dans les oubliettes de l'histoire ? Qui dit encore que c'est dans la volonté de l'homme que se renforcent les vertus ? Comment, fort de l'épaisseur du temps, des bonheurs et des malheurs qui s'y enchevêtrent, le réalisme des sages d'antan a-t-il pu devenir déraison pour tant d'intellectuels contemporains ?

L'actualité de telles questions s'impose à la réflexion de ceux que révoltent, plus que d'autres, d'insuffisantes préoccupations de justice en toute circonstance y compris dans les rapports de travail et d'échange. Mis en présence des dégâts humains et sociaux perpétrés par le déferlement d'injustices sur l'actuel marché mondial, l'historien a le devoir de s'interroger sur les paradigmes philosophiques des réalités qu'il analyse. Revenons brièvement sur les fondements du libéralisme laisser-fairiste et libre-échangiste.

Annexe 18. Lexique hérité de l'approche morale de la justice

La théologie morale chrétienne inclut les concepts de justice stricte (justice particulière (commutative, distributive), justice générale (ou légale)[382], et justice sociale[383].

La justice est une vertu - la plus haute des vertus - qui existe dans la volonté ; elle règle l'homme dans son rapport avec les autres ; elle rend à chacun ce qui lui est dû ou ce qui lui revient, et subordonne au bien commun les actes de toutes les

---

[381] Cf. *Marchés sans justice, ruines sociales. Refonder les libertés économiques sur la justice*, Paris, Les Indes Savantes, 2013.

[382] Cf. ci-dessus les définitions données par st T. d'AQUIN, *Som. de théo.*, *IIª IIªᵉ*, q. 57 et suiv.

[383] Pie XI différencie clairement « justice stricte » (*Divini Redemptoris, 31,* 49-50) et « justice sociale » (*Quadragesimo anno*, 63, 64, 95, 109, 118, 137 ; *Div. Redemp.*, 51, 53).

vertus. La justice générale ou légale fait promulguer les lois requises pour la sauvegarde du bien commun (général) ; les justices particulières (distributive et commutative) requièrent la mise en œuvre au quotidien et en toute circonstance de règles aptes à satisfaire les particuliers, chacun ayant à régler son appétit de sur ce qui lui revient légitimement.

Justice et loi. L'État est gardien et garant de la loi. La loi ayant pour but le bien général, elle doit être plutôt générale que particulière selon les personnes, les affaires et les temps (q. 96, a. 1). Individus ou groupes d'individus ou de pression sont ici visés. Et s'il appartient à la loi de régler ce qui se rapporte au bien commun (q. 58, a. 5), ce qui se rapporte aux biens des particuliers relève de ceux qui ont pouvoir règlementaire.

La justice commutative n'est cependant pas sans liens avec la justice générale ; celle-ci est garante et protectrice de justice particulière Lorsque lois et règles communes sont conformes à des principes moraux considérés comme intangibles, éthique et politique vont l'amble. Bafouer la loi est source d'injustice.

S'il n'appartient pas à loi de légiférer en tous domaines, elle n'en a pas moins le pouvoir de faire reconnaître et respecter, dans les relations économiques, des orientations propices au bien commun. Des siècles durant, les pouvoirs publics[384] ont fait respecter les prix homologués. Sans doute faut-il souligner que certaines lois nationales (financières, fiscales, commerciales, salariales, sociales, environnementales...) ont des incidences sur le niveau des prix et leur compétitivité sur les marchés extérieurs.

Justice et Droit. Pour bien saisir la hiérarchie première entre justice et droit, limpides sont les propos de saint Thomas : « la justice tire son nom de ce qu'on appelle le juste (*justum*), c'est-à-dire le droit (*jus*). Le droit est son objet » ; « le droit, ou ce qui est juste, est attribué à la justice comme son objet spécial[385]. » Le droit est donc l'objet spécial de la justice, laquelle « réside dans la volonté comme dans son propre sujet.[386] » (Définition morale). Là où philosophes et théologiens en appelaient à la justice pensée comme la plus élevée des vertus, les juristes contemporains s'en remettent au droit. Autrement dit, « le droit », ayant primitivement désigné une « chose juste », a par la suite été appliqué à l'art au moyen duquel on connaît en quoi consiste la justice[387]. Dans le vocabulaire de notre temps, le mot « justice » renvoie d'une part à l'institution, avec ses juridictions[388] et

---

[384] Gouverner c'est, selon la doctrine thomasienne, établir l'ordre, corriger d'éventuels dysfonctionnements, agir subsidiairement en cas de crise. Il revient à l'État de formuler une politique économique sans participer en qualité d'agent (l'étatisme engendre désordres et malheurs qui paralysent la vie économique).

[385] St. T. d'AQUIN, *IIa IIae*, *op. cit.*, q. 57, a. 1.

[386] *Ibid.*, q. 58, a. 4.

[387] Cf. *Ibid.*, q. 57, a. 1 : « Le mot « droit » (le *jus*) a été primitivement formé pour signifier une chose juste (le juste, le *justum*), il a été ensuite appliqué à l'art au moyen duquel on connaît en quoi consiste la justice. Les mots sont souvent détournés de leur sens premier pour recevoir d'autres significations ». Il en va de même pour le mot « médecine » ayant d'abord désigné un remède pour guérir, puis l'art de guérir.

[388] La France affiche une conception organique de la justice qu'elle décline en deux juridictions - administrative, judiciaire (civile et pénale) - ; le droit se subdivise en deux

ses magistrats chargés de faire respecter le droit en vigueur, d'autre part aux sources dudit droit (codes, jurisprudence et doctrine) fixant normes et règles de conduite dans la société. La définition « formelle » se fait sur les structures, la définition « matérielle » sur les sources.

Épikie (*epieikeia,* intelligence dans l'application des lois) dite aussi équité, et assimilée au bon sens[389].

Vertu naturelle, forme spéciale et complémentaire - dite auxiliatrice - de la justice, l'équité revêt une grande importance pour la justice générale ou légale, ainsi que pour la sauvegarde du bien commun. Lorsque les circonstances le commandent, elle conduit à corriger les lois en vigueur. Elle pousse à discerner le juste et l'injuste ; elle fait chercher la justice en toutes choses, en dehors et au-dessus des textes de lois ou des coutumes existant parmi les hommes, quand la raison naturelle, en ses tout premiers principes, montre qu'en tel cas, ces textes ou ces coutumes ne peuvent ou ne doivent s'appliquer. « Le juste correctif c'est l'équitable », écrivit Aristote[390]; ce qui fait dire aux contemporains que le sens de l'équité conduit à attribuer en proportion. S'il est équitable de contribuer en proportion de ses richesses au soulagement des misères des démunis, il ne l'est pas de colmater longtemps les manques à gagner que perpétuent de défectueuses ou insuffisantes lois ; de nouvelles lois s'imposent.

Principe de subsidiarité : consiste à ne pas enlever à un groupement d'ordre inférieur pour les conférer à un groupement plus large et d'ordre supérieur, les fonctions qu'il est en mesure de remplir par lui-même ; le faire serait commettre une injustice, et troubler d'une manière dommageable l'ordre social.

La définition de ce principe régulateur - principe de liberté, de responsabilité et de cohésion pour toute communauté -, repose sur l'affirmation que les sociétés intermédiaires sont de droit naturel - lequel fait considérer que l'existence de l'homme s'accomplit généralement dans des groupes familiaux, professionnels et collectivités territoriales ou religieuses. Il appartient à l'État de défendre le droit de ces groupements à l'existence, d'encourager ses promoteurs. Protecteur des corps de métiers, l'État doit en respecter l'autonomie, c'est-à-dire ne pas s'immiscer dans leur gouvernement intérieur orienté, en principe, vers le bien commun du corps particulier et de la société dans son ensemble.

Énoncé pour préciser la nature de l'intervention publique et la doser, le principe de subsidiarité concerne la relation de l'État aux autres sociétés : conformément au principe de subsidiarité, la détermination des solutions est d'abord affectée aux associations professionnelles et interprofessionnelles étendues aux œuvres de prévoyance et de mutualité. Par respect pour la liberté inaliénable des personnes,

---

branches principales, le droit public (droit administratif, droit constitutionnel, droit fiscal, droit des finances publiques, droit de l'urbanisme…), et le droit privé. Celui-ci traite, entre autres domaines, du respect des contrats (droit commercial, droit civil, droit rural, droit de la construction, droit international privé…) et du droit pénal en rapport avec les conflits entre personnes. Comme le droit social (droit du travail, droit de la sécurité sociale…), le droit pénal se trouve concerné par le droit public (droit administratif, droit constitutionnel, droit fiscal, droit des finances publiques, droit de l'urbanisme…) et le droit privé.

389 Cf. *supra*, chap. 11, *Epieikeia,* intelligence dans l'application des lois.

390 ARISTOTE, *L'Éth. à Nic.,* « *De la justice* ».

l'autorité publique n'est pas sommée de s'impliquer quand suffisent l'initiative et la responsabilité des personnes et sociétés concernées. Lorsque les intéressés ne remplissent pas, seuls ou associés, leur devoir, il entre dans les attributions de l'État d'intervenir sous la forme et dans la mesure que demande le bien commun justement compris.

Garant de liberté, de responsabilité et d'harmonie pour toute communauté, le principe de subsidiarité, s'exerce de la base au sommet. Nonobstant, visant au fédéralisme, les instances de l'Union Économique Européenne l'ont fondé sur la seule compétence technique ; elles n'en réfèrent pas à la responsabilité des groupes d'ordre inférieur, pour les confier à une collectivité plus large et d'un rang plus élevé, les fonctions qu'ils sont en mesure de remplir eux-mêmes.

Annexe 19. Travaux de l'auteur traitant de justice économique

Livres

- *Considérations économiques chrétiennes de saint Paul aux temps actuels*, Paris, La Boutique de l'Histoire éd., 2009.
- *Marchés sans justice, ruines sociales. Refonder les libertés économiques sur la justice,* Paris, Les Indes Savantes/LBH, 2013.
- *Justice dans les relations économiques et justice sociale. Sources morales, ruptures historiques.* Paris, Les Indes Savantes, 2017.
- *Saint Thomas d'Aquin : actualité du questionnement philosophique*, Paris, L'Harmattan, 2021,

Direction de publication

- *Le Cours des vins en Catalogne et Languedoc-Roussillon. Fluctuations et portée des prix dans le temps long de l'histoire,* Textes réunis par Geneviève Gavignaud-Fontaine, Actes de la Journée d'étude Actes de la Journée d'étude CRISES (EA 4424, Univ. Montpellier III, 2011), Toulouse, *Annales du Midi*, n° 281, janv.- mars 2013.

Articles de presse

« Le marché n'est pas un casino : et si économie de marché et justice de l'échange étaient compatibles ? », billet dans *Midi Libre,* 8 juin 2008

« L'impôt peut-il être juste ? », tribune dans *L'Homme Nouveau*, n° 1588, 2015.

« Où nous mène l'économie mondiale telle qu'elle est instaurée aujourd'hui : tout sacrifier au profit ? », tribune dans *L'Homme Nouveau,* n° 1611, 2016.

Chapitre 12

Logique. Entre libéralisme laisser-fairiste et préoccupations de justice, l'opposition est irréductible

Dans la vie passée des hommes et des sociétés, long avait été l'apprentissage pour faire en sorte que la « justice » redressât ce qui était faussé ; soucieux, à un millénaire et demi d'intervalle, d'apaiser les tensions entre partenaires de l'échange, Aristote et saint Thomas avaient soumis l'économie à l'exigence de justice. Appelant à la morale dans l'ensemble des activités humaines, et conséquemment dans les actes économiques, ils avaient fait obstacle aux spéculatives dérives matérialistes.

Des économies de marché historiquement repérables succédaient aux immémoriaux lieux d'échange et traditionnelles places de marché ; le marché y désignait, par-delà d'épisodiques places où s'effectuaient des échanges, une activité économique où « le négoce » remplissait, à rayon plus ou moins étendu sans se confondre avec l'économie-monde des cités-États, la fonction de l'échange[391]. Dite « de marché », cette économie territoriale n'en restait pas moins compatible avec le respect des prix homologués (justes prix), des poids et mesures en vigueur, du rapport établi entre les monnaies locales et étrangères... La justice pratiquée sur les marchés fut longtemps considérée comme l'expression la plus courante de la justice.

De nouvelles rationalités se répandirent en Europe ; des penseurs novateurs plaidèrent en faveur de profondes transformations à opérer dans la société qui mettait plus de complémentarité que de concurrence dans les échanges économiques. Estimée jusqu'alors art de réguler les besoins vitaux, l'économie deviendrait, sous la baguette d'une nouvelle philosophie, le tremplin d'une exponentielle richesse matérielle.

L'école libérale dite « britannique », puis, non sans semer la confusion avec la philosophie grecque, qualifiée de « classique », avait le vent en poupe[392]. Elle renouait avec l'antique chrématistique (précédemment définie), avec ses vices réputés contraires aux vertus de l'« Économique » ou gestion domestique chère à Aristote[393] et saint Thomas d'Aquin. La

[391] Cf. les travaux de Fernand Braudel déjà évoqués *supra,* chap. 7, annexe 14 *« Autrefois dite chrématistique ou économie spéculative... »*) ; et *infra*, chap. 14.

[392] Cf. *Marchés sans justice, ruines sociales. Refonder les libertés économiques sur la justice,* Paris, Les Indes Savantes/, 2013. *Justice dans les relations économiques et justice sociale. Sources morales, manquements historiques,* Paris, Les Indes Savantes, 2017.

[393] Aristote plaçait la « justice économique » dans la société domestique : cf. st. T. d'AQUIN, *Som. de théo., IIa IIae,* q. 58 « *De la justice* », a. 7.

« science économique » désignait désormais l'étude des richesses terrestres, de leur production et de leur répartition ; les mots se troublaient ; la science dite économique mais acquise à la chrématistique prenait la place de l'Économique, branche de la philosophie classique, traditionnellement mise au service de la Politique. Gouverner c'est, selon la doctrine thomasienne, établir l'ordre, corriger d'éventuels dysfonctionnements, agir subsidiairement en cas de crise[394]. Il revient à l'État de formuler une politique économique sans participer en qualité d'agent, l'étatisme étant réputé engendrer désordres et malheurs qui paralysent la vie économique.

L'Économique, dont saint Thomas d'Aquin avait fait une branche de la vertu de prudence ordonnée à la perfection morale de toute l'activité économique, trépassait en tant que dépositaire d'un savoir lourd de connotations sociales. La liberté de « laisser faire, laisser passer[395] » était mise en avant, en lieu et place de justice la particulière commutative dans l'échange ; aux justes prix et justes bénéfices étaient préférés de féroces prix de marché et colossaux profits.

Sur la base d'un savoir historique adéquat aux réalités des travaux et des jours, la raison fait établir qu'au fondement-même du libéralisme acquis à la concurrence déloyale, se trouve l'injustice.

Le prix de marché laisser-fairiste contrevient au juste échange

L'injustice étant intrinsèque à la concurrence déloyale qui fonde le libéralisme laisser-fairiste dit « libre-échange » par les Britanniques[396], à plus ou moins lointain terme il en résulte la valse-transfert des biens particuliers et l'effacement de tout bien commun. Explicitons l'enseignement des faits.

Les libéraux ont coupé les prix de marché de toute préoccupation de justice

La prise en compte de prétendues « harmonie physique » et « autorégulation des marchés » mises en avant par Adam Smith et ses épigones a fait considérer le prix comme la résultante de forces économiques

---

394 L'autorité publique n'est pas à s'impliquer quand suffisent l'initiative et la responsabilité des personnes et sociétés concernées ; mais lorsque les groupements des intéressés ne remplissent pas, ou ne peuvent remplir leur devoir, qu'ils sont impuissants à prévenir ou réprimer les abus, et à ces moments-là seulement, il entre dans les attributions de l'État d'intervenir sous la forme et dans la mesure que demande le bien commun justement compris.

395 Aphorisme attribué à de Gournay, physiocrate français (1712-59), cf. *Éloge à de Gournay* (1759), où Anne-Robert-Jacques Turgot recommandait : « laissez faire les hommes, laissez passer les marchandises ». Formule qui résume le programme libéral, le postulat de référence étant que la recherche, par chacun, de son intérêt particulier, mène, dans la liberté, à la réalisation de l'intérêt général.

396 Adam Smith, 1723-90 ; économiste écossais et chef de file de l'école classique britannique ; auteur de *Théorie des sentiments moraux,* 1759 ; *Recherches sur la nature et les causes de la richesse des nations,* 1re éd., 1776.

se déployant, sans limites, sur le marché ; des législateurs novateurs, d'abord britanniques, français, puis européens et mondiaux, ont opté, en des circonstances qui leur furent favorables dans leurs pays respectifs, pour la liberté des prix, et celle-ci se fit licence.

Non établi - c'est-à-dire non construit par les responsables concernés - le prix de marché reste rarement précis et stable ; au mieux, il oscille entre deux niveaux choisis, le *summum* et l'*infimum,* à l'intérieur desquels la convention des parties peut jouer avant de fixer le prix singulier de chaque échange. Au pire, il est mis à la remorque de l'« avantage comparatif » lequel, cher à Ricardo[397], fait exploiter les différences de niveaux-de-vie et de législation entre pays ; la concurrence déloyale entre pays aux niveaux-de-vie et législations différents (charges fiscales, sociales et salariales, normes sanitaires et environnementales, niveaux de vie, de techniques, taux de change monétaire et de crédit…) est génératrice de prix tirés au plus bas - des prix de misère pour les producteurs[398].

Lorsque le prix exprime la seule quantité minimum d'argent requise en échange d'une marchandise, il perd aussitôt son lien à la valeur d'usage tant prisée autrefois[399], quand le « prix » des marchandises exprimait la « valeur » individuelle (le travail et son produit) et sociale (la nécessité du produit) que lui attribuaient de concert les producteurs, les consommateurs et les intermédiaires. Dire que le meilleur prix de marché exprime la valeur du travail nécessaire à la production là où elle est massivement produite au plus bas coût[400], c'est lui affecter un caractère spéculatif instable. La valeur du travail se transforme en un prix d'autant moins stable que le marché est rarement en équilibre.

Les parties à l'œuvre sur le marché libre-concurrentiel théoriquement considéré comme non faussé ne sont pas égales ; les aigrefins grossissent leurs profits des rapports de force établis en leur faveur ; des pratiques frauduleuses se généralisent. Exploitées par la libre-concurrence, les différences entre pays rendent injustes les résultats de l'échange, injustices porteuses à leur tour d'inégalités sociales…

La liberté de pratiquer l'échange se mue en sauvage laisser-fairisme. Coupé de toute volonté autre que la recherche du plus grand profit dans la libre-concurrence exploitant les différences entre pays, le prix tend, avec les

---

397 David Ricardo, 1772-1823 ; économiste anglais, connu pour ses travaux sur la rente foncière et la valeur d'échange « travail incorporé au produit » ; auteur de *Principes de l'Économie Politique et de l'impôt,* 1817. Reprend le concept « avantage comparatif » élaboré par Torrens (1815).

398 Cf. *supra,* chap. V pour ce qui concerne les vignerons du Midi de la France.

399 La valeur d'usage retenue dans le prix fait obstacle à la spéculation spoliatrice du travail des uns au profit de l'enrichissement des autres ; cette valeur concilie au mieux intérêts de chacun et de tous ; cf. *infra,* chap. 16, annexe 26 « Prix juste versus prix de marché ».

400 À l'opposé du quantitativisme, « l'élitisme à forte valeur ajoutée » conduit à stimuler des productions générant un profit proportionnel à leur notoriété.

classiques britanniques, à se rapprocher du plus bas coût de revient à la production. Au cours des décennies consacrées à la recherche des moyens de diminuer le coût du travail, le productivisme a été poussé à l'extrême, et les prix tirés au plus bas par la pratique de bas salaires ; les pays à faible coût salarial et à monnaie faible ont toujours la préférence des spéculateurs ; le rapport de force s'impose en faveur du marchand et au détriment du producteur.

Par la stimulation de prix de guerre, les spéculateurs dont le but n'est pas d'acheter, mais d'acheter moins cher pour revendre à la hausse, surfent sur les variations de prix de marché qu'ils suscitent. La spéculation bat son plein et, au gré de ses aventures, elle attaque et déstabilise violemment tout marché. Susceptible de stimuler la concurrence, chaque diminution de prix se fait au détriment des salaires et de la rémunération des producteurs ; le prix du travail est progressivement réduit à son moindre coût ; et le coût est minimal lorsqu'il atteint le seuil de son incompressibilité, en dessous duquel le travailleur ne pourrait pas entretenir ses forces ; à ce moment, il a déjà souvent perdu tout espoir.

Le prix de marché est un prix prédateur qui désavoue tout rapport de justice entre les parties concernées ; chacun pouvait apprécier les actes selon qu'ils favorisent ou contrarient ses intérêts particuliers ; la justice particulière commutative est bafouée quand est rompu le principe de réciprocité. En faisant du prix la résultante nerveuse de la laxiste loi du marché, les libéraux laisser-fairistes ont bafoué toute exigence de justice dans la détermination des prix et, par-là même bouté la justice hors du marché.

Justice commutative boutée hors du marché ou rupture avec l'économie morale

Les thuriféraires du libéralisme économique ont poussé les États à remiser toute préoccupation de justice dans les relations économiques ; ainsi s'est concrétisée la rupture avec l'économie morale. Qu'il s'agisse du salaire ou de l'échange commercial, l'« avantage comparatif » s'est imposé à l'échelle planétaire via l'Organisation Mondiale du Commerce[401] ; assimilée à la liberté de pratiquer l'échange commercial, et contrevenant aux préoccupations de justice, une libre-concurrence illimitée et frauduleuse, c'est-à-dire déloyale, est devenue le principe de la mondialisation économique[402].

---

401 Fondée par l'Accord de Marrakech (1994), l'Organisation Mondiale du Commerce (OMC) organise la libre circulation des produits, services et capitaux à échelle mondiale, avec promesse de plein-emploi, hausse des salaires, et amélioration du niveau de vie. 124 pays contrôlent alors 80 % du commerce mondial…

402 Étape vers la « globalisation » saisie comme la réunion, en un tout économique, des différents éléments dispersés à la surface de la terre, sous l'égide de la marchandise et de la

Dans l'actuelle forme globalisée de l'économie de marché laisser-fairiste ou déloyal, la justice dite autrefois commutative - fondée sur l'égalité entre choses échangées - est absente des marchés où des variables en tous genres faussent les échanges ; le coriace « mérite sur le marché » ne saurait effacer la justice distributive traditionnellement fondée sur les vertus. Ni se substituer à la justice commutative. Les plénipotentiaires du nouvel ordre mondial mettent la charrue sens dessus dessous lorsqu'ils promeuvent la globalisation des échanges avant de progresser dans l'harmonisation des législations respectives.

Moquées ont été les exigences morales qui assuraient de justes prix dans l'échange[403]. La transgression des valeurs traditionnelles de référence favorise la réussite marchande et l'accumulation de capitaux ; avec l'investissement massif de ces derniers dans l'économie, les rapports à l'argent se substituent aux rapports à la personne. Ce n'est pas l'investissement efficient qui est condamnable, c'est la substitution de l'intérêt à la morale.

La rupture opérée par les libéraux a fait oublier que l'échange est fait par et pour l'homme - et non l'homme pour l'échange - ; que les contrats de l'échange ne sont pas exemptés du devoir de justice particulière commutative, et cela concerne la rémunération du travail (salaire de l'ouvrier, bénéfice du patron, traitement de l'employé, honoraires de diverses professions), et prix de la production échangée (marchandises).

La licence économique contrevient à la justice ; combien se montrent aujourd'hui fallacieuses les paroles qui accompagnèrent les nouveautés censées entraîner les populations sur le chemin de leur prétendu bonheur ! En l'absence de lois de justice légale ou générale, et de règles de justice particulière commutative, autrement dit libéré de toutes limites, l'appât du gain s'est fait loi du marché et de la financiarisation de l'économie ; le marché mondial - évidemment financier - ordonne, *in fine,* les rapports sociaux et internationaux. La société est subordonnée aux puissances financières et industrielles plus attentives aux intérêts de l'économie spéculative que des besoins de l'économie qualifiable de sociale, territoriale, réelle... et mise au service des populations et de leurs corps intermédiaires.

Du degré d'injustice relevé dans la société dépend l'acuité de la question sociale

Dans le contexte de l'économie de marché contemporaine, c'est-à-dire globalisée et laisser-fairiste, les problèmes posés à la société chinoise ne sont

---

communication. La globalisation n'est pas « l'universalité », le marché-monde n'est pas « l'humanité-monde ».

403 Les jurisconsultes Grotius, Pufendorf, Barbeyra, Benlamagni ont échoué dans leurs efforts à les défendre.

certes pas les mêmes que ceux posés aux sociétés européennes, et plus particulièrement à la société française. Celle-ci a réglé, au vingtième siècle, la question salariale sur la base du code moral du « juste salaire »[404], puis a fait des libres prix de marché le résultat du rapport de forces qui s'établit entre partenaires de l'échange. Les producteurs s'y trouvent pris dans une quadrature du cercle qui fait livrer à l'implacable concurrence mondiale des produits obtenus avec une rémunération du travail considérée comme juste, et néanmoins pénalisante pour les producteurs soumis à de lourdes charges sociales et confrontés à des marchés acquis aux prix les plus bas ; s'en suivent ruine des producteurs mais aussi ruine de l'État par le déséquilibre des balances commerciale et financière. Là où les travailleurs ne bénéficient pas de protection sociale, la précarité de leur condition est palpable.

Les déficits de justice dans la société creusent les inégalités sociales

Arguer que la concurrence même abusive sert l'efficacité des marchés revient à cacher son caractère meurtrier à l'égard des perdants. Lorsque la loi du marché préside seule à la fixation des prix, et que le prix de vente des produits commande le prix à la production, l'homme est mis dans la dépendance du prix ; inapte à garantir à chacun et à tous à l'usage des biens terrestres, le prix affecté à la production fait plus ou moins rapidement obstacle à l'existence du travailleur honnête. Là où l'intérêt des uns passe avant celui des autres, le durcissement des inégalités déstabilise toute société que déserte la volonté de justice.

Rejetés par les opérateurs commerciaux les plus cupides, les producteurs les moins performants sont conduits à renoncer à leurs terres ou à leurs entreprises, aux activités qu'ils y développaient, à la place qu'ils occupaient dans la société. Tandis que se généralise l'oubli de préoccupations de justice, le marché déloyal ne peut assurer la préservation ni des travailleurs[405] ni de la société. Aux États-Unis, Joseph Stiglitz s'inquiète de la baisse de consommation des populations appauvries… car la croissance s'en trouve d'autant ralentie[406] ! Encore d'égoïstes préoccupations de riches ; combien bien dérisoires semblent-elles à l'heure où la question sociale est devenue mondiale…

---

[404] Les successives lois relatives au travail nourrissent le droit social en vigueur ; la « juste » rétribution du travail doit être conforme au respect du travail effectué ; ni trop faibles ni trop élevés, les salaires doivent permettre au plus grand nombre de louer leurs services ; d'excessives protections génèrent des remises en cause pouvant détruire de légitimes acquis…

[405] Le capital n'engage les producteurs (patrons et ouvriers) qu'en vue d'exploiter à son gré et à son profit personnel le travail et le régime économique tout entier, sans tenir compte ni des conditions de travail, ni du caractère moral et social de l'activité économique, bafouant de la sorte la justice sociale et le bien commun.

[406] Joseph STIGLITZ, *La Grande fracture. Les sociétés inégalitaires et ce que nous pouvons faire pour les changer,* Paris, LLL, 2015.

Il est évident que ce n'est pas la mondialisation qui est bien ou malfaisante[407], c'est l'usage qui en est fait ; ce sont les partisans et les acteurs d'un affairisme méprisant d'autrui, affamés de profit individuel maximum, qui pervertissent les rapports sociaux. L'activité économique se mue en économie subie par ceux qui en perdent la maîtrise. Les intérêts particuliers des puissances d'argent s'opposent à toute considération de bien commun ; corrompues par les intérêts du négoce déloyal et de la finance spéculatrice, les sociétés se décomposent.

La maximalisation du profit érigée en but absolu fait tomber des hommes du rang de sujet à celui d'objet, un rouage matériel de la machine économique ; pris comme moyen de gestion économique - simple variable d'ajustement -, le chômage prive le travail de son caractère humain et social. Fondement du libéralisme économique, la déloyale concurrence laisser-fairiste favorise la propagation des injustices dans les actuelles sociétés de marché globalisé ; chaque nouvelle injustice vient aggraver les inégalités sociales (entre riches et pauvres faut-il préciser), creuser les fractures entre riches et pauvres de la planète, entre riches et pauvres de chacun des pays, y compris les plus nantis.

Même si, comme l'affirment des statisticiens, l'extrême pauvreté s'atténue en Inde ou en Chine, le revenu du 1% supérieur mondial s'est accru de 60% entre 1988 et 2008[408], le nombre des « très riches » enfle à grande vitesse, et quatre-vingt individus richissimes possèdent sur la terre autant que trois milliards et demi de pauvres. En 2021 et depuis 2015, 1 % de la population mondiale détient quelque 50 % de la richesse mondiale[409]. Et que dire des cruelles conditions de travail faites aux hommes, aux femmes… et aux enfants dans les pays transformés en ateliers du monde. Victor Hugo et Charles Dickens y verraient autant de misérables ou miséreux ! Ce qui a fait scandale dans les pays européens du dix-neuvième siècle[410] ne saurait être considéré comme signe de développement ou d'enrichissement sur les continents pauvres du vingt-et-unième siècle.

---

[407] Redisons que c'est l'actuelle mondialisation économique qui ne se définit comme compétition globale entre les entreprises, et mise en compétition des territoires du monde par les firmes « globales » (définition de Pierre-Noël GIRAUD, *La Mondialisation. Émergence et fragmentation,* Éd. Sciences humaines, 2008).

[408] Cf. d'autres éloquentes statistiques *in* M. MILANOVIC, *The Haves and the Have-nots. A Brief and Idyosincratic History of Global Inequality*, 2013 (traduit sous le titre : *Inégalités mondiales. Le destin des classes moyennes, les ultra-riches et l'égalité des chances,* Paris, la Découverte, 2019).Cet auteur précise en 2019 que la crise de 2008 et l'envolée des bourses qui a suivi ont enrichi les plus riches. Cf. aussi Cf. aussi Thomas PIKETTY, Gabriel ZUCMAN *et alii Rapport sur les inégalités mondiales,* 2018.

[409] *Global Wealth Report,* Crédit suisse, 2020.

[410] « Ce serait un crime à crier vengeance au ciel que de frustrer quelques-uns du prix de leur travail. Insuffisamment rétribué, l'ouvrier subit une violence contre laquelle la justice

Nul ne peut cautionner la sortie de la pauvreté par la misère au travail, et nul ne peut approuver la chute du nombre d'emplois dans les sociétés dites « de l'opulence » où la perte de son travail peut être profondément déstabilisante pour celui qui l'éprouve. D'iniques traitements infligés aux travailleurs pauvres vont autant contre le droit naturel que de féroces exclusions du monde du travail dans des pays réputés riches. Il y a d'autres façons d'envisager un transfert de richesses des peuples opulents vers les peuples démunis que de priver de travail les premiers et mettre en esclavage les seconds ! Les turpitudes humaines et sociales des laisser-fairistes ne sauraient être minimisées que par de dévoyées émotions humanitaristes ; car ce n'est pas en livrant des brebis dodues aux loups que les brebis affamées seront comblées. Ce n'est pas juste, et ce n'est pas charitable.

Du raisonnement économique à la question sociale

Pour l'heure, la rapace accumulation des profits par les uns a pour complément, au fil des décennies et de façon exponentielle, la multiplication des laissés-pour-compte. Les croissantes et insupportables inégalités sociales mises en évidence par les observateurs de l'actuelle globalisation économique sont en réalité, faut-il le répéter, les conséquences des injustices perpétrées dans les relations économiques, et cela est généralement tu, ou travesti en « distorsions de concurrence ».

Liberté de pratiquer l'échange et inégalité des conditions de l'échange (règlementations nationales hétérogènes, pratiques frauduleuses…) n'en restent pas moins compatibles pour maints héritiers d'Adam Smith. N'observent-ils pas que l'exploitation des variables pousse à la guerre commerciale et à l'organisation de monopoles, lesquels portent inévitablement atteinte à la liberté de pratiquer l'échange ? Pour ce qui regarde l'échange de travail et de marchandises produites, il a été dit précédemment que le raisonnement économique en termes de profit ne saurait faire oublier le raisonnement humain et social en termes de morale. Cela a été fait par ceux qui appliquent le raisonnement utilitaro-matérialiste à toute relation humaine.

Dans les faits qui s'en suivent, injustes salaires pour les uns, injustes prix de marché pour les autres conjuguent leurs effets nocifs. La propagation d'injustices dans l'échange provoque de redoutables augmentations du nombre des pauvres, creuse les inégalités entre repus et nécessiteux, pousse les faillis à la révolte ou au suicide[411]. Trop d'injustices accumulées rendent dérisoires les idéaux de liberté et d'égalité. Là où les droits de l'homme sont

---

proteste », avait prévenu le pape LÉON XIII, *Encycl. Rerum novarum*, Paris, Éd. Bonne Presse, 1951-75 (15), p. 29-30, 58.

[411] La révolte des éleveurs français, de la Normandie aux Pyrénées, corrobore en 2015, la nécessité humaine et sociale d'établir des prix de marché respectueux du travail de production.

mis en exergue, les exclus du marché ne sauraient se contenter longtemps des miettes du banquet mondial.

Faut-il ici préciser que la solution aux désastres de l'économie de marché laisser-fairiste n'est pas à rechercher dans une économie socialisée : que le socialisme ne soit pas la bonne réponse au laxiste libéralisme, l'histoire du vingtième siècle en atteste. Muets sur l'urgence qu'il y aurait à rétablir des préoccupations de justice sur le marché, de l'Organisation International du Travail (OIT) ses pays-membres, les programmes de « justice sociale » déroulent leurs priorités.

Expression concrète du niveau de justice dans la société, la question sociale ouvre sur la notion de justice sociale - encore un concept à définir ! - et fat s'interroger : comment nos responsables politiques pourraient-ils réduire les inégalités sociales si les injustices économiques qui les génèrent ne sont pas éradiquées ?

Dans la pensée thomiste, la justice sociale n'est pas qu'un possible complément à apporter à la classification de la justice, elle transcende la justice stricte[412] - justice particulière (commutative, distributive) et justice générale ou légale - ; elle est le but de chacune d'entre-elles. Résultat de toutes les justices, le degré de justice (ou d'injustice) atteint dans la société reflète l'état de la justice sociale dans le pays concerné.

Annexe 20. « Premiers de cordée » et exclus du marché ont-ils encore quelque chose à se dire ?[413]

En ce début de troisième millénaire, rares sont les analyses économiques et sociales qui mettent en avant la responsabilité des prix de marché dans le devenir des sociétés, et ce, plus précisément pour ce qui concerne le temps présent, dans le processus de déconstruction économico-sociale en cours sur plusieurs continents.

Promue par l'Organisation Mondiale du Commerce (OMC), l'économie de marché financiarisée active sous nos yeux et sur une grande partie de la planète, l'exploitation massive de ressources naturelles, sert la constitution de monopoles, s'accommode d'infractions au droit international du travail; *dumping* fiscal et fraudes[414] en tous genres battent tous les records... Excitée par la loi de la concurrence commerciale la plus impitoyable qui soit, la spéculation sur les prix

[412] Pie XI, Encycl. *Quadragesimo anno*, 1931, introduit le concept de « justice sociale » (63, 64, 95, 109, 118, 137) qu'il distingue de la « justice stricte ». PIE XI différencie clairement « justice stricte » (*Divini Redemptoris, 31,* 49-50) et « justice sociale » (*Quadr. anno*, 95 ; *Div. Redemp.*, 51, 53).

[413] Note de contribution de l'auteur au « grand débat public », 2019.

[414] St. T. d'AQUIN, *Som. de théo., IIa IIae*, q. 77 *« De la fraude que l'on commet dans les achats et ventes, de l'usure qui se pratique sur les prêts, moyens pour s'enrichir aux dépens des autres dans les échanges volontaires »*. St Thomas d'Aquin a vilipendé la fraude autant que l'usure, deux pratiques contraires aux légitimes intérêts des personnes victimes de transactions véreuses ou de contrats abusifs. La fraude consiste à acheter une chose moins cher qu'elle ne vaut ; ou la vendre plus qu'elle ne vaut, soit parce qu'elle n'est pas ce qu'elle paraît, soit en vue d'un gain démesuré.

nourrit le mépris d'autrui, et fait du marché venu bousculer tant les personnes que les civilisations, l'ordonnateur d'une nouvelle société déterritorialisée.

Approfondissons l'analyse. Dans la globalisation avare de bornes et contrôles (laisser-faire, laisser-passer), sont mises à profit les différences entre politiques monétaires, salariales, fiscales, environnementales des pays dont les producteurs et intermédiaires sont en concurrence commerciale. Orchestrée par le seul marché, la marche du monde fait alors la part belle aux rapports de force, c'est-à-dire à la guerre économique, laquelle se concrétise en violentes atteintes à la juste rémunération due aux travailleurs sous forme de salaire ou de bénéfice. Chaque déficit de justice aggrave, de jour en jour et à la vue de chacun, le sort des partenaires disqualifiés parce que les moins compétitifs en matière de prix. Après les vaincus du marché, sont en effet concernés tous ceux qui se trouvent rejetés du monde où profits et revenus illimités mènent le bal des « premiers de cordée » (Président Macron, 14 octobre 2017). Sauvage disqualification des producteurs sur le marché, et inhumaine indifférence réservée à « des gens qui ne sont rien » (Président Macron, 29 juin 2017) vont de pair.

La détérioration des conditions de travail et de vie des populations économiquement affaiblies[415], les souffrances qui en résultent font expérimenter combien est illusoire toute liberté négatrice de justice. Tout autant serviteur de la financiarisation de l'économie qu'indifférent à ses laissés-pour-compte, le laisser-fairisme ruine les travailleurs honnêtes, déstructure les sociétés, déstabilise les Nations, bouscule les civilisations. Lorsqu'entre les hommes des rapports de force remplacent les relations de justice, et que sont portées de « violentes atteintes aux droits de la personne et des corps sociaux »[416], la raison même de vivre ensemble disparaît.

Le déferlement les injustices économiques sur les marchés, et les croissantes et insupportables inégalités qui en résultent entre les sociétés d'une part, et à l'intérieur des sociétés d'autre part, ont, partie liée. Chacun peut remarquer que les inégalités sont souvent évoquées ces dernières années, notamment par des sociologues et des politologues, et chacun peut aussi regretter que les causes qui les aggravent soient généralement tues par ceux qui en déplorent les effets[417]. Or le durcissement des inégalités constatées dans les sociétés résulte, en toute logique, de la propagation d'injustices dans les relations économiques. N'est-il pas vain de vouloir tenter de combler les inégalités sans frapper les injustices à leurs racines ? Cette question pousse à considérer les fondements de la pensée libérale moderne qui, au nom d'une liberté fourvoyée dans le mépris d'autrui, bafoue toute justice.

---

[415] De graves événements sont venus, dès la mi-nov. 2018 et pour de longs mois, troubler le quotidien de Français déjà prêts à célébrer les fêtes de fin d'année. Le 17 nov. 2018, des Français endossant un « gilet Jaune » lançaient sur les ronds-points de France leur mouvement contre les injustices fiscales symbolisées par l'annonce de la hausse des taxes sur les carburants. Dix ans après le krach de 2008, le tumulte entretenu par les « Gilets jaunes » rendait visibles des Français que voulaient ignorer les zélateurs de la mondialisation économique dite « heureuse ». Des débordements de violence ont détourné les « révoltés des ronds-points » de leurs premiers élans de conviviale contestation collective.

[416] BENOÎT XVI, *Encycl. Caritas in veritate,* 2009, 34.

[417] Variables sont les versions apocryphes de Bossuet pour dire que « Dieu se rit des hommes qui déplorent les effets dont ils chérissent les causes. »

Pour expliquer comment, au gré des opportunités politiques, le monde contemporain a soustrait les transactions commerciales à la morale attentive, en principe, à ne léser personne, il faut mette en relief la déconnexion opérée par les Modernes entre économie et morale ; ladite déconnexion constitue le fondement-même du laisser-fairisme avec abandon de la volonté de justice, effacement des caractères personnel et social de l'économie au profit du seul intérêt particulier. En rupture de morale - traditionnelle -, et sous la bannière de la globalisation progressive du monde, le matérialisme libéral a de la sorte opéré le passage de l'économie-sociale (économie morale sociale[418] certes non exempte d'imperfections au cours des temps...), à l'économie de marché financiarisée originellement soustraite à toute préoccupation justice dans l'échange (ou justice commutative). Les flots d'injustice qui accompagnent les rapports économiques et sociaux ignorants du respect dû à autrui sont contraires à la paix sociale.

Dire que l'abandon de la volonté de justice est inhérent à l'actuel marché mondialisé n'est pas pour autant adhérer à une idéologie socialiste ; c'est faire dialoguer en les comparant les temps anciens et présents, attirer l'attention sur l'édifiant patrimoine intellectuel et spirituel de l'Europe chrétienne, mettre l'histoire au service de la compréhension de l'actualité. Après avoir rompu avec la morale des Anciens, et supprimé aussitôt le caractère social de la vie économique, le libéralisme moderne et ses adeptes ont revisité à leur façon le concept de « justice sociale »[419]. S'il appartient aujourd'hui à la société et aux bonnes volontés de prendre en charge, quand ils le souhaitent et le peuvent, la responsabilité de la solidarité, il s'avère toutefois fort difficile de faire obstacle aux forces de désagrégation qui affectent les sociétés quand les diverses sortes de justice sont bafouées.

Les sociétés se désagrègent quand se propagent trop d'injustices. Les recommandations d'Aristote, les questions et les réponses de saint Thomas d'Aquin, les définitions par eux données à la « justice particulière commutative » et à la « justice générale ou légale » sont efficaces pour cerner de graves dysfonctionnements actuels. Ainsi, pas à pas, conscience se prend de l'importance, de siècle en siècle des rapports de justice - ou *a contrario* les rapports de force - sur les marchés en particulier, et dans l'économie en général. Parce que la justice commutative n'est pas sans lien avec la justice générale[420], et que la justice sociale

---

[418] Cf. *supra*, chap. 6, annexe 13 « Aux sources chrétiennes d'une économie au service des hommes et des sociétés qu'ils forment ». L'économie est dite morale lorsqu'elle est conforme aux règles que font établir les préoccupations de justice dans les relations entre les hommes, en l'occurrence celles qui se déploient dans les activités de production, de transformation, de commerce et de services. À la vertu cardinale qu'est la justice, les chrétiens ajoutent l'équité, vertu auxiliaire de la justice, et la théologique vertu de charité (non réductible à la seule aumône). Lorsqu'elle répond aux nécessités de chacun et de tous les membres de la société, l'économie morale sert les biens particuliers dans le respect du bien commun ; cette articulation des dimensions personnelle et commune la fait alors qualifier de « sociale ».

L'économie morale sociale répond au devoir de chacun de travailler - honnêtement - pour vivre, dans le respect des libertés économiques fondamentales, et de la justice que dictent les nécessités du bien commun. Afin de la distinguer d'autres économies dites sociales si ce n'est solidaires ou solidaristes. L'« économie morale sociale » est contractée par l'auteur en « économie-sociale ».

[419] Cf. *Justice dans les relations économiques et justice sociale. op. cit.*, chap. 12 et 13.

[420] Les lois financières, fiscales, salariales, sociales, environnementales... ont des incidences sur les actes économiques entre particuliers.

est le but et le résultat de toutes les justices, seule une volonté de justice répandue jusqu'au sommet de l'État et des unions d'État peut remédier aux abus. Sans oublier que la volonté de justice se parfait dans l'exercice de la charité.

Une liberté économique compatible avec la justice enveloppée d'équité et de *caritas,* autrement dit insérant producteurs et marchands dans la logique du bien commun, nourrirait, si elle était voulue par tous, la cohésion et la paix sociales.

Annexe 21. Justice et intérêt individuel à l'épreuve de la raison

Des penseurs dits « modernes » ont fondé sur l'individualisme et l'intérêt particulier la philosophie dite libérale ; depuis, le bonheur de chacun et l'harmonie générale, est-il assuré, passent par la richesse ; l'aptitude au gain et à la fortune est faite valeur supérieure de la civilisation matérielle.

La vision marchande du monde bafoue les préoccupations de justice

L'argent décide des lois depuis qu'une soi-disant volonté générale a été substituée à la loi naturelle. Et, en lieu et place de la justice particulière distributive, décide des talents. Au nom des intérêts individuels dont la somme est censée constituer l'intérêt général, la maximisation du profit est établie loi de l'échange ; ceux qui la mettent à profit assument allègrement le rejet des laissés-pour-compte de la nouvelle donne ; ces derniers ne sont-ils pas tenus - par les *winner*s -, comme responsables de leurs échecs ? Tandis que la sanction de l'abandon de préoccupations de justice n'est pas à l'ordre-du-jour du vivre ensemble matérialiste, le régime contractuel, pourtant fondé par les têtes pensantes de la philosophie libérale (Hobbes, Hume ...) sur le respect de l'engagement réciproque, se veut de moins en moins contraignant. À l'opposé de toute volonté de justice et tirant profit du refus des règles communes, la libre concurrence laisser-fairiste libère les instincts les plus agressifs, et répand la loi du plus fort.

À court d'arguments pour convaincre du bienfondé de leur choix, et convaincus que les interdits ne gênent que les faibles, les contempteurs des préoccupations de justice régissant l'échange qualifient d'idéalistes ou d'irénistes ceux qui les avaient formulées, et ceux qui seraient prêts à les appliquer. C'est plus facile à dire qu'à démontrer. Ceux qui arguent du coût des politiques justes, voire de l'inefficacité des bons sentiments, prennent le risque de s'entendre répondre que les politiques dites « de redistribution » - parce que chargées de répare les dégâts causés par les accaparements des cupides - ont un coût de plus en plus élevé. Et ceux qui allèguent que justice et efficacité économique sont incompatibles, que le bien commun est une illusion, et la compassion une faiblesse, ils échouent à démontrer sérieusement que les vices particuliers sont source de vertu collective ; ni Mandeville et la Fable des abeilles du siècle des Lumières (1714), ni D. Cohen et l'éloge contemporain du vice[421] n'ont pu convaincre les esprits les plus rigoureux. Ceux-ci n'ignorent pas que seule la vertu va l'amble avec la durée, et que le vrai bonheur ne passe pas par la richesse matérielle.

---

[421] Daniel COHEN, *La Prospérité du vice. Une introduction (inquiète) à l'économie,* Paris, Albin Michel, 2009.

Quant à la démonstration de Hayek fondée sur l'assimilation du salaire à « une expression chiffrée[422] », elle ne saurait satisfaire ceux qui ont pour le salarié un respect d'homme à homme. L'injustice n'est cependant payante qu'un temps ; l'échange injuste est l'instrument qui détruit le plus efficacement la cohésion sociale : la perversion de la volonté des riches, la corruption généralisée, et le mépris dans lequel sont tenus les pauvres détruisent les âmes et les corps. L'existence humaine n'est pas un jeu visant à maximiser gains et profits. Réduite à n'être qu'instrument des passions individuelles pour parvenir aux fins de l'intérêt visé, la raison dévoyée ou pervertie s'enraye. Grimer le vice du profiteur ne suffit pas à tromper l'œil du juste ; depuis que triomphent les mots d'ordre laisser-fairiste, leurs coryphées tentent en vain d'expliquer les malheurs constatés dans son sillage par les résistances et obstacles mis à la complète libéralisation économique.

À pratiques injustes, société inégalitaire et violente. Raisonner sur les réalités humaines conduit à faire l'éloge de la justice

Lorsque sont oubliées les recommandations de justice faites par les philosophes grecs et les théologiens chrétiens, l'exclusive force individuelle fait écho aux passions d'hommes jouisseurs et sans scrupules. La subjectivité trace la voie du relativisme, et ouvre les vannes du marché des désirs ; les Narcisse se reflètent dans des miroirs qui ne reflètent que des ombres, les sybarites s'ébrouent dans les cloaques où sont moqués les sages et adulés les transgresseurs. Préférer les vices aux vertus relève d'un *pathos* où égoïsme et puissance dominatrice libèrent brutalité, voire cruauté ; fraudeurs et parjures impunis, le mauvais exemple propage la crise morale que les sans foi, ni loi, ni sentiment ont impulsée. Sans Dieu, il n'y a de peuple ni de bien commun ni d'éminente civilisation ; le monde n'est plus appréhendé comme un tout qui a ses lois et règles, mais comme une proie à attraper.

Alors que seule une logique viciée par l'attachement au seul intérêt individuel peut faire conclure à l'inutilité de la volonté de justice, aucune raison droite ne peut, sur la base des réalités observées jusqu'en ses plus complexes replis, démontrer le bien-fondé dans la durée des programmes laisser-fairistes successivement mis en œuvre depuis plus de deux siècles. Ni de montrer que la somme des intérêts particuliers sert l'intérêt général substitué au bien commun. Ni qu'il est longtemps possible de tirer légitime avantage d'un bien commun sans y contribuer d'une façon ou d'une autre. La différence entre la volonté de justice et la recherche de l'intérêt égoïste vient de ce que la première soit à même de contenir les instincts et les passions que la seconde libère et exacerbe. Vertus contre vices, mesure contre abus, équilibre contre excès, temps long contre temps court... C'est ainsi que la civilisation fait reculer la barbarie ! La preuve par les faits conforte les conduites morales des Anciens[423].

---

[422] « Les considérations de justice n'ont simplement aucun sens à l'égard de la détermination d'une expression chiffrée [les salaires], qui ne relève de la volonté ni du désir de quiconque mais de circonstances dont personne ne connaît la complexité [...] c'est une procédure qui, dans tous ses aspects importants est entièrement analogue à un jeu [...] ce qui a pour conséquence un résultat imprévisible avec des gagnants et des perdants [...] Il serait absurde de demander que les résultats pour chaque joueur soit justes » Friedrich HAYEK, *Droit, législation et liberté*, Paris, PUF, 1981, t. 2, p. 85-97, p. 179.

[423] Quant aux « découvertes » mises sous le signe du Progrès, certaines sont en symbiose avec ce qui est : l'usage qui en est fait impose alors de savoir discerner, dans leur mise en œuvre,

La liberté marchande ne saurait prévaloir sur la sauvegarde du bien commun. Faire en sorte que toute liberté économique soit contenue ne revient pas pour autant à stigmatiser le libre accès au marché, l'usage maîtrisé de l'argent... Pères et docteurs de l'Église l'ont dit et redit. Pour enclencher la restauration de règles aptes à contenir les ravages de l'intérêt individuel exacerbé chez les êtres jouisseurs et sans scrupules, il faudrait que la société soit prête à payer le prix du rétablissement des préoccupations de justice ; mise au pas des profiteurs, baisse du pouvoir d'achat pour les moins démunis, participation généreuse de chacun et de tous au bien commun redécouvert (spirituel et temporel) sont les passages obligés pour retrouver et renforcer les cohésion et concorde sociales...

Annexe 22. Travaux de l'auteur traitant de justice sociale

Livres

- *Justice dans les relations économiques et justice sociale. Sources morales, ruptures historiques.* Paris, Les Indes Savantes, 2017.
- *Saint Thomas d'Aquin : actualité du questionnement philosophique*, Paris, L'Harmattan, 2021.

Recensions

- « M. J. Sandel *Justice*, Paris, Albin Michel, 2016 », *in Revue Thomiste,* t. CXVIII, n° 2, avril-juin 2018, p. 340-343.
- *« Laudate si, Lettre encyclique* du Pape François sur la sauvegarde de la maison commune, 2015 », *in Revue Thomiste,* t. CXVIII, n°2, avril-juin 2018, p. 336-339.
- *« Fratelli tutti, lettre encyclique du pape François,* 2020 », *in L'Homme Nouveau, n° 1728,* 2021, Rubrique « tribune libre ».

Article

- « Retrouver le sens chrétien de la justice sociale » *in L'Homme Nouveau*, n° 1659, 2018, p. 15,

---

ce qui est bon et de ce qui ne l'est pas. Cf. Jean LADRIERE, *L'Éthique dans l'univers de la rationalité,* Namur, Artel, *1997.*

Chapitre 13

Rhétorique. Ce qui se conçoit clairement s'énonce et se programme aisément

Nommer adéquatement les choses, c'est en faciliter la compréhension, a-t-il été précédemment dit dans un propos sémantique ; il a aussi été montré que, lorsque change le sens des concepts anciennement définis, s'installe la confusion. En voici une nouvelle démonstration, cette fois afférente aux différentes espèces de justice particulière et à la justice sociale.

Surprenantes définitions contemporaines des justices « commutative », « distributive », « sociale »

Tombées en désuétude dans le vocabulaire des juristes contemporains, les notions de justices « commutative » et « distributive » ont fait leur retour, au début des années 2000, en sciences sociales.

Justice commutative et justice distributive

Au cours de ces dernières années, des auteurs de notices encyclopédiques virtuelles attribuent la justice commutative à l'école libérale au prétexte que ladite école ignore les différences de principe entre les individus[424]. Sans doute faut-il faire remarquer que la seule prise en compte d'une telle égalité ne conduit pas nécessairement à donner à chacun des partenaires de l'échange laisser-fairiste la part qui lui revient : des acteurs reconnus politiquement - par certains pays - égaux en droits, mais se livrant une féroce concurrence déloyale contreviennent en fait au respect du droit de chacun au travail, à l'échange... Faire de la justice commutative l'attribut des sociétés démocratiques est contraire aux enseignements aristotéliciens et thomasiens.

D'autres nouveautés lexicologiques se sont fait remarquer. La justice commutative ne tendait plus vers « l'égalité entre choses échangées par des particuliers », son but devient « l'équité horizontale » faisant attribuer « à situation égale, prestations égales[425] ». Quant à l'« équité verticale », elle « cherche à réduire les écarts de niveau de vie entre les individus, et qui se

---

[424] [http://fr.wikipedia.org/wiki/Justice commutative], février 2021.

[425] Pour Bernard BILLAUDOT, le commutatif se rapporte aux relations entre les membres de la collectivité ; la justice distributive (de la richesse, de la puissance et de la reconnaissance) est ainsi définie : « ce qui est repris à celui qui a causé le dommage, et rendu à celui qui l'a subi rétablit l'équilibre ». Ici transparaît la conception pénale de la justice. cf. « Une théorie de l'État social », *Revue de la régulation*, [http://regulation.revues.org/2523], janvier 2008.

trouve identifiée à la justice distributive ». « Redistributive » ou « corrective » eût mieux convenu, car la justice distributive des Anciens correspond à tout autre chose ainsi que cela a été explicité[426]. Quant au coriace « mérite sur le marché » et exceptés pour les producteurs loyaux et louables pour la qualité de leurs produits, il ne saurait effacer la justice distributive traditionnellement fondée sur les vertus.

Justice sociale

S'il est un concept actuellement galvaudé sous des définitions mouvantes, c'est bien celui de justice sociale[427] ; imprégné de l'esprit chrétien et inscrit dans la doctrine sociale catholique, le devoir de justice sociale a été vidé par des cohortes d'idéologues du sens que les pères et docteurs de l'Église avaient donné à l'exigence de justice que commande le bien commun de la société. Après avoir été assimilée à une « chimère » par Hayek[428], la justice sociale n'en finit pas de se voir redéfinir au gré de l'inspiration de ses commentateurs. Faute de fermeté dans les diagnostics et de clarté conceptuelle, le dessein de « justice sociale », se modifie au gré des circonstances; en 2003, Philippe Van Parijs et Christian Arnsperger ont assimilé la justice sociale à « l'ensemble des principes qui régissent la définition et la répartition équitable de droits et de devoirs entre les membres

---

426 Cf. *supra,* chap. 11. Elle n'a aucun lien avec l'actuelle grande ou petite distribution commerciale. Ni avec l'actuelle « justice redistributive » par l'impôt et les cotisations sociales, et n'est pas à confondre avec le « courant distributiste » qui, au Royaume-Uni, désigne un courant de pensée sociale axé sur la propriété, et mettant l'accent sur la distribution la plus large de la propriété privée. Pour le « distributisme britannique », lui-même différent du « distributionnisme » ou allocation universelle versée par l'État, cf. Gilbert Keith CHESTERTON et Hilaire BELLOC, *Le Distributisme au début du XXe s.* Philippe MAXENCE, « Le Saint de Hyde Park, le Père Vincent McNabb 1868-1943, o. p. », *Revue Sedes Sapientiae*, Société Saint-Thomas-d'Aquin, Chéméré-Le-Roi, n° 150, p. 59-74, p. 69). Quant à la justice divine (récompenses ou peines selon mérites ou démérites, elle est dite « rétributive ». Les Français ont fait de la promotion au mérite la traduction de la justice distributive des Anciens pour ce qui concerne les distinctions et récompenses.

427 Concept dont la portée médiévale a été réactualisée par les théologiens thomistes inspirateurs de l'encycl. *Rerum novarum* (Léon XIII, 1891), et explicité par Pie XI dans l'encycl. *Quadragesimo anno* (1931). Cf. *Justice dans les relations économiques et justice sociale. Sources morales, ruptures historiques.* Paris, Les Indes Savantes, 2017.

428 Friedrich VON HAYEK, *Droit, législation et liberté,* vol. 2, *Le Mirage de la justice sociale,* trad. française, Paris, PUF, 1980-1983 ; éd. orig. Univ. of Chicago Press, 3 t., 1973-79, p. 80-83, 94. *La Route de la servitude,* Paris, PUF, Quadrige, 1985 ; éd. orig. 1944. *In Droit, législation et liberté,* op. cit. vol. 2, p. 97 : « Je suis arrivé à croire vivement que le service le plus grand que je puisse faire à mes semblables serait d'en faire les orateurs et les écrivains profondément honteux d'utiliser le terme justice sociale. » il l'assimile à une coquille vide, voire une superstition, un mirage, si ce n'est le cheval de Troie du totalitarisme. Cf. J.-P. DUPUY, *Le Sacrifice et l'envie, le libéralisme aux prises avec la justice sociale,* Paris, Calmann-Lévy, 1992, chap. 8.

de la société.[429] » Les définitions de la justice sociale actuellement vulgarisées virtuellement vont dans le même sens pour affirmer « l'optimum de justice sociale est atteint quand la situation de populations les plus défavorisées est la meilleure possible ». La justice sociale devient « une construction morale et politique qui vise à l'égalité des droits et conçoit la nécessité d'une solidarité collective entre les personnes d'une société donnée.[430] »

En l'occurrence, le référent est le philosophe américain Rawls : la garantie de libertés de base égales pour tous, l'égalité des chances, et le maintien des seules inégalités qui profitent aux plus défavorisés, voici les trois principes en capacité de garantir désormais la justice pour tous ! À remarquer que cette justice-là n'est pas dite « sociale » par l'auteur de la *Théorie de la justice*[431], ni par ceux qu'il a inspirés[432]. Suffira-telle à effacer les insupportables conséquences sociales de l'actuelle mondialisation économique[433] ? Vouloir supprimer les méfaits d'un phénomène sans en considérer le fait générateur afin de l'enrayer paraît bien vain !

Justice sociale, un concept qui passe par ici et repasse par là se définit difficilement

Chacune des conceptions de la justice dans la société fait percevoir une justice sociale spécifique ; mentionnée en France par les socialistes, mais aussi par les catholiques dits « sociaux », notamment Albert de Mun et René de La Tour du Pin, la notion de « justice sociale » a fait florès avant que le préambule de la constitution de l'OIT[434] n'exposât, en 1919 : « une paix

---

[429] Philippe VAN PARIJS, Christian ARNSPERGER, *Éthique économique et sociale,* Paris, La Découverte, 2003. Cf. aussi A. POLICAR, *La Justice sociale. Les enjeux du pluralisme,* Paris, A. Colin, Cursus, 2006.

[430] [http://fr.wikipedia.org/wiki/Justice sociale], février 2021.

[431] John RAWLS, (1921 - 2002), philosophe américain, auteur de *A Theory of Justice*, Cambridge, Mass., 1971 ; (trad. *Théorie de la justice*, Paris, Le Seuil, 1987). *La Justice comme équité : une reformulation de Théorie de la justice*, 1re éd. 2001, Paris, La Découverte, 2003. *Individu et justice sociale. Autour de John Rawls,* ouvrage collectif, Paris, Le Seuil, 1988. Faut-il rappeler « l'option préférentielle pour les pauvres » mise en avant par le pape Paul VI, dès 1967, dans l'encycl. *Popularum progressio ?*

[432] Cf. Amartya SEN, *L'Idée de justice,* Paris, Flammarion, 2009. Michael SANDEL, *Justice, what the right thing to do,* Farrar, Straus and Giroux, 2010.

[433] Pour l'étude historique de la question, cf. *Marchés sans justice, ruines sociales,* Paris, Les Indes Savantes, 2013, chap. 6 ; *Justice dans les relations économiques, justice sociale,* Paris, Les Indes Savantes, 2017, chap. 12 et 13. L'importance du questionnement philosophique est exposée dans *Saint Thomas d'Aquin et la volonté de justice, actualité du questionnement philosophique*, Paris, L'Harmattan, 2021.

[434] Soucieuse, après les horreurs de la guerre, d'une paix durable et universelle, la Conférence de la Paix (Paris, Versailles, 1919) suscita la création d'une Commission de Législation Internationale du Travail qui déboucha sur la constitution, à Genève en 1919, de

universelle et durable ne peut être fondée que sur la justice sociale »[435], assertion qu'aurait confortée une définition. Entre-temps, la pape saint Pie X avait rappelé que le caractère social et moral de la vie économique doit inciter ceux qui gouvernent à appliquer avec une sévère intégrité le principe de justice au nom de la charité sociale[436].

Insaisissable justice sociale dans le débat public

Depuis le dix-neuvième siècle, des générations politiques françaises ont fait de la justice sociale le résultat du principe d'égalité, une égalité aux critères mouvants ; tandis que les socialistes avaient visé l'égalité des conditions socio-économiques, les socio-démocrates ont préférer redistribuer quelqu'argent par l'impôt et des cotisations sociales, les libéraux ont misé sur l'égalité des chances pour réduire les inégalités naturelles, et les libertaires ont opté pour l'extension de l'égalité des droits « au mariage », en attendant celui « à l'enfant ».

Bref, adaptable au gré des idéologies contemporaines, l'idée de justice sociale s'est faite inspiratrice, au nom d'une égalité à contenus variables, d'un « nouveau modèle » de société. Lequel disposait en son fondement de la nouvelle « théorie de la justice » ayant fleuri au début des années 1970. Revisitant Stuart Mill[437] et la critique de l'utilitarisme[438], la très en vogue théorie de la justice de John Rawls a rapidement éclipsé des programmes de justice sociale successivement soutenus par L'OIT depuis sa création en 1919[439]. Si la perception rawlsienne de la justice fait énumérer les nouveaux

---

l'Organisation International du Travail (OIT) ; le député socialiste Albert Thomas prenait la tête du Bureau (BIT, secrétariat permanent de l'OIT).

435 Encore aurait-il fallu préciser la définition qui en était ici retenue. Les précisions tardent à venir. L'article 22, 3e point du Pacte fondateur de la Société des Nations (1919), dont les liens avec le BIT sont connus, est généraliste : il plaide pour la suppression de toutes les barrières économiques, l'établissement de l'égalité des conditions entre toutes les nations qui consentent à la paix, et s'unissent pour en assurer le maintien. Lors de son rattachement à l'ONU, en 1946, l'OIT évoqua l'« harmonie sociale » à favoriser entre pays. Un rapport, G. RODGERS, E. LEE, L. SWEPSTON, J. VAN DAELLE, *L'OIT et la quête de justice sociale 1919-2009*, Genève, OIT, 2009, propose de faire le point sur le sujet.

436 PIE X, *Encycl. Jucunda sane,* 12 mars 1904. Couronnant la justice, la charité est appelée à compléter, mais aussi aller au-delà de la justice.

437 John STUART-Mill, 1806-73, philosophe et économiste anglais, auteur de *Principes d'économie politique*, 1848, d'essais de morale individualiste : *La Liberté* (1849), *L'Utilitarisme, essai sur Bentham* (1re éd. 1861).

438 La théorie utilitariste est prompte à faire considérer les pauvres comme responsables de leur état ; elle les estime plus coupables que victimes, faute de s'adonner au calcul qui pousse les hommes rationnels à satisfaire au mieux leurs intérêts. Car selon les utilitaristes, les individus sont mus par la volonté d'acquérir des biens de toute sorte outre les biens dits premiers ; ce qui maximise le bonheur (en termes de plaisir) pour le plus grand nombre devient juste. L'accroissement des inégalités est la conséquence de tels principes d'action.

439 Répondant au but de créer les conditions d'une paix universelle au nom de la justice sociale (Traité de Versailles), les représentants des gouvernements membres de L'OIT, des travailleurs (Confédération Internationale Syndicale) et des employeurs (Organisation

principes en capacité de garantir la « justice pour tous », il faut bien remarquer d'ores et déjà que cette justice-là n'est pas dite « sociale » par l'auteur de la *Théorie de la justice*.

La justice rawlsienne est une justice garante à chacun de libertés de base égales pour tous (égalité civile, égalité des chances), et du maintien des seules inégalités qui profitent aux plus défavorisés ; liée au « principe de différence, la « discrimination positive » est censée répondre aux nécessités des infortunés. Plus concrètement, la solidarité collective doit permettre d'équitables transferts de moyens de ceux qui sont dans l'abondance vers ceux qui sont dans le besoin. Suffira-telle à effacer les insupportables conséquences sociales des déficits de justice perpétrés par l'actuelle mondialisation économique ? N'est-il pas naïf de penser que la solidarité collective peut accompagner l'attachement au seul intérêt particulier ? En d'autres termes, que la première suffit à combler les méfaits du second ?

Ces questions ne sont pas d'actualité dans les hautes sphères intellectuelles et politiques où bruissent de successives nouveautés. Des chercheurs affirment que « l'optimum de justice sociale est atteint quand la situation de populations les plus défavorisées est la meilleure possible » (2008[440]). Selon l'ONU « Nous servons la justice sociale lorsque nous défendons l'égalité des sexes ou les droits des peuples autochtones et des migrants. Nous faisons progresser la justice sociale lorsque nous abattons les obstacles liés au sexe, à l'âge, à la race, à l'appartenance ethnique, à la religion, à la culture ou au handicap » (20 février 2013).

À la trappe semblent être placée la mobilisation contre le creusement des inégalités entre riches et pauvres ; moins prompts à évoquer ceux qui subissent les injustices propagées par la globalisation libre-échangiste, les analystes du moment sont plus diserts sur les « victimes d'inégalités dans la société » - les homosexuels, les femmes, les peaux colorées, les immigrés, en bref chacune des « minorités » …

En 2013, bien que les déclarations onusiennes placent toujours la « justice sociale au cœur » de leur programme, ce n'est pas sans préciser : « nous servons la justice sociale lorsque nous défendons l'égalité des sexes ou les droits des peuples autochtones et des migrants. Nous faisons progresser la justice sociale lorsque nous abattons les obstacles liés au sexe, à l'âge, à la race, à l'appartenance ethnique, à la religion, à la culture ou au handicap. » S'imposait alors une nouvelle définition (« est injuste ce qui n'est pas acceptable socialement »), la distinction entre justice sociale

Internationale des Employeurs) veillaient à l'établissement de normes internationales en matière de travail et de protection sociale, et à leur mise en pratique au niveau national. Non sans tensions entre échelons national et international. Il s'agissait de formuler des catégories et des normes de travail dans la perspective de l'uniformisation des droits des travailleurs (socle de droit international du travail).

440 Bernard BILLAUDOT, « Une théorie de l'État social », *op. cit.*

(assimilée à l'équité) et égalité, puis la conclusion : « ce qui est juste socialement peut devenir injuste si le contexte change. »

Si la « protection sociale » en vue de l'« autonomie de l'individu » avait précédemment constitué le pilier des législations de nombreux pays européens, l'égalité citoyenne vise désormais à assurer la coexistence pacifique et prospère des hommes au sein des nations et entre les nations elles-mêmes. À l'occasion de son Centenaire (2019), L'OIT n'en éprouva pas moins la nécessité de relancer le thème de « la promotion sociale par le travail décent et ses résultats ». Il n'y a là rien de bien original, pourrait-on conclure hâtivement : ladite Institution n'est-elle pas réputée pour avoir fait, depuis sa fondation, en lien avec les luttes politiques et sociales de la fin du XIXe siècle et du début du XXe siècle, de la quête de justice sociale un combat emblématique ? Ce serait oublier qu'entre-temps, et surtout depuis 2008[441] au gré des annuelles « Journée Mondiale de la justice sociale », déclarations et programmes s'étaient succédé[442], non sans adaptations[443].

Les actuelles notions de justice sociale - à ne pas confondre avec le devoir chrétien de justice sociale[444] - rattachent à l'exigence de justice tantôt le respect de l'égalité des chances, tantôt les programmes fiscaux de redistribution des richesses, les attributions des allocations de secours, voire l'effacement des différences. Les politiques de réduction des inégalités visent sous nos yeux à empêcher la rupture sociale qui chamboulerait l'activité économique[445] ; par le truchement d'instruments fiscaux de redistribution des richesses, l'État assure des compensations aux acteurs fragilisés (ouvriers mais aussi, et très rapidement, producteurs transformateurs et commerçants laissés pour compte dans les nouveaux choix économiques.

Visant à satisfaire les revendications de quémandeurs de plus en plus divers et nombreux, l'actuel programme de justice sociale ne saurait combler les manquements à la justice dans la société. Trop généralement absentes

---

441 Furent aussitôt mis en programmes politiques l'augmentation des revenus pour les hommes et les femmes professionnellement sous-payés, la création d'emplois décents - et non forcés -, la garantie des droits et des libertés d'expression pour les travailleurs et travailleuses. Autant d'engagements pris envers chacun des hommes…, leur concrétisation par la « mondialisation équitable ». Cf. *Déclaration sur la justice sociale pour une mondialisation équitable,* OIT, 20 février 2008.

442 Cf. *Justice dans les relations économiques, op. cit.*, p. 169-172 ; p. 260-264.

443 Le 15 juin 2010, des propositions ont été faites par la France Le président Sarkozy évoquait, à la tribune de l'OIT, la nécessité de propositions aptes à « mettre la justice sociale au cœur de l'ordre mondial », notamment en soumettant à une conditionnalité sociale les interventions des institutions financières internationales (FMI, Banque Mondiale, banques de développement), et en permettant l'intervention de l'OIT dans des litiges commerciaux par la voie de questions préjudicielles.

444 Cf. *infra*, fin de ce chap. 13, annexe 23 « Les concepts de bien commun temporel et de justice sociale et dans la philosophie morale chrétienne ».

445 Cf. J. STIGLITZ, *Le Prix de l'inégalité*, Paris, LLL, 2012, et *infra*, chap.16.

sont les références à de nécessaires justes rapports dans l'échange, qu'il s'agisse des parties mises en présence sur le marché du travail (employeurs et salariés) ou sur celui des marchandises (producteurs, intermédiaires, consommateurs) ; quant aux inéquitables différences pesant sur l'échange entre pays (poids des taxes et impôts, contributions sociales et environnementales, niveaux des salaires, valeur des monnaies...) et faussant les relations entre pays, l'heure de l'harmonisation n'a pas encore sonné, qu'il s'agisse de l'Organisation Mondiale du Commerce ou de l'Union Européenne. Alors que celle-ci commémorait en 2017, son traité fondateur (Traité de Rome, 1957), elle était en butte à la colère d'hommes et de femmes déçus par ses promesses non tenues, abîmés par les pertes de revenus qu'ils subissent tandis que d'autres amassent des fortunes. Libre (en l'occurrence synonyme de déloyale) concurrence, injustices de toutes sortes, et criantes inégalités - tant sociales que territoriales - sont les différentes facettes d'un même système économique qui conduit ses victimes vers des impasses de vie. Entre attentes des populations et politiques mises en œuvre, s'installe un dialogue de sourds.

Hésitant entre variable d'ajustement et utopie sociétale, ceux qui en appellent politiquement à la « justice sociale » ne la définissent pas clairement ; privé de fermeté conceptuelle à sa base, le dessein de dite justice reste confus, et sa concrétisation compromise. L'absence de référence à des préoccupations de justice dans les transactions économiques ferait disserter à l'infini sur la justice sociale ; pour autant, ne cessent, dans les pays dits émergents, la pratique de salaires de misère, et, dans les pays réputés riches la nécessité d'attribuer des *minima* sociaux aux perdants de la globalisation économique: pendant que le coût social de l'aide - légitime - apportée aux populations privées de travail exacerbe de récurrentes discussions, les mécanismes économiques qui appauvrissent les travailleurs sont toujours tus.

De la difficulté pour l'État de maintenir le degré souhaitable de justice sociale quand les injustices ne sont pas enrayées par des lois de justice stricte

Les choix politiques français du siècle dernier expliquent le rapport de l'État à la justice dans la société. Estampillée « socialiste » - bien que d'origine chrétienne - et réformée en « équitable redistribution des richesses » dans les démocraties occidentales, la notion de justice sociale n'a pas bonne presse dans les milieux qualifiés de « libéraux » en raison de leur conception minimaliste de l'État. Ceux qui réduisent au strict minimum les pouvoirs de ce dernier - « le moins d'État possible » - ont pour chef-de-file Frédéric Hayek ; opposé au honni socialisme soviétique, cet économiste de l'offensive néo ou ultralibérale de la fin des années 1970[446] avait fait de la justice sociale, faut-il le redire, une « chimère[447] ».

En France, la volonté de répandre plus de justice sociale s'est surtout nourrie, au vingtième siècle, de considérations morales sur les salaires[448] ; celles-ci ont suscité une dense législation du travail. Le salaire a servi de critère de justice pour l'ensemble du système socioéconomique et son fonctionnement. Soutenus par les successives générations de la révolution industrielle, les combats pour une juste rétribution du travail salarié ont mobilisé salariés et têtes pensantes, chrétiens et matérialistes. Souvent légitimes, les revendications mises en avant ont trop souvent laissé dans l'ombre la question des prix à la production qui constitue, dans l'histoire économique et sociale en général, et agricole et rurale en particulier, le volet complémentaire à celui des salaires ; quant à la lutte contre les fraudes en tout genre, à la prise en compte des effets des taux de change des monnaies dans les relations commerciales, elles n'ont pas mobilisé autant de producteurs qu'il eut été nécessaire.

Tandis que grimpaient salaires et charges patronales afférentes, croissait en France le coût du travail. La « juste » rétribution du travail doit être conforme au respect du travail effectué, ni trop faible ni trop élevée, les salaires permettant au plus grand nombre de travailler ; d'excessives hausses de charges sociales assumées par les employeurs génèrent des remises en cause pouvant détruire de légitimes acquis salariaux…

Dès la fin des années 1970, conséquemment à la crise pétrolière et avant que ne s'intensifie la vague (im)migratoire, le drame humain et social que constitue le chômage s'est imposé dans le quotidien des Français ; au même moment, la théorie de John Rawls a convaincu les gouvernements successifs d'intensifier la redistribution des richesses par le truchement des contributions fiscales et des prélèvements sociaux obligatoires, soit les impôts, taxes et charges sociales. Effectué au nom de la « justice redistributive[449] », une telle circulation d'argent des nantis vers les nécessiteux donne souvent bonne conscience aux nostalgiques du principe de « justice sociale ».

Lois sociales et fiscales, mais aussi dons et actions solidaires n'ont pas manqué à la panoplie bienfaisante de nos compatriotes les plus émus par les

---

446 De l'opposition au socialisme, certains « libéraux » glisseront vers la promotion d'une liberté sans borne en passe de devenir la seule règle du débridé libre-échange (ou laisser-fairisme qui renvoie à l'injonction physiocratique « laissez-faire, laissez-passer »).

447 Cf. HAYEK, *Droit, législation et liberté*, vol. 2, *Le Mirage de la justice sociale*, *op. cit.*

448 Cf. *Les Catholiques et l'économie-sociale en France, XIXe et XXe s.*, Paris, Les Indes Savantes/LBH, 2011

449 Sans doute faut-il préciser que la justice redistributive (par le biais des impôts et des prestations sociales en faveur des moins pourvus) n'est pas superposable à la justice distributive des Anciens (laquelle répartit selon les mérites, talents ou capacités de chacun orientés au bien commun) bien que nos contemporains fassent l'amalgame. Toute confusion sémantique nuit à la clarté conceptuelle.

misères sociales. Misères matérielles s'entend, les autres restent muettes pour ceux qu'elles accablent, et ignorées par ceux qui refusent de les voir. Tenter de répondre aux urgences sociales qui se multiplient dans le sillage du marché laisser-fairiste[450] est sans doute préférable à l'indifférence, mais vouloir supprimer les méfaits d'un phénomène sans en considérer le fait générateur paraît bien vain ! Il ne faut cesser le de répéter tant que conscience n'en est pas prise à large échelle. Si l'on ajoute que des institutions supranationales laissent aux États des pouvoirs limités, chacun entrevoit combien ces derniers peinent à garantir, sur leurs territoires respectifs, la justice sociale. L'année 2017 a constitué un tournant dans la législation française du travail, comme s'il suffisait de flexibiliser le travail et d'orienter les salaires à la baisse pour faire obstacle aux ravages humains et sociaux d'une mondialisation laisser-fairiste ! En l'absence de suffisantes préoccupations de justice commutative dans une économie qui fait du marché sa raison d'être et qui sacrifie les travailleurs aux intérêts du capital, qui pourrait mieux faire ?

Si importante soit la prise en compte de la question salariale, tout comme par ailleurs des manipulations monétaires, des fraudes au fisc et aux prestations sociales, des gabegies diverses, il reste dangereux de taire les insuffisantes considérations morales sur les prix de marché car l'existence des producteurs en dépend. Ces derniers souffrent des libres mouvements de prix faisant fi de la justice particulière commutative qui règle les échanges ; ils expérimentent combien la justice dans les transactions commerciales a cessé d'être considérée comme source de justes relations économiques et de justice sociale ; aucune mention n'en est faite en France depuis des lustres[451]. Les mécanismes économiques qui appauvrissent les travailleurs sont toujours tus ; que les consommateurs ne saisissent pas qu'ils sont, eux, leurs enfants, leurs voisins, d'anciens présents, futurs êtres de labeur, ceci reflète le « chacun pour soi » de la société qui les regroupe encore.

Justice sociale et lois de justice stricte ont partie liée

En l'absence de référence à l'exigence de justice dans les transactions économiques, il est à craindre que la justice sociale ne se laisse, une nouvelle

[450] Un impôt mondial sur la fortune, suggère Thomas PIKETTY, *Le Capital au XXIe s.*, Paris, Le Seuil, 2013.

[451] La promotion du « juste échange » faite par le Parti socialiste en 2010-12, et par Martine Aubry en particulier, est associée à une « mondialisation maîtrisée et solidaire », sans que référence soit faite à la justice commutative. Arnaud Montebourg a plaidé pour « le protectionnisme patriotique » décliné en patriotisme économique du *made in France* (A. MONTEBOURG, *Votez pour la démondialisation*, Paris, Flammarion, 2011). Une dizaine d'années auparavant, le conservateur Philippe De Villiers avait fait campagne contre les marchandises importées à bas prix d'Asie dès les années 1990 (notamment lors des élections européennes de 1994) ; il s'allia au paradoxal milliardaire franco-britannique Jimmy Goldsmith, auteur avec Yves Messarovitch de *Le Piège* (1993), et mort en 1997.

fois, assimiler aux seuls taxes, impôts et prélèvements sociaux assortis d'extension de minima sociaux. Il ne faut pas s'étonner de voir l'ensemble des dispositifs par lesquels les États s'efforcent de garantir aux laissés pour compte un minimum vital (en France Revenu Minimum d'Activité, Couverture Maladie Universelle, Minimum Vieillesse...) traiter des cas de plus en plus nombreux. Même équitablement réparties entre laissés-pour-compte du marché, les sommes nécessaires à la « redistribution » remplissent des gouffres toujours plus béants en raison de la charge croissante de ceux qui s'appauvrissent inéluctablement... et de la non-contribution des fortunes expatriées. Tandis que grossit inexorablement la dette publique qui, en 2018, dépassait en France deux mille milliards d'euros, record alourdi par les emprunts « Coronavirus » lancés en 2020...

La quadrature du cercle

Disposer d'une liste d'expédients à concrétiser au coup par coup dans les tempêtes conjoncturelles permet de corriger quelques injustices au nom de l'option préférentielle pour les pauvres ; ces secours ne peuvent cependant faire montre d'efficacité durable. Le coût social d'importantes populations situées au dehors du circuit du travail est mis en avant ; d'aucuns s'interrogent : les exclus du marché ne seront-ils pas bientôt trop nombreux pour être efficacement secourus ? Les moins pauvres qui s'appauvrissent à leur tour pourront-ils longtemps porter secours aux miséreux ? Les bénéficiaires de la nouvelle donne économique seront-ils disposés à faire autant de sacrifices que le demande l'impératif de justice dans la société ? Avant d'être relancé par la pandémie « Covid », avait déjà germé le projet de garantir à tout nouveau-né une rente à vie dite « revenu universel » et susceptible de lui assurer le minimum vital, autrement dit une allocation apte à accompagner la personne tout au long de sa vie[452] ; de circonstances politiques françaises en circonstances transcontinentales, se répandent des propositions concrètes[453]... En cette fin de printemps 2021, L'OIT fait savoir que le cataclysme pandémique se montre pour les travailleurs quatre fois plus désastreux que la crise de 2008 !

Colmater des inégalités sociales que ne cessent de renforcer les injustices économiques par des politiques de redistribution des revenus revient à occulter la responsabilité de l'injustice dans l'échange marchand. Combien de nos contemporains se soucient-ils des laissés-pour-compte du marché ? Ceux qui observent attentivement notent qu'il faut d'autant plus donner aux démunis que se durcissent les inégalités entre les riches et les pauvres, et que

---

[452] Philippe VAN PARIJS, *Qu'est-ce qu'une société juste ? Introduction à la pratique de la philosophie politique,* Paris, Seuil 1991 ; *Real freedom for all,* Oxford Univ. Press, 1995. P. Van Parijs, est philosophe et économiste belge.

[453] Benoît HAMON, *Ce qu'il faut de courage, plaidoyer pour le revenu universel,* Paris, éd. des équateurs, 2020. B. Hamon est un homme politique français. Pape FRANÇOIS, *Un Temps pour changer,* Paris, Flammarion, 2020.

celles-ci deviennent insupportables pour ceux qui subissent ou redoutent les dévissages économiques et sociaux[454].

De brutaux rapports de force économiques propagent à grande vitesse l'injustice. Plus l'injustice se diffuse dans les transactions économiques, plus s'aggravent les misères qu'ils génèrent ; plus il y a de corrections sociales, plus coûteux devient le comblement des déficits de justice commutative ; moins suffisent les correctifs publics (dits « de solidarité » bien que lourds d'injustices fiscales), plus appel est fait à la charité laïcisée en bienfaisance pour contenir les situations désespérées et les violences qu'elles sont susceptibles de générer. Mais le don est fait pour compléter la justice dans des cas imprévus, voire la faire progresser, non pour en masquer les dénis.

Faute de lois de justice générale et particulière (justice stricte), croissent démesurément les déficits de justice sociale

Faire de la justice sociale le correctif permanent - et donc le substitut - contemporain de la justice générale ou légale[455] conduit à laisser galoper l'injustice dans l'échange commercial... et à toujours augmenter les dépenses et déficits publics liés au devoir de justice sociale. Constater l'aggravation des inégalités socio-économiques[456], et programmer leur réduction sans vouloir enrayer les injustices qui les suscitent, revient à tenter de remplir d'eau un seau percé ou le tonneau des Danaïdes.

La justice sociale ne peut être durablement réduite à un principe de compensation par des aides sociales, les plus favorisés cédant quelque surplus aux plus défavorisés. *In fine,* cela revient à cautionner, outre des profits injustes et d'injustes misères, d'inéquitables contributions à l'impôt. Le poids et la complexité des contributions et taxes fiscales, des prélèvements sociaux censés rendre supportables les inégalités sociales ne font qu'aggraver en maints esprits le sentiment d'injustice, et toute caution donnée à l'injustice en hausse le niveau. Malgré les colossaux prélèvements obligatoires effectués pour répondre à l'impératif de justice sociale, les périls qui menacent la cohésion sociale s'aggravent sous des politiques monétaire, salariale, sociale contraires aux légitimes nécessités des populations.

Les sociétés s'usent et se consument à ce jeu-là. Les autorités et les responsables concernés qui choisissent de généraliser le mode redistributif en faveur des citoyens fragilisés, tout en laissant par ailleurs accumuler les richesses entre quelques mains, ne font que reporter l'heure des décisions réalistes. En l'absence de promptes justes règles dans les échanges commerciaux et, plus largement, économiques - revendication incompatible

---

[454] La France perd des parts de marché : la part des exportations françaises dans le commerce mondial en 2016, comme en 2013 est de 3,1 %, alors qu'en 1999 elle était de 6,3 %.

[455] Comme le font J.-Y. CALVEZ et J. PERRIN, *Église et société économique*, enseignement social des papes de Léon XIII à Pie XII, Paris, éd. Aubier Montaigne, 1959, p. 544.

[456] Cf. les statistiques fournies par l'organisation non-gouvernementale Oxfam.

en l'état du monde avec les paradigmes abusivement estampillés « libéraux » -, les mesures dites de justice sociale ne sont alors que grossier trompe-l'œil ; non seulement tout dessein de justice sociale ne peut être qu'illusoire, mais la concorde sociale est fragilisée à l'extrême. Tout refus de justice dans l'échange rend caduques bien commun et justice sociale.

Bien commun et justice sociale sont au cœur des chapitres suivants.

Annexe 23. Concepts. Bien commun temporel[457] et justice sociale[458] dans la philosophie morale chrétienne[459]

Les pères et docteurs de l'Église avaient christianisé et répandu certaines notions aux racines gréco-romaines avant que saint Thomas d'Aquin ne constitue un ensemble doctrinal exigeant d'unité et de clarté[460].

Le bien commun temporel désigne le bien de l'homme en société(s), de chaque société de personnes (famille, profession, nation ou ensemble de nations…) dont il est la raison d'être. Il englobe le milieu naturel qui rend possible la vie sur terre, et embrasse l'ensemble des acquis (biens matériels, moraux, spirituels et religieux) nécessaires à chacun et tous les membres de la société concernée pour accomplir, dignement et dans la concorde, son existence quotidienne et sa fonction sociale[461]. Entr'autres biens, il comprend le savoir-être et le savoir-vivre, la paix sociale et l'entente internationale, la nature environnementale toutes échelles confondues.

Raison d'être, principe d'unité et fin de toute société, le bien commun est le centre vers lequel convergent les membres d'une société ; il appartient à chacun des corps sociaux de définir le bien commun dont il a la charge, et de s'engager à le servir. Si la nature même du bien commun temporel - qui n'est pas la somme des intérêts particuliers - pousse à ce qu'il soit mis à la disposition de chacun des membres de la communauté, en retour, le devoir de tout mettre en œuvre au service du bien commun commande à tout homme d'y ordonner sa vie morale. Mis à la disposition de chacun et de tous, le bien commun de chacune des sociétés concernées relève donc, pour son développement et sa sauvegarde, de ses institutions et de ses membres animés de la même volonté d'avenir.

La réalisation du bien commun d'une nation revient aux pouvoirs publics : l'État est le dépositaire et le garant - non le libre gestionnaire - dudit bien -, législateurs doivent le servir, les citoyens le respecter et le développer pour pouvoir en

---

457 Pétri d'Enseignement divin, le Bien commun spirituel est confié à l'Église qui guide le fidèle vers son salut. Ledit Bien est distinct, mais non séparé du bien commun temporel.

458 PIE XI introduit le concept de « justice sociale » (63, 64, 95, 109, 118, 137) ; il différencie clairement « justice sociale » (*Quadragesimo anno*, 95 ; *Divini Redemptoris,* 51, 53) et « justice stricte » (*Div. Redemp., 31,* 49-50). Il n'y a pas superposition entre la définition chrétienne de la justice sociale et son approche laïque contemporaine.

459 Incluse dans la théologie morale catholique, la philosophie thomasienne a nourri la doctrine sociale de l'Église remise au goût du siècle par Léon XIII dès 1879 avec l'encycl. *Æterni Patris*, puis, en 1891, avec l'encycl. *Rerum novarum.*

460 Cf. Considérations *chrétiennes de saint Paul aux temps actuels*, Paris, Boutique de l'Histoire éd., 2009.

461 Cf. PIE XI, *Encycl. Div. Redemp.,* 51. Cf. st T. D'AQUIN, *De Regno, liv. I*, chap. 2 : « Le bien commun tend essentiellement et en dernier lieu au perfectionnement des membres y participant. » Toute société est au service de la personne humaine, laquelle doit servir le(s) bien(s) commun(s) des sociétés qui l'insèrent.

bénéficier. Saint Thomas d'Aquin avait fait du service du bien commun la fonction essentielle du pouvoir politique : légiférer conformément à la justice, faire respecter les lois, corriger les dysfonctionnements en cas de crise… Les exigences dudit bien fixent les règles de la justice sociale, laquelle est génératrice de paix.

Le bien commun s'oppose à ce qu'une catégorie d'acteurs économiques en appauvrisse une autre[462]. Il y va de la sauvegarde de la concorde et de la cohésion sociales, ainsi que de la paix qui requiert la juste participation de tous aux biens de la planète[463]. La nature du bien commun fait considérer sa primauté sur le bien particulier ; les intérêts privés et ceux des groupes doivent être subordonnés au du pays dont l'État a la charge, et que le législateur doit servir ; faute de quoi la société se disloque. Parce que les nécessités du bien commun dictent les mesures de justice sociale - qui considère les parties par rapport au tout en vue du bien commun - à prendre, il incombe à l'autorité publique, non de combler indéfiniment le déficit de justice dans la société, mais de (r)établir la justice. L'État ne peut sacrifier au marché le respect de la justice commutative : il ne saurait cautionner que des intérêts particuliers ou regroupés faussent la concurrence, que des groupes de pression dénaturent la justice distributive[464], que la loi du plus fort bafoue la justice générale ou légale. Outre la sauvegarde de biens particuliers nécessaires aux populations, celle du bien commun en dépend.

La permanence du bien commun exige donc des lois et règles de justice générale et particulière, ainsi que des rapports spécifiques, en temps nécessaire et ciblé, aux plus démunis de la société. Le devoir de justice sociale relie à la loi naturelle qui oblige à vouloir le bien de ses semblables, à ne pas se désintéresser d'eux lorsque l'on a soi-même le superflu ; et même avant[465]. Certes, les conditions matérielles de la vie n'ont jamais constitué la quintessence des réflexions spirituelles, mais comment ne pas s'interroger sur l'avenir d'hommes et de femmes en souffrance, souffrance qu'impliquent pour la multitude les injustes relations économiques pratiquées sur l'actuel marché mondial, lesquelles mettent en péril biens particuliers et biens communs. Ce serait oublier que, sans efficace volonté de justice dans la société, tout bien commun se délité jusqu'à disparaitre ; sans justice dans la société, il n'y a plus de bien commun, sans bien commun, il y a dissociété. Toute société et son bien commun - que servent les lois et règles de justice - sont chevillés au devoir de justice sociale, laquelle lie et subordonne les parties au tout en vue dudit bien.

La justice sociale n'est pas qu'un possible complément à apporter à la classification de la justice, elle transcende la justice stricte - particulière et la justice générale ; elle est le but de chacune d'entre-elles. Le degré de justice (ou d'injustice) atteint dans la société est le résultat de toutes les justices. La justice sociale est celle qui permet à chacun des membres de la société d'exercer ses fonctions personnelles et sociales. Il appartient à l'État - gardien et garant de justice - de dire et faire respecter les principes et règles de justice particulière (commutative, distributive) et

---

[462] Autant d'exigences à prendre en compte par ceux qui fixent la part de revenus à attribuer aux responsables de la direction des entreprises, aux fournisseurs de capitaux, aux exécutants.

[463] Branko MILANOVIC, économiste serbo-américain de la Banque Mondiale, plaide pour une « réallocation mondiale du travail ».

[464] Une étude de la justice distributive - traditionnellement assimilée à la récompense au mérite - complèterait celle de la justice commutative au moment où des rapports d'argent et d'influence (*lobbying*) vont bon train dans la société.

[465] St. T. d'AQUIN, *op. cit.*, q. 66, a. 2-4 ; q. 3, a. 5-6.

générale ou légale, puis de répondre, au nom de la « justice sociale » à des urgences venues mettre en péril la cohésion sociale. Lorsque défaillent les institutions et les particuliers, les situations de détresse se multiplient dans la société ; afin de combler les déficits de justice stricte, l'État est qualifié, sous la forme et dans la mesure que demande le bien commun justement compris pour agir ; appel est fait à l'épikie[466] pour corriger. De nature morale et caractère pragmatique, la justice sociale fait assurer la survie des pauvres, les autorités publiques imposant aux membres de la société tout ce qui est nécessaire au bien commun dont la paix sociale fait partie ; les citoyens sont tenus de se conformer aux réalistes lois édictées en la circonstance, c'est pour eux une obligation de justice[467].

Pour autant, la justice sociale ne consiste pas seulement à assurer la survie des pauvres en comblant indéfiniment le déficit de justice. Ce n'est qu'en cas d'urgence et ponctuellement, que les nécessités du bien commun fixent les correctifs de justice du bien commun fixent les correctifs de justice sociale. Justice sociale et bien commun ont partie liée. Donner aux uns pour que d'autres se dérobent toujours davantage aux obligations de la justice particulière et générale, c'est penser qu'une société peut exister durablement sans justice. Or les déficits de justice - particulière mais aussi générale - conduisent, tôt ou tard, les détenteurs de l'autorité politique à reconnaître l'obligation de la société envers ses membres. La justice sociale n'est pas le correctif permanent des inégalités suscitées par de galopantes injustices légalement orchestrées et que personne ne songe à éradiquer[468]. Il appartient aux autorités publiques, non de combler indéfiniment le déficit de justice, mais de (r)établir la justice tant générale que particulière, puis d'en faire respecter lois et règles. La sauvegarde du bien commun en dépend, et celui-ci exige plus que des attentions spécifiques, en temps nécessaire et ciblés, aux plus démunis de la société. Légiférer pour (r)établir et faire respecter tant la justice légale ou générale que le justice particulière (et donc commutative), en réparer des déficits épisodiques avec des mesures très ponctuelles de justice sociale, voilà le grand défi lancé aux responsables politiques - à tous les niveaux du Pouvoir -.

Penser la justice sociale non dans l'instant mais dans la durée fait considérer la (re)construction du tissu social sur fond de justice réglant les actes de la vie quotidienne. Ce qui conduit à rétablir légalement le principe de justice partout où il fait défaut ; reconnu par la loi, son respect imprègne les institutions publiques ainsi que les structures économiques, sociales, culturelles, qu'il s'agisse de Nations ou d'Unions. Dans une société acquise à l'exigence de justice sociale, l'économie ouverte au marché est régie par le principe de l'égalité entre choses échangées (justice particulière commutative). Tout en sachant que la justice sociale coïncide avec une justice légale parfaite, il faudrait, en langage thomasien, que la vertu inspire les rédacteurs du droit sur lesquels veillent des magistrats exemplaires, et qu'appliquent des citoyens loyaux ; les changements induits dans les comportements des hommes feraient de ces derniers des personnes responsables de leurs actes.

---

466 *Epieikeia,* intelligence dans l'application des lois, dite aussi équité, assimilée au bon sens.

467 Obligation revêtue d'un caractère sacré en vertu de la loi évangélique, cf. St. T. d'AQUIN, *op. cit.,* q. 32, a. 5-6.

468 Les politiques de réduction des inégalités visent sous nos yeux à empêcher la rupture sociale qui chamboulerait l'activité économique (cf. J. STIGLITZ, *Le Prix de l'inégalité*, Paris, LLL, 2012) ; cela ne saurait être confondu avec le devoir chrétien de justice sociale.

Chapitre 14

Pratique. Retrouver le sens des réalités. Justices et sauvegarde du bien commun temporel

Les réalités de ce monde sont approchées depuis des millénaires. La terre appartient à tous les hommes ; le nier c'est préférer la guerre à la paix ; entre la civilisation et la barbarie, c'est la morale en acte qui fait la différence, une morale où les vertus publiques et les vertus personnelles poussent à la recherche d'une juste solution à des questions humaines et sociales. Une morale selon laquelle l'intérêt des uns ne passe pas avant celui des autres, une morale où le bien particulier ne se réalise pas contre le bien commun, une morale où la liberté individuelle n'outrage aucune des justices car toutes concourent ensemble à la justice sociale.

Celle-là même dont les règles sont dictées par les nécessités du bien commun dont la paix est l'une des composantes. Examiner et chercher à résoudre les problèmes de société, c'est servir la paix. Le désir de paix sociale garante de stabilité publique anime un projet qui nourrit - ou devrait nourrir - de façon récurrente, conduites personnelles et politiques nationales ou supranationales. Aujourd'hui comme hier, un tel projet inspire ceux qui accomplissement leurs devoirs réciproques dans le respect des droits de chacun ; la sécurité des personnes et des biens en dépend. Cependant, cela ne saurait suffire à assurer la cohésion sociale dont le degré de force reflète le degré de justice à l'œuvre dans la société, témoin du niveau de concorde civile.

La concorde et la cohésion sociales sont communément les fruits des lois de justice générale et les règles de justice particulière

Aussi vieux que le monde, les dangers de conflits à l'intérieur d'un pays ou entre nations ont, par-delà les contingences matérielles qui les accompagnent, des causes profondes immatérielles depuis longtemps analysées par des philosophes de l'Antiquité et des théologiens chrétiens ; la justice entretient, en écartant ce qui leur fait obstacle, la concorde, la cohésion et la paix peut-on conclure en les lisant. Une façon de rappeler Isaïe[469] qui avait déjà affirmé que la paix résulte de la justice, et Héraclite[470]

---

[469] Isaïe (VIIIe-VIIe s. av. J.-C.) ; « l'œuvre de la justice sera la paix, le fruit de la justice sera le repos et la sécurité pour toujours », 32, 17.

[470] Héraclite d'Éphèse, -544 (?) / -480 (?), philosophe grec.

qui, cinq siècles avant notre ère, avait fait de la galopante injustice la promesse de chaos social.

Aujourd'hui comme hier, composante du bien commun, la paix[471] n'est-elle pas, comme le disait saint Thomas, « la tranquillité de l'ordre dans l'union des volontés[472] » ? De multiples fils la tissent, mais d'injustes relations économiques la fracassent. Quand l'argent se fait but - et non plus seul intermédiaire - de l'échange, intérêts privés et bien commun sont incompatibles. Là où triomphe l'arbitraire de l'intérêt individuel, il ne saurait y avoir respect de normes morales qui, reconnues nécessaires, s'imposeraient à tous. La concurrence effrénée tend à comprimer les prix aux dépens du salaire et du bénéfice légitimes, et en faveur du gain spéculatif.

Bluff et forfanterie n'ont que trop duré

Le *bluff* qui consiste à dire que toute règle commerciale autre que l'absence de règle fausse la concurrence, n'a que trop duré ; nul n'a jamais pu constater de concurrence pure et parfaite sur un marché où l'absence de règle et de contrôle pousse à des pratiques frauduleuses[473], lesquelles faussent assurément la concurrence… L'affirmation que l'égalité des chances est à l'œuvre sur le marché libre-concurrentiel n'est que forfanterie ! Le principe d'utilité économique n'épuise pas à lui seul le principe de réalité sociale : tout objectif de justice sociale est fugitif en l'absence de justice dans les transactions économiques abandonnées à de cupides convoitises.

Il a été explicité combien l'économie de marché laisser-fairiste fait obstacle au respect de l'irréfragable devoir de justice sociale, lequel fait considérer que la liberté de supprimer toutes les règles est contraire à la sauvegarde de tout bien commun.

Insérées dans la logique du bien commun, liberté de l'accès à l'échange et justice sont compatibles : la justice générale régit les relations de chacun avec les autres saisis comme un tout ; elle a pour instrument la loi, laquelle ne sert ni individus ni groupes d'individus ou de pression. Lois et règles

---

[471] Les qualificatifs « civile », « internationale », « universelle » diversifient les périmètres de la paix ainsi que celles du bien commun concerné.

[472] St. T. d'AQUIN, *Som. de théo.*, *IIa IIae*, q. 29 « *De la paix* », a. 3, ad 3 ; il poursuit : « la paix est l'œuvre de la justice d'une manière indirecte, en ce sens que la justice écarte les obstacles à la paix (tels que les torts, les dommages). La paix est directement l'œuvre de la charité parce que, de sa nature propre, la charité produit la paix. L'amour est en effet une force unitive ; et la paix est l'union des cœurs et des volontés. » Cf. st. AUGUSTIN, *De civitate Dei,* liv. 19, chap. 13.

[473] St. T. d'AQUIN, *op. cit.*, q. 77 *« De la fraude que l'on commet dans les achats et ventes, de l'usure qui se pratique sur les prêts, moyens pour s'enrichir aux dépens des autres dans les échanges volontaires ».* L'Aquinate a vilipendé la fraude autant que l'usure, deux pratiques contraires aux légitimes intérêts des personnes victimes de transactions véreuses ou de contrats abusifs. La fraude consiste à acheter une chose moins cher qu'elle ne vaut ; ou la vendre plus qu'elle ne vaut, soit parce qu'elle n'est pas ce qu'elle paraît, soit en vue d'un gain démesuré.

communes sont conformes à des principes moraux considérés comme intangibles ; éthique et politique vont l'amble, n'en déplaise à ceux qui l'ont aujourd'hui oublié.

« Liberté de l'échange » signifie que chacun peut accéder à l'échange

Depuis des décennies[474], beaucoup d'inégalités sociales sont générées, dans le monde ainsi qu'à l'intérieur des pays, par d'injustes rapports de marché. Ceux qui, en ce début du troisième millénaire, n'ont plus que leur force de travail pour construire leur avenir et celui de leur famille sont en quête de nouveaux repères ; leur patience s'épuise dans les successives trahisons des promesses qui leur sont faites. Face au scandale des disparités criantes faisant que les riches deviennent toujours plus riches alors que la pauvreté peine à être éradiquée sur certains continents[475], des tentatives partielles de « démondialisation » ne suffiraient pas à régler les problèmes majeurs qui se posent à l'échelle planétaire; critiquer la concurrence déloyale n'est pas plaider en faveur d'une économie administrée par le seul État (dite aussi « économie socialisée ») ; elle aurait tôt fait d'accélérer la spirale des déceptions. Des lois nationales seraient d'autant plus insuffisantes que les puissances financières et économiques échappent au contrôle des citoyens… Le retour à un protectionnisme dépourvu de mobiles moraux ne serait pas nécessairement bienfaisant.

Penser qu'exclus, marginalisés, exploités sont toujours trop nombreux fait œuvrer pour une économie dont la raison d'être est de servir tous les hommes et toutes les femmes qui composent la société où elle est mise en œuvre. C'est cheviller les règles économiques à la justice, c'est-à-dire renouer avec la morale authentique. Une façon sûre de respecter en l'homme le sujet, et non en faire l'objet de l'économie. Réglée par des acteurs responsables sous le contrôle de l'autorité publique légitime, la société de marché libre est compatible avec le respect du travailleur. Garantir à l'homme sa liberté, laquelle se décline sous plusieurs formes, suppose de s'adresser à un homme responsable, en mesure de gérer ses activités compte tenu des intérêts personnels et communs ; tout sujet a des droits lorsqu'il accomplit ses devoirs.

---

[474] La dimension « économique » donnée à l'organisation occidentale et, par-delà, mondiale au cours des décennies 1945-2018, est à même de faire ressortir, outre les dysfonctionnements matériels qui affectent ladite organisation, les carences morales qui la sous-tendent et les menaces qui en résultent tant pour la paix sociale à l'intérieur des Nations que pour la paix internationale.

[475] Il y a déjà des décennies que Les papes Paul VI et st Jean-Paul II ont tour à tour interpelé leurs contemporains sur « l'ampleur du drame, et de l'urgence de l'œuvre à accomplir ». Cf. PAUL VI, *Populorum progressio, Lettre encycl. sur le développement des peuples, 1967,* 3. St. JEAN-PAUL II, *Lettre encycl. sur la paix sociale, la paix des peuples à l'occasion du vingtième anniversaire de l'encycl. Populorum progressio,* 1987. Éd. Consultée : *La Paix sociale, la paix des peuples,* Paris, Bruxelles, Librairie Pierre Téqui, 1988.

Il a longtemps été conseillé aux acteurs économiques d'être raisonnables en matière de salaires ou de bénéfices à la production ; aux consommateurs d'être regardants sur la qualité requise pour les produits proposés ; aux États d'être vigilants à ce que le travail ne se raréfie pas, à se montrer pondérés dans les prélèvements qu'ils opèrent. Tant pis si cela scandalise ceux qui font de toute intervention professionnelle et étatique une cause de concurrence faussée. La concurrence non faussée est bien celle qui respecte les règles d'un marché utile aux populations, n'en déplaise aux contempteurs de toute autorité.

Impliquant quelque concurrence de bon aloi, la liberté d'accéder à l'échange n'est pas incompatible avec le juste échange. Sans aucun doute, contenue dans de raisonnables et justes limites, la liberté de l'échange est-elle chose légitime et utile. Comme la liberté d'accéder à l'échange, la liberté d'entreprendre doit servir chacun des acteurs de l'économie, au niveau de responsabilité qui est le sien.

L'idée d'une éthique de l'entreprise a refait surface en France, avec ses trois principes indissociables : contribution au bien commun, engagements réciproques des employeurs et des employés, solidarité en cas de besoin. Une mobilisation pour l'emploi porterait assurément ses fruits avec un regain de considération pour les véritables ressources locales, ainsi qu'avec la mise en œuvre d'une « participation » active à la vie et aux réussites des entreprises. Le « gagner plus » s'honore d'un « être plus » lorsque la dimension spirituelle du travail retrouve son envergure.

Veiller à l'harmonieuse coordination de toutes les composantes sociales, tel est l'une des principales fonctions de l'État gardien du bien commun et garant de paix sociale. Dans l'actualité, l'Union Européenne[476] et l'Organisation Mondiale du Commerce ne répondent pas à de tels objectifs ; des productions et des échanges à caractère planétaire pourraient impliquer des organismes internationaux d'orientation et de contrôle mus par des principes autres que le profit financier. Faire respecter, tant que faire se peut, le principe d'un rapport de justice commutative entre acteurs du marché dans le domaine économique, avec l'objectif de ne pas répandre la pauvreté, passe par de justes salaires et justes bénéfices, justes prix.

Avec la mise en exergue de la portée morale des relations économiques, le temps est venu d'une réflexion approfondie sur le sens de l'économie et de ses fins[477].

---

[476] Pour l'heure, l'Union Européenne (UE) n'est pas soucieuse de justice dans l'échange, et abandonne la justice sociale au bon vouloir de chacun des États-membres.

[477] BENOÎT XVI, *Encycl. Caritas in veritate,* 2009, 23, 33, 36, 37.

L'activité économique a été historiquement compatible avec des règles de justice entre les hommes

Fernand Braudel a étudié en profondeur des villes d'Europe (Venise, Bruges, Anvers, Amsterdam, et autres cités[478]) ayant constitué, plus ou moins précocement dans l'Europe chrétienne, des lieux propices à la finance[479]; il n'en a pas pour autant fait l'avant-garde d'un « système-monde » dont les mailles se seraient resserrées lors des siècles suivants[480].

L'explication braudélienne de la puissance marchande et financière à travers siècles et pays

A la différence de nombre de ses collègues, Fernand Braudel n'a pas lié à la phase industrielle de l'économie européenne le développement du capitalisme : entraîné à débusquer les causes des faits historiques dans les profondeurs de la multiséculaire sinon multimillénaire histoire sociale européenne mais aussi mondiale, c'est par l'histoire des hommes et non par la science économique, qu'il explique l'économie.

Là est sa féconde originalité, laquelle se décline en deux parties aux siècles qu'il étudie : il n'y a pas une économie, il y a des économies ; et celles-ci ne se succèdent pas dans le temps long, elles se superposent quelle que soit l'époque dès lors que sont réunies les conditions d'expansion d'une « économie-monde ». Et ces conditions sont d'ordre financier : stocks de métaux précieux, circulation de monnaies fiduciaires (dont les lettres de change), présence de négociants et changeurs. Au ras du sol, se trouve et se maintient une quotidienne civilisation matérielle, celle qui fait manger et vivre les populations (premier étage économique), non sans alimenter étals des marchés, ateliers artisanaux et maisons de commerce (deuxième étage économique ou économie de marché). Au-dessus de ces deux étages de la production et de l'échange, l'un de la petite exploitation agricole, l'autre de la production artisanale s'écoulant dans les boutiques, se laisse découvrir, lorsqu'il s'est successivement constitué en quelques villes de l'Europe chrétienne, le troisième étage, celui du monde des affaires en vue de

---

478 Fernand BRAUDEL, *Civilisation matérielle, Économie et Capitalisme, XVe-XVIIIe s.*, Paris, A. Colin, 1967 (vol. 1, 1979, vol. 2 et 3). *La Dynamique du capitalisme,* Paris, Champs Flammarion, 1985. Cf. *supra*, chap. 7, annexe 14 « Autrefois dite chrématistique ou économie spéculative… »

479 La racine latine des mots médiévaux « finance » (1283), « financer » et « financier » (1420), est « *finer* » (payer).

480 Le sociologue américain Immanuel WALLENSTEIN (*Comprendre le monde. Introduction à l'analyse des systèmes-monde,* Paris, la Découverte, 2006) outrepasse la pensée de Braudel, historien des siècles où la succession des « économies-monde » n'a pas tissé la toile d'une économie de marché globalisée. De même, le concept d'économie-monde de Fernand Braudel ne se superpose pas, au terme d'une sérieuse analyse critique, à celui de globalisation économique cher à Jacques Attali : les cités organisatrices « d'économies-monde » n'ont pas épuisé les voisines économies territoriales, elles ne jouaient pas sur le même registre.

l'accumulation du capital. Économie de marché et capitalisme ne se confondent pas, leurs acteurs n'opèrent pas dans la même catégorie !

En rupture d'explication marxiste de l'histoire privilégiant le passage de l'âge agro-féodal à l'âge industrialo-financier, l'historien comprend que le capitalisme n'est pas le produit des révolutions économiques du monde contemporain, qu'il est repérable à chaque époque et ce dès l'Antiquité tant occidentale qu'orientale, dès lors que se déploient librement les calculs financiers et les hommes d'affaires qui les font, que ce soit à Athènes, Rome, Venise, Amsterdam.... Londres, New-York ou Hong-Kong !

L'historien comprend aussi que ce troisième étage de financiers et négociants se comptant en petit nombre n'irrigue pas sans dommage les deux étages précédents de l'économie agro-artisano-marchande présents là où s'exercent les « jeux de l'échange » : après avoir mis certains secteurs-choisis à son service, il les ravage aussitôt avoir trouvé ailleurs marchandises et clients. Entre-temps, terres, immeubles et épargnes ont changé de mains, l'effondrement matériel des espaces délaissés et le déplacement géographie des économies-monde et de leurs respectives villes-moteur dans le temps s'imposent à la vue de tous !

Ainsi Braudel a-t-il défini les successives « économies-monde » comme des unités autonomes, chacune étant portée par son propre dynamisme. Aux temps modernes, les « jeux de l'échange » orchestrés par la baguette financière se font à « l'étage supérieur et étroit » des composantes économiques, celui de la ville tentaculaire où s'animent les acteurs des économies spéculatives[481], où affluent informations, marchandises, capitaux ; plus on s'éloigne des périphéries ou marges de ces villes d'exception, perdurent des marchés alimentés par les économies territoriales et leurs acteurs... autrement dit les « étages d'en-dessous » vivent leur vie tant qu'ils ne sont pas mis dans la dépendance de l'étage du monde des financiers-marchands et négociants fabricants.

Que les populations des cités et États concernées aient momentanément tiré quelque fructueux parti du vrombissement des transactions, ceci est incontestable, mais que les déconvenues aient été d'autant plus amères à vivre, cela est aussi vrai. Car à travers les âges et les continents, et jusqu'à la fin des temps modernes, le capitalisme citadin du troisième étage braudélien n'est pas le prolongement de l'économie de marché développée sur les territoires des deux premiers étages : la règle du « tout s'achète, tout se vend » condamne la durée sociale.

L'analyste du temps long des sociétés et des diverses échelles spatiales du marché a pris soin de souligner, n'en déplaise aux idéologues, que, au cours de la période étudiée (XV-XVIIIe siècle), l'économie gérée « en bon père

---

481 Chercher à réaliser du profit sur des produits vendus au loin plutôt que de répondre aux besoins de l'économie locale.

de famille », dite en l'occurrence « territoriale », et l'économie financière qualifiée de « spéculative » ne concernent les mêmes types de marché.

Un démenti est de la sorte infligé à ceux qui inscrivent au cœur du Moyen-Âge les prémisses de la présente et mondiale économie financière de marché. Prémisses qu'il faut aller chercher dans l'antiquité gréco-romaine et sa chrématistique, si ce n'est dans l'encore plus précoce antiquité orientale comme le savaient Aristote sinon Hérodote.

Si nouveauté contemporaine il y a, depuis la fin du vingtième siècle et plus encore que lors de la « belle époque » antérieure à la guerre mondiale de 1914-18, c'est une question de degré dans l'expansion et la densification de la globalisation financière. Laquelle provoque la destruction simultanée des économies territoriales mises au service d'une mondiale économie de marché devenue synonyme d'économie spéculative. Avec le déploiement planétaire de l'économie financière de marché, et la domination exercée sur les producteurs, le client se trouve dans l'obligation de faire avec ce qu'il trouve dans le commerce. Toujours international qu'il soit marchand, industriel ou financier, le capitalisme dévitalise les économies restées au service des populations locales qui les développent à la sueur de leur front ; il ne leur reste plus qu'à s'adapter ou aller chercher ailleurs leur pitance quotidienne.

Parce que l'historien en réfère dans ses explications, non à de superficielles écumes mais à des mouvements de fond, il oppose aux rapaces comportements sans-frontières de la finance, les lois et règles de la petite production marchande[482], le respect desdites normes quotidiennes de l'échange faisant que la mesure du « juste dû » à chacun se fasse dans le respect d'un droit conforme aux sages aspirations des hommes.

Réconcilier liberté et justice

L'idéologie libérale a originellement rompu avec l'exigence de justice dans les relations économiques, et s'est imposée en dénaturant la « liberté » devenue synonyme de licence (laissez-faire, laissez-passer)[483]. Fermés au caractère social et moral de l'activité économique, les héritiers d'Adam Smith ont réussi à pervertir la liberté de pratiquer l'échange commercial en licence de ne pas respecter l'équivalence des parties en présence. Depuis, les zélateurs de la liberté économique s'opposent à toute idée de justice

---

[482] Cf. G. GAVIGNAUD, « Viticulture et propriété : du libéralisme à la coopération », *in Le Capitalisme français* XIX*e*- XX*e* *s. Blocages et dynamique d'une croissance, Hommage à Jean Bouvier,* sous la dir. de Patrick FRIDENSON et André STRAUS, Paris, Fayard, 1987, p. 355-366. Cf. aussi « À propos des voies de passage de l'agriculture paysanne à l'agriculture capitaliste », *Le Mouvement Social*, Paris, Les Éd. Sociales, 1978, n° 104, p. 31- 42. Texte republié par Michel PIGENET et Gilles PÉCOUT (dir.) *in Campagnes et Sociétés en Europe, 1830-1930,* Paris, Éd. de l'Atelier, 2005, p. 25-36.

[483] Cf. *Marchés sans justice, ruines sociales. Refonder les libertés économiques sur la justice,* Paris, Les Indes Savantes/ LBH, 2013.

commerciale autre que celle qui préside au respect des contrats et de la législation contre la fraude, clause nécessaire mais insuffisant garde-fou moral face à la cupidité des hommes.

Il est difficile de faire entendre qu'il n'en a pas toujours été ainsi, car les thuriféraires du laisser-fairisme rendent mensongèrement synonymes « économie financière de marché » et « économie de marché », avant de désigner fallacieusement l'économie administrée par l'État, si ce n'est l'économie collectiviste comme seules alternatives possibles à l'économie marchande financiarisée et mondialisée. Combattre tant l'égoïste élitisme et la misère sociale accrochés au laisser-fairisme, que les atteintes faites à la personne par une toute-puissance collective, c'est ne pas oublier qu'une société plus juste est possible. Repérée en d'autres temps sous sa forme loyale et cohérente, l'économie de marché opposable au déloyal marché laisser-fairiste s'avère intéressante à considérer.

Les historiens savent que s'il est toujours possible de mieux faire aujourd'hui que hier, économie de marché et laisser-fairisme commercial en vue du seul profit particulier ne sont pas à confondre. Ce n'est pas l'échange en soi qui induit contrainte ou exploitation pour les uns, faveur et enrichissement pour les autres ; c'est la conception laxiste de l'échange qui suscite des abus. La liberté de pratiquer l'échange n'implique pas la concurrence laisser-fairiste inapte à servir de norme régulatrice à la vie économique. Adhérer à l'économie de marché n'impose pas de tout sacrifier au profit, de laisser les puissances financières régler la vie économique et sociale, selon ses seuls intérêts.

La responsabilité du dévoiement de l'économie de marché incombe bel et bien à ceux qui conçoivent et développent une économie de marché en rupture avec la justice, c'est-à-dire avec la morale - traditionnelle - ; telle qu'elle est comprise aujourd'hui, la liberté économique s'oppose à toute idée de limitation ; elle est porteuse d'excès en tout genre.

Justice et morale ne sont pas incompatibles avec la liberté de commercer bien comprise. Liberté n'est pas licence. Il découle de ces considérations que la liberté économique (droit à l'initiative, à la propriété de l'entreprise, à l'accès au marché) est respectable en tant qu'élément de la liberté humaine ; elle cesse de l'être lorsqu'elle refuse toute borne, et qu'elle légitime des actions déshumanisantes.

La « liberté » qui tolère, voire suscite les détournements de valeur privant le travailleur des fruits légitimes de son travail[484], doit être qualifiée d'injuste puisque source de misère imméritée. La liberté économique est inconcevable

---

484 Tandis qu'une avalanche de règlementations administrative concerne les secteurs du travail, de la production, de l'alimentation …, la dérèglementation du marché se fait au nom de la concurrence libre non faussée (sic !) : le poids de la norme dont s'exonèrent les maîtres du marché contraint au maximum les producteurs français et européens.

sans le respect du droit de chacun de participer au travail de mise en valeur des richesses de la planète, et d'en tirer dignement sa subsistance et celle de ses proches, c'est-à-dire la satisfaction des besoins essentiels de chacun et de tous.

Cette forme de liberté économique implique d'efficaces interventions régulatrices[485] selon le principe de subsidiarité, et conformément aux nécessités du bien commun ; elle est inséparable sans la solidarité requise par les nécessiteux. Au cours des siècles médiévaux et modernes, la France laborieuse a disposé de cadres (familles, communautés, corporations de métiers[486]) soucieux, par-delà les biens particuliers, du bien commun.

Sans doute faut-il souligner que le devoir de solidarité vient après celui de justice : sans l'exigence de complète justice économique, la solidarité ne peut se révéler efficace à combler les brèches par où s'engouffrent les injustices et abus de tous ordres, y compris la surconsommation des riches et la pollution de la terre.

La nécessaire solidarité à développer entre les hommes est celle qu'imposent les inévitables accidents de la vie ; la solidarité n'a pas à combler les dysfonctionnements structurels entretenus par d'injustes rapports économiques toujours croissants ; elle ne pourrait y parvenir durablement. Tout effort de justice sociale est fugitif en l'absence de justice dans les relations économique, cela a été explicité précédemment.

Justes prix, salaire, bénéfice, expressions de la justice commutative dans l'échange (« juste échange », « bon échange »)

L'économie d'un pays ne saurait se résumer au choix des seuls secteurs les plus rentables, en l'occurrence, dans la France des années 2000-2020, les valeurs financières, les produits de luxe ou à haute valeur ajoutée (y compris la valeur « émotionnelle »), le tourisme…

Le travail est premier par rapport au capital, et la justice économique est première par rapport à la liberté de l'échange ; comme le respect de la justice publique conditionne la liberté des citoyens, la justice de l'échange prélude à la liberté d'accéder à l'échange. Le prix du marché ne doit pas contrevenir à la justice. Autrement dit, la loyauté de l'échange exige la fin de la concurrence faussée entre bassins de production, ainsi que la disparition des prix et salaires de misère alignés sur les niveaux les plus bas pratiqués à l'échelle mondiale, et autres fraudes. C'est en effet en termes de prix et de

---

[485] L'économie loyalement ouverte au marché conditionne les libertés économiques au degré nécessaire d'organisation professionnelle apte à défendre les légitimes intérêts sous l'arbitrage de l'État, conformément au principe de subsidiarité (ne pas enlever aux particuliers, pour les transférer à la communauté, les attributions dont ils sont capables de s'acquitter par eux-mêmes) qui s'exerce de la base au sommet.

[486] Cf. *infra,* fin de ce chap. 14, annexe 24 « Économie ouverte au marché, organisation professionnelle ». Cf. aussi G. GAVIGNAUD-FONTAINE, G. LARGUIER *et alii, Corps intermédiaires marchands et vignerons en Languedoc 1704-1939,* Perpignan, PUP, 2016.

qualité que se concrétise le juste échange dans une économie de marché à vocation humaine.

Échanger son travail et les produits de son travail contre de l'argent, et vice-versa n'est pas jouer au casino. Les lois financières, fiscales, salariales, sociales, environnementales… ayant des incidences sur les actes économiques entre particuliers sont autant de « règles du jeu » invitant chacun à se comporter loyalement avec ses partenaires : producteurs et salariés, marchands et consommateurs, et non permettre aux uns de privilégier leurs intérêts.

La justice impose à ceux qui veulent être mis en présence sur les marchés de respecter les mêmes lois, d'assumer des charges sociales, fiscales comparables (justice générale ou légale). Établir des règles justes, et les faire respecter par de loyaux comportements dans les opérations de production et d'échange est du ressort, conformément au principe de subsidiarité, des autorités compétentes en la matière.

Il appartient à chacun des acteurs de terrain, à leurs regroupements[487], aux autorités nationales et internationales, conformément au principe de subsidiarité, de collaborer solidairement[488] à l'établissement de la justice requise par et pour le bien commun temporel ; les initiatives des autorités supérieures dans la réalisation de la justice sociale seraient inefficaces sans les vertus personnelles de chacun des acteurs.

Producteurs, intermédiaires et consommateurs font du prix leur baromètre quotidien ; en dépendent, pour les patrons, l'investissement de capitaux, les frais divers engagés, le bénéfice ; et pour les ouvriers, le salaire. Les « justes » ou « bons » prix, salaires[489] et bénéfices déclinent la justice particulière commutative qui fait donner à chacun des partenaires du marché la part qui lui revient. L'ouvrier doit être traité comme un partenaire dont l'existence dépend du salaire qui lui est versé. Le salaire ne saurait se laisser réduire ni à un caprice quelconque d'entrepreneur, ni à la seule loi du marché laisser-fairiste que fonde le libre jeu de la concurrence et des prix. Une rémunération décente exprime la reconnaissance du travail honnête effectué par une personne entretenant sa vie par son travail, et plus encore, s'il est pensé que le salaire doive permettre au travailleur d'accomplir aussi ses devoirs familiaux, sociaux, spirituels.

---

[487] Cf., *Le Cours des vins en Catalogne et Languedoc-Roussillon. Fluctuations et portée des prix dans le temps long de l'histoire,* Textes réunis par G. GAVIGNAUD-FONTAINE, Actes de la Journée d'étude CRISES (EA 4424, Univ. Montp. III, 2011), Toulouse, *Annales du Midi*, n° 281, janv.-mars 2013.

[488] La solidarité est mise en avant par les papes Pie XII, Paul VI (« une justice sociale intégrale et solidaire »).

[489] La « juste » rétribution du travail doit être conforme au respect du travail effectué ; ni trop faibles ni trop élevés, les salaires doivent permettre au plus grand nombre de louer leurs services ; d'excessives protections génèrent des critiques pouvant détruire de légitimes acquis…

Le juste salaire[490] rétribue le travail fourni, conformément aux besoins légitimes de l'ouvrier ; de même, le juste bénéfice n'est pas à confondre avec le rapace profit. La complémentarité entre, d'une part l'investissement - en travail et en moyens - effectué par le producteur et l'intermédiaire, et d'autre part l'utilité pour le consommateur, pousse à instaurer un rapport de justice dont le « juste prix » est l'expression.

Prix et cohésion sociale

Évoquer la justice commutative dans l'échange conduit à parler du prix.

Le prix est réputé « juste », et dit « social » lorsqu'il résulte de la transaction qui prend en compte l'estimation des producteurs, l'estimation des acheteurs qui considèrent l'utilité du produit, et l'estimation des intermédiaires quant à leur commission. Conforme aux attentes de chacun des partenaires, il concourt à la satisfaction de tous - et non d'une seule branche du corps social[491] dans le respect du bien commun. Encore faut-il disposer d'une monnaie sûre[492], et de ne pas servir les intérêts du capital avant les nécessités des populations. Et la convention que fixent les parties entre les bornes communément admises fonde, tant que faire se peut, la justice dans l'échange ; « le marché n'est qu'un ensemble de conventions qui se limitent mutuellement », avait-on coutume de dire. Toute surestimation par l'une des parties ouvre la spirale « hausse des prix » qui finit par faire exploser le *crescendo* inflationniste.

Lorsque la volonté de justice dirige les acteurs économiques, les prix pratiqués sur les marchés expriment, tant que faire se peut, de justes salaires, de justes bénéfices à toutes les étapes de la transaction, et ne lèsent pas les consommateurs. De la sorte, salaires, bénéfices et prix entretiennent une activité humaine chargée d'une valeur et d'une utilité tant personnelles que sociales ; étant aussi rétribués pour leur travail, les consommateurs acceptent de payer leurs achats au « juste prix » ; l'État est moins sollicité pour réparer les déchirures sociales, et se montre plus efficace à répondre à des accidents de la vie, la justice se laissant compléter par la charité laïcisée en solidarité. Justice et solidarité ne s'opposent pas à la liberté qui permet à chacun d'épanouir ses talents au service de tous ; elles nourrissent le bien commun

---

490 L'historiographie française est riche d'analyses concernant les salaires et le droit du travail ; l'auteur s'intéresse à ces questions *in Les Catholiques et l'économie-sociale en France, XIXe et XXe s.*, Paris, Les Indes Savantes/LBH, 2011. Plus rares sont les analyses relatives aux prix de l'échange ; cf. *Marchés sans justice, ruines sociales, op. cit.* Et il va de soi que des « prix de misère » sur les marchés ne permettent pas de répondre aux préoccupations de justice dans le calcul des salaires.

491 Il est intéressant de relever sous la plume de Joseph STIGLITZ, *Le Triomphe de la cupidité*, Paris, LLL, 2010, p. 331, l'expression « juste prix du risque », version non conforme à l'enseignement thomasien.

492 La justice commutative réprouve tout usage de « mauvaise monnaie » chassant la bonne.

La paix sociale est constitutive du bien commun temporel

Le bien commun temporel[493] désigne le bien de chaque société de personnes (famille, profession, nation ou ensemble de nations…) dont il est la raison d'être ; à chaque société de personnes, son bien commun et sa défense.

Le service du bien commun d'une nation relève des pouvoirs publics

Saint Thomas d'Aquin a fait du service du bien commun temporel la fonction essentielle du pouvoir politique : légiférer conformément à la justice, faire respecter les lois, corriger les dysfonctionnements en cas de crise… Le bien commun s'oppose à ce qu'une catégorie d'acteurs économiques en appauvrisse une autre[494]. Les intérêts privés et ceux des groupes doivent être subordonnés au bien commun du pays dont l'État a la charge, et que le législateur doit servir. L'État ne peut donc sacrifier au marché le respect de la justice commutative : il ne saurait cautionner que des intérêts particuliers ou regroupés faussent la concurrence, que des groupes de pression dénaturent la justice distributive[495], que la loi du plus fort bafoue la justice générale ou légale. Outre la sauvegarde de biens particuliers nécessaires aux populations, celle du bien commun en dépend.

Des Unions d'États ont pris le relais des États-Nations[496], les représentants des États et Unions d'États siègent dans des institutions internationales. Autant penser que « les diverses nations devenues étroitement dépendantes dans l'ordre économique ont vocation à tisser la solidarité nécessaire à toute évolution pacifique du monde » ainsi que le disait le pape saint Jean XXIII… en 1963[497]. Encore faudrait-il qu'elles en aient la volonté ! Des institutions à vocation nationale ou supranationale ou internationale auraient disposition, au nom de l'autorité publique, à prévenir l'impitoyable concurrence, à empêcher des intérêts particuliers de bafouer la justice, à faire respecter, subsidiairement et tant que faire se peut, la justice dans les transactions économiques. En France comme dans d'autres Nations et institutions internationales, la justice exigible de nos jours dans les affaires économiques se réduit à l'application des lois et codes du moment, le droit commercial contemporain faisant obligation d'honorer les contrats signés.

Qu'il concerne l'embauche salariale ou l'acte commercial, le respect du

---

493 La doctrine chrétienne fait distinguer le bien commun temporel et le bien commun spirituel qui, pétri d'Enseignement divin, est confié à l'Église pour guider le fidèle vers son salut,

494 Autant d'exigences à prendre en compte par ceux qui fixent la part de revenus à attribuer aux responsables de la direction des entreprises, aux fournisseurs de capitaux, aux exécutants.

495 Une étude de la justice distributive complèterait celle de la justice commutative.

496 Ces institutions supranationales sont des échelons intermédiaires avant les institutions internationales, certains États ont déjà perdu de leurs pouvoirs souverains.

497 St JEAN XXIII, *Pacem in terris, Lettre encycl. sur la paix entre les nations, fondée sur la vérité, la justice, la charité, la liberté,* 1963, Le Seuil, p. 164, 170-179.

contrat signé est requis ; les conflits de travail se règlent devant les prud'hommes[498], les litiges commerciaux devant le tribunal de Commerce, les infractions au droit devant la juridiction pénale compétente. Ainsi la justice a-t-elle pour fonction de sanctionner ce qui n'est pas légal. Au baromètre d'une législation aussi mouvante que les successives majorités politiques françaises et européennes. D'une justice perçue comme procédurière et punitive, nos contemporains savent pouvoir attendre la réparation des torts faits au citoyen lésé dans son droit de propriété, la signature de son contrat, la sécurité de sa personne ou de ses biens…

Posés au monde entier en ce début de vingt-et-unième siècle, les problèmes nécessitent des réponses à la hauteur des défis lancés ; il y va du maintien de la concorde et de la cohésion sociales, ainsi que de la paix qui requiert la juste participation de tous aux biens de la planète[499].

L'économie n'est pas qu'au service des intérêts particuliers, et encore moins des plus cupides d'entre eux

Ayant légitimement à servir chacun de ses acteurs particuliers et leur(s) bien(s) commun(s), l'économie n'a pas vocation à être une mécanique au service des seuls intérêts particuliers, et encore moins des plus cupides pour lesquels elle se fait dévoreuse de liberté et pourvoyeuse d'insupportables misères. En tout temps, les inégalités économiques et sociales excessives entre les membres ou entre les peuples d'une seule famille humaine font scandale, et contreviennent tant à chaque personne humaine qu'à la paix sociale et internationale. Sans efficace esprit de justice, tout bien commun se délite jusqu'à disparaître, et sans biens communs, il y a dissociété.

Il n'appartient donc pas au précaire prix de marché issu de la féroce concurrence de régler les relations entre les hommes ni entre les Nations. La fin de la concurrence des normes[500] contrarierait les indécents comportements que légitime le laisser-fairisme commercial issu d'un outrancier individualisme faisant du marché sans loi l'ordonnateur les relations économiques et internationales.

Afin de régler chaque appétit de richesse sur ce qui lui revient de droit, la volonté de justice pousse à faire régner entre les hommes des rapports fondés sur le respect de l'être et de l'avoir qui sont légitimement ceux de chacun, dans le service du bien commun. La morale qui revêt de justice les relations économiques ne fait pas de l'argent le maître de la vie, de l'homme et de son

[498] Issus du monde du travail et organisés en sections correspondant aux différentes activités économiques, les conseils de prud'hommes règlent les conflits de travail (salaires, congés payés, primes, licenciement individuel) entre employeurs et salariés liés par contrats de travail ou d'apprentissage.

[499] Branko MILANOVIC, économiste serbo-américain de la Banque Mondiale, plaide pour une « réallocation mondiale du travail ».

[500] L'économiste français Christian SAINT-ÉTIENNE plaide pour la suppression de la concurrence des normes.

travail des objets marchands[501], et ne fait pas des mers le cimetière des migrants... Réintroduire le principe de justice dans l'appréciation du travail et l'échange commercial - qui constituent le cœur des relations économiques -, reviendrait à contenir la voracité de cruels partenaires, à protéger les autres des pratiques frauduleuses venues les étrangler.

Certes, toutes les misères du monde ne s'expliquent pas par des dysfonctionnements de marché, si lourds d'effets soient-ils ; même juste, l'échange ne saurait, à lui seul, fonder et garantir la paix tant sociale qu'internationale. Tant de manquements à d'autres justices[502] et impératifs charitables sont en lice… la dimension spirituelle du bien commun rappelle que l'homme ne saurait cantonner son avenir dans la sphère matérielle de l'existence; des solutions purement techniques apportées aux symptômes des crises en cours ne suffiraient pour résoudre efficacement, d'ardues problématiques ; un pouvoir temporel coupé d'essentielles exigences spirituelles unissant les hommes entre eux mettrait en perspective un chimérique bien commun[503]…

Corps et âme en une personne, l'homme produit et consomme pour vivre ; nonobstant, produire et consommer de la matière n'épuise pas le potentiel de la vie ouvert à la croissance spirituelle. Outre de l'élan spirituel, la réaliste philosophie thomasienne comporte bon sens acquis au contact des réalités et multimillénaires leçons de vie, ainsi que cohérence intellectuelle.

Annexe 24. Économie ouverte au marché, organisation professionnelle et État ne s'opposent pas. Rappels historiques

L'histoire a gardé traces de libertés économiques compatibles avec le degré nécessaire d'organisation professionnelle apte à défendre de légitimes droits et intérêts ; compatibles aussi avec le niveau souhaité d'intervention régulatrice de l'État, conformément au principe de subsidiarité qui s'exerce de la base au sommet.

Au sommet, les pouvoirs publics ont une double responsabilité : légaliser la légitime justice particulière fondée sur la morale - traditionnelle -, et répondre au coup par coup à des urgences venues mettre en péril la cohésion sociale. Entre ravages de la « vie chère » et dévastations de l'exclusion par le chômage, la marge de manœuvre est étroite ; l'histoire enseigne que la fixation de tous les prix par les seuls pouvoirs publics provoque rapidement de graves désordres, généralement dénoncés par ceux qui les subissent à leur tour. Il appartient aux pouvoirs publics d'arbitrer, sans tracasseries inutiles, au service de chacun et de tous : les

[501] Pour « l'ordre marchand », cf. les propos de Jacques ATTALI, *Une Brève histoire de l'avenir,* Paris, Fayard, 2006. Selon lui, le futur gouvernement mondial pourrait avoir pour « cœur » « Jérusalem devenue capitale planétaire de l'ensemble des démocraties de marché, ou capitale d'une démocratie de marché planétaire » (p. 238-239).

[502] La justice particulière distributive - dont il faudrait faire une étude approfondie - s'enraye en faveur des groupes de pression lorsque ceux-ci parasitent l'État, lequel ne tarde pas à devenir l'ombre de lui-même, un État fantoche, impuissant à rétablir la justice générale et la justice particulière.

[503] « Une vraie collaboration de tous en vue du bien commun » ne s'établit pas en l'absence de liens spirituels écrivait PIE XI, *Encycl. Quadragesimo anno*, 148.

producteurs, les commerçants et les consommateurs se passent de soucis inutiles. L'exclusive discipline étatique peut conduire à nier l'homme, l'individu, la personne en tant que tels, et à figer en une masse la multitude d'anonymes.

Qu'ils émanent des métiers (réglés ou jurés) ou des corporations[504], des règlements ont généralement comporté des clauses relatives aux prix et aux salaires. Mise en œuvre par les corps professionnels sous l'arbitrage des pouvoirs publics, la justice pratiquée sur les marchés fut longtemps considérée comme la plus courante manifestation de justice, celle qui impose de se conformer aux prix homologués (justes prix), aux poids et mesures en vigueur, au rapport établi entre les monnaies locales et étrangères. Il fallait aussi combattre la fraude, car la concurrence déloyale, les effets sur les prix et les salaires qu'elle implique, contreviennent à la justice.

Des siècles durant, et quoiqu'en disent les détracteurs du juste prix[505], organisations de métiers et de consommateurs, magistrats royaux et municipaux ont contribué à régler les rapports entre les hommes, parmi lesquels les rapports économiques et sociaux dont il est ici plus particulièrement question. Ensemble, dans la société organisée et hiérarchisée restée en vigueur jusqu'à la fin des temps modernes, ils ont fait respecter les règlements qui présidaient à des transactions d'autant plus simples que la division du travail restait faible, et stables les coûts de production. Institutions et règlements régulèrent de la sorte, mais non sans ratages, production et échanges, prix, bénéfices et salaires dans un souci de concorde, et par là-même de cohésion sociale. Le développement économique restait contenu dans les limites que requièrent l'activité humaine responsable et la concorde sociale.

---

[504] Il est utile de préciser ici les caractéristiques des métiers réglés ou libres, des métiers jurés, des corporations. Les premiers étaient règlementés par seigneurs, rois ou autorités municipales ; normes disciplinaires et droits spécifiques engageaient leurs membres. Les deuxièmes consistaient en communautés de métier fermées, dotées après consentement de la personnalité juridique, et motrices de développement économique. Diverse, la corporation moderne a globalement assumé cet héritage ; elle relève de son propre droit, un ensemble de lois, à caractère organique, qui traitent des rapports de personne à personne, en raison de leur commune appartenance de métier et participation au même bien commun. Organisée dès le Moyen Âge, la profession exerçait ainsi, à des degrés variables, un pouvoir de réglementation, de contrôle, de juridiction ; sa fonction législative, juridictionnelle et médiatrice la conduisit à canaliser la concurrence dans les limites de la probité. Leur incombait aussi l'assistance nécessaire aux heures difficiles de la vie, devoir plus particulièrement rempli par les confréries religieuses tôt associées aux acteurs professionnels. Il ne faut pas amalgamer organisation corporative des professions et corporatisme d'État ; dans ce dernier cas, des politiques autoritaires soumettent l'économie et la société à l'organisation corporative ; obligatoire est l'affiliation à ces organismes étroitement soumis aux directives et au contrôle de l'État. Sur la base de conventions précisément établies, les métiers « réglés », les métiers « jurés », les corporations ont marqué les siècles ; non sans abus ni dysfonctionnements, ils ont réglé les conditions de travail, l'accès au marché, et contrôlé la concurrence. Salaires, conditions de travail, accès au marché, prix, contrôle de la concurrence, rien ne devait échapper à la vigilance commune en vue de réguler la production et d'enrayer les ententes illicites, la fraude, l'agiotage, la spéculation… lorsqu'elles venaient perturber le marché.

[505] Cf. le livre paru après rédaction du présent texte : sous la dir. de Véronique CHANKOWSKI, Clément LENOBLE et Jérôme MAUCOURENT, *Les Infortunes du juste prix. Marchés, justice sociale et bien commun de l'Antiquité à nos jours,* Lormont, Le Bord de l'Eau documents, 2020, préf. de Paul Jorion. Au fil des contributions, unité de pensée et unité sémantique se cherchent en vain.

Quand le rapport de justice et la valeur d'usage l'emportent sur la spéculation spoliatrice du travail des uns au profit du surenrichissement des autres, l'oppression des travailleurs et producteurs par des intermédiaires de la finance et du négoce peu scrupuleux est mise, tant que faire se peut, au ban des nations. Des nations que légitimait la défense de leur bien commun respectif, et à l'existence desquelles un marché globalisé enlève la légitimité économique d'abord, politique ensuite. Dans un monde matérialiste, la nation perd sa raison d'être, celle du service du bien commun : l'actualité en atteste (2021).

Chapitre 15

Dialectique. Ici des mots recyclés, là un savoir attentif aux caractères humain et social de l'économie

« Dialectique » est ici entendue au sens d'ensemble des moyens mis en œuvre pour débattre, réfuter, démontrer. Commentaires et discussions s'en suivent ; dans le présent chapitre, le débat *(disputatio)* traite du « bien commun » récemment propulsé sur le devant de la scène médiatique en termes d'« économie du bien commun ».

Débat de fond : bien commun ou main invisible ?

Les Modernes avaient rejeté le concept chrétien de bien commun et, avec Adam Smith, fait de la main visible planant au-dessus du marché pour l'harmoniser, une pseudo providence ; les faveurs réservées, dès le dix-huitième siècle, à la théorie économique reconnaissant comme seule autorité celle du marché, ont substitué la licence que fouette l'envie à la liberté qui implique responsabilité de chacun et de tous. Les lois et règles éthiques transgressées par les plus agressifs des acteurs économiques, les structures traditionnelles protectrices rejetées, et la liberté définie comme ce qui ne nuit pas au marché-roi, la loi du plus fort favorise immanquablement l'exploitation des faibles dans un puissant flux d'injustices fondatrices d'une hiérarchie fondée sur la force et la richesse.

Ainsi, par le total libre jeu des mécanismes de marché, l'échange libre-concurrentiel et le profit individuel que grossit toute concurrence faussée ont-ils impulsé une nouvelle société. Devenue un agrégat d'individus sans lien avec le passé et le terroir (suppression des racines), et de plus en plus connectés aux autres par des liens virtuels (perspectives communes réduites au minimum), ladite société est vue comme auxiliaire du marché (« le marchand n'est citoyen d'aucun pays » disait Adam Smith). En l'absence de lois et de règles éthiques, ainsi que de corps intermédiaires[506] veillant à leur application, les dysfonctionnements qui s'opèrent dans la justice commutative ne reçoivent pas de corrections ; échange et économie perdent leur valeur sociale, les parties ne sont plus subordonnées au tout, mais celui-ci est subordonné à quelque(s) partie(s) ; l'intérêt particulier écrase in *fine*

[506] Ce ne sont pas des individus isolés mais des membres unis les uns aux autres qui composent les vrais corps intermédiaires dotés de règles au service de leurs membres et biens communs. Il appartient à l'estimation commune d'articuler, par la détermination du prix de chaque chose, les intérêts particuliers à l'intérêt général, celui de la société tout entière.

tout intérêt général. D'abord rongé, puis amputé et enfin vaincu par la concurrence faussée, le bien commun finit par disparaître ; quantité de biens particuliers ont auparavant fait l'objet de vastes transferts de propriétés.

S'il appartient aux générations concernées de résoudre les rapports entre travail, nourriture, et couverture des autres nécessités existentielles, encore faut-il qu'elles aient conscience qu'économie et morale ne sont pas incompatibles[507]. L'économie est dite morale, a-t-il été précisé, lorsqu'elle est conforme aux justes règles que font établir les préoccupations de justice dans les relations entre les hommes, en l'occurrence celles qui se déploient dans les activités de production, de transformation, de commerce et de services. À la vertu cardinale qu'est la justice[508], les chrétiens ajoutent l'équité, vertu auxiliaire de la justice, et la théologique vertu de charité (non réductible à la seule aumône). Lorsqu'elle répond aux nécessités de chacun et de tous les membres de la société, l'économie morale sert les biens particuliers dans le respect du bien commun ; cette articulation des dimensions personnelle et commune la fait alors qualifier de « sociale ». L'économie morale sociale prend en compte le devoir de chacun de travailler - honnêtement - pour vivre, dans le respect des libertés économiques fondamentales, des règles conformes à la volonté de justice, et des lois que demande la sauvegarde du bien commun.

C'est cette économie au service des hommes et de leurs sociétés que fait connaître, depuis des lustres, la philosophie morale classique aristotélo-thomasienne[509]. Certes, l'apport doctrinal catholique ne saurait être cantonné aux secteurs constitutifs de l'économie[510], de la société ou de la politique : ils ne résument pas à eux seuls la vie chrétienne dont la finalité spirituelle proposée à chacun des hommes est le salut des âmes et la gloire de Dieu. Autrement dit, la seule recherche de solutions aux problèmes matériels ne constitue pas un programme chrétien ; le message évangélique ne saurait être dilué dans l'esprit du monde. Pour autant, le bon Samaritain n'a pas donné

---

507 La science économique selon laquelle le marché n'a pas de morale renvoie aux héritiers d'Adam Smith qui a tenté de faire des relations de sympathie fondées sur l'intérêt, les expressions de la morale moderne (Cf. *Théorie des sentiments moraux,* 1759) ; certes, mais ladite « sympathie » se soucie davantage d'intérêts particuliers que de bien commun ; elle ne saurait relever de la morale dite traditionnelle, pérenne, universelle par les uns et contraignante sinon détestable par d'autres.

508 Laquelle s'associe en la circonstance à la vertu cardinale de prudence qui fait ordonner à la perfection morale tout acte humain.

509 Cf. *Considérations économiques chrétiennes, op. cit.* La distinction pouvoir spirituel / pouvoir temporel repose sur l'autonomie du second dans sa propre sphère d'action, celle de la recherche du bien commun temporel (« À César ce qui est à César », st MATTHIEU, 22, 15-22 ; st MARC, 12, 13-17 ; st LUC, 20, 20-26) ; parmi les domaines temporels, ceux qui concernent le travail sont « le droit public » et « l'économie sociale » ; toutefois, Léon XIII et ses successeurs ont explicité que le pouvoir spirituel a le devoir de se faire entendre lorsque la situation le nécessite.

510 Tout en érigeant en doctrine les conséquences tirées d'un savoir théologique, le Magistère n'entend pas pour autant faire du corps de doctrine une théologie économique.

quitus à la misère physique de l'homme blessé rencontré en chemin ; la charité relie au bien spirituel divin le bien temporel non dénué d'importance pour la vie personnelle et la vie sociale.

Qu'en est-il du bien commun au vingt-et-unième siècle ?

Repenser le « bien commun » …

La première de couverture du livre de Jean Tirole[511] affiche que « l'économie est une science qui croise la théorie et les faits au service du bien commun ». Le ton est donné, le lecteur est convié à penser que ce bien est concrètement à la portée de nos contemporains puisqu'il constitue l'objet de l'ouvrage de « l'un des économistes les plus influents de notre époque » comme le qualifia l'Académie royale suédoise des Sciences lorsqu'elle récompensât le lauréat du prix Nobel d'économie (2014).

Répétition du mot ne vaut pas définition

Courantes sont les difficultés contemporaines à définir ledit bien.

Reprise généreusement par J. Tirole dans l'introduction, l'expression « bien commun » ne saurait pourtant constituer en la circonstance un concept efficacement défini ; pour le spécifier, il faut se satisfaire de « ce à quoi nous aspirons pour la société » (p. 14) ; telle une coda musicale ou une piqûre de rappel, sa mention revient soit incidemment[512], soit pour terminer la démonstration, non sans modestie en la circonstance[513]. L'auteur se situe dans le droit fil de son maître Jean-Jacques Laffont, « quintessence de l'économiste et incarnation de la recherche du bien commun », à qui il rend hommage sans donner plus de détails[514]. Pas plus qu'il ne donne de définition précise, l'auteur ne rédige de chapitre spécifique sur le bien commun ou sur l'économie du bien commun, et ce malgré les plus de six cents pages affectées au développement de sa pensée.

---

[511] Jean TIROLE, *Économie du bien commun*, Paris, PUF, 2016.

[512] *Ibid.*, p. 137 : « les évaluateurs contribuent au bien commun » ; cf. aussi la fin du chap. 15 (p. 563), et du dernier chap. (p. 629), peut-être aussi quelqu'autre page, où il est fait mention, toujours de façon allusive, du bien commun.

[513] *Ibid.*, p. 629 : « Si l'économie qui a guidé les réformes incitant les monopoles naturels à réduire les coûts et à adopter des prix promouvant le bien-être de la société, si elle nous a permis de comprendre comment introduire sans dogmatisme de la concurrence dans ces secteurs, si elle a montré que service public et concurrence sont parfaitement compatibles, il y aura encore beaucoup de travail à accomplir et il nous reste beaucoup à apprendre. Pour le bien commun. »

[514] En collaboration avec Jerry Green et Éric Maskin sur la théorie des biens publics, les travaux de Jean-Jacques Laffont concernent le financement desdits biens, la régulation des entreprises publiques, et plus généralement l'économie publique : comment choisir le niveau des biens publics et les taxes nécessaires à leur financement. Cf. David MARTIMORT, « *In memoriam* J.-J. Laffont », *in Revue d'économie politique*, 2005/3, vol. 115.

De la couverture à la dernière ligne du livre, au long de cinq parties et dix-sept chapitres, la petite musique d'accompagnement « bien commun » se fait donc entendre incidemment ; auteur et éditeur l'ont estimée suffisante pour convaincre. Ils n'ont certainement pas lu l'exigeante prose que consacre au bien commun la théologie morale chrétienne dont l'enseignement offre de comprendre clairement les concepts qu'elle met en œuvre. Parmi lesquels celui de « bien commun » traditionnellement saisi comme véritable trésor - spirituel et temporel - à sauvegarder[515], et devenu tellement flou sous la plume de nos contemporains. Tout autant que le concept précédemment examiné de « justice sociale », celle-là même dont la mise en œuvre est essentielle, selon ladite théologie, pour la préservation du bien commun, chacun des bénéficiaires ayant à le servir selon ses capacités. Concorde, cohésion et paix sociales en dépendent.

Le « bien commun » exposé par les théologiens chrétiens avait une dimension spirituelle et éthique dont, d'évidence, est amputée la version nobélisée cantonnée dans ses composantes matérialiste et hédoniste. « Le passé est dépassé », disent et diront les contempteurs de la morale traditionnelle pour empêcher de lire les événements présents avec le concours d'apports philosophiques attentifs, par-delà les contingences du court terme, au temps long des sociétés. Sans plus ergoter, suivons J. Tirole sous le « voile d'ignorance » où il s'interroge sur le « bien commun de l'économie ».

Sous le « voile d'ignorance »

Cher aux philosophes contemporains (John Rawls, Amartya Sen, Michaël Sandel) en référant à Thomas Hobbes (1588-1679) pour fonder l'objectivité de leur argumentaire, le « voile d'ignorance » déployé par l'auteur est censé permettre « d'éliminer une partie de l'arbitraire inhérent à l'exercice de définition du bien commun » (p. 14) ; il sert dans la foulée à garantir l'objectivité d'une étude fondée sur la question : « dans quelle organisation sociale aimeriez-vous vivre ? » (Sic).

Par cette méthode réputée, est-il assuré avec gravité, se laisse découvrir, avec le bien-être auquel tout homme est susceptible d'aspirer, la meilleure réponse aux questions posées. Les économistes peuvent alors s'enhardir à la recherche du bien commun, laquelle « passe en grande partie par la

---

515 Cf. définition *supra,* annexe 23 ; résumé : le bien commun est un concept issu de la théologie morale chrétienne ; il comprend le Bien commun spirituel et le bien commun temporel. Le premier, pétri d'Enseignement divin et confié à l'Église, guide le fidèle vers son salut. Le second désigne le bien de l'homme en société(s), de chaque société dont il est la raison d'être ; il englobe le milieu naturel et embrasse l'ensemble des acquis nécessaires à chacun et tous les membres de la société concernée pour accomplir, dignement et dans la concorde, son existence quotidienne et sa fonction sociale. Entre autres innombrables biens, il inclut le savoir-être et le savoir-vivre, la paix sociale et l'entente internationale, la nature environnementale toutes échelles confondues.

construction d'institutions visant à concilier autant que faire se peut l'intérêt individuel et l'intérêt général. » (p. 15).

L'émule de Hobbes affirme promptement : si « l'intérêt individuel et l'intérêt commun divergent dès que mon libre arbitre va à l'encontre de vos intérêts, ils convergent en partie derrière le voile d'ignorance. » (p. 16) Mais en partie seulement corrige aussitôt le récipiendaire du prix Nobel d'économie ; nonobstant, quelques lignes plus bas, la procédure est avalisée : « la recherche du bien commun prend pour critère notre bien-être derrière le voile d'ignorance. Elle ne préjuge pas des solutions et n'a pas d'autre marqueur que le bien-être collectif. Elle admet l'usage privé pour le bien-être de la personne, mais pas l'abus aux dépens des autres. » Il n'en faut pas douter !

Écoutons encore J. Tirole évoquer, non plus le bien commun, mais les biens communs sans expliciter les éventuelles nuances qui se logent entre le singulier et le pluriel : « ces biens qui, derrière le voile d'ignorance, doivent pour des raisons d'équité, appartenir à la communauté: la planète, l'eau, l'air, la biodiversité, le patrimoine, la beauté du paysage... » (p. 17) Nous comprenons alors que la consommation des biens communs est strictement encadrée : pour l'eau, le carbone, le spectre hertzien, « la tarification privatise leur consommation en octroyant aux agents exclusifs un accès exclusif pourvu qu'ils acquittent à la collectivité le prix demandé [...] C'est précisément la recherche du bien commun qui motive cet usage privatif. » (p. 17). La logique libérale dispense les populations de se prononcer sur ces sujets comme sur tant d'autres...

J. Tirole situe le bien commun à la convergence de l'intérêt général et de l'intérêt particulier (p. 14, 25) - concepts empruntés aux Modernes -, lesquels convergent sous « le voile d'ignorance ». L'auteur ne précise pas si, comme les économistes classiques, il fait de l'intérêt général la somme des intérêts particuliers ; et il reste muet sur les exigences de justice qui assurent la sauvegarde du bien commun. Nous n'en saurons pas davantage sur le(s) bien(s) commun(s), mais nous apprenons deux choses : d'une part, la science économique - dite ici plus brièvement « économie » - « peut orienter le débat vers des objectifs incarnés dans la notion de bien commun en les distinguant des instruments qui peuvent concourir à leur réalisation » (p. 18[516]) ; d'autre part « l'économie [au sens de science économique] prenant le bien commun comme une donnée, développe les outils pour y contribuer. » L'auteur réfléchit dare dare « aux institutions qui pourraient participer à une convergence entre l'intérêt général et l'intérêt particulier, en bref au bien commun. » (p. 25).

---

[516] Parmi les « instruments », sont mentionnés des institutions - par exemple le marché, un « droit à », une politique économique -, lesquels acquièrent trop souvent « une vie propre et finissent par perdre de vue leur finalité, allant à l'encontre du bien commun qui les justifiait de prime abord. »

Le récapitulatif ne se fait pas attendre : « l'économie [la science économique] est au service du bien commun ; elle a pour objet de rendre le monde meilleur. À cette fin, elle a pour tâche d'identifier les institutions et les politiques qui promouvront l'intérêt général. Dans sa recherche du bien-être de la communauté, elle englobe les dimensions individuelle et collective du sujet. Elle analyse les situations où l'intérêt individuel est compatible avec cette quête de bien-être collectif, et celles où au contraire il constitue une entrave. » (p. 18) Vraiment ?

La science économique et le bien commun ou la science économique contre l'authentique bien commun ?

D'insatiables
intérêts matériels n'ont cessé de dominer depuis que la philosophie moderne a bouté, dès le dix-huitième siècle, la morale traditionnelle hors de la sphère économique dite alors « physique », séparé l'individu de la société et du bien commun, mis le travail et l'économie dans la dépendance du « grand » marché et de la finance. Les libéraux laisser-fairistes n'expliquent-ils pas, sous forme d'antienne et sans état d'âme, que les pauvres n'ont qu'à se retrousser les manches pour s'enrichir ? Tout - ou presque, car l'auteur explore attentivement la sphère non-marchande (p. 64-72) - ne s'achète-t-il pas et ne se vend-il pas ? Quand intérêt général et intérêt particulier confluent en bien commun sous le « voile d'ignorance », il n'est plus question de justice, notion qui semble sortie des consciences.

« Rendre le monde meilleur en émettant des recommandations de politique économique »

La responsabilité de l'entreprise invitée à développer un « comportement prosocial » (p. 252) est évoquée, mais les agriculteurs en particulier et les producteurs en général sont les grands oubliés au profit des financiers, actionnaires et dirigeants des entreprises, comme si seuls ces derniers avaient part à la construction d'un bien commun. Est-ce parce les financiers font faire de l'argent à l'argent, directement, sans passer par la case « production », que sont superbement ignorés les producteurs et transformateurs de matières premières tant agricoles qu'industrielles ? Il est vrai qu'aujourd'hui, savoirs et savoir-faire des secteurs dits « primaire » et « secondaire » sont exportés dans les pays-usines émergents, lesquels laissent, dans une mondialisation voulue heureuse, enfants et autres inexpérimentés servir le faire-pas-cher[517]. Quant aux consommateurs, ils semblent n'intéresser les économistes qu'en leur état de jouisseurs gloutons

---

[517] Qu'adviendra-t-il du respect du travail bien fait, et de celui qui l'exécute pour gagner dignement sa vie ? En 1891, dans l'encycl. *Rerum novarum,* Léon XIII avait incité à protéger les travailleurs pauvres.

englués dans l'épais matérialisme des actuelles sociétés occidentales ; « économie » et « science économique » y sont devenues interchangeables, renvoyant non à « l'économique » ayant pour finalité la production et l'échange des denrées nécessaires à la vie sur terre, mais à la « chrématistique » soucieuse de l'accumulation en quelques mains des richesses matérielles.

Longtemps après d'Aristote, saint Thomas d'Aquin avait analysé les rapports entre État et administration des choses, avant de conclure : ce qui relève de la responsabilité privée doit rester affaire privée, le droit privé réglant l'administration des choses. Pour autant, la fonction personnelle de l'économie ne saurait conduire à minimiser sa fonction sociale ; les intérêts privés et ceux des groupes doivent être subordonnés au bien commun dont l'État a la charge, et que le législateur doit servir. Parce que le service du bien commun temporel[518] constitue la fonction essentielle de l'État[519], et que la charge dudit bien relève conséquemment du pouvoir politique, le législateur a légitimité à soutenir l'activité économique, non à l'administrer. Ainsi, pouvoirs politiques et responsabilités de chacun et de tous, domaines privé et public s'imbriquent-ils finement.

Revenons au vingt-et-unième siècle ; J. Tirole donne pour finalité à l'économie faite science la définition de la politique économique à mettre en œuvre. Ce qui revient à faire, par une pensée assumant l'économisme hégémonique, de l'économie-science la servante du bien commun : « l'économie non seulement documente et analyse les comportements individuels et collectifs, mais elle aspire aussi à rendre le monde meilleur en émettant des recommandations de politique économique » (p. 19). Ici, transparaît clairement la toute-puissance d'une science économique, moins autocentrée qu'inspiratrice de l'art politique en charge de la réalisation du monde telle qu'elle l'attend. « L'économie se veut normative, elle aspire à changer le monde [...] Mais, est-il spécifié, la finalité ultime est la politique économique » (p. 123) car « l'économie pourrait être « performative » c'est-à-dire qu'elle pourrait façonner notre vision du monde et nous entraînerait à regarder le monde à travers un prisme un peu biaisé » (p. 140).

Ainsi, que le prisme soit biaisé ou non, dans l'État guidé par les nouveaux sachants, le citoyen qu'est devenu l'homme est pleinement objet d'une « économie » décidant pour lui et les autres après avoir communiqué à l'État ses attentes, et les directives pour les concrétiser.

---

[518] Cf. André MODDE, « Le bien commun dans la philosophie de st Thomas d'Aquin », *in Revue Philosophique de Louvain,* 1949, vol. 47, n° 14, p. 221-247.

[519] ARISTOTE donnait, *in Politique,* I, 2, 12, 52 b 27, la précision suivante : « formée au début pour satisfaire les seuls besoins politiques, la communauté politique existe pour permettre de vivre heureusement ». Les institutions sociales et politiques s'enracinent dans la vie réelle des peuples pour leur permette de s'épanouir.

La mise en perspective d'une économie « normative »

Nous voilà prévenus, nous sommes en présence d'un savoir (une science), d'un pouvoir qualifié pour « changer le monde ». Le monde souhaité n'est pas détaillé, l'économiste s'en tenant à entrouvrir quelques perspectives au cours des pages.

Avec les partisans du nomadisme mondial entrevu par Jacques Attali[520], et après avoir souligné « la réduction des écarts de revenus entre pays » (p. 351), sans vraiment s'intéresser au durcissement des inégalités dans les sociétés[521] sans paysans, J. Tirole envisage la disparition du salariat conséquemment à la généralisation des petits boulots indépendants, et au morcellement du travail en microemplois (p. 528, 545 et suivantes). La multitude est ainsi invitée à se satisfaire de microtâches pour de microrétributions. Des « bricoleurs de service » dans le meilleur des mondes grâce à « l'économie du partage des restes » ? The *Share-the-Scraps Economy* nous fait revenir au temps du banquet du riche et de Lazare.

L'efficacité des marchés sera, à n'en pas douter[522], optimale ; la régulation intelligente des marchés[523] devenue devoir d'État, les mécanismes optimaux de gestion de la concurrence et de régulation (p. 467) feront merveille, c'est prévu ! leurs bénéficiaires n'auront plus qu'à appuyer sur une touche numérique pour voir surgir à leur disposition une foule d'individus actifs de façon discontinue. En gage de bonne conscience politique, ces derniers ne reçoivent-ils pas déjà, selon le principe de discrimination positive cher à John Rawls[524], les allocations qu'ils méritent[525] ? « Vu comme une simple police d'assurance, le contrat social fournit « les fondations d'une redistribution par l'impôt sur le revenu ». (p.

---

520 Jacques ATTALI, *L'Homme nomade*, Paris, Fayard, 2003.

521 Jean TIROLE, *op. cit.* p.77 ; il s'en tient à une « brève évocation des inégalités » : « la compréhension des inégalités mériterait un livre entier. » (p. 78). Il cite l'analyse des inégalités de patrimoine conduite par Thomas Piketty (p. 79). Cf. Thomas PIKETTY, Gabriel ZUCMAN *et alii Rapport sur les inégalités mondiales, 2018.*

522 Cf. Jean TIROLE, *op. cit.*, chap. 11 « À quoi sert la finance ? ».

523 J. TIROLE, *op. cit.*, p. 212-213, les défaillances du marché sont déclinées en six catégories : l'échange peut affecter des tierces personnes par définition non consentantes (aléa moral), ne pas être effectué en toute connaissance de cause et de façon consentant ; il se peut que l'acheteur soit sa propre victime, la mise en œuvre d'un échange peut dépasser la capacité de l'individu, des entreprises peuvent disposer du pouvoir de marché, qui n'est autre que le pouvoir de fixer les prix; enfin, si le marché est facteur d'efficacité, il n'a aucune raison de produire l'équité. L'aléa moral renvoie aux conséquences d'une action sur un autre partenaire (externalité sur cette partie). L'exemple donné évoque une politique qui réduit la possibilité de rembourser des dettes à des créanciers étrangers. Il y aurait tant d'autres dénis de justice commutative entres particuliers impliqués dans l'échange !

524 John RAWLS, *Théorie de la justice*, Paris, Le Seuil, 1987. Éd. orig., 1971.

525 Les principaux outils de redistribution sont les Aides pour le Logement, le Revenu de Solidarité Active, la Prime pour l'emploi (p. 85).

214). Le « toujours plus économique » constituerait-il, à lui seul, un gage de vitalité du bien commun ?

Face au « chômage massif créé par la numérisation de l'économie », et dans les sociétés « où les inégalités croissent à grande vitesse », l'auteur n'en reconnaît pas moins que « ces évolutions sont préoccupantes » (p. 555) et que, formidable opportunité, le numérique introduit néanmoins de nouveaux dangers, en amplifie d'autres ; à ses yeux, « confiance, propriété des données, solidarité, diffusion du progrès technologique, emploi, fiscalité : autant de défis pour l'économie du bien commun » (p. 563). Va-t-il convaincre ceux qui en tirent profit de passer sous le voile d'ignorance qu'il affectionne tant pour prendre conscience du point de jonction entre intérêt individuel et intérêt collectif ?

La science économique actuellement promue seule inspiratrice de la politique économique

Aux antipodes des recommandations prudentielles du passé en vue de la sauvegarde du bien commun, les temps présents sont tout autant à la prise de risques économiques toujours plus excessifs qu'au mépris de valeurs morales pourtant réputées unificatrices. Qu'importe, les chapitres successifs du livre de J. Tirole traitent du cadre institutionnel de l'économie (l'État et l'entreprise), des grands défis macroéconomiques (le climat, le chômage, l'euro et la finance, la crise de 2008, les conséquences de la pandémie virale commencée en 2020), de l'enjeu industriel (la concurrence et la politique industrielle, l'économie numérique, l'innovation et la propriété intellectuelle, la régulation sectorielle) de ce qu'est ou devra être « l'économie du bien commun » sous la vigilance des économistes et de l'État par eux conseillé.

Avec pour seul garde-fou « l'assentiment politique » (quelle(s) autorité(s) reconnue(s) légitime(s) ?), la discipline économique ira-t-elle jusqu'à réduire les acteurs de l'économie les moins prestigieux - c'est-à-dire ceux qui ne sont ni financiers, ni actionnaires ni dirigeants des grosses entreprises - à des exécutants sommés de taire ce qui convient ou ne convient pas aux maîtres des sphères financières et boursières ? Voulue science des sciences, l'économie fera-t-elle des autres disciplines humaines et sociales des sciences auxiliaires ?

Aucune page de conclusion ne permet au lecteur de fondre de successives annotations de l'auteur en une synthèse finale; tout lecteur exigeant de clarté conceptuelle et de cohérence dans la perception scientifique des réalités économiques mais aussi sociales, pourra donc formuler sa propre conclusion. La mienne est que J. Tirole donne pour finalité de demander à l'économie confondue avec la science économique la définition de la politique économique que l'État fera appliquer ; le programme à exécuter est donc fourni par la science économique - désormais au singulier -, autrement dit par les sachants que sont devenus les économistes : l'État est, *de facto,* mis aujourd'hui à la remorque de « l'économie », le fantomatique « bien commun de l'économie » restant bien difficile à cerner.

La philosophie thomasienne reconnaissait à l'État, dont la raison d'être est la sauvegarde et le service du bien commun temporel, le pouvoir de soutenir et faire respecter par le truchement de ses institutions, une politique économique globale où était engagée la responsabilité des acteurs économiques organisés ; l'État n'avait pas le pouvoir d'y participer en qualité d'agent, l'étatisme étant censé engendré désordres et malheurs qui paralysent la vie économique. Gouverner ce n'était pas appliquer la politique économique définie par des économistes, gouverner c'est, selon la doctrine thomasienne, établir l'ordre, agir subsidiairement en cas de crise, corriger, par la loi et au plus tôt, d'éventuels dysfonctionnements ; sur cette base, il revient à l'État de soutenir et faire respecter l'activité économique voulue par ses propres acteurs dans le respect du bien commun.

Les institutions n'étant pas des outils au service de la réalisation des objectifs incarnés dans la notion, fort difficile à cerner, de « bien commun de l'économie », les programmes politiques les plus efficaces à servir le bien commun temporel ne sont-ils pas ceux qui engagent la responsabilité de ceux qui, organisés, les sollicitent et les mettent en œuvre dans le respect des biens communs et particuliers ?

Annexe 25. L'économie, l'État, le bien commun[526]

Discours officiels et médiatiques mentionnent, depuis quelques années déjà mais sans en définir le contenu, le « bien commun ». Tandis que chacun est invité à le remplir comme il veut, l'interrogation est d'autant plus vive chez l'historien que les Modernes avaient, dès le dix-huitième siècle, substitué au bien commun traditionnel la notion d'« intérêt général » ; au gré des générations et comme par hésitation sur le qualificatif le plus approprié, la diversification s'est faite avec « intérêt national », « intérêt public ». Le but recherché était de faire oublier le concept « bien commun » qu'avaient formulé les théologiens catholiques pour désigner un véritable trésor à garder.

La doctrine sociale chrétienne fait distinguer le Bien commun spirituel et le bien commun temporel. Le premier, pétri d'Enseignement divin et confié à l'Église, guide le fidèle vers son salut. Le second désigne le bien de l'homme en société(s), de chaque société de personnes (famille, profession, nation ou ensemble de nations…) dont il est la raison d'être ; il englobe le milieu naturel et embrasse l'ensemble des acquis) nécessaires à chacun et tous les membres de la société concernée pour accomplir dignement et dans la concorde, son existence quotidienne et sa fonction sociale[527]. Entre autres innombrables biens, il comprend le savoir-être et le savoir-

---

[526] Publié dans *L'Homme Nouveau*, n° 1627, 3 déc. 2016.

[527] Cf. PIE XI, *Encycl. Divini Redemptoris,* 51 ; st T. D'AQUIN, *De Regno, liv. I*, chap. 2 : « Le bien commun tend essentiellement et en dernier lieu au perfectionnement des membres y participant. » Toute société est au service de la personne humaine, laquelle doit servir le(s) bien(s) commun(s) des sociétés qui l'insèrent.

vivre, la paix sociale et l'entente internationale, la nature environnementale toutes échelles confondues.

La nature du bien commun fait considérer sa primauté sur le bien particulier ; les intérêts privés et ceux des groupes doivent être subordonnés au bien commun dont l'État a la charge, et que le législateur doit servir ; faute de quoi la société se disloque. Saint Thomas avait fait du service du bien commun la fonction essentielle du pouvoir politique : légiférer conformément à la justice, faire respecter les lois, corriger les dysfonctionnements en cas de crise… Les exigences dudit bien fixent les règles de la justice sociale, laquelle est génératrice de paix[528].

Depuis que la philosophie libérale a bouté la morale traditionnelle hors de la sphère économique dite alors « physique », séparé l'individu de la société et du bien commun, mis le travail et l'économie dans la dépendance de la finance, l'intérêt des puissants imprègne la gouvernance des Nations. Les libéraux laisser-fairistes n'expliquent-ils pas, sous forme d'antienne et sans état d'âme, que les pauvres n'ont qu'à se retrousser les manches pour s'enrichir ? Tout ne s'achète-t-il pas et ne se vend-il pas ?

Alors que, laïcité oblige, le Bien commun spirituel est absent des débats d'idées, voici que Jean Tirole, le lauréat du prix Nobel d'économie 2014, intitule *L'économie du bien commun* (PUF, 2016) son livre destiné à un large public. Il ne précise pas si, comme les économistes classiques, il fait de l'intérêt général la somme des intérêts particuliers, et si ce qui est utile au plus grand nombre justifie le sacrifice des laissés-pour-compte ; il n'en situe pas moins le bien commun à la convergence de l'intérêt général et de l'intérêt particulier (p. 25) après l'avoir défini comme « ce à quoi nous aspirons pour la société » (p. 14). Sur cette base restée vague, l'auteur indique que la recherche du bien commun passe en grande partie par la construction d'institutions visant à concilier autant que faire se peut l'intérêt individuel et l'intérêt général. (p. 15, 25). L'économie - au sens de science économique - est ainsi mise au service du bien commun, « elle a pour objet de rendre le monde meilleur. » (p. 18,19)

Les Anciens pensaient que l'économie - désignait alors l'activité nourricière - avait pour finalité la production et l'échange des denrées nécessaires à la vie des hommes et de leur famille. Aristote avait clairement identifié les différences entre l'« économique » au service des familles dont elle relevait, et la « chrématistique » visant à l'accumulation des richesses matérielles. Le dix-septième siècle avait commencé à penser l'économie politique en vue de développer la richesse des Nations (Antoine de Montchrestien[529]) ; avec J. Tirole, la pensée assume un économisme triomphant, sa finalité étant la formulation de politiques économiques aptes à réaliser l'ordre attendu. Il s'agit d'un savoir - une science - assorti d'un pouvoir - celui d'améliorer le monde - qui transpose dans la sphère temporelle du monde la bonification de l'homme que l'Église promettait dans la sphère spirituelle. Les économistes armés de la science éponyme devenue toute-puissante sont faits maîtres du bien commun, traditionnellement prérogative incontestable de l'État…

Ceux qui voudraient plus de détails sur la société de demain doivent se satisfaire de savoir que « l'économie se veut normative, elle aspire à changer le monde » (p. 123). Dans un État guidé par les économistes, le citoyen qu'est devenu l'homme est

---

[528] Pour plus de précisions, cf. *infra*, chap. 13 et 14.

[529] *Traité de l'Œconomie Politique,* 1615.

pleinement objet, tandis que, par le truchement du pouvoir politique, la science économique décide pour lui et ses frères ; leur avis individuel n'est pas sollicité, les professions inorganisées ne se font pas entendre. En soulignant les écarts de revenus entre pays, et sans vraiment s'intéresser au durcissement des inégalités dans les sociétés actuelles, l'auteur donne *quitus* aux effets sociaux de la globalisation économique (p. 351). Et même s'il est annoncé qu'une fraction non négligeable des individus sera inactive, il reste acquis qu'« il n'est pas du domaine de l'économie d'apporter un jugement de valeur sur l'organisation du travail ; bien au contraire, il est important que nous puissions choisir l'emploi qui nous convient. » (p. 544). Parce que les pauvres choisissent l'emploi qui leur convient ? Le « toujours plus économique » constituerait-il, à lui seul, un gage de vitalité du bien commun ? Nous ne saurons pas qui est habilité à porter un jugement de valeur sur l'organisation du travail.

Qu'il soit permis de penser que, lors d'éventuelles catastrophes liées au déferlement de la spéculation financière sur la planète, le renflouement des parieurs de marché mettra encore et toujours à contribution les populations laborieuses par l'intermédiaire de ce qu'il reste de l'État. Au nom du bien commun ? Évidemment, argueront les financiers puisqu'ils font travailler les populations. Tout semble devoir se passer comme si vie privée et vie publique n'étaient pas en cheville, comme si action collective et action personnelle ne renforçaient pas de concert et selon la vertu de prudence un bien commun durablement unificateur.

Les thomistes avaient exposé que garantir la paix et favoriser la suffisance économique en vue d'une existence bonne et paisible constituent d'importantes missions de service du bien commun ; ils ont aussitôt ajouté que discerner le bien et le juste est indispensable à la constitution comme à la protection dudit bien. À l'évidence, les valeurs chrétiennes alors incluses dans le bien commun coordonnaient les volontés personnelle et collective en vue de sa sauvegarde. Introduite par les libéraux dans la société marchande comme ersatz de Providence, « la main invisible du marché » a depuis longtemps cessé de servir l'état tranquille de la cité : la liberté qu'elle légitime est indifférente au bien commun d'hier et à ses composantes parmi lesquelles la concorde, la cohésion et la paix sociales.

Chapitre 16

Dialectique suite.
Scruter les inégalités sociales sans omettre de dire les injustices qui les fondent

Dans ce débat *(disputatio)* articulé sur la justice tant générale que particulière, sont introduits des ouvrages d'auteurs nobélisés ou de renom.

Attentif à scruter les indécents niveaux d'inégalité dans les sociétés contemporaines, Joseph Stiglitz[530], prix Nobel d'Économie (2001), relève en 2015 qu'à l'échelle planétaire, les inégalités persistent[531] même si, sans les pays émergents, s'atténue l'extrême pauvreté. Pour autant, il n'adhère pas à la solution mise en avant par Thomas Piketty[532] pour réduire les violents écarts de revenus et de fortunes, à savoir l'établissement d'un impôt mondial sur la fortune.

D'autres publications se sont succédé depuis 2015, notamment le *Rapport sur les inégalités mondiales* sous la direction de Thomas Piketty et Gabriel Zucman [533] (2018), ainsi que celle de Walter Scheidel retraçant *une histoire des inégalités de l'âge de pierre au XXIe siècle*[534]. Ces études cernent encore et toujours les inégalités sociales tout en restant fort peu disertes sur les mécanismes de marché qui les développent.

---

530 Commentaire du livre de Joseph STIGLITZ, *La Grande fracture. Les sociétés inégalitaires et ce que nous pouvons faire pour les changer*, Paris, LLL, 2015. Une 1re étude en a été faite en 2017 *in Justice dans les relations économiques et justice sociale,* Paris, Les Indes Savantes, 2017, p. 273-77.

531 Cf. aussi M. MILANOVIC, *The Haves and the Have-nots. A Brief and Idyosincratic History of Global Inequality*, 2013. Le revenu du 1 % supérieur mondial s'est accru de 60 % entre 1988 et 2008. Le ratio Palma mesure les inégalités entre les extrêmes, le coefficient de Gini situe la société concernée entre 0 (égalité parfaite) et 1 (inégalité parfaite).

532 Thomas PIKETTY, *Le Capital au XXIe s.,* Paris, Le Seuil, 2013.

533 Thomas PIKETTY, Gabriel ZUCMAN et alii, *Rapport sur les inégalités mondiales,* 2018. Récemment publié, le dernier ouvrage en date de T. PIKETTY, *Capital et idéologie*, Paris, Seuil, 2019, tente de retracer l'histoire et le devenir des régimes inégalitaires, « interroge le principe de la propriété et recherche un mécanisme de correction à travers la fiscalité essentiellement ». Les inégalités sont une nouvelles fois mises en avant, reliées cette fois au principe de la propriété (inégalités de patrimoine), pour être dites corrigibles par des mesures fiscales : un point de vue hostile au principe-même de propriété. Mes travaux sur la propriété (1980, 2005) ne relèvent pas de cette approche idéologique ; en débattre ici serait trop long.

534 Arles, Actes Sud, 2021 pour la traduction française, traduit de l'anglais (USA) par Cédric Weis (éd. orig. 2017), préf. de Louis Chauvel.

Dire et désapprouver le durcissement des inégalités sociales ne suffit pas

Les analystes Stiglitz et Piketty divergent quant à l'appréciation des causes desdites inégalités. Pour Piketty, elles sont inhérentes au principe-même de propriété (inégalités de patrimoine), et chacun sait combien capitalisme - sous toutes ses étiquettes - et appropriation individuelle avec concentration de biens vont de conserve. Pour Stiglitz, les forces du marché ne sont pas seules responsables des inégalités sociales, il faut considérer les forces politiques. Ce dernier expose combien « le lien entre inégalités et performances macroéconomiques constitue depuis longtemps une de mes préoccupations dans mes recherches théoriques et dans mes travaux sur l'action publique.[535] » Puis il conclut « nous avons trouvé la source cachée du problème : l'inégalité politique et les décisions politiques qui ont marchandisé et corrompu notre démocratie [...] L'inégalité qui grandit, qui s'approfondit, n'est pas due à des lois économiques immuables, mais à des lois que nous avons écrites nous-mêmes.[536] » Ainsi fait-il porter la responsabilité des cruelles inégalités sociales repérées aux États-Unis non « aux lois inexorables de l'économie », mais « aux politiques », « à la politique ».

Les deux essayistes sont d'accord pour dire que les forces politiques peuvent agir sur les forces économiques au nom de l'équité. Prélèvements sociaux, contributions fiscales, dépenses d'investissement (transports, enseignement, santé, accessibles à toutes les catégories de population), recherche d'emplois productifs, lois sur les banques... font partie des recettes proposées par l'économiste américain pour réduire en son pays les inégalités les plus criantes. Il cherche et trouve matière à inspiration dans les politiques mises en œuvre à l'Île Maurice, Singapour, Medellin, en Chine, au Japon... De telles investigations sont-elles motivées par le souci d'autrui ? Est-ce de la philanthropie ?

Du souci des intérêts des spéculateurs à la théorie du ruissellement

Écoutons attentivement J. Stiglitz : « les inégalités extrêmes freinent la croissance économique[537] », « la société paie l'inégalité au prix fort[538] ». Les explications suivent : trop d'inégalité affaiblit la demande globale de l'économie ; l'argent passe de la base au sommet de la pyramide, en-haut on dépense moins qu'en-bas, la demande déprime. Il est incontestable que les riches dépensent une plus faible proportion de leurs revenus que les

535 Joseph STIGLITZ, *La Grande fracture, op. cit.*, p. 20. Cf. aussi *Le Prix de l'inégalité,* Paris, LLL, 2012

536 IDEM, *La Grande fracture, op. cit.*, p. 352.

537 *Ibid.*, p. 354.

538 *Ibid.*, p. 376. Cf. aussi J. STIGLITZ, *Le Prix de l'Inégalité, op. cit.*, p. 136-78.

pauvres ; ceux-ci sont suspectés de ne pas pleinement réaliser leur potentiel, et la classe moyenne est saignée par le chômage.

La fort prisée théorie de l'économie du ruissellement du haut vers le bas ne se vérifie donc pas dans les faits ; la réduction des impôts sur les plus-values réalisées lors de spéculatives opérations se révèle peu efficace pour le maintien de l'harmonie générale[539]. Là où l'économie est moins performante, la cohésion sociale laisse place à une grande fracture, les inégalités extrêmes sapent l'égalité politique. Les valeurs fondamentales du pays, comme l'égalité des chances, l'État de droit, sont fragilisées, la démocratie est affaiblie, les risques de guerre civile sont élevés[540]. À Rio-de-Janeiro en 2013, lors des Journées Mondiales de la jeunesse, le pape François a déjà souligné, rappelle Stiglitz, que « l'on ne peut pas maintenir la paix dans les sociétés inégalitaires où certaines communautés sont marginalisées. »

Parce que les seuils de tolérance aux diverses formes d'inégalités semblent varier selon les peuples, l'Organisation des Nations Unies a établi des normes de bonne conduite ou « Principes directeurs relatifs aux entreprises et aux droits de l'homme » (2011). En l'absence de mise en avant des moyens pour les atteindre, ces objectifs n'ont pas été concrétisés[541]. Aux États-Unis, pour éviter une explosion sociale, il vaut mieux conjuguer, sans trop tarder conseille J. Stiglitz, croissance et égalité des chances ; « il y a beaucoup à gagner à résorber l'inégalité et à créer une société plus juste[542] », affirme l'économiste qui emploie « plus juste » comme synonyme de « moins inégalitaire ».

En langage clair, cela signifie que « l'intérêt éclairé du 1 % est d'aider à construire une société moins divisée » (*La Grande fracture,* p. 13). Il s'agit du 1 % des Américains qui détiennent 40 % de la fortune du pays (p. 117), et qui ont accaparé tous les gains de la « reprise » (p. 381). Parce que « la prospérité des plus riches dépend de la croissance économique et [que] celle-ci est impossible si stagnent les revenus de la majorité » (p. 8), la marche vers la reprise économique passe par la résorption des inégalités les plus cruelles. Conformément à ce que Tocqueville nommait, se souvient J. Stiglitz, « l'intérêt bien entendu[543] ». En somme, ce dernier recommande

[539] J. STIGLITZ, *La Grande fracture, op. cit.*, p. 26-27.

[540] *Ibid.*, p. 376.

[541] *Ibid.*, p. 331. L'ONU a par ailleurs élaboré un indice de développement humain (1990) ajusté aux inégalités ; il se substitue au Produit National Brut (PNB), et vise à mesurer le bien-être.

[542] *Ibid.*, p. 376. ». Il s'agit moins de volonté de justice pour tous que de coups de freins aux abus perpétrés par le secteur financier débridé. Cf. aussi J. STIGLITZ, Andrew CHARLTON, *Pour un commerce mondial plus juste,* Paris, Fayard, 2007 (ouvrage écrit avant la crise et la récession, où il s'agit d'aider les pays pauvres à s'enrichir par le commerce ; des politiques adaptées (industrie, crédit…) sont nécessaires, est-il précisé, pour réussir l'insertion dans la mondialisation. Une façon de plaider pour le développement par le commerce.

[543] Alexis de TOCQUEVILLE, *De la démocratie en Amérique,* 2e part., chap. VIII, titre : Comment les Américains combattent l'individualisme par l'intérêt bien entendu.

d'agir et agir vite pour relancer l'économie américaine, tête de proue du capitalisme depuis des lunes. D'allusions aux injustices qui aggravent les inégalités, aucune !

Suffirait-il de renoncer aux actuels excès laisser-fairistes sur les marchés ?

Si l'économiste distingue libéralisme et néolibéralisme, c'est pour mieux préserver le capitalisme originel et dénoncer « le pseudo-capitalisme », cet « ersatz de capitalisme » responsable d'une indécente hausse des inégalités[544] en ce début du vingt-et-unième siècle. Comme si ce n'était déjà pas le cas aux deux précédents siècles ! À entendre J. Stiglitz, l'idéologie libérale se serait, depuis, dénaturée jusqu'à devenir le masque des intérêts les plus égoïstes de la planète[545]. Et de dénoncer les fanatiques du marché (p. 409), le secteur financier[546] et ses faramineux profits, les multinationales et leurs lobbyistes qui esquivent leur responsabilité sociale (p. 291).

Pour autant, il ne fustige pas la théorie libérale du dix-huitième siècle : « C'est dans ce petit pays [l'écosse] que sont nées les lumières. Nos valeurs démocratiques et nos progrès scientifiques et techniques sont issus de ce courant de pensée et lui doivent beaucoup. » (*La Grande fracture,* p. 363). Quelques pages plus loin, il ajoute : « Les Lumières ont conduit à la croissance la plus spectaculaire et la plus rapide du niveau-de-vie dans l'histoire de l'humanité. » (p. 398) Sur des marchés transparents et concurrentiels - sans freins tarifaires ni obstacles règlementaires -, les profits vont tendre vers zéro (p. 40), une concurrence parfaite réduirait les profits à zéro (p. 348), martèle le lauréat du prix Nobel. La concurrence parfaite sur des marchés parfaits pourrait peut-être faire des merveilles, mais cela n'a jamais été vérifié. Pour l'heure, les faits enseignent à J. Stiglitz que « les économies de marché ne sont pas capables de s'autoréguler[547] ».

En l'absence de marchés parfaits, il recommande des règlementations pour freiner la cupidité prédatrice et stabiliser l'économie, pour doper la demande et réduire les inégalités (p. 27). Les politiques monétaires (diminution de l'intérêt, dérèglementation) ayant livré leurs limites[548], il en appelle à des politiques budgétaires (mesures fiscales et dépenses publiques). Autrement dit, l'économie sert à maximiser le gâteau, alors que le diviser

---

[544] J. STIGLITZ, *La Grande fracture, op. cit.*, p. 160-61.

[545] *Ibid.*, p. 390 : « Des intérêts particuliers camouflent leurs arguments égoïstes sous un mince vernis d'idéologie libérale. »

[546] *Ibid.,* p. 35. Libération des marchés financiers (ou dérèglementation) et financiarisation de l'économie.

[547] *Ibid.,* p. 391 ; p. 394, « les marchés ne se régulent pas d'eux-mêmes ».

[548] C'est avec des bulles (investissements massifs et pointus) que le secteur financier crée de la croissance avec profit immédiat. Les charges portées par Stiglitz contre le crédit dit « prédateur », « discriminatoire » stigmatisent la mise en esclavage pour dettes qu'autorise la loi américaine de 2005 sur les faillites (J. STIGLITZ, *La Grande fracture, op. cit.* p. 211).

pour que les pauvres en tirent leur part de profit est affaire des politiques (p. 12).

Les propositions faites par Joseph Stiglitz pour réduire les indécents niveaux d'inégalité dans la société américaine visent à éviter la contraction du banquet que provoque la concentration des richesses en peu de mains. Observant que trop d'égoïsme rompt l'égalité des chances, appauvrit la classe moyenne, mine la confiance, et que tout cela contribue à enrayer l'économie (p. 266), il plaide pour retrouver la croissance économique indispensable à la bonne marche des affaires. Il invite à retrouver des valeurs (« droit à une vie saine, et protection de l'environnement pour n'en citer que deux ») actuellement sacrifiées aux intérêts commerciaux (p. 317)... Il y a là, assurément, plus d'attention aux populations que n'en montrent, englués dans le mépris d'autrui, les fanatiques du gain maximum. Mais chacun peut se demander si c'est là le moyen de répondre à l'incontournable justice que requièrent cohésion et paix sociales. Une volonté de justice qui pourrait d'autant moins motiver J. Stiglitz[549] qu'elle fut rejetée à l'aube de l'économie moderne acquise à l'intérêt particulier. Non par les néolibéraux que dénonce l'économiste américain, mais par les théoriciens fondateurs du libéralisme, et précisément par l'écossais Adam Smith ... qu'il ne conteste pas, loin s'en faut.

Même rendues moins insupportables par la mise en avant de programmes de redistribution visant à compenser de trop fortes inégalités, ou de programmes de renforcement du lien social, les inégalités sociales croissent tant que les injustices qui les suscitent ne sont pas supprimées.

Sur les véritables causes du durcissement des inégalités sociales

Faute d'être éradiquées, les injustices à l'œuvre dans l'économie mondiale - préparée par les théoriciens du dix-huitième siècle et leurs thuriféraires - continueront à nourrir les inégalités. Sans volonté de justice et de véritable altruisme, les inégalités prolifèrent ; se désagrègent les sociétés, se révoltent les hommes.

Constater, comme le font tant d'analystes superficiels, que s'aggravent les inégalités sociales, que se creusent les fractures entre gagnants et perdants de l'actuelle globalisation économique - et ce tant entre pays qu'à l'intérieur de chacun d'entre eux -, c'est rester à la surface des choses. Après

---

[549] *Ibid.*, p. 133 : s'il fallait, pour faire respecter chaque contrat, qu'une partie attaque l'autre en justice, notre économie serait, de nos jours, paralysée. Sans doute faut-il préciser ici que le programme libéral substitue, depuis plus de deux siècles, la liberté de contrat à la justice commutative ; le respect dudit contrat n'est même plus d'actualité. La « justice » est, pour Stiglitz, une valeur de « gauche » ; p. 12 : « à l'ère du marché-roi, où la justice elle-même est une marchandise qui s'achète et se vend [sic !] », certains ne voient dans les arguments de justice que « sentimentalisme et vœu pieux. » Stiglitz traite des inégalités, non des injustices qui les nourrissent.

avoir repéré voire quantifié, entre pics de richesse et gouffres de pauvreté, l'aggravation des inégalités sociales sans oublier la misère qui en résulte, l'explication passe par l'exposé de leurs causes principales… non sans en évoquer des secondaires !

Du constat à la racine des choses et à la hiérarchie des causes, exigeant est le processus intellectuel sollicité. Pour répondre aux problèmes posés, encore faut-il que ceux-ci soient d'abord identifiés et clairement formulés[550] ; dire le pourquoi et le comment des faits constatés, c'est aller à leurs racines, jusqu'aux plus profondément enfouies. Non sans circonspection.

Ainsi, l'attention portée à justice particulière commutative permet-elle d'expliciter combien, aux temps actuels, y dérogent les échanges sur les marchés libre-concurrentiels où s'impose la loi du plus fort ; boutés hors du marché, les acteurs les moins férocement compétitifs en matière de prix le sont, à plus ou moins brève échéance, de la société sinon de la vie elle-même comme en témoigne le nombre croissant de suicides consécutifs à la ruine matérielle que suit trop souvent la déconstruction morale et familiale.

Toutes les misères du monde ne s'expliquent certes pas par des problèmes de marché. Réduire tous les problèmes de la France aux injustes relations de marché serait simpliste : même juste, l'échange ne saurait, à lui seul, garantir l'union des volontés et des cœurs. Taire les causalités autres (des fraudes au fisc et aux prestations sociales[551] aux gabegies diverses[552], des mondiales pratiques monétaires[553] aux mondialistes orientations civilisationnelles…) déformerait la compréhension de la situation française. Plus généralement, faire des dysfonctionnements économiques les seules causes de malheurs individuels et sociaux[554] du monde serait incongru.

Tout réductionnisme à une cause unique pour expliquer les inégalités sociales est aussi fallacieux que tout expliquer par l'économie ; si importants soient-ils à considérer, les *items* économiques ne suffisent pas à fonder la paix. De même, des solutions purement techniques apportées aux symptômes des crises en cours ne résoudraient pas efficacement, à elles seules, d'ardues problématiques : tout à la fois humaine et sociale, la situation requiert un évangélique amour d'autrui, et si elle ne fait pas oublier que, faute de

---

550 La classification thomiste de la justice d'Aquin permet de faire ressortir, en l'occurrence, les manquements à la justice générale et à la justice particulière commutative.

551 L'efficacité des prestations sociales dépend de la responsabilité de ceux qui les octroient, de l'honnêteté de ceux qui les reçoivent.

552 Il est de notoriété publique qu'en France, les déficits budgétaires et l'endettement public augmentent démesurément depuis 1974, que dérapages et fraudes ruinent tout État mis à contribution à tort et à travers.

553 Nul ne peut ignorer le rôle majeur joué, dans une économie globalisée, par le taux de change des monnaies.

554 Combien lourde dans tous les secteurs de la vie humaine est la responsabilité de la dégradation morale…

caritas, la justice peut être cruelle, elle rappelle aussi que, sans justice, la société n'est plus.

Voilà qu'il est encore question de justice ! La justice commutative n'en reste pas moins méconnue, exception faite des innovantes actions de « commerce équitable » somme toute peu répandues à travers le monde. Évidence qui pousse à interroger, en cette fin de printemps 2021 : combien de nos contemporains, où que s'exercent leurs activités et responsabilités, débattent-ils de justice commutative ? Combien en connaissant-ils la définition que lui ont donnée philosophes grecs et théologiens chrétiens ? Sans risque majeur d'erreur, la réponse à cette question est que trop, trop, beaucoup trop d'hommes et de sociétés ignorent, aux temps actuels de la globalisation marchande du monde, ce qu'est et implique la justice commutative, partie (ou espèce) de la justice particulière.

À l'encontre de la seule quantification des faits de surface assortie du non-dit ou de l'impensé de leurs causes ainsi que le font habituellement les observateurs pressés ou peu enclins à creuser la réflexion, l'approche morale de la justice en tant qu'émanation de la volonté, et la définition « classique » de la justice commutative que cela induit, conduisent donc bien à souligner, *in fine*, l'importance de justes rapports humains en général, économiques et commerciaux en particulier; minimiser leur responsabilité dans la concorde et la cohésion sociales serait faire fi des réalités de la vie.

Approche morale de la justice qui renvoie à d'autres oublis, par nos contemporains et leurs sociétés, de savoirs ayant fait, des millénaires durant, leurs preuves par la vitalité des paysages naturels et des générations humaines.

Prix et valeur, sagesse traditionnelle contre irréalistes théories

Dans l'actuelle globalisation économique - une « économie du prix » -, la « valeur » reconnue par le marché est celle qui, avons-nous dit, fait augmenter le profit ; les moyens mis en œuvre pour y parvenir incluent la promotion de « valeurs » culturelle, historique, environnementale (haute-valeur ajoutée) ; le gain recherché n'a pas de limites.

« Valeur » et « prix » sont ici à considérer en leurs rapports. Le prix d'une marchandise exprime la quantité d'argent requise pour l'acquérir ; rarement établi au hasard, le prix résulte soit d'un rapport de forces entre vendeurs et consommateurs (prix de marché avec tassement maximal du coût du travail incorporé), soit de la volonté de justice entre ceux qui le déterminent (producteurs, intermédiaires, consommateurs). Dans ce cas, il est dit *juste* ; l'estimation commune a longtemps fait du prix d'un produit la traduction de la valeur reconnue par lesdites parties au produit concerné. Distincte du prix est donc la valeur.

Valeur et justice ont partie liée

Dite « d'usage » - selon l'estimation commune -, ou « marchande » - selon l'état du marché -, la valeur d'un produit a longtemps renvoyé, dans l'Europe chrétienne, au rapport de justice qui la sous-tend ; celui-ci relève que toute conscience droite établit entre les acteurs de l'échange commercial. Marchands et consommateurs sont certes concernés, mais les producteurs le sont tout autant, ce que veut ignorer la « science économique » monopolisant fallacieusement le qualificatif de « libérale », qu'elle soit dite classique, néo ou ultralibérale, et ce depuis qu'elle combat les Anciens attentifs à maintenir en activité, dans les sociétés, les différentes catégories de producteurs conformément aux besoins de leurs contemporains.

De la philosophie grecque aristotélicienne à la scolastique médiévale[555], c'est bien un rapport de « justice » entre acteurs du marché que recommandent les défenseurs de la concorde et de la cohésion dans la société, convaincus, après analyse des faits observés en leurs temps, que le seul rapport de forces établi entre marchands et producteurs, intermédiaires et consommateurs, s'oppose à plus ou moins longue échéance à toute paix sociale. Laquelle est conditionnée par la justice - qui comprend la justice commutative dans l'échange - répandue dans la société.

Dans les écrits médiévaux, le lien (*philia*[556]), que les Anciens avaient nourri par la reconnaissance réciproque des besoins de l'échange, s'est mué en rapport de justice entre partenaires commerciaux. La préoccupation de « justice dans l'échange » vise à empêcher qui quiconque soit lésé au cours de l'acte marchand qui associe producteurs, intermédiaires et consommateurs. Ce faisant, une telle préoccupation contribue à nourrir le bien commun lequel s'oppose à ce qu'une catégorie d'acteurs économiques en appauvrisse une autre.

Ainsi la volonté de paix sociale se laisse-t-elle relier à un ordre social perçu comme pérenne sinon immuable, ordre que ne manquèrent pas de contester, au dix-huitième siècle, ceux qu'il n'incluait, ceux-là mêmes qui savaient pouvoir attirer vers eux tout déçu du fonctionnement socioéconomique bridé par normes morales et règles éthiques. Fonctionnement dont le nombre des contempteurs crût proportionnellement à l'augmentation de la population des temps modernes, gonflement en butte aux rigidités productives environnantes, les élites ayant vraisemblablement cherché à figer le *statu quo* qui les avantageait. Elles apprendraient à leurs dépens que de tels calculs vont à l'encontre de la concorde sociale.

---

555 Sylvain PIRON, « Albert le Grand et le concept de valeur », *in* Roberto LAMBERTINI, Leonardo SILEO (éds.), *I Beni di questo mundo, teorie etico-economiche nel laboratorio dell'Europa medievale,* Porto, FIDEM, 2010, p. 131-156. Son affirmation selon laquelle Albert le Grand n'élabore aucune théorie de la valeur fait conclure, au mépris de la contribution de la scolastique à l'exigence de justice, que le mot fut utilisé sans véhiculer de fondement précis.

556 Couronnée du prix Nobel 2009 pour ses travaux sur la gestion des *common pool resource*, Elinor Ostrom fait par ailleurs de la *philia* (amitié) l'axe du don.

Tandis qu'à la fin du dix-huitième siècle les solutions aux problèmes économiques du moment étaient bruyamment réclamées par des populations en croissance démographique, il fut aisé à quelques penseurs de tenter de mettre à bas toute l'organisation socioéconomique.... Et d'y réussir ! Deux-siècles et demi plus tard, il est tout autant aisé de mesurer combien étaient fallacieuses les promesses qui accompagnèrent le renversement des choses avec la promesse d'entraîner les populations sur le chemin de leur bonheur ; l'harmonie promise s'est muée en durcissement des inégalités entre riches et pauvres, désaccords entre partis, inimitiés entre communautés...

À la fin des années 2010, en lieu et place de l'attendu équilibre naturel, s'observent instabilité de l'emploi, fragilité de l'individu, inconstance des recours... bref, les exclus du « système » fondé sur la volatilité des marchés se comptent par millions en France, tandis qu'aux États-Unis le scandale des *subprimes* (2007-08) avait jeté à la rue les dizaines de millions d'Américains pauvres que la spéculation réduisait à l'état de misère ! De quoi faire gronder la colère des peuples impliqués par ricochets dans le *krach* occidental, Europe comprise, et déciller la vue de ceux qui subissent depuis lors les désastreuses déferlantes d'une crise devenue systémique...

Pernicieuse confusion

Les plus prompts à prendre leur plume et courir les plateaux de télévision ont été ceux-là même qui avaient aidé ou vanté les offensives de la conquérante financiarisation de l'économie. Joseph Stiglitz[557] dénonçait sans plus attendre « le triomphe de la cupidité » ; tandis que Daniel Cohen[558] se montrait plus prompt à louer qu'à blâmer « la prospérité du vice », Paul Jorion[559] cherchait à jeter l'opprobre, non sur le laisser-fairisme capitaliste, mais sur son aile « marginaliste » seulement. Sans plus tarder, il a pris soin de remettre sous la lumière les supposés mérites éternels des Smith, Ricardo, Marx... et de relancer le débat autour de la notion de « valeur » afin d'éradiquer une nouvelle fois la dimension morale qui y avait été introduite aux temps antiques puis médiévaux, au cas où d'aucuns la redécouvriraient et voudraient la faire respecter... Ce n'était donc pas pour renouer avec la volonté de justice - en l'occurrence commutative - dans l'acte marchand, mais une nouvelle fois, et tant que faire se pouvait, pour encore et toujours ôter au marché tout sens moral qui y ferait une nouvelle incursion.

Dans *Le prix*[560], P. Jorion écrit que, contrairement à ce qu'en disent les « classiques », Aristote n'a pas mentionné « valeur » mais s'est contenté de distinguer « user » et « échanger[561] » ; au prétexte de l'anachronisme qui

---

[557] Joseph STIGLITZ, *Le Triomphe de la cupidité*, Paris, LLL, 2010

[558] Daniel COHEN, *La Prospérité du vice*, Paris, Albin Michel, 2009.

[559] Paul JORION, *Misère de la pensée économique*, Paris, Fayard, 2012.

[560] IDEM, *Le Prix,* Éd. du Croquant, Bellecombe en Bauge, 2010.

[561] Cf. ARISTOTE, *Polit.* I, III, 8-12) ; *in L'éth. à Nic.,* il est question, selon Jorion (*Le Prix,* p. 46-47), de justice, non de valeur ni de formation du prix.

aurait conduit à donner à la valeur aristotélicienne une place de premier plan dans la théorie économique, et sans renvoyer à saint Thomas d'Aquin, l'auteur se plait à confondre « valeur » et « prix », à assimiler la « valeur d'échange » à la « valeur d'usage ». Il n'a d'autres arguments pour convaincre que de faire allusion aux deux usages bien connus d'une paire de chaussures (la vendre ou la porter) ; il prend appui sur le loyer d'une chose pour expliquer, ce qu'est, selon lui, le prix d'« usage ».

En écrivant « usage d'échange », P. Jorion occulte que la même marchandise a une valeur d'échange pour son producteur, une valeur d'usage pour son consommateur ; il ne s'intéresse pas à leurs attentes respectives, il ne cherche pas à savoir si elles sont détournées au profit des seuls intermédiaires.

L'amalgame fait dire aux contempteurs des scolastiques que valeur d'usage et valeur d'échange se confondent, car porter une paire de chaussures (usage) ou la fabriquer pour la vendre (usage différent mais usage quand même) sont deux façons d'exprimer une valeur d'usage eu égard aux deux usages possibles de la paire de chaussures[562] ; ce qui revient à indifférencier les mobiles des acheteurs, des producteurs, des vendeurs; et cela conduit *in fine*, et par un tour de passe-passe, à assimiler au prix de marché la valeur d'usage incomprise et assimilée au libre prix de marché. Dire comme P. Jorion que la valeur est au prix ce que la chaleur est à la température reste peu convaincant !

Le sens du mot « valeur » varie donc selon ses locuteurs : dans la théologie morale, la valeur reflète un principe moral - volonté de justice - auquel doivent se conformer les actes ; en économie politique moderne, il s'agit d'une notion dont le sens positif est mobilisé pour recouvrir la somme d'argent nécessaire à l'acquisition d'un objet. De principielle, la valeur est devenue relative ; sa connotation morale exigeante d'estimation commune a laissé place à une évaluation variable selon les circonstances de la formation du prix. La valeur économique a cessé de faire du salaire minimum de l'ouvrier[563] l'étalon matériel de mesure du prix de l'objet acquis par les intermédiaires du marché. Le « juste prix » moral s'est effacé derrière le « prix de marché » compétitif - parce que lucratif et aux dépens d'exigences qualitatives - pour les chasseurs de profits. Ce dernier, - résultat de rapports de force pudiquement résumés par « la loi de l'offre et de la demande » - recouvre une valeur qui ne se laisse jamais fixer pour longtemps.

Interrogeons les « classiques » pour comprendre le cheminement qui a conduit à l'effacement du sens moral de la valeur. N'osant pas se couper de toute morale à une époque où ceux qui la combattaient n'étaient pas légion,

---

562 Aristote avait pris soin de souligner, dans ce même exemple, l'usage particulier à la chose (porter la paire de chaussures), l'usage comme objet d'échange (vendre la paire de chaussures) ne lui étant plus liée.

563 Cf. Smith, Ricardo, Marx.

Adam Smith a mis en avant comme cela a déjà été rappelé la « sympathie », écho de l'antique *philia* susceptible de faire oublier la justice de laquelle il tentait d'émanciper la « valeur ». Il lui fut néanmoins impossible de mesurer un tel sentiment. Tout en distinguant « valeur d'usage » et « valeur d'échange », Smith s'était longuement interrogé pour connaître le fondement de la seconde : additionne-t-elle la rente du propriétaire, le salaire de l'ouvrier, le profit du marchand ? Exprime-t-elle qualité et/ou quantité du travail incorporé à la marchandise ?

La marche à la dénaturation du concept de « valeur » était lancée. De la portée morale de la « valeur » à la formation du « prix de marché », la dérive se laisse ici aisément repérer, avant de se retrouver chez Karl Marx. En référer comme Smith, Ricardo ou Marx au travail incorporé dans le produit mis en marché dont il faut établir le prix, c'était faire « du prix du travail » l'unique critère de la valeur d'un objet dans le but de l'arracher au prix le plus bas des mains du producteur. L'exigence de justice pour les producteurs se réduisit de la sorte à la nécessité de fournir un salaire de subsistance aux ouvriers, le plateau de la balance penchant alors démesurément en faveur du marchand ou, plus rarement, du consommateur.

La sacralisation du prix de marché par les économistes contemporains

Lorsque la massive industrialisation de l'Europe au dix-neuvième siècle a fait comptabiliser le travail humain en seuls termes matériels de force, la dimension tant personnelle que sociale du travail a aussitôt disparu ; dans la nouvelle notion de travail-marchandise, c'est la force de travail, et non le fruit du travail, qui est vendue au prix du marché souvent tiré au plus bas. Faire du temps de travail la base unique du prix, c'est taire l'aspect qualitatif[564] et existentiel de la tâche en question, pousser à la généralisation de la machine et du robot, non sans mise en concurrence des mains-d'œuvre pour choisir les moins chères ailleurs dans le monde, quitte à mettre au chômage, c'est-à-dire exclure de la société laborieuse, ceux qui sont laissés pour compte. Le salaire de subsistance consenti au travailleur afin qu'il entretienne sa force de travail exprime alors un vorace calcul, non une valeur morale. Le prix de marché est ravageur pour les producteurs des sociétés à coût de travail élevé, avec prise en compte des bénéfices patronaux, salaires, capitaux investis (emprunts, matériel, frais divers engagés...)

Walras fit résulter la valeur du croisement de l'utilité et de la rareté d'un produit[565]. Après avoir été question de la quantité de travail nécessaire à la production de la marchandise, il est alors fait état du degré de satisfaction qu'elle procure[566]. Emmanuel Kant[567] avait déjà évoqué l'importance du

---

564 La qualité d'un temps de travail renvoie à un savoir-faire intégré dans une hiérarchie socio-professionnelle (ou ordre social).
565 Léon WALRAS, *Traité d'économie politique pure*, 1874.
566 Cf. Bentham, Walras, Menger, Jevons.

désir de l'objet, André Orléan[568] soulignerait l'importance de la mode qui, par mimétisme[569], pousse à acquérir. À l'heure de la société de consommation, variées sont les stratégies publicitaires concourant à déclencher l'acte d'achat d'objets dont le prix ne résulte pas seulement de la quantité de travail nécessaire à sa fabrication...

La « valeur » des marchandises ou des titres financiers n'est plus assimilée à une « grandeur » mesurable de façon objective ; convaincu qu'il n'existe pas de « vraies valeurs », et que « l'évaluation n'a rien de neutre », Orléan en déduit que plusieurs prix sont possibles, et plusieurs avenirs sont possibles : la valeur « n'est jamais la mesure de ce qui est, mais toujours l'expression d'un point de vue au service d'intérêts ». Vidée de son sens spécifique, la valeur chère aux économistes dits « classiques » (Smith, Ricardo, Marx…) s'est bel et bien désintégrée dans le prix - de marché -, lequel écrase tout sur son passage ! À partir des coûts du travail les plus bas en vue de l'accumulation de capital, il gonfle en surfant sur une publicité chargée, selon les cas, de convaincre de l'utilité, susciter le désir, conforter la normalité (mode et mimétisme) du consommateur potentiel.

Plus rien n'est dit depuis longtemps sur le rapport entre valeur et justice commutative permettant à chacun de persévérer dignement dans son activité. Perdue de vue est la connotation morale de la valeur quand le libre prix de marché résulte de la mise en concurrence sauvage des producteurs pour se conclure au niveau le plus bas en faveur des intermédiaires de la mondialisation économique, lesquels confortent leur position dominante sur le marché. Un tel bras-de-fer génère sur le marché des prix de misère dès que l'ancienne « valeur » fondatrice d'un « prix » conforme à la préoccupation de justice commutative[570], avec prise en compte de l'importance humaine et sociale du travail, n'est plus de mise.

Le rapport de forces a bel et bien fait oublier que la volonté de justice fait attribuer au prix une valeur morale ; celle-ci a été vidée de toute sa substance pour se laisser confondre avec le prix fondé sur un rapport de forces matérielle

---

567 « Car si les inclinations et les besoins qui en dérivent n'existaient pas, leur objet serait sans valeur », Emmanuel KANT, *Fondements de la métaphysique des mœurs*, 2e sect., 1785.

568 André ORLEAN, *L'Empire de la valeur*, Paris, Seuil, 2011. Il soufflette « la théorie économique », lui reprochant de n'avoir « su ni prévoir les désordres à venir, ni même mettre en garde contre de possibles instabilités. Cet aveuglement est le signe d'un profond dysfonctionnement qui exige, pour être corrigé, un renouvellement radical des approches et des concepts, au premier rang desquels celui de valeur économique ». Les affirmations de « rationalité des agents économiques », de « capacité autorégulatrice des marchés » sont également contestées.

569 Cf. René Girard, 1923 - 2015, philosophe et historien français.

570 « Il n'y aura ni commerce ni échange, et cela ne saura se faire, si l'on n'établit pas, jusqu'à un certain point, l'égalité [entre choses échangées » dit Aristote (*De l'Éth. à Nic., op. cit. liv.* V, sect. V : *De la justice*.) St T. d'Aquin fait du bon échange « une habitude par laquelle on maintient l'égalité entre choses échangées » (*Som. de théo., IIa IIae*, q. 80, a. unique.

Annexe 26. Prix juste versus *prix de marché*

Tandis que le prix exprime la quantité d'argent requise pour acquérir une marchandise, la valeur exprime un rapport de justice. S'il y a deux valeurs, l'une pour le vendeur qui évalue le coût (valeur marchande), l'autre pour l'acheteur qui évalue l'utilité (valeur d'usage), il n'y a qu'un prix, celui qui résulte de la transaction, avec prise en compte de l'estimation du producteur, lourde de son implication tant personnelle que sociale, et de celle de l'acheteur, dépendante de l'utilité qu'il attribue au produit. Placé au cœur du juste rapport qui s'établit entre les valeurs des choses, le prix est l'expression, en monnaie, de la valeur d'échange considérée à l'aune de la valeur d'usage ; laquelle se conforme au rapport de justice, non au rapport de forces qui fait mettre le travail honnête à la botte du cupide profit. La valeur d'usage retenue dans le prix fait obstacle à la spéculation spoliatrice du travail des uns au profit de l'enrichissement des autres ; ladite valeur concilie, non sans efforts, intérêts de chacun et de tous en vue de la sauvegarde de légitimes biens particuliers et communs.

Le prix établi en référence aux biens des particuliers et au bien commun de la société où producteurs, intermédiaires et consommateurs sont invités à ajuster leurs *desiderata,* est un prix « juste ». Lequel ne se laisse pas confondre avec le prix de marché issu du rapport de forces qu'établit la loi du marché laisser-fairiste et reléguant tout autre prix, alors assimilé au prix du désir de l'objet en question, au rayon des accessoires.

Le seul et physique mécanisme des prix ne saurait organiser l'économie qui est, faut-il le redire, affaire d'hommes et non de choses seulement ; ce sont des personnes qui exercent l'activité de l'échange, et le mouvement des choses ne peut pas régir les hommes. En d'autres termes, le seul prix de revient (utilitarisme quantitatif) ne doit pas être la norme utilisée pour déterminer les lieux de production et la distribution du travail; il n'appartient pas au prix de vente de commander en amont de la chaîne commerciale; l'argent n'est qu'un intermédiaire, non le but de l'acte économique ; les prix ne sont pas à prendre pour des armes de destruction massive des économies et de leurs sociétés; ils ont à rémunérer le travail avant le capital; ce qui suppose des limites à la concurrence dans l'échange commercial, et le rejet de la « mauvaise monnaie » toujours efficace à chasser la bonne.

Ceux qui accèdent librement - mais non de façon laxiste - au marché doivent se conformer à la discipline établie par les interprofessions sous l'arbitrage de la puissance publique ; celle-ci, respectueuse du travail de chacun et de tous, veille à contenir les intérêts individuels afin d'éviter l'oppression des uns par les autres, car sans préoccupations de justice en matière de prix, le marché se fait arène de combat.

Le prix à la production ne peut ignorer les salaires ouvriers et les bénéfices patronaux des producteurs. Le juste prix doit permettre au producteur ayant observé les règles techniques de sa profession, de couvrir les frais de production (ou rembourser les « débours » disait-on alors), de réaliser un bénéfice susceptible de renouveler l'activité des acteurs économiques utiles à la société. Outre l'existence de celui qui le perçoit, le bénéfice doit permettre l'investissement requis par l'entreprise.

Le gain est à rechercher en vue d'une fin honnête, et non pour lui-même[571]. Rémunérateur à la production, le juste prix intègre un bénéfice correct, et non des

[571] St. T. d'AQUIN, *Som. de théo.*, *II^a II^ae*, q. 77, a. 4.

marges bénéficiaires outrancières, en faveur des intermédiaires de la commercialisation. Le juste bénéfice commercial entre tout autant que le juste salaire ou le juste bénéfice du producteur dans la constitution morale du juste prix, et celui-ci intègre les attentes des consommateurs dans la mesure où il ne constitue pas un obstacle à la satisfaction de leurs légitimes besoins ; la juste valeur des services inclus dans le produit acheté est ainsi susceptible d'être appréciée.

Parce que bénéfice patronal, salaire, investissement de capitaux, frais divers engagés… sont en jeu dans l'opération commerciale, le rapport de justice doit satisfaire producteurs, marchands et consommateurs. Pour éviter que la victoire du plus fort accule les plus faibles à la ruine, c'est-à-dire l'oppression de l'une des parties, le consentement des volontés est indispensable à la bonne tenue de toute transaction. Déterminer d'un commun accord la juste valeur de la chose échangée, et respecter, par la juste rétribution des acteurs économiques, la part revenant au travail fourni par chacun pour subsister, voilà ce que recommandaient les Anciens. Favorisant le respect d'un rapport de justice dans la pratique commerciale, leurs enseignements contribuèrent à apaiser les tensions entre partenaires de l'échange. Et à exaspérer les calculateurs de profits illimités.

La consultation de chacun des acteurs ou des groupes d'acteurs est conséquemment indispensable pour établir un juste prix conforme, par-delà la satisfaction d'intérêts particuliers, à ce qu'exige la sauvegarde du bien commun. Il a longtemps appartenu à l'estimation commune (associations professionnelles de producteurs et intermédiaires, ligues d'acheteurs), sous l'arbitrage d'autorités publiques compétentes, de fixer la juste valeur. Le juste prix relève d'une décision commune aux parties concernées, il satisfait les intérêts particuliers soucieux des intérêts des autres et du bien commun.

C'est pourquoi la construction des prix a longtemps mobilisé tant d'efforts professionnels et publics[572] ; ils font établir des prix qui ne sauraient être assimilés à des prix artificiellement administrés. L'histoire enseigne que la seule règle étatique génère trop souvent des désordres, et que, en dehors de situations exceptionnelles, elle n'a pas à s'imposer ; à chacun de veiller à maintenir dans de justes limites les rapports d'argent (pas ou peu d'intérêt), de marché (le juste prix), de travail (le juste salaire)[573]. Il s'agit, en somme, de permettre à chacun de vivre de son travail, d'assurer la continuité du processus économique, d'en accompagner la transformation avant que ne s'effondrent d'entiers secteurs professionnels. Les nécessaires et progressives adaptations de l'emploi aux nécessités des époques ne se font pas comme les successives destructions et créations d'emplois qui profitent aux chasseurs de profits.

---

572 La France des années 1950 connaissait les prix maxima, les prix boqués, les baisses imposées, les taux limités de marge brute…. Des prix (agricoles, industriels, services) sont encore bloqués en 1963, certains sont surveillés en 1968 ; le gel temporaire des prix de tous les produits et services est effectif en 1976… À Bruxelles en 1962, l'accord du 14 janvier règle le prix indicatif (prix plafond), le prix d'intervention (prix-plancher), le prix de seuil (prix minimum du produit importé ; le droit de douane correspond à la somme acquittée pour y accéder).

573 La valeur de la monnaie - instrument de mesure des choses pour faciliter la tâche des acteurs du marché - est prise en compte avec la bulle *Ausculta fili* (1301) qui interdit de procéder à des manipulations affaiblissant la monnaie : les objets de transactions devant être commensurables, conscience est prise des liens entre justice générale et justice particulière.

Préconclure. Quand les yeux et les oreilles se ferment…

La quête de justice et de liberté fait partie de la civilisation européenne ; la sagesse grecque et l'enseignement chrétien en ont fortifié les bases, et celles-ci se montrèrent plus ou moins résistantes selon les nations et les époques…

Que de vaines tentatives pour propulser dans les ténèbres intellectuelles le sens moral[574] (ré)endossé par la notion de valeur à l'époque médiévale. Nier la pertinence de la « valeur » en se fondant sur l'absence du mot dans l'œuvre aristotélicienne, taire que la notion de « justice commutative » dans l'échange est fondamentale même si elle n'est pas précisément nommée étalon de valeur par le Stagirite, permet de laisser penser aux lecteurs pressés que valeur ne signifie pas plus que prix[575].

Et ce n'est pas nouveau, puisque c'est depuis le dix-huitième siècle que la volonté de justice est absente de l'analyse des économistes ; le mot « valeur » emprunté à saint Albert le Grand - qui l'avait pétri de morale - a été vidé de l'exigence de justice qu'elle inclut ; ce fut fait efficacement puisque nul ou presque ne s'en émeut aujourd'hui, le sens profond du mot n'étant plus compris depuis des générations. Une fois effacée la recherche de justice commutative dans les tractations commerciales, la mise en avant d'un sempiternel prix de marché conduit à sa sacralisation avec le laisser-fairisme. Quand celui-ci se fait ordonnateur des sociétés, s'impose la tyrannie de l'économie qu'orchestre la raison financière présentée comme inaccessible au commun des mortels ; la société de consommation fait de la publicité le moteur d'une production utile à l'accumulation de capital, tout en faussant le rapport de la personne aux choses : avec la perte du sens du superflu s'éteint la mesure du besoin.

Nul doute que la suppression de toute notion de justice dans les analyses de l'échange serve l'intérêt des laisser-fairistes en vue de l'accumulation du capital ; le salaire de subsistance de l'ouvrier exploité, et le bénéfice le plus écrasé pour le producteur méprisé qui en résultent soulèvent peu d'indignation intellectuelle dans les « élites » de la pensée. Quand un arbitraire rapport de forces remplace le rapport de justice entre les acteurs de l'échange, les uns se dressent contre les autres pour les dominer ; d'anesthésiants discours politiques ou médiatiques s'efforcent de masquer la

---

[574] Cf. Véronique CHANKOWSKI, Clément LENOBLE et Jérôme MAUCOURENT (sous la dir. de), *Les Infortunes du juste prix. Marchés, justice sociale et bien commun de l'Antiquité à nos jours,* Lormont, Le Bord de l'Eau documents, 2020, préf. de Paul Jorion.

[575] Cf. P. JORION, « Le rapport entre la valeur et le prix », *in* [*Revue du MAUSS permanente*, 2007].

croissante désunion sociale tandis que se fracasse en silence le bien commun des populations ayant lié leur désir de bonheur à celui de l'argent.

Daniel Cohen[576] met l'accent sur l'inextinguible avidité du désir de matière attribuée aux hommes entre vingt-cinq et soixante ans, leur irrépressible envie d'être plus riches que leurs voisins, et, en bout de course, l'impossible bonheur[577]. Il en conclut que l'on peut augmenter son bonheur à moindre coût : une conversation avec des amis, un livre qui vous enchante, l'amour de vos proches. Certes. Mais rien de plus n'est proposé pour enrayer la soumission des entreprises à la logique du plus grand profit financier, entraver l'inhumaine compétition des travailleurs entre eux, empêcher que l'économie prenne en charge la direction du monde. Aucun état d'âme dans le constat du détricotage du tissu social contemporain, du poids de la dette dans la ruine des maisonnées ; ce sont à peine quelques lueurs d'emplois qu'entrevoit D. Cohen dans les grands pôles de la société postindustrielle que sont à ses yeux l'éducation et la santé, toutes deux extérieures au cadre de la société marchande (jusqu'à quand[578] ?) ; mais l'invention de moyens de régulation en marge de la logique de marché reste encore à venir, ajoute-t-il sans plus de précisions. Pour ce qui concerne la révolution informatique, il est dit qu'elle accompagne et accélère la réduction des coûts du travail, elle-même promue moteur de la croissance.

Rien de nouveau à l'horizon où tombent les verdicts comme autant d'aveux d'échec d'un système de pensée et d'action : l'économie ne mène qu'à elle-même, inutile d'attendre l'intégration politique européenne. Alors, pour éviter le chaos, D. Cohen plaide pour que la Banque centrale ouvre ses vannes chaque fois qu'un pays est attaqué par les marchés… et le poids démographique des continents équilibrera, *in fine,* la société économique mondiale - laborieuse s'entend -.

Absente du registre des économistes, la notion de « justice » se retrouve, fort discrètement il est vrai, chez quelques anthropologues. Lorsque Dominique Temple[579] la mentionne, c'est pour lui substituer aussitôt un autre mot - solidarité -. Suivons son cheminement. Après avoir repéré dans Aristote les références à la justice, il la dit quantifiable parce que circonscrite par une relation logique, la conditionne à l'égalité - dite à son tour « modèle d'une relation systémique[580] » - pour souligner que cette dernière implique la

---

576 Daniel COHEN, *Homo economicus,* Albin Michel, 2012.
577 Cf. Richard EASTERLIN, *Happiness, Growth and the Life Cycle,* Oxford Univ. Press, 2010.
578 *C*'était avant la pandémie virale de 2019 et années suivantes.
579 Dominique TEMPLE, *Teoria de la reciprocidad,* 2003, 3 vol., éd. Javier Medina et Jacqueline Michaux. [« Contribution à l'interprétation de la valeur selon l'économie politique d'Aristote », 2011]. Signale que si la théorie de la valeur ne se trouve pas dans le livre V de *L'éth. à Nic.,* elle est exposée dans les autres où elle est « valeur de réciprocité » exprimée en termes matériels au service des besoins des hommes, le travail étant intégré dans des structures de production en lien avec le principe de réciprocité.
580 D. Temple situe dans le travail l'égalité de référence.

réciprocité, et, aussitôt, mettre en perspective l'échange inféodé au principe de réciprocité « matrice de toutes les autres valeurs ». De la réciprocité à la solidarité le pas est tout aussi rapide : le lien social est reconnu nécessaire à l'homme, et celui-ci ne saurait se satisfaire de « sympathie » comme l'avait affirmé Smith pour établir un fondement naturel de l'ordre social ; de là à citer en modèle... les Amérindiens, il n'y eut pas une once de curiosité pour le passé européen pour y chercher et y trouver trace de l'ancienne justice ordonnée à la morale. Cela change toutefois du Bouthan[581].

D. Temple conteste qu'il y ait, dans les sociétés, recours unique à la raison utilisatrice ; il refuse aussi que la comptabilité du travail humain soit faite en seuls termes de forces. Puis il recommande d'ordonner le mode de production à la réciprocité, laquelle s'oppose à l'accumulation du capital. Ce qui lui valut de recevoir en 2008 le prix *Gigante del espiritù* décerné par *l'Instituto Intercultural para la Autoggestion y la Accion comunal de Valencia* (Espagne). Se rapprochant d'Aristote (2011), le lauréat explicite le lien social en tant que « justice ou solidarité », souligne le rapport de l'échange à la réciprocité, le rôle des statuts sociaux dans la genèse des valeurs dont ils sont les garants... À partir de structures de production obéissant au principe de solidarité se profile, derrière les écrits de D. Temple, une économie de réciprocité généralisée sur la base de valeurs humaines. Le marché de solidarité qui en résulterait serait-il à même de faire de l'égalité entre deux choses le fondement du juste prix ? Ce n'est pas au programme des anthropologues.

Tandis que le féroce prix de marché laisser-fairiste se faisait arme de destruction de l'économie réelle et de ses acteurs, inaudibles dans le tohu-bohu du temps présent restaient les rappels de la nécessaire justice - en tant que telle et non déformée en « sympathie » ou « solidarité » - dans l'échange longtemps prônée en Europe. Assurément, les propos médiatiquement répercutés[582] visent à exonérer la science économique des erreurs susceptibles d'avoir précipité la société occidentale dans sa décomposition au profit des spéculateurs en tous genres. Il suffit de lire Nicolas Baverez pour s'en convaincre.

Après avoir tiré la sonnette d'alarme dans *La France qui tombe* (2003) faute de s'être abandonnée au laisser-fairisme mondial, Nicolas Baverez donne l'alerte. *Réveillez-vous* (2012) retentit comme si l'auteur lui-même s'était endormi en 2007-2008, au point de ne pas voir que les injonctions réitérées de billets de presse en plateaux de télévision faisaient impasse sur la crise systémique qui secouait son pays. Se réveillant à l'automne 2012, il

[581] En 2009, les prix Nobel Amartya Sen et Joseph Stiglitz ont été invités par l'Élysée avec Jean-Paul Fitoussi pour réfléchir sur de nouveaux indicateurs de richesse, en remplacement d'un Produit Intérieur Brut (PIB) détrôné.

[582] La promotion du « juste échange » faite par Henri Weber au nom de Parti socialiste en 2010-12 est associée à une « mondialisation maîtrisée et solidaire », sans que référence soit faite à la justice commutative.

attribue la chute française et le déclinisme ambiant qui s'offrent à ses yeux à l'incapacité de ses compatriotes à entrer de plain-pied dans la mondialisation. Mais oui ! Sont incriminées pêle-mêle les spécificités hexagonales - notamment l'attachement à un modèle social anachronique et ruineux - sans pour autant expliquer que le gonflement des dépenses publiques est, en ces temps, à mettre au compte de la politique d'immigration et d'assistanat imposée par les utilisateurs de main-d'œuvre à bas coût et à durée déterminée, au compte aussi du renflouement des banques essorées par leur avidité spéculatrice. Le krach de la finance mondialisée n'est-il pas aussi celui de la financiarisation de l'économie, marque de fabrique de la globalisation et de ses marchés ? L'insupportable tutelle des marchés dénoncée par N. Baverez n'est-elle pas la conséquence logique de la toute-puissance reconnue au pouvoir économique détaché de toute morale ? Faut-il supprimer ce qui reste d'attention au service des personnes exclues du « casino » et de sa société ?

Les violence, racisme, perte de repères, peur de l'autre, montée des populismes que l'économiste met en scène ne sont-ils pas alimentés par les déconvenues, ressentiments, colère de ceux qui, en nombre sans cesse croissant, se reconnaissent laissés-pour-compte d'un système qui accumule millions et milliards dans les poches d'une élite de *winners* aussi cupide qu'arrogante ? Est-ce parce que la France s'est montrée longtemps critique à l'égard des exigences de la « nouvelle gouvernance économique » qu'elle se trouve aussi abîmée ? Est-il logique de regretter la perte de souveraineté de l'État qu'illustrent les sanctions infligées par les agences de notation, et de souhaiter ardemment la dissolution de l'État dans le marché mondial ?

Détresses physiques et morales chevauchent dans le monde perte d'emplois et chômage de longue durée ; tant de mutilations sont infligées à la France au nom de la chimérique « *mondialisation heureuse* » (Alain Minc, 1997) ; tant de Français subissent le fer de ceux qui parient sur leurs richesses futures ! C'est de ce joug qu'il faut sortir nos contemporains ! L'injustice dans l'échange bafoue les intérêts légitimes des producteurs (salariés réduits à accepter des salaires de subsistance, petits patrons contraints à réduire au maximum leurs marges bénéficiaires). L'injustice dans l'échange met les consommateurs à la botte des spéculateurs plus prompts à parier sur la quantité que sur la qualité. Fonder la valeur d'un produit sur la rémunération minimale de ceux qui le produisent c'est soit faire d'immenses cadeaux aux consommateurs, soit laisser s'accumuler les richesses ôtées aux producteurs dans l'escarcelle des maîtres du marché ; la mobilisation au service du capital de valeurs morales vidées de leur substance originelle est commencée depuis longtemps. Le rêve des économistes vire au cauchemar des travailleurs ; le désarroi de nombreuses populations et la détresse morale de quantité de leurs membres enflent sans cesse.

Conclure : en histoire comme en toute science, atteindre « le vrai » est le but de la recherche réaliste

Le moment est venu de clore cinq décennies de recherches et travaux d'histoire économique et sociale ayant conduit à considérer en profondeur la philosophie morale. À l'analyse des fondements, de la durée et des recompositions des sociétés rurales, a succédé celle de la recherche des causes profondes des actuelles déstabilisations sociales, qu'il s'agisse des campagnes françaises ou des sociétés à économie globalisée. Vouloir comprendre conduit à chercher à atteindre le vrai, sans pour autant prétendre le saisir en sa plénitude ; si la vérité s'offre de là où elle est, la démarche faite pour l'approcher n'exclut pas le combat contre l'erreur qui, lorsqu'elle persiste, bafoue l'intelligence. Deux sortes de fourvoiement sont à distinguer.

Et d'abord, lorsque dans un faisceau de causes et d'effets, la raison n'en sélectionne - involontairement - qu'une partie ; le raisonnement est d'autant amputé, le chercheur échoue à restituer, au terme de l'observation et de l'analyse, la réalité visée par son étude. Les historiens apprennent à être attentifs tant aux causes immédiates qu'aux causes profondes d'un fait, mais c'est plus facile à dire qu'à faire.

Dans un second cas de fourvoiement, le chercheur est conscient des affirmations erronées qu'il profère ; ses divagations sont d'autant plus déloyales qu'elles se drapent de chiffres et de sophismes, illusoires preuves pour raisonnements erratiques… que débusquent plus ou moins aisément les esprits qui traquent la contradiction dans tout exposé. La repérer prend du temps à celui qui se donne la peine de réfléchir sur le fond des choses.

Le premier cas relève de faiblesses intellectuelles, et chacun sait qu'elles sont humaines ; elles sont cependant susceptibles d'entraîner lecteurs ou auditeurs dans d'autres égarements. Le second relève de pernicieuses manipulations de l'intelligence[583]. Preuve s'en trouve, en ces temps de laisser-fairisme économique, dans la fallacieuse « science économique » pourvue du dévoyé qualificatif « libérale » : dire que les hommes sont exclusivement mus par leur intérêt, qu'il suffit de les laisser libres d'agir pour que la somme des intérêts soit nécessairement harmonique ne suffit pas à le prouver. Laurent Mauduit a dénoncé, en 2012, « les imposteurs de

[583] L'enthymème est un raisonnement dont l'une des prémisses, au début du raisonnement, est éludée car elle est tenue pour certaine ; selon la nature et l'origine de cette certitude, on distingue habituellement le *tekmérion* (évidence universelle), le *séméion* (signe précurseur) et l'*eikos* (le vraisemblable) ; ce dernier est basé sur une idée générale que se font certains esprits par expériences et inductions imparfaites.

l'économie »[584]. Axe de la doctrine libérale laisser-fairiste, l'équilibre des marchés par la concurrence - abusivement dite en la circonstance « libre et non faussée » - est quotidiennement démenti par les faits ; mettre l'économie au service exclusif des marchés financiers a des résultats particulièrement néfastes pour les concorde, cohésion et paix sociales.

Sous le choc des années 1930, Marc Bloch avait déjà osé montrer du doigt « l'erreur si souvent répétée de la vieille théorie économique. Sa critique de l'*homo œconomicus* se fait sur deux plans : d'abord parce qu'un tel acteur est supposé exclusivement occupé à satisfaire ses intérêts, ensuite parce que « la pire illusion consistait à imaginer qu'il pût se faire de ces intérêts une idée si nette[585] ».

Pour ce qui regarde l'échange entre les hommes de travail et de marchandises produites, a-t-il été souligné dans les pages précédentes, le raisonnement en termes de profit ne saurait faire oublier le raisonnement en termes de morale. Le lecteur avisé peut ajouter que, dans les siècles chrétiens, la vertu de prudence faisait repousser toute spéculation égoïste, l'envie étant considérée comme péché capital. Dire cela, c'est rappeler ce qu'était la morale chrétienne. Et celle-ci ne concerne pas que la Cité de Dieu.

Pour ce qui est de la cité des hommes, et de son passé, Henri-Irénée Marrou dit expressément : « la vérité de l'histoire est fonction de la philosophie professée (implicitement ou non) par l'historien »[586]. Autrement dit, toute errance philosophique est porteuse d'erreurs d'interprétation. De même, l'historicisme - qui trouve dans le déploiement de l'histoire les « vérités successives » portées par les circonstances - efface-t-il la validité pérenne de savoirs patiemment élaborés ; cela revient à penser que ce qui est vrai à une époque cesse de l'être à une autre. Contredit se trouve être le principe même de non-contradiction. Même si l'écoulement du temps confère aux choses un caractère singulier, elles ne cessent pour autant de s'inscrire dans les profondes réalités de la vie.

À la croisée du pérenne - que Thucydide appelait « le fonds commun de la nature humaine » - et du mouvant - le cours du temps -, s'approfondit la connaissance des hommes et des sociétés qu'ils forment ; seules d'impératives exigences de méthode permettent d'avancer vers ce but. Faute de quoi, l'intention historique cesse d'être intellectuellement féconde, et l'histoire se dénature en passe-temps ou propagande.

---

584 Laurent MAUDUIT, *Les Imposteurs de l'économie,* Paris, Gausewitch, 2012. Concerne les économistes de métier employés dans le service public et appointés par la Finance.

585 Marc BLOCH, *Apologie pour l'histoire ou métier d'historien,* Paris, Cahier des Annales 3, A. Colin, 1964, p. 101.

586 Henri Irénée MARROU, « De la logique d'une histoire à une éthique », *in Revue de Métaphysique et de Morale »,* t. XIV, n° 3 et 4, juil.-oct. 1949, p. 261.

L'écriture de l'histoire est exigeante de logique, celle-ci « est la condition même de son utilité » a dit Joseph Hours[587] ; sinon, sarcasmes et désaveux s'accumulent, comme en attestent les sentences de Paul Valéry - « l'histoire justifie ce que l'on veut[588] » - ou de Jules Roumains - l'histoire, ce « vide encombré[589] » et d'autres encore. Certaines dérives intellectuelles s'opèrent par les pervertissements que le « moi » introduit dans l'enchaînement explicatif ; vicié se trouve être le raisonnement vissé sur l'*ego* du penseur confondu avec le centre du monde. Un travers que des historiens ne peuvent élaguer s'ils mettent leurs propres intérêts avant tout autre mobile d'étude.

Engluée dans des labyrinthes étrangers à la profonde rationalité des choses, la raison ne peut qu'échouer à conclure efficacement. Ainsi, dire que seul l'intérêt individuel impulse l'action économique, fait nier tout autre mobile du travail de l'homme en société. La digression de la raison empêtrée dans de cupides calculs fait accepter la dénaturation de la fonction sociale de l'économie ; remplacer le service du bien commun par l'égoïste calcul, et légitimer la spéculation la plus offensive, c'est donner libre cours au processus de déstructuration humaine et sociale.

En des temps où chacun dit la morale ou expose son éthique personnelle, il faut reparler de « morale », plus précisément de cette morale d'anciens philosophes et théologiens que l'historien rencontre s'il met en sourdine sa subjectivité, et s'il fait éclater le carcan matérialiste susceptible de contenir son sujet d'étude. Cette morale qui vertèbre les sociétés n'est pas celle qui imprègne les codes à l'œuvre dans la finance, codes révélés par ceux qui finissent par les rejeter. Ainsi Paul Jorion a-t-il livré le sens des « MAF » sigle dont sont affublés, à *Wall Street,* les clients vulnérables : « mort aux faibles »[590], tandis que Greg Smith concédait que Goldman Sachs traite ses clients de « *muppets* », idiots en qui ils voient des pigeons à plumer[591].

Bien que souvent agités sur le devant de la scène médiatique, les signes de « moralisation » du capitalisme financier[592] restent fort timides: la législation américaine Dodd-Franck pour limiter la *mega* spéculation, la règle britannique Vickers pour protéger les banques de détail, les autorités de surveillance mises en place par Bruxelles, et l'accord international de Bâle pour conforter les réserves bancaires à mobiliser en cas d'alerte, laquelle de ces mesures calmera le plus les ardeurs de ceux qui, dénigrant l'économie morale sociale (économie-sociale), se rêvent en maîtres du monde? Possiblement aucune.

---

[587] Joseph HOURS, *La Valeur de l'histoire,* Paris, PUF, 1964, p. 69.
[588] Paul VALÉRY, *Regards sur le monde actuel,* Paris, Stock, 1931, p. 25 et 63.
[589] Jules ROMAINS, *Les Hommes de bonne volonté. Le tapis magique,* t. XXV, p. 144-145.
[590] Paul JORION, *Misère de la pensée économique,* Paris, Fayard, 2012, p. 88-95.
[591] Greg SMITH, *Pourquoi j'ai quitté Goldman Sachs,* Paris, Lattès, 2012.
[592] Cf. André COMTE-SPONVILLE, *Le capitalisme est-il moral ?* Paris, Albin Michel, 2004.

Il n'en faut pas davantage pour que s'abîme, en quelques générations, une civilisation[593], l'histoire regorge d'exemples tragiques de tels anéantissements. Elle montre aussi que c'est dans les moments où s'effectue la dislocation d'un monde que se prépare la reviviscence. Moraliser les rapports économiques conduirait certainement à maîtriser la liberté de l'échange et à respecter la dignité du travail, mais cela resterait insuffisant dans une humanité privée de Transcendance. De même, se tenir loin du désir de richesses n'implique pas de se désintéresser du travail sur terre ; élevé au-dessus des contingences matérielles, le droit labeur est source de sublimes réalisations personnelles… et collectives.

Maîtrisé dans le temps long, le tumulte du passé cède le pas à la compréhension du présent et, par-delà son immédiateté, à la perception de l'à-venir. Dire ce que fut le passé, c'est rappeler où plongent les racines et où s'abreuvent les forces de vie ; un sursaut des résolutions de conscience peut alors contenir les forces de désagrégation et de rupture qui travaillent la société en profondeur[594]. Tandis que la matière relève de la loi physique de la dégradation ainsi que du dépérissement, et s'il appartient au cœur de préférer l'ardeur à la résignation, il est de l'activité de la raison de ne pas entretenir l'inexactitude.

Si la pensée logique fait établir des vraisemblances virtuelles - du « possiblement vrai » -, les vérités accessibles à la raison sont portées par les réalités passées et présentes - du « réellement vrai » -. Croiser pensées philosophiques et connaissances historiques revient à vérifier par des faits connus et datés ce qu'une pensée cohérente établit comme vraisemblable à partir ds réalités observées. Si ce qui est potentiellement vrai, et ce qui est concrètement advenu se superposent sans contradiction intellectuelle, c'est que, d'évidence et en l'occurrence, le vraisemblable est réaliste. Encore ne faut-il pas oublier, au moment de conclure, le poids des contingences dans les périodes historiques : refuser de prendre en compte les spécificités qui font distinguer les siècles ferait commettre des anachronismes, mais ne pas voir que, par-delà les contingences, restent des réalités de toujours serait faire preuve d'aveuglement. Entre le plausible et le vrai s'étirent liberté des hommes et responsabilité de leurs choix.

Mesurer la responsabilité personnelle et collective de l'homme quant à son avenir, sans pour autant renouer avec l'erreur de ceux qui pensent possible de construire *in abstracto* un système économique et social (presque parfait), voilà qui fait inlassablement presser la vendange pour le vin nouveau. Si celui-ci requiert des outres neuves, il n'en reste pas moins le fruit de plants aux vigoureuses racines ayant fait leurs preuves sous le travail des hommes. Femmes incluses.

---

[593] Récurrente est l'annonce du déclin de l'Occident.

[594] Dans les guerres économiques que se livre le monde donne le vertige ; le consumérisme, le relativisme, la licence des mœurs font cortège à la cupidité qui fait rage.

Sommaire

Structures éditoriales du groupe L'Harmattan

L'Harmattan Italie
Via degli Artisti, 15
10124 Torino
harmattan.italia@gmail.com

L'Harmattan Hongrie
Kossuth l. u. 14-16.
1053 Budapest
harmattan@harmattan.hu

L'Harmattan Sénégal
10 VDN en face Mermoz
BP 45034 Dakar-Fann
senharmattan@gmail.com

L'Harmattan Cameroun
TSINGA/FECAFOOT
BP 11486 Yaoundé
inkoukam@gmail.com

L'Harmattan Burkina Faso
Achille Somé – tengnule@hotmail.fr

L'Harmattan Guinée
Almamya, rue KA 028 OKB Agency
BP 3470 Conakry
harmattanguinee@yahoo.fr

L'Harmattan RDC
185, avenue Nyangwe
Commune de Lingwala – Kinshasa
matangilamusadila@yahoo.fr

L'Harmattan Congo
67, boulevard Denis-Sassou-N'Guesso
BP 2874 Brazzaville
harmattan.congo@yahoo.fr

L'Harmattan Mali
ACI 2000 - Immeuble Mgr Jean Marie Cisse
Bureau 10
BP 145 Bamako-Mali
mali@harmattan.fr

L'Harmattan Togo
Djidjole – Lomé
Maison Amela
face EPP BATOME
ddamela@aol.com

L'Harmattan Côte d'Ivoire
Résidence Karl – Cité des Arts
Abidjan-Cocody
03 BP 1588 Abidjan
espace_harmattan.ci@hotmail.fr

Nos librairies en France

Librairie internationale
16, rue des Écoles
75005 Paris
librairie.internationale@harmattan.fr
01 40 46 79 11
www.librairieharmattan.com

Librairie des savoirs
21, rue des Écoles
75005 Paris
librairie.sh@harmattan.fr
01 46 34 13 71
www.librairieharmattansh.com

Librairie Le Lucernaire
53, rue Notre-Dame-des-Champs
75006 Paris
librairie@lucernaire.fr
01 42 22 67 13

www.ingramcontent.com/pod-product-compliance
Lightning Source LLC
LaVergne TN
LVHW011318061026
849535LV00005B/1614